James F. Moore

Das Ende des Wettbewerbs

Führung und Strategie im Zeitalter unternehmerischer Ökosysteme

Aus dem Amerikanischen übersetzt von Monika Noll, Rolf Schubert und Bodo Schulze

Klett-Cotta

Klett-Cotta
Die Originalausgabe erschien unter dem Titel
»The Death of Competition. Leadership and Strategy in the Age of Business Ecosystems«
im Verlag HarperCollins (HarperBusiness), New York

Printed in Germany
Überzug: Dietrich Ebert
Gesetzt aus der 10½ Punkt Bembo, auf säure- und holzfreiem Werkdruckpapier gedruckt und in Fadenheftung gebunden von Freiburger Graphische Betriebe, Freiburg i. Br.

Die Deutsche Bibliothek - CIP-Einheitsaufnahme
Moore, James F.:
Das Ende des Wettbewerbs : Führung und Strategie im Zeitalter unternehmerischer Ökosysteme / James F. Moore. Aus dem Amerikan. übers. von Monika Noll ... - Stuttgart : Klett-Cotta, 1998
Einheitssacht.: The death of competition <dt.>
ISBN 3-608-91845-0

Für Joanne, Graham und Arthur

Inhalt

Danksagung

Das vorliegende Buch profitierte enorm von der großzügigen und kompetenten Hilfe vieler Freunde und Kollegen. Ich danke meiner Frau Joanne Cipolla Moore für ihre Liebe, ihre klugen Ratschläge und ihre Geduld in all den Jahren, die bis zur Fertigstellung dieses Projekts vergingen. Graham und Arthur, meine beiden Söhne, fragten mich immer wieder: »Daddy, wenn du mit deinem Buch fertig bist, hast du dann wieder mehr Zeit, um mit uns zu spielen?« Jetzt habe ich wieder Zeit. Meinen Dank möchte ich auch den übrigen Mitgliedern meiner ausgedehnten Familie aussprechen, meinen Eltern und Großeltern, meinen Brüdern, meinen Tanten und Onkeln, meinen Cousins und Cousinen, meinen Schwagern und Schwägerinnen.

Besonders dankbar bin ich allen, mit denen ich im Laufe der Jahre zusammenarbeiten durfte – ich zähle sie zu meinem persönlichen Ökosystem. Hal Burlingame von AT&T, mit dem ich seit vielen Jahren befreundet bin, möchte ich meine Anerkennung aussprechen für alles, was ich von ihm über Führungs- und Organisationsfragen gelernt habe. John Petrillo, der ebenfalls bei AT&T beschäftigt ist, hat mir immer wieder gezeigt, wie man geistige Strenge mit praktischer Wirkung verbindet – er war eine wirkliche Inspiration. Don Schön vom MIT – ein Mentor und Kollege, auf den ich mich verlassen konnte – hat mich immer wieder dazu angespornt, über meine eigenen Grenzen hinauszuwachsen. Lisa Fitzgibbons und Jane Bouffard, mit denen ich die GeoPartners Research Inc. gründete, waren von Anfang an mit ihren persönlichen Strategievorschlägen, ihrer intellektuellen Partnerschaft und ihrem Sinn für Kameradschaft und Abenteuer präsent. Walter Popper und Fleet Hill bestärkten mich viele Jahre lang in meinem Vorhaben und boten mir stets Orientierungshilfen. Sue Lowe Franklin war mir eine zuverlässige Freundin und geschätzte Kollegin, die die Gabe besitzt, durch Zufall glückliche und unerwartete Entdeckungen zu machen. Michael Maccoby zeigte mir, daß Unternehmensberater nicht nur Leidenschaft, sondern auch Mitgefühl mitbringen müssen.

Eine Reihe von Führungskräften trugen zur Entstehung des vorliegenden Buches bei, indem sie meine Forschungs- und Beratungstätigkeit sponserten und ihre Kenntnisse mit mir teilten. Jim Henson, der Schöpfer der Muppets, war mir ein lebendiges Beispiel dafür, wie man mit dem Wandel mittanzt und andere zum Mitmachen inspiriert, um Visionen Wirklichkeit werden zu lassen. Bill O'Brien von Starlight Telecommunications ist einer der vielversprechendsten Unternehmer, die ich kenne – ein Mann, der vielfältige Herausforderungen mit steter Kreativität anzugehen weiß. Ich danke ihm für die Mitteilung seiner Geschichte. Frank Gill, Pat Gelsinger und Craig Kinney von der Intel Corporation sind als Führungskräfte an einer der interessantesten und zukunftsträchtigsten Initiativen der Geschäftswelt beteiligt. Sie waren mir eine unschätzbare Hilfe. Lew Platt, Susan Burnett, Srinivas Sukumar, Claudia Davis, P. J. O'Brien und Byron Anderson von Hewlett-Packard sind an derselben Front aktiv. Auch ihre Kenntnisse möchte ich nicht missen.

Tom Cummings, Tony Warmsley und Bob Campany von der Royal Dutch Shell Group ermöglichten mir, in Zusammenarbeit mit Führungskräften Szenarios in Strategien umzusetzen. Das Ergebnis dieser Anstrengungen floß in die Präzisierung des hier vorgetragenen Ansatzes ein. Göran Lindahl, Lennart Haglöf und Paul Kefalas arbeiten tagtäglich an der Zukunft von ABB Asea Brown Boveri. Ich danke ihnen für ihre Anregungen. Scott McNealy, Eric Schmidt, Bill Joy und Nancy Schoendorf von Sun Microystems öffneten mir die Augen dafür, daß man manchmal einfach die Spielregeln ändern muß.

Die jahrelange Zusammenarbeit mit zahlreichen Mitarbeitern von AT&T hat mich in meinem Lernprozeß ein gutes Stück weitergebracht. Zu groß ist ihre Zahl, als daß ich sie alle anführen könnte, und zu groß die Gefahr, dabei jemanden zu vergessen, der mir besonders viel bedeutete. So möchte ich denn nur zum Ausdruck bringen, wie sehr ich den Beitrag jedes einzelnen zu schätzen wußte. Zwei stille Heroen, die mir in meiner Entwicklung wichtig waren, möchte ich aber dennoch namentlich nennen: Henry »Hoot« Gibson und Tapas Sen. Vielen Dank für alles.

Im akademischen Bereich stehe ich tief in der Schuld des Anthropologen und Kybernetikers Gregory Bateson, dessen fruchtbare Konzepte mir eine große Hilfe waren, um die weitreichenden Gemeinsamkeiten ökonomischer, sozialer und biologischer Systeme zu erkennen. John Snow von der Episcopal Divinity School regte mich dazu an, diese Konzepte in die Praxis umzusetzen. C. Roland »Chris« Christensen und Harry Lasker von der Harvard University, Richard Pascale von Stanford sowie Chris und Dianne Argyris, Lee Geltman, Kathy Hearn und Alan Robinson lehrten mich jeder auf seine Weise, Führung und Strategie als mentalen und psychologischen Prozeß zu verstehen – und mit Führungskräften zusammenzuarbeiten, um ihre Fähigkeiten zu vertiefen. Bo Ekman hob die Bedeutung des Dialogs in Wirtschaft und Gesellschaft hervor. John Rosenblum und Jeane Leidke von der University of Virginia Darden School of Business waren mir wertvolle Kollegen. Sie ermöglichten mir, meine Ideen im Kontext anderer Arbeiten zu Managementfragen zu sehen, und bestärkten mich immer wieder in meinem Vorhaben.

Der Biologe Jim Wetterer, dessen Arbeiten zu einem Gutteil im Rahmen des Museum of Comparative Zoology an der Harvard University entstanden, leistete mir bei der ökologischen und evolutionstheoretischen Terminologie sowie bei der Formulierung der biologischen Beispiele Hilfestellung. Mein Dank gilt auch Edward O. Wilson von der Harvard University, der mich mit Jim bekannt machte.

Eine ganze Reihe von Managementtheoretikern haben bisher versucht, Biologie und Geschäftswelt in einen konzeptionellen Zusammenhang zu bringen, darunter Bruce Henderson, Michael Rothschild, Richard Nelson, Sidney Winter, Glenn Carroll, Michael Hannan, John Freeman und Charles Fombrun. Besonders tief stehe ich jedoch in der Schuld von W. Graham Astley, der mich im Anschluß an meine Dissertation im Jahr 1983 darauf aufmerksam machte, daß es zwischen dem Zusammenbruch biologischer Systeme und dem geschäftlicher Unternehmungen zahlreiche Parallelen gibt, ein Gedanke, auf dem mein weiteres Denken aufbaute.

Charles Fine vom International Motor Vehicle Program am MIT brachte mir die koevolutionären Prozesse in der Automobil-Industrie nahe. Für Orientierungshilfe im Labyrinth der Gesundheitspolitik möchte ich mich bei Sam Levitt, ehemaliger Mitarbeiter an der Harvard School of Public Health, Alain Entoven und Richard Scott von der Stanford University, Bo Saxberg von Johnson & Johnson, Norman Weinberg vom Emerson Hospital, Don Harrington von AT&T, Kate Wolf, einer früheren Mitarbeiterin des Harvard Community Health Plan, Ric Marlink vom Harvard AIDS Institute sowie bei dem unermüdlichen David Korkosz bedanken. Charles Fireston und das Aspen Institute förderten und kommentierten meinen Vortrag über Telekommunikation und Geschäftsentwicklung, aus dem das vorliegende Buch entstand. Stuart Brotman von Tufts und Tony Oetinger von der Harvard University verschafften mir nützliche Einblicke in die Telekommunikationspolitik. John Markoff und David Kirkpatrick waren wertvolle Gesprächspartner in Sachen High Technology. Arthur Cipolla Jr. verdanke ich wichtige Einsichten.

Meine institutionelle Basis und zweite Familie war die Strategieberatungs- und Investmentfirma GeoPartners Reserach Inc. Ashton Peery leitete das Unternehmen und vertiefte die Arbeit mit unseren Kunden, während ich an meinem Buch arbeitete. Michelle Crews hielt den Mitarbeiterstab wie gewöhnlich zusammen. Michael Tattersall perfektionierte die Ansätze und Methoden, mit denen wir Manager bei der Entwicklung angemessener Strategien unterstützen. Chris Mines baute die Abteilung Unternehmensanalyse auf, die sich sowohl mit Problemen der Investitionsbewertung als auch der Strategieplanung befaßt. Meine langjährigen Mitarbeiterinnen Jane Bouffard und Lisa Fitzgibbons habe ich bereits erwähnt. Abigail Christopher und Tom Hartley ebenso wie Patty Horan, Andrew

Kaplan, Ken Bamberger und Grace Tsai erwiesen sich als wertvolle Forschungs- und Dialogpartner, deren Hilfe und moralische Unterstützung dem vorliegenden Buch sehr zugute kamen. Gelesen und kommentiert wurde das Manuskript von zahlreichen Experten, die mit GeoPartners zusammenarbeiten, darunter Bob Beitcher und Richard Fishman sowie Ayis Antoniou, Ivar Bazzy, Scott Brady, Abigail Demopulos, Jeff Francer, Ben Goodman, David Halprin, David Hankin, Rebecca Kannam, Linda Levinson, Jim Levitt und Murray Metcalfe. Nancy Goldberg erstellte die Abbildungen. Brenda Jeglinski, Thea Moskat, Maureen Wall und Mark Anders verdienen für ihre Verwaltungstätigkeit besondere Erwähnung.

Mein Dank gilt auch all den anderen, die sich die Zeit nahmen, mir ihre Gedanken über das Manuskript mitzuteilen: Bob Allen, Jim Barksdale, Tom Eisenman, Greg Franklin, Sandy Fraser, Arie DeGeus, John Kelley, David Mellor, Lawrence Miao, Bob Mountain, R. Clay Mulford, Gil Roeder, Marion Smith, Caroline Vanderlip, Dick Wedemeyer, Deborah Wolter, Gordon Wu und unser Freund Amy Thaler.

Ein Verfasser ist nur so gut wie seine Verleger. Ich hatte das Glück, gute zu finden. Sie lehrten mich zu schreiben und folglich zu denken. Sie wurden ohne Ausnahme meine Freunde. Die verstorbene Nancy Jackson war meine erste Erfahrung mit wirklichem Verlegertalent – ich vermisse sie noch immer. Marjorie Williams von der Harvard Business School Press, die zwei Jahre lang in meiner Firma arbeitete, lehrte mich eine Menge über Anmut beim Schreiben und im Leben. Nan Stone, der leitende Herausgeber der *Harvard Business Review,* ein stimulierender, aufgeräumter Mann von außergewöhnliche geistiger Strenge, war frühzeitig und oft für mich zu sprechen – und das alles für eine Tasse Kaffee und eine anregende Unterhaltung. Esther Dyson war mir eine wunderbare Hilfe – sie zeigte mir, daß Charakterstärke und Mut beim Schreiben ebenso wie im Leben am wichtigsten sind. Der leitende Herausgeber von *Strategie & Business,* Joel Kurtzman, war mir nicht nur ein vertrauenswürdiger Führer und Partner, sondern auch ein guter Freund, als ich mich mit diesem Buch und den Herausforderungen einer erstklassigen Verlagsarbeit abmühte. Karen Southwick von *Upside* stand mir stets mit Ideen zur Seite und beruhigte mich durch ihre unermüdliche Arbeit, wenn ich mit dem Manuskript unter Zeitdruck geriet. Carol Franco von der Harvard Business School Press glaubte an meine Ideen und half mir in den Anfangsstadien bei der Formulierung dieses Buchs – ich werde ihr stets dafür dankbar sein.

Sonny Kleinfield betreute das Lektorat. Ich danke ihm für seine Liebenswürdigkeit und sein Können – auch unter Druck blieb er stets gutgelaunt und widmete sich dem Projekt mit vollem Einsatz. Kirsten Sandberg, meine Lektorin bei HarperBusiness, erstellte in enger Zusammenarbeit mit mir die Endfassung des Manuskripts. Ich schätze ihr Können, ihren Glauben an die Sache und ihre Fähigkeit, rund um die Uhr zu arbeiten. Adrian Zackheim, Vizepräsident von HarperBusiness, unterstützte das Projekt aus voller Überzeugung und trieb es unermüdlich voran. Lisa Berkowitz von HarperCollins sowie Beth und Leslie Grossman von CMA leisteten hervorragende Arbeit, um das Buch bekanntzumachen. Mein Agent, Richard Pine, blieb immer am Ball und bewahrte sich dabei stets seine Liebenswürdigkeit und seinen Witz. Ihnen allen ein herzliches Dankeschön.

1. Warum Unternehmen scheitern

Ein Rundflug über Hawaii mit einem Kleinflugzeug bietet eines der spektakulärsten Seherlebnisse, die man sich vorstellen kann. Im Zentrum der ausgedehnten Insel, mehr als 2 000 Meilen vom nächsten Kontinent entfernt, erhebt sich der über 4 000 Meter hohe Berg Mauna Kea, ein herrlicher erloschener Vulkan, dessen Gipfel bisweilen mit Schnee bedeckt ist. Näher am Meer, entlang der Südostküste, schwelen noch immer aktive Vulkane rotglühend vor sich hin. Von Zeit zu Zeit spucken die kochenden Kessel unter ungeheurer Rauchentwicklung Lava in den Ozean und erweitern die Landmasse um ein weniges. Diese abwechslungsreiche Gegend bietet Dutzenden von großartigen Ökosystemen mit völlig unterschiedlichen Artengemeinschaften Raum, angefangen vom bergigen Ödland bis hin zur wimmelnden Überfülle der Regenwälder.

Die meisten Menschen verbinden mit Hawaii hochaufschießende Hotelbauten und Perlentaucher, von den Ananasfrüchten und Papayas einmal abgesehen. Ich denke bei Hawaii an das Verhalten und die Entwicklung bestimmter Marktgemeinschaften.

Die längste Zeit seiner dreißig Millionen Jahre alten Geschichte war Hawaii eine erstaunlich in sich abgeschlossene biologische Welt. Nur wenige Pflanzen und Tiere, die mit dem Wind oder mit dem Wasser kamen, konnten sich heimisch machen. Nach den zuverlässigsten wissenschaftlichen Schätzungen konnte sich nur alle zwanzig- bis dreißigtausend Jahre eine Pflanzenart durchsetzen. Die wenigen Neubesiedler brachten jedoch eine große Vielfalt neuer Arten hervor. Aus den rund 270 Blütenpflanzen, die sich in Hawaii angesiedelt haben, entstanden mehr als eintausend. Aus ein paar hundert Insektenarten entwickelten sich mehr als zehntausend. Und aus nicht mehr als fünfzehn Vogelarten gingen mehr als siebzig verschiedene Spezies hervor.[1]

Mit ihrer geschützten isolierten Lage erinnert Hawaiis Flora und

Fauna an die traditionellen Wirtschaftszweige, die sich unter dem wachsamen Auge der alten Unternehmergarde und anderer alteingesessener Interessengruppen im Schutz hoher Zolltarife und strenger Einfuhrbestimmungen entfalten konnten. Ineffiziente Technologien und Unternehmensprozesse sind hier genauso zahlreich wie die einzigartigen Lebensformen, die Hawaii bevölkern.

Im Gegensatz zur Natur bieten die traditionellen Industriezweige jedoch keineswegs den Anblick grüner Pracht. Vielfach trifft man auf eigensinnige Klassenegoismen und verkrustete Strukturen, die sich allem widersetzen, was die alte Ordnung bedrohen könnte. Gleichwohl weisen Natur und Industrie bzw. Wirtschaft auffallend ähnliche Entwicklungs- und Zerfallsmuster auf.

Die lange Zeit ökologischen Gleichgewichts fand mit der Ankunft von polynesischen Seeleuten vor gut 1 500 Jahren ein jähes Ende. Die Neuankömmlinge führten Schweine, Hunde und zahlreiche neue Pflanzen mit sich. Der westliche Einfluß setzte mit der Landung von James Cook im Jahr 1778 ein. Spätere Reisende brachten Wespen, Katzen, Ratten, Moskitos und eine ungeheure Zahl von Pflanzen mit. Die Eindringlinge richteten in unserem Paradies große Verheerungen an. Mehr als vierzig Prozent der einheimischen Vogelarten sind seit der Besiedlung durch die Menschen ausgestorben. In neuerer Zeit erfuhren viele lokale Ökosysteme durch die Anlage von Golfplätzen und neuen Wohnkomplexen einschneidende Veränderungen.[2]

Analog dazu dringen neue Technologien, Unternehmensprozesse und organisatorische Lebensformen in alle traditionellen Geschäftszweige ein. Sie entstehen mit den globalen Kapitalströmen und der Verbreitung neuer Managementtechniken. Sie finden Einlaß durch die umfassende Deregulierung der Weltwirtschaft. Sie werden von Regierungsseite im Interesse der Wirtschaftsentwicklung aktiv gefördert. Eine Vielzahl von Fertigkeiten und Prozessen wird damit hinfällig.

An der Notwendigkeit und dem Nutzen dieser Veränderungen kann es für mich als Managementtheoretiker keinen Zweifel geben. Andererseits ist mir aber auch klar, welcher Schaden und welche

Verwirrung bei zahllosen Menschen entstehen, wenn ihr Geschäft und ihr Lebenswandel nachhaltig unter Druck geraten. Viele Leute erleben den wirtschaftlichen und technologischen Fortschritt als Zerstörung ihres Hawaii-Paradieses.

Das Ende des Wettbewerbs

Verlassen wir nun die Sandstrände und betreten die Geschäftswelt, tauschen wir unsere farbenfrohen Hawaiihemden gegen graue Wollanzüge. Tag für Tag habe ich bei meiner Arbeit mit Unternehmen zu tun, die unter den drastischen Folgen der ständig sich wandelnden Ökologie des Unternehmenswettbewerbs zu leiden haben und nach Mitteln und Wegen suchen, die Veränderungen, in die sie sich hineingezogen sehen, zu verstehen und zu gestalten. Ich erzähle ihnen vom Ende des Wettbewerbs.

Nicht daß der Wettbewerb überhaupt verschwinden würde. In Wahrheit nimmt er an Intensität noch zu. Nur der Wettbewerb, wie ihn sich die meisten von uns vorstellen, ist tot, und jeder Unternehmensführer, der das nicht erkennt, ist in Gefahr. Lassen Sie mich das erläutern. Traditionell denken wir bei Wettbewerb an Angebots- und Marktkonkurrenz. Ihr Produkt oder Ihre Dienstleistung tritt gegen das Angebot Ihres Konkurrenten an, und einer von Ihnen gewinnt. Sie verbessern Ihr Produkt, indem Sie auf die Wünsche Ihrer Kunden eingehen und in die Herstellungsverfahren investieren.

Problematisch ist diese Sichtweise insofern, als Sie dabei den Kontext – das Umfeld – des Unternehmens außer acht lassen und nicht berücksichtigen, daß man sich in diesem Umfeld nur gemeinsam mit anderen entwickeln kann, ein Prozeß, der sowohl Kooperation als auch Konflikt einschließt. Auch ausgezeichnete Unternehmen können an den Bedingungen ihres Umfelds zugrunde gehen. Es ergeht ihnen wie zahlreichen Tier- und Pflanzenarten auf Hawaii. Ohne eigenes Verschulden sehen sie dem Untergang entgegen, weil das Ökosystem, in dem sie zu Hause sind, implodiert. Ein gutes Restaurant in einem verfallenden Stadtteil muß mit großer Wahrscheinlichkeit schließen. Ein erstklassiger Lieferant, der seine Produkte über eine marode Einzelhandelskette vertreibt – ein Bradlees, Caldor oder Kmart –, sollte sich besser nach anderen Absatzmöglichkeiten umsehen.

Mitunter ist das Ökosystem insgesamt zwar mehr oder weniger intakt, aber gerade die Nische, in die sich ein Unternehmen eingenistet hat, wird durch neu ankommende Arten überfordert. Das Problem ist nun, daß es auf dem Markt so viele ähnliche Unternehmen gibt, daß keines einen angemessenen Gewinn erwirtschaften kann. Diesem Dilemma sehen sich neben zahlreichen Fluggesellschaften, Stahlproduzenten, Telefongesellschaften im überregionalen Bereich auch die staatlich nicht mehr geschützten Stromversorgungsunternehmen gegenüber. Ihre Leistungen gelten nurmehr als Grundstoffe, die hauptsächlich über den Preis gehandelt werden. Die elektronischen Platzreservierungssysteme der Fluggesellschaften ermöglichen es dem Kunden gleichsam nebenbei, umfangreiche Preis vergleiche anzustellen. Die Leistungsfähigkeit dieser Warenbörse war maßgeblich für den Fall der Preise und Gewinnspannen der Fluggesellschaften verantwortlich.

Mit der weiteren Ausbreitung der elektronischen Versandhäuser und des Internet werden börsenähnliche Verhältnisse auch in andere Märkte eindringen, vom Lebensmittelhandel bis hin zum Automobilgeschäft. Der daraus folgende intensive Preiswettbewerb mag den Kunden kurzfristig zugute kommen, den Unternehmen aber fällt es aufgrund drohender Gewinneinbußen zunehmend schwer, in die nächste Produktgeneration zu investieren – was den Innovationsprozeß ersticken kann.

Keines dieser beiden Unternehmensprobleme – weder der Zusammenbruch des wirtschaftlichen Umfelds eines Unternehmens noch das Eindringen zu vieler ähnlicher Leistungsanbieter in Ihr Territorium – wird vom herkömmlichen Wettbewerbsverständnis erfaßt. In meiner Praxis als Unternehmensberater habe ich immer wieder mit gutgewillten, überlegten und hart arbeitenden Leuten zu tun, deren Unternehmen aufgrund solcher Umstände Schiffbruch erleiden, obwohl sie gute Produkte und Dienstleistungen anbieten und ihre Prozesse reibungslos durchorganisiert haben.

Im Gegensatz dazu sind sich die Wirtschaftsführer der weltweit größten und höchstentwickelten Unternehmen dieser Probleme durchaus bewußt. In vielen Fällen wandert ein Großteil ihres strategischen Planungsbudgets in Arbeitsgruppen, die sich mit der Neuorientierung bestimmter Geschäftsfelder befassen, welche von aggressiven neuen Konkurrenten, die vielfach auf der anderen Hälfte der Erdkugel sitzen, zunehmend in börsenähnliche Warenmärkte verwandelt werden. Und öfter als sie selbst einräumen mögen, wissen sie genau, daß ihre Produkte und Dienstleistungen bald nicht mehr gefragt sein werden, weil die wirtschaftlichen und sozialen Bedingungen, zu denen sie einen Beitrag leisten, verschwinden.

Ich kenne eine Reihe von Wirtschaftsführern, die diesen Herausforderungen verblüffend hilflos gegenüberstehen. Ihre Managementmodelle, die um den traditionellen Produkt- und Dienstleistungswettbewerb sowie um die Verbesserung der Unternehmensprozesse kreisen, sind zwar weiterhin notwendig, aber nicht ausreichend. Der Vorstandsvorsitzende eines milliardenschweren Unternehmens erzählte mir folgendes: »Ich träume manchmal, daß ich mit meinem Auto herumfahre, und jedesmal, wenn ich in eine Kurve gehen will, reagiert das Lenkrad nicht. Ich drehe am Lenkrad, aber der Wagen fährt einfach weiter geradeaus. Dann schaue ich mir das Lenkrad in diesem Alptraum etwas näher an und entdecke, daß es so ein Plastikreifen für Kleinkinder ist. Er sieht mehr oder weniger echt aus, aber er funktioniert nicht.«

Eine mögliche Reaktion auf diese Situation wäre, die Größe herunterzufahren. Mit großer Entschlossenheit und ein wenig Glück kann man eine Firma zurechtschrumpfen, bevor die Märkte zusammenbrechen. Man kann die Leute auf die Straße setzen. Man kann Vermögenswerte ausbuchen. Man kann die Kosten reduzieren, bevor die Einnahmen im rücksichtslosen Preiswettbewerb fallen. Diese Taktik funktioniert zwar eine Weile, führt das Geschäft letztendlich jedoch in den Ruin. Die Moral sinkt. Economies of Scale, das heißt Größenvorteile, gehen verloren. Die Kosten können nicht endlos reduziert werden. Die Gewinnspannen schrumpfen. Investoren und andere Stakeholder ziehen sich zurück. Der Letzte macht das Licht aus.

Eine andere Antwort ist die Schaffung neuer Märkte. Viele Wirtschaftsführer haben richtig erkannt, daß man nur mit Innovation vorankommt. Sie halten Ausschau nach Wachstumssektoren und vielversprechenden neuen Verfahren, wie etwa das Internet, die Biotechnologie, die Gesundheitsfürsorge, oder neuen Märkten, beispielsweise in Asien. Hier sehen sie sich mit einem ganz anderen Sachverhalt konfrontiert, der im herkömmlichen Wettbewerbsverständnis ebensowenig Berücksichtigung findet: Die Schaffung eines neuen Markts ist eigentlich eine Form angewandter Wirtschaftsentwicklung. Die Verwirklichung einer machbaren ökonomischen Zukunft erfordert die intensive Zusammenarbeit unterschiedlicher Leistungsanbieter. Sie setzt voraus, daß man sich über gemeinsame Visionen verständigt, Allianzen schließt, Vereinbarungen trifft und komplexe Beziehungsnetze managt. Nur wenige sind in diesen Fertigkeiten geschult. In den meisten unternehmerischen Planungs- und Finanzierungssystemen ist dieses Know-how schlicht nicht vorgesehen, und auch in den herkömmlichen Organisationsstrukturen und Arbeitsplatzbeschreibungen ist dafür kein Platz. So kommt die Initiative zur Schaffung neuer Märkte in vielen Fällen nur schleppend voran. Die Wirtschaftsführer, die eine neue Unternehmensentwicklung anstreben, verdienen Lob und Aufmerksamkeit, aber ihre Erfolgsrate wird aller Wahrscheinlichkeit nach enttäuschend gering ausfallen.

Eine neue Perspektive für die Geschäftsentwicklung

Die Wirtschaft wird sich weiterhin mit hoher Geschwindigkeit wandeln. Die regelmäßige Überalterung des Produktangebots wird ebensowenig nachlassen wie die zunehmende Verbreitung börsenähnlicher Verhältnisse auf verschiedenen Teilmärkten. Was wir brauchen, sind bessere Instrumente für die Unternehmensentwicklung und die Schaffung von Märkten. Das vorliegende Buch bietet hier einen Ansatzpunkt. Es wendet sich nicht nur an Unternehmer und Konzernmanager, sondern auch an interessierte Bürger, denen das wirtschaftliche Wohlergehen unserer Gesellschaft am Herzen liegt. Es ist, trotz des Titels, ein Buch der Hoffnung. Jenseits des Endes des Wettbewerbs liegt die Möglichkeit eines Neueren und Besseren. Manche Manager und Unternehmen arbeiten bereits an ihrem Erfolg in der neuen Wirtschaft; von ihnen können wir viel lernen.

Produkt- und Dienstleistungswettbewerb ebenso wie Prozeßverbesserungen werden auch in der neuen Welt ihre Bedeutung behalten. Aber das neue Paradigma kreist um die Schaffung neuer Märkte. Es geht um den Entwurf und die Gestaltung von Netzwerken, in die verschiedenartige Leistungen und Prozesse einfließen, mit dem Ziel, neue, reichhaltige wirtschaftliche Zusammenhänge zu weben.

Lassen Sie mich das an einem Beispiel veranschaulichen. ABB Asea Brown Boveri, ein weltweit agierendes Maschinenbauunternehmen, stellt Stromerzeugungstechnologie, Stromübertragungs- und verteilungsanlagen sowie eine breite Palette von strombetriebenen industriellen Ausrüstungsgütern her.[3] Mit Hauptsitz in Zürich befindet es sich im Besitz schwedischer und schweizerischer Anteilseigner und ist in 140 Ländern geschäftlich tätig. Lange Jahre galt es weithin als Quelle innovativer Strategiebildung und Führung.

Als Paul Kefalas 1994 Generaldirektor von ABB Kanada wurde, stagnierten die Verkaufszahlen in der Region. Nach dem klassischen Ansatz hätte man sich, um dem Unternehmen aus der regionalen Talsohle zu helfen, auf Produkt- und Prozeßverbesserungen konzentriert und sich also gefragt, welche neuen Produkte wirklich einschlagen würden und wie man sie effizienter und effektiver herstellen könnte. Diese Fragen lenken die Aufmerksamkeit auf den gegenwärtigen Zustand und auf einen selbst zurück. Kefalas tat das Gegenteil. Er hielt seine Organisation dazu an, den Blick nach draußen auf die Unternehmensumwelt, der sie zu dienen hoffte, und nach vorn in die Zukunft zu richten. Kefalas fragte sich: Wer gestaltet die Zukunft in dieser Region maßgeblich mit? Welche Visionen und Strategien haben diese Führungskräfte? So gewann er Einblick in die Interessen und Kräfte, die die Wirtschaft in Kanada gestalten, und richtete Lernteams ein, die mit den großen Machern der Region zusammenarbeiten und herausfinden sollten, was ABB zu ihrem Erfolg beitragen könnte.

Man trat an führende Unternehmen heran und bat sie, strategisch mit ABB zu kooperieren. Die ins Auge gefaßten Kunden wurden nach ihrer Bedeutung für die künftige Wirtschaftsentwicklung ausgewählt, gleichgültig ob sie gerade ABB-Kunden waren oder nicht. Erklärte sich ein Unternehmen einverstanden, stellte ABB aus seinen verschiedenen Abteilungen eine Expertengruppe zusammen, die mit Vertretern des betreffenden Unternehmens Mittel und Wege erkunden sollte, wie das Unternehmen seine Träume verwirklichen könnte. In einem Fall ging es um ein großes Bergbauunternehmen, das seine Produktionskosten verringern und sicherere Arbeitsbedingungen schaffen wollte. ABB produziert nun in Zusammenarbeit mit diesem Unternehmen ein System von Bergbaurobotern, die von Technikern in einem bequemen Büro weitab von der Mine überwacht werden und viele der gefährlichsten und unerfreulichsten Aufgaben erledigen. Die Firma war zuvor weder ABB-Kunde noch Zielscheibe der üblichen produktorientierten Verkaufsanstrengungen.

ABB Kanada hatte mit diesem Geschäftsgebaren großen Erfolg. Bis Ende 1995 waren mehr als ein halbes Dutzend Partnerschaftsabkommen mit Kunden, davon mehrere Joint-Ventures, unter Dach und Fach. Die Verkaufszahlen stiegen rapide an. Und weil ein Großteil des neuen Umsatzes im Zusammenhang langfristiger Partnerschaftsabkommen steht, werden die Einnahmen aller Erwartung nach weiter zunehmen.

Ein Leitgedanke durchzieht unsere Ausführungen: Wer in der neuen Wirtschaft Erfolg haben will, muß das wirtschaftliche Umfeld, in dem er tätig ist, und die Kräfte, die seine Entwicklung beeinflussen, genauestens beobachten. Die Konzernstrategie von ABB

Kanada lautetet denn auch: »ABB trägt durch die Entwicklung langfristiger Beziehungen mit beiderseitigem Nutzen zum Erfolg seiner Kunden bei.« Kein Wort über bestimmte Technologien, Angebote oder Märkte. Kernpunkt dieser Strategie ist, daß dein Tun in einer ständig sich wandelnden Wirtschaft nicht so wichtig ist wie die Art und Weise, wie du deine Fähigkeiten auf das Tun anderer beziehst. Strategiebildung setzt eine Vorstellung vom Gesamtzusammenhang voraus und erfordert die Suche nach Möglichkeiten, dabei mitzumischen.

Mit einer erfolgreichen Geschäftsstrategie können wir uns gemeinsam mit anderen weiterentwickeln, um eine attraktivere Zukunft zu gestalten. Kefalas hat hier eine interessante Geschichte zu berichten. 1995 verlagerte ABB seinen kanadischen Hauptsitz in ein neues Bürogebäude in Flughafennähe am Rande von Montreal. Entlang dieses Highway-Streifens steht eine ganze Reihe ähnlicher Gebäude, in denen sich Canon, Motorola, Sun Microsystems und andere multinationale Unternehmen niedergelassen haben. Anfang 1995 erwarb ein Unternehmer dort ein schlechtgehendes Fast-Food-Restaurant. Nach sorgfältigen Recherchen vor Ort kam der neue Besitzer zu dem Schluß, daß diese Mikroökonomie aus Konzernzentralen nicht noch mehr Fast-Food brauchte, sondern ein Restaurant der Spitzenklasse, das den Führungskräften etwas zu bieten hatte. Gesagt, getan. Innerhalb weniger Monaten entwickelte sich das neue Restaurant zum durchschlagenden Erfolg, und dies vor allem deshalb, weil es eine Bedarfslücke schloß. Anders gesagt, es ergänzte auf die vortrefflichste Weise die anderen Komponenten des wirtschaftlichen Gefüges vor Ort – die Landerschließungsaktivitäten, die Bürogebäude, den Flughafen und die Führungskräfte, die dort arbeiteten.

ABB Kanada und das Restaurant erzielen ihre Wettbewerbsvorteile hauptsächlich durch ihr kooperatives und koevoluierendes Verhältnis zu einem Netz von Leistungsanbietern, die das lokale Wirtschaftsgefüge prägen. So sieht das neue Paradigma der Strategiebildung aus, und es bedeutet das Ende des Wettbewerbs, wie wir ihn kennen. Der Grundgedanke ist einfach: Mache dir ein Bild von den wirtschaftlichen Systemen, die sich in deinem Umfeld entwickeln, und finde Mittel und Wege, wie du einen Beitrag dazu leisten kannst. Beschäftige dich anfangs mehr mit dem Gesamtzusammenhang als mit einzelnen Produkten oder Dienstleistungen. Natürlich gilt es in Sachen Führerschaft und Strategie viele Feinheiten zu berücksichtigen, wenn man Erfolg haben will. In der neuen ökonomischen Umwelt scheitern viele ansonsten gesunde Unternehmen aus dem einfachen Grund, daß sich der Kontext um sie herum wandelt und sie deshalb ihre Bedeutung verlieren oder hinfällig werden. Mit diesen Fragen werden wir uns im folgenden noch detaillierter auseinandersetzen.

Das neue Paradigma erfordert ein Denken in Systemzusammenhängen, das heißt: Man muß sein Unternehmen als Teil eines umfassenderen wirtschaftlichen Ökosystems oder eines übergreifenden ökonomischen Umfelds wahrnehmen. Systemdenken ist eine geistige Fähigkeit, die man lernen und üben kann. Dazu gibt es eine Reihe von Möglichkeiten. Ich persönlich beschäftige mich am liebsten mit Biologie, insbesondere mit Ökologie. Die Natur ist grenzenlos erfinderisch und faszinierend. Wir werden im folgenden also wiederholt auf biologische Sachverhalte zu sprechen kommen. Übertrieben oft, wie es den Geschäftsleuten unter den Lesern mitunter scheinen mag, doch erfüllt die Biologie in unserem Zusammenhang einen unerläßlichen Zweck. Mit Beispielen aus der Biologie lassen sich schwierige Systembegriffe am einfachsten erklären. Jedes Beispiel, das Sie begreifen, erschließt Ihnen die Bedeutung eines Systembegriffs, der für das Verständnis der Geschäftsdynamik in der neuen Ökonomie von unschätzbarem Wert ist.

Anhaltspunkte für ein Verständnis des Wandels

In den letzten zehn Jahren haben die Biologen umfangreiches Material über komplexe biologische Gemeinschaften zusammengetragen; sie durchstöberten den mittelamerikanischen Dschungel, sammelten Insekten in Asien und beobachteten die Vögel der Arktis. Ein Gutteil dieser Arbeiten konzentriert sich auf die verwickelten und weitreichenden Beziehungen zwischen den Arten: Räuber und Beute, Blütenbestäuber und Pflanze, Leittier und Herde. Dabei ergab sich, daß manche Ökosysteme, insbesondere diejenigen, die häufig von potentiellen Neubesiedlern überschwemmt wurden, eine Elastizität, Flexibilität und Widerstandskraft ausbilden, die sie Katastrophen unbeschadet überstehen läßt. Ökosysteme wie die auf Hawaii hingegen, die sich isoliert von anderen entwickeln, sind ökologischen Katastrophen schutzlos ausgeliefert, so daß es mitunter zum massenhaften Aussterben ganzer Artengemeinschaften kommt.

Neuere Arbeiten zur Ökologie von Artengemeinschaften beschäftigen sich eingehend mit den sogenannten »Schlüsselarten«, die für ein Ökosystem von entscheidender Bedeutung sind. Wenn sie aus einem Ökosystem verschwinden, ändert sich das Leben innerhalb des Systems von Grund auf. Ein Beispiel dafür ist der Seeotter. Der Seeotter an der kalifornischen Küste ernährt sich von Seeigeln. Die Seeigel wiederum fressen Seetang und andere Meerespflanzen. Als die Ottern im 19. Jahrhundert nahezu ausgerottet waren, wuchs die Seeigelpopulation exponentiell an und verzehrte einen Großteil des Seetangs, wodurch die Artenvielfalt des Ökosystems drastisch zurückging. Der Meeresgrund verödete nahezu. Unter großen Anstrengungen machten Naturschützer die Seeotter in diesem Gebiet wieder heimisch. Die Seeigel wurden dezimiert und die Artenvielfalt entlang der Küste wiederhergestellt.

Ein weiterer Arbeitsschwerpunkt der Biologen waren die »exotischen« Arten, die, sobald sie in ein Ökosystem eingeschleust werden, ausgesprochen aggressiv und zerstörerisch wirken. So wurde in den fünfziger Jahren beispielsweise die aus Asien stammende Hydrilla-Pflanze in Florida eingeführt. Heute sind über 40 Prozent der Wasserläufe des Bundesstaats von Hydrilla verheert. Seen und Flüsse leiden unter Sauerstoffmangel, und einheimische Fische und andere Tierarten sterben aus. Da es praktisch unmöglich ist, die Hydrilla unter Kontrolle zu bekommen, wird die biologische Vielfalt und Robustheit der Region wohl dauerhaft Schaden nehmen.

Eine ausgezeichnete historische Darstellung der enormen Fortschritte im Bereich der ökologischen Forschung bildet Edward O. Wilsons hervorragende Abhandlung *The Diversity of Life,* eine Fundgrube an Anregungen für jeden, der sich von der Großartigkeit komplexer Systeme ein Bild machen will.[4]

Leider hinkt die Erforschung von ökonomischen Marktgemeinschaften weit hinter der Erforschung biologischer Artengemeinschaften her. Dabei zeigt eine eingehende geschichtliche Untersuchung der unternehmerischen Innovationen und der Erzeugung von Reichtum, daß diese beiden scheinbar so unterschiedlichen Welten wichtige Parallelen aufweisen.

Zwar sind Analogien aus dem Bereich der Biologie in Untersuchungen über die Geschäftswelt keine Seltenheit, doch erfolgt die Analogiebildung häufig in viel zu engen Grenzen und konzentriert sich fast ausschließlich auf den Topos der Artenentwicklung. So wurde beispielsweise immer wieder argumentiert, das Darwinsche Selektionsprinzip führe in der Marktwirtschaft dazu, daß nur die leistungsstärksten Produkte und Unternehmen überleben. Neuerdings, da der Unternehmensablauf im Zuge von Qualitätsmanagement und Reengineering in einzelne Prozesse zerlegt wird, vertreten manche Autoren die Auffassung, daß die leistungsstärksten Prozesse und Prozeßsysteme die schwächeren aus dem Rennen werfen. In beiden Fällen zielt die Argumentation auf den Prozeß von Mutation und Selektion, in dem sich die »Spezies« schrittweise verändern.

Im Laufe meiner Arbeit gelangte ich zu der Überzeugung, daß die Welt weit komplizierter ist und wir daher in umfassenderen Begriffen denken müssen. Verbesserungen der Unternehmensprozesse auf Spezies-Ebene sind fraglos von entscheidender Bedeutung, um den Erfolg eines Unternehmens zu sichern, und sie sind für die Gesellschaft sicherlich von unschätzbarem Wert. Doch müssen wir auch die anderen Formen der Evolution berücksichtigen, die in der Biologie ebenso wie in der Geschäftswelt eine überaus bedeutende, wenn auch weitgehend verkannte Rolle spielen. Dazu gehören die ökologischen und evolutionären Wechselwirkungen innerhalb eines Ökosystems, das als Gesamtheit der Organismen eines gegebenen Lebensraums einschließlich der physischen Umwelt selbst zu verstehen ist. Führungskräfte, die diese Dimensionen von Ökologie und Evolution zu verstehen lernen, verfügen über ein neues Modell zur Strategieplanung und neue Optionen, die für die Gestaltug der Zukunft ihres Unternehmens von ausschlaggebender Bedeutung sind.

Die Wandlungsprozesse in ökologischen Systemen vollziehen sich in unterschiedlichen Zeiträumen: Viele ökologische Veränderungen ereignen sich innerhalb der Lebenszeit eines Einzelorganismus, während evolutionäre Veränderungen zahlreiche Generationen benötigen. In unternehmerischen Ökosystemen[5] fallen diese beiden Zeiträume zusammen, da ein Unternehmen im Gegensatz zu biologischen Arten seine Evolution selbst steuern und innerhalb seiner Lebenszeit dramatische evolutionäre Veränderungen hervorrufen kann. Eine Führungskraft in einem unternehmerischen Ökosystem hat gegenüber den Arten eines biologischen Ökosystems einen entscheidenden Vorteil: Sie besitzt die Fähigkeit, den Gesamtzusammenhang zu überblicken und die Gesamtdynamik des Ökosystems zu verstehen. Dadurch kann ein Unternehmen seinen Charakter so verändern, daß es besser in sein Ökosystem paßt. Mehr noch: Ein Unternehmen kann künftige Veränderungen in seinem Ökosystem vorhersehen und sich durch antizipierende Evolution auf künftige Herausforderungen vorbereiten.

Das vorliegende Buch versteht sich als wegweisender Einstieg in die komplexen Zusammenhänge biologischer und unternehmerischer Ökosysteme, die uns als weitgespannte Netze verwickelter Beziehungen entgegentreten. Meine Untersuchung beschäftigt sich mit den verschiedenen Entwicklungsstadien von biologischen und unternehmerischen Ökosystemen und wird für die verschiedenen Stadien geeignete Ansätze entwickeln. Wenn Sie die verwickelten Zusammenhänge ökologischer und evolutionärer Beziehungen verstehen, sind Sie eventuell in der Lage, sie zu Ihrem Vorteil auszunutzen. Durch die Anwendung von Prinzipien, die der Biologie entlehnt sind, können Sie Ihr Unternehmen auf Erfolgs- und Wachstumskurs bringen.

Koevolution: Zukunftsgestaltung durch Zusammenarbeit

Der verstorbene Anthropologe Gregory Bateson, der sich zeit seines Lebens mit der Funktionsweise komplexer Systeme beschäftigte, hat mein Denken tief beeinflußt. Seine zum Weiterdenken anregenden Theorien zur Koevolution, zur Kultur und zu Suchtphänomenen in natürlichen und sozialen Systemen sind überaus faszinierend. Am meisten beeindruckte mich, wie oft er Systeme in biologischen Begriffen beschrieb und dann zu verstehen suchte, welche Rolle das Bewußtsein in diesen Systemen spielt.[6]

Bateson konzentrierte sich bei seiner Arbeit auf allgemeine Muster. Dabei beobachtete er, daß die Systemteile – sei das System ein Unternehmen, eine Gesellschaft, eine Artengemeinschaft oder eine Familie – in ihrem Verhalten koevoluieren. Was bedeutet »koevoluieren« in diesem Zusammenhang? In *Geist und Natur* beschreibt Bateson Koevolution als einen Prozeß, in dem sich interdependente Spezies in endloser Wechselwirkung fortentwickeln: »Veränderungen in der Spezies A bilden die Ausgangsbedingungen für die natürliche Selektion von Veränderungen in der Spezies B« und umgekehrt. Nehmen wir beispielsweise die Beziehung zwischen Karibu und Wolf. Der Wolf merzt die schwächeren Karibus aus und stärkt damit die Herde. Wird die Herde aber stärker, so müssen auch die Wölfe sich entwickeln und stärker werden, um sich durchzusetzen. Und so zeigt das Muster weder ausschließlich Wettbewerb noch ausschließlich Kooperation, sondern eben Koevolution. Mit der Zeit, da die Koevolution ihren Lauf nimmt, wird so das ganze System stärker.

Von Batesons Standpunkt aus besehen, kommt dem Begriff der Koevolution mehr Bedeutung zu als der schlichten Alternative Wettbewerb oder Kooperation. Dasselbe gilt auch für die Geschäftswelt. Zu viele Unternehmensführer verbringen ihre Zeit hauptsächlich damit, auf Produkt- und Dienstleistungsebene kurzfristige Wettbewerbsvorteile gegenüber ihren Konkurrenten zu erringen. Andererseits legen seit wenigen Jahren mehr Manager größeres Gewicht auf Kooperation: Sie festigen ihre Beziehungen zu Kunden und Zulieferern mit Schlüsselposition, und manche kooperieren in gewissen Fällen sogar mit ihren direkten Mitbewerbern, etwa bei der Festlegung von technischen Standards oder in gemeinsamen Forschungsprojekten, aus denen beide Parteien Nutzen ziehen.[7]

Doch gibt es unter den weltweit leistungsstärksten Firmen auch einige, die ihre Geschäftsvorteile dadurch erringen, daß sie die wirtschaftliche Koevolution steuern lernen. Unternehmen wie Intel, Hewlett-Packard, Shell, Wal-Mart, Creative Artists Agency und andere erkennen, daß sie in einem dynamischen Umfeld leben, das zahllose Chancen bietet. Das Topmanagement dieser Unternehmen hat die Aufgabe, potentielle Innovationszentren ausfindig zu machen und die Beiträge anderer Mitspieler dort so zu vernetzen und abzustimmen, daß der Nutzen für die Kunden wie auch für die Hersteller maximiert wird. Diese Führungskräfte haben sich, ob durch Wettbewerb oder durch Kooperation, nicht nur im eigenen Industriezweig und gegenüber den derzeitigen Mitbewerbern als führend zu erweisen, sondern auch verschiedenartige Geschäftselemente zu neuen wirtschaftlichen Einheiten zu strukturieren, aus denen neue Unternehmen, neue Wettbewerbs- und Kooperationsregeln und neue Industrien hervorgehen können. Die folgenden Kapitel zeigen aus der Innenansicht, wie diese Unternehmen die Evolution der Geschäftswelt bewußt zu gestalten suchen.

Der neue Ansatz: Ausbreitung über die Grenzen der herkömmlichen Industriezweige hinweg

An bestimmten Orten der Erde, beispielsweise in den Regenwäldern des Amazonasgebiets, tobt die biologische Evolution mit geradezu verrückter Geschwindigkeit voran. Schamlos experimentiert die Natur in diesen hyperaktiven Gebieten mit neuen Varietäten, neuen Evolutionsschleifen und neuen genetischen Innovationsstrategien. So werden neue Organismen konzipiert, die zu gegebener Zeit ausschlüpfen und die übrige Welt bevölkern.

Auf ähnlich beispiellose Weise ist seit kurzem die Geschäftswelt in Bewegung geraten. Es gibt in der globalen Ökonomie erkennbar heiße Plätze, an denen sich die Evolutionsaktivität ungeheuer beschleunigt hat und die Geschäftstätigkeit übermäßig schnell und ungebunden voranschreitet. Neue Technologien, Deregulierung und verändertes Kundenverhalten schaffen eine neue Wettbewerbslandschaft. In veränderter oder Embryonalform sprießen neue Unternehmungen aus dem frisch gerodeten fruchtbaren Boden.

Diese Unternehmen verfügen über einen entscheidenen Wettbewerbsvorsprung. In gewissem Sinn kann man sie als Renegaten bezeichnen. In ihrer marodierenden Art respektieren sie weder die traditionellen Wirtschaftsparadigmen noch die herkömmliche Unterteilung in Wirtschaftszweige. Ihre Gemeinsamkeit besteht in der Tat darin, daß sie die bisher gültigen Unternehmens- und Industriemodelle umwälzen und die Grenzen zwischen den Wirtschaftszweigen durchlässiger gestalten.

Wir erleben faktisch das Ende des Wirtschaftszweigs.

Das heißt nicht, daß wir nun die Auflösung der Luftfahrt- oder Zementindustrie zu beklagen hätten. Wir meinen vielmehr, daß der Begriff »Wirtschaftszweig« zur Beschreibung der wirtschaftlichen Realitäten ausgedient hat. »Wirtschaftszweig« ist ein Produkt der Jahrhundertmitte, als die Evolution der Geschäftswelt noch gemächlich voranschritt. Die Annahme, es gebe genau umrissene, unveränderliche Branchen, in denen Wirtschaftssubjekte um die Vorherrschaft kämpfen, ist hinfällig und hat sich überlebt. Sie hat mit den Kräften, die die Welt derzeit gestalten, wenig zu tun. Der Begriff selbst ist schon eine Vereinfachung, die nur einen Teil der wirtschaftlichen Realität einigermaßen angemessen beschreibt. Bei Licht besehen, ist er nicht viel mehr als ein grobes Raster zur Unterscheidung und Abgrenzung unternehmerischer Tätigkeitsfelder, eine Fiktion, die von wirtschaftspolitischen Entscheidungsträgern, Verwaltungsbeamten, Investmentexperten und Wirtschaftswissenschaftlern, die sich mit Unternehmensstrategie befassen, in die Welt gesetzt wurde.

Die Managementkonzeption wichtiger Führungskräfte hat sich in den vergangenen zwei bis drei Jahren tiefgreifend gewandelt. Früher konnte man vielen Topmanagern zurecht vorwerfen, daß sie die strukturellen Veränderungen in der Weltwirtschaft und deren Auswirkungen auf ihr Unternehmen nicht wahrhaben wollen. Heute gibt es kaum noch ein Managementteam, dem man vorhalten könnte, es nehme die Realitäten nicht zur Kenntnis. Daß sich die Zeiten wirtschaftlich geändert haben, braucht man heute nicht mehr zu beweisen; darüber herrscht weitgehend Einverständnis. Die traditionellen Grenzen zwischen den Industriezweigen, die wir bisher als selbstverständlich annahmen, verwischen sich zunehmend und lösen sich in vielen Fällen ganz auf.

Michael Ovitz war und ist ein mächtiger Katalysator dieses Wandels. Der ehemalige Vorsitzende der Creative Artists Agency und derzeitige Präsident von Disney erteilte den herkömmlichen Geschäftspraktiken eine Absage und wandte sich der Schaffung neuartiger unternehmerischer Ökosysteme zu. Mit charakteristischer Verwegenheit weitete er seinen Geschäftsbereich über die Vermittlung kreativer Werbefachleute hinaus aus und schnitt sich auf Kosten von McCann Erickson eine hübsche Scheibe vom Geschäft mit Coca-Cola ab. Heute ist Ovitz der führende Kopf eines weiteren beispiellosen unternehmerischen Ökosystems, einer neuen Werbeagentur, an der sowohl Coke als auch Disney beteiligt sind. Als Präsident des fortlaufend expandierenden Disney-Imperiums wußte er Ressourcen von einzigartiger Qualität zu einem in sich abgerundeten System zusammenzufügen. Wer hätte gedacht, daß Disney seine Sachkenntnis auf dem Gebiet der Imagepflege strategisch verselbständigt und ein Gemeinschaftsunternehmen mit Coke gründet? Doch wer wäre besser geeignet, Coke bei der Pflege und Stärkung seines Markenimage zu beraten, als Ovitz und sein Disney-Team? Ovitz dirigiert ein hochinnovatives Wirtschaftssystem, das wohl Hunderte von Gemeinschaftsunternehmen auf dem Gebiet der Werbung und Verkaufspolitik hervorbringen wird.

Disney unter der Führung von Ovitz ist nicht das einzige Unternehmen, das sein Geschäftsfeld erweitert. Circuit City vermarktet neuerdings nicht nur Tuner und Verstärker, sondern auch Gebrauchtwagen. Shell Oil gehört in den skandinavischen Ländern, wie ich überrascht feststellte, zu den größten Lieferanten abgepackter Wurst. Ein Gutteil der Shell-Tankstellen wurde zu kleinen Supermärkten umfunktioniert, die den Appetit der Autofahrer ebenso befriedigen wie den der Autos.

Eine neue handlungsanleitende Logik

Die eigentliche Frage, die sich dem Management heute stellt, ist nicht, ob uns die beschriebenen Veränderungen ins Haus stehen, sondern wie die Strategiebildung in dieser neuen Welt auszusehen hat. Nur wenige Managementteams zeigten sich bisher fähig, systematische Ansätze für den Umgang mit den neuen geschäftlichen Gegebenheiten zu entwickeln. Die meisten schlagen sich mit mehr oder weniger Erfolg durch, haben aber keine klare Vorstellung, wie sie die neuen strategischen Probleme konzeptionell fassen, geschweige denn wie sie sie praktisch angehen sollen.

Am dringendsten brauchen wir eine neue Sprache, eine neue Logik der Strategiebildung und neue Methoden der Implementierung. Viele unserer alten Vorstellungen sind einfach gegenstandslos geworden. Unsere Diversifizierungsstrategien zum Beispiel, die schwerpunktmäßig auf »attraktive« Industrieunternehmen und -zweige abzielen, gehen vielfach davon aus, daß die Industriestruktur ein für allemal feststeht, wo die Erfahrung doch lehrt, daß sie sich ungeheuer schnell fortentwickelt. Unsere herkömmlichen Vorstellungen von vertikaler und horizontaler Konzentration führen uns in der neuen Welt der kooperierenden Marktgemeinschaften in die Irre. Economies of Scale and Scope, das heißt Größen- und Umfangsvorteile, sichern nicht mehr unbedingt einen Wettbewerbsvorsprung. Viele Firmen können das gewinnbringende Produktionsvolumen erreichen. Flexible Systeme zur kundenspezifischen Produktgestaltung und Erzielung größerer Produktvielfalt stehen bei geringem finanziellem Mehraufwand für viele Geschäftsfelder zur Verfügung. Größe und Umfang spielen in der neuen Welt aber nur insofern eine Rolle, als sie ein Unternehmen befähigen, dauerhaft auf Innovationskurs zu bleiben und seine Kosten bei wachsender Leistungsfähigkeit kontinuierlich zu senken.

Ein Unternehmen, das sich in der neuen Weltordnung als Marktführer profilieren will, muß sich, allen Klassifizierungsversuche zum Trotz, ständig von Grund auf verändern. Soll man Wal-Mart als Einzelhandelskette, Großhändler oder Informationsdienstleistungs- und Logistik-Unternehmen einordnen? Hat sich Intel den wirtschaftlichen Gegebenheiten der Halbleiterindustrie anzupassen oder hat es im Bereich der Personal Computer die Führung mehrerer koevolvierender Ökosysteme übernommen? Heißen seine Mitbewerber Texas Instruments und NEC oder Microsoft und Compaq?

An Stelle von »Industriezweig« schlage ich als Alternative den passenderen Terminus *business ecosystem* oder »unternehmerisches Ökosystem« vor. Dieser Begriff umschreibt die durch intensive Koevolution geprägten mikroökonomischen Einheiten, die sich um innovative Ideen herum bilden. Ein unternehmerisches Ökosystem umspannt eine Vielfalt von Industriezweigen. Die betreffenden Unternehmen entwickeln gemeinsam neue Fähigkeiten im Umkreis der Innovation, und sie kooperieren teils, teils konkurrieren sie miteinander, wenn neue Produkte eingeführt werden, Kundenwünsche zu berücksichtigen sind und die nächste Innovationsrunde ins Haus steht. Microsoft beispielsweise schuf ein Ökosystem, das mindestens vier Hauptindustriezweige durchzieht: Personal Computer, Haushaltselektronik, Datenverarbeitung und Kommunikationstechnologie. Das Microsoft-Ökosystem, das sich um innovative Prozesse im Bereich der PC-Datenverarbeitung zentriert, umfaßt ein ausgedehntes Zulieferernetz, darunter Intel und Hewlett-Packard, und unzählige Kunden aus den verschiedensten Marktsegmenten.

Als weiteren neuen Begriff möchte ich den Terminus *opportunity environment* oder »Chancenumfeld« einführen. Er bezeichnet einen Raum von unternehmerischen Möglichkeiten, der durch unbefriedigte Kundenwünsche, losgelassene Technologien, potentielle Deregulierung, bedeutende Investoren und viele andere ungenutzte Ressourcen charakterisiert ist. Unternehmerische Ökosysteme entwickeln sich wie die biologischen in einem umfassenderen Umfeld. Da die traditionellen Grenzen zwischen den Industriezweigen erodieren, sehen sich viele Unternehmen plötzlich mit den unwahrscheinlichsten Konkurrenten konfrontiert. Gleichzeitig ziehen die kreativsten und aggressivsten Unternehmen aus diesen ausgedehnteren Territorien großen Gewinn und verändern die Landschaft durch die Implementierung neuer Ökosysteme. Stimmige Strategiebildung in der neuen Ordnung hat daher mit der Beschreibung des Chancenumfelds zu beginnen. Innerhalb dieses Umfelds kreist die Strategiebildung um die Frage, wie man die sich bietenden Möglichkeiten innovativ nutzen und tragfähige Netzwerke mit anderen unternehmerischen Ökosystemen schaffen kann.

Leider gehen die derzeit tonangebenden Strategiemodelle von der falschen Annahme aus, daß Wettbewerb nur innerhalb klar umrissener Industriezweige stattfindet. Folglich sind diese Vorstellungen im heutigen Geschäftsklima nahezu nutzlos und werden in Zukunft wohl weiter an Geltung verlieren. Kann man die wirtschaftlichen Ereignisse von morgen ausgehend von diesen Vorstellungen verstehen? Ich habe da meine Zweifel. Die Frage nach der künftigen Existenzgrundlage eines Unternehmens ist weit wichtiger als das Problem, mit welchen Mitbewerbern, die aufgrund oberflächlicher Ähnlichkeiten zum Industriezweig erklärt werden, es zu rechnen hat.

Wir konkurrieren in einer zweigeteilten Welt. Die Führungskräfte von heute müssen sämtliche Strategiefragen daher unter zwei verschiedenen Blickwinkeln betrachten. Sie müssen dem weiteren Chancenumfeld Beachtung schenken und sich durch die Implementierung eines unternehmerischen Ökosystems, das diese Möglichkeiten am besten nutzt, an die Spitze zu setzen suchen. Die vorherrschenden Ökosysteme der Zukunft werden wohl aus Organisationsnetzen bestehen, die sich über mehrere Industriezweige erstrecken und miteinander konkurrieren.

Gleichzeitig müssen die Führungskräfte ihr Unternehmen weiterhin mit traditionellen Augen sehen, als Bestandteile homogener Industriezweige, in denen mit harten Bandagen um Marktanteile und Zuwachsraten gekämpft wird. Unter dem Blickwinkel der Strategiebildung spielt es keine Rolle mehr, ob man in einem altehrwürdigen Industriezweig wie dem Bankgeschäft und der Automobilindustrie oder in einem quicklebendigen neuen Bereich wie dem Kabelfernsehen und der PC-Welt tätig ist. Das Verständnis der eigenen Branche ist daher nur der erste Schritt auf der Jagd nach Kunden, Innovationen und Wachstum.

Lernen Sie von Unternehmen, die bereits in den neuen Ansatz investieren

Ein Wort zu Aufbau und Zweck dieses Buchs. Ich betätige mich hier als Naturforscher und beschreibe, wie sich führende Unternehmen in der sich ständig wandelnden neuen Umwelt verhalten. Die Verschränkung von theoretischer Konzeptualisierung und praxisnaher Beobachtung beabsichtigt, das strategische und zielorientierte Denken von Unternehmensführern nachhaltig zu verändern, damit sie, orientiert an der Denkweise der Biologen und Kognitivisten, die Herausforderungen dieser herrlichen neuen Welt erfolgreich bestehen können. Ich denke, daß diese konzeptuellen Veränderungen aus drei Gründen lebenswichtig sind.

Erstens breiten sich die Bedingungen und Herausforderungen, wie sie in den bewegtesten Sektoren der globalen Ökonomie vorherrschen, unaufhaltsam auf alle anderen Wirtschaftsbereiche aus. Die Dynamik dieser Zentren und die Herausforderungen, die sich den aktivsten Unternehmen und Geschäftsführern dort stellen, sind nunmehr für uns alle relevant.

Zweitens wird in den heißesten Zentren des wirtschaftlichen Wettbewerbs – Computerindustrie, Kommunikation, Medien, Einzelhandel und Gesundheitsfürsorge – derzeit an neuartigen Strategie- und Führungsansätzen gearbeitet. Diese Ansätze werden mitunter nicht einmal von denen, die sie formulieren, richtig verstanden, geschweige denn von der breiteren Öffentlichkeit. Dabei ist die Tragweite dieser strategischen Ambitionen schier atemberaubend. Sollten sie sich durchsetzen, wird sich unser Alltagsleben tiefgreifend verändern. Schon jetzt ist deutlich, was der Titel des vorliegenden Buchs unterstreicht: das Ende des Wettbewerbs, wie wir ihn kennen.

Drittens finden diese Ideen bereits heute in der Geschäftswelt Verbreitung; sie werden unser Geschäftsgebaren daher mit Sicherheit auf dramatische und irreversible Weise beeinflussen. Aus diesen Gründen sollten Geschäftsleute, in welchem Bereich sie auch tätig sind, zumindest im Groben verstehen, was auf uns zukommt.

Die wichtigste Aufgabe der Unternehmensführung: Die Schaffung von Marktgemeinschaften mit gemeinsamen Zukunftsvorstellungen

In einem wichtigen Punkt lassen sich die Gegebenheiten der Geschäftswelt allerdings nicht mit der biologischen Metaphorik fassen. Anders als koevoluierende biologische Artengemeinschaften sind Marktgemeinschaften soziale Systeme. Und soziale Systeme bestehen aus wirklichen Menschen, die Entscheidungen treffen. In einem unternehmerischen Ökosystem entwickeln sich wirklichkeitsmächtige gemeinsame Zukunftsvorstellungen, die in der Natur keine Entsprechung haben. Sicher wählen auch Tiere vielfach ihren Lebensraum, ihren Partner und ihr Verhalten. In der Wirtschaft aber verbringen Strategen, Entscheidungsträger und Investoren viel Zeit damit, das Spiel als Ganzes zu durchschauen und erfolgversprechende Spielzüge oder Regelveränderungen zu konzipieren. Dieses bewußte Eingreifen in den Gesamtzusammenhang ist ein zentraler Bestandteil ökonomischer Beziehungen.

Mehr noch, Wirtschaftseinheiten, Gesellschaften und Unternehmen werden in erster Linie durch gemeinsame Vorstellungen zusammengehalten. Ein Großteil der Führungs- und Unternehmensstrategie beruht daher auf der Schaffung gemeinsamer Deutungsmuster, die wiederum die Zukunft mitgestalten. 1995 beispielsweise gewannen Millionen von Menschen die Überzeugung, daß ein wachsender Teil des Handels, der Unterhaltung und der zwischenmenschlichen Kommunikation künftig über das Internet verläuft. Eilig klinkten sie sich ein und schufen damit die Grundlage dessen, was sie am Horizont heraufziehen sahen. Neben vielen anderen Faktoren, die das Interesse am Internet exponentiell in die Höhe schnellen ließen, war die Einführung der Software-Sprache Java durch Sun Microsystems von entscheidender Bedeutung. Mit Java wurde es möglich, ansprechende Computeranimationen über das Internet zu schicken.

Sun Microsystems stellt eine breite Palette von Computern her. Java ging aus einem kleinen Forschungsprojekt hervor, das eher aus der Reihe fiel. Dennoch erkannten die Geschäftsführer von Sun, daß Java neues Leben in die Gemeinschaft bringen könnte. So beschlossen sie, Java nicht als ein Produkt unter vielen anderen zu behandeln, sondern schickten es in die Welt hinaus, um der Begeisterung fürs Internet neue Nahrung zu geben und Suns Image als führende Kraft zu stärken. Nicht als Produkt zählte Java, sondern als Kampagne. Die Verkaufszahlen von Sun Microsystems schnellten in die Höhe, der Börsenwert des Unternehmens nahm zu, und andere Stakeholder zogen nach.

Die Geisteshaltung verleiht einem unternehmerischen Ökosystem seine eigentümliche Harmonie, seinen Sinn und seinen Rhythmus. Die allgemeineren Muster eines koevoluierenden Geschäftszusammenhangs gehen aus einem komplexen Geflecht von Einzelentscheidungen hervor, die zumindest zum Teil vom Bewußtseinsstand der Mitwirkenden abhängen. Wie Gregory Bateson hervorhob: Wenn man die in einem sozialen System geltenden Ideen verändert, verändert man das System selbst. Wir erleben die Geburt neuer Ideen. Allein die Tatsache ihres Entstehens verändert die realen Bedingungen. Wer sich diese neuen Ideen nicht zu eigen macht, steht auf verlorenem Posten.

Je besser es die Unternehmen verstehen, neue Ökosysteme zu schaffen und sie wie ein Förster oder Gärtner zu hegen und zu pflegen, desto nachhaltiger wird das neue Bewußtsein die unternehmerische Strategiebildung prägen. Die Evolution in diesem Bereich wird ein neues Stadium erreichen. Alfred Chandler zeichnet in seinem großartigen Werk zur Unternehmensgeschichte, *The Visible Hand,* den Aufstieg des divisionalen Unternehmens in den Jahren zwischen 1900 und 1930 nach und beschreibt die Geisteshaltung von Leuten wie Alfred Sloane, die die Entwicklung der neuen Organisationsform vorantrieben.[8] Heute sind wir Zeugen der nächsten Revolution, die über das divisionale Unternehmen und die sichtbare Hand hinausführt. Wir brauchen die Fähigkeit, in einer Umwelt von ungeheurer Formbarkeit, die mit immensen Ressourcen und leistungsstarken Informationssystemen ausgestattet ist, mikroökonomische Beziehungen rasch und treffsicher zu knüpfen und wieder aufzulösen. Wir betreten ein Zeitalter, das Phantasie von uns verlangt.

In einem Zeitalter der Phantasie dreht sich der Kampf zwischen den Unternehmen in entscheidender Weise um die Seelen der Kunden und die Herzen ausgedehnter Anbietergemeinschaften und assoziierter Unternehmen. Seltsame Dinge können sich in dieser neuen Welt virtueller Organisationen ereignen. Unsere herkömmlichen Wettbewerbs- und Kooperationsvorstellungen haben ihre Gültigkeit verloren. In der neuen Welt orientiert sich die Strategiebildung am Konzept der Koevolution, das ein neues Stadium des Wettbewerbs beschreibt. Wettbewerb auf dieser höheren Ebene zielt auf den Entwurf attraktiver Zukunftsvorstellungen und spornt zu gemeinsamem Handeln an. Microsoft führt uns das eindringlich vor Augen. Obwohl das Unternehmen die meiste Zeit seines höchst einflußreichen Bestehens nicht mehr als 6 Mrd. Dollar an jährlichen Verkaufserlösen verbuchte, prägt und gestaltet es das kollektive Verhalten einer nach tausenden zählenden Marktgemeinschaft assoziierter Anbieter.

Je mehr jedoch die Vorteile eines leistungsstarken und einflußreichen Ökosystems zu Bewußtsein kommen, desto vorsichtiger erwägen manche prospektiven Partner, ob sie sich in die Strategie eines führenden Unternehmens einklinken sollen. Der Wettbewerb um die Führung der Koevolution zeitigt mitunter ein eigentümlich paranoisches Verhalten, das bis zur Zerstörung einer Marktgemeinschaft gehen kann. Am PC-Bereich konnten wir diesen Zusammenhang bereits beobachten. Als deutlich wurde, daß Microsoft maßgeblich daran beteiligt war, die Vorherrschaft von IBM zu brechen, wurden alle Beteiligten in der Computer-, Kommunikations- und Unterhaltungsindustrie auf einmal vorsichtig.

Nun berücksichtigen prospektive Allianzpartner von Microsoft bei ihren Überlegungen, ob sie sich dem Unternehmen aus Redmond anschließen sollen, nicht nur den Nutzen, den sie daraus ziehen könnten, sondern auch die möglichen Kosten. Nicht wenige äußern Vorbehalte und gehen auf Abstand. Im Sommer 1993 beispielsweise brachen die »Cablesoft«-Gespräche zwischen Microsoft, den Kabelgiganten TCI und Time Warner und anderen Unternehmen zusammen, weil die Bedenken der Partnerunternehmen hinsichtlich der Beweggründe und der führenden Stellung von Microsoft den kalkulierten Nutzen, den eine Zusammenarbeit versprach, überwogen – was wiederum Sun Microsystems und Java zugute kam. Manche Stakeholder fanden Java zum Teil allein deshalb attraktiv, weil das Programm nicht von Microsoft stammt. Der Erfolg von Sun und Java war willkommen, weil er der zukunftsprägenden Macht von Microsoft Grenzen setzt.

Die neue Unternehmensökologie

In den folgenden Kapiteln werden wir darlegen, inwiefern unternehmerische Ökosysteme ähnlich wie biologische Ökosysteme funktionieren. Das Verständnis dieser Evolutionsmuster steht im

Mittelpunkt der Strategiebildung. Folgende vier Stadien prägen die Entwicklung unternehmerischer Ökosysteme: die Pionierphase, die Expansionsphase, die Autoritätsphase und die Erneuerungsphase. In der Realität gehen die vier Stadien ineinander über, und die Herausforderungen, denen sich das Management in der einen Phase gegenübersieht, kehren vielfach auch in den anderen Stadien wieder. Gleichwohl läßt sich diese Abfolge bei vielen Unternehmen nachweisen, und dies in so unterschiedlichen Geschäftszweigen wie dem Einzelhandel, dem Unterhaltungsgewerbe und der pharmazeutischen Industrie. Überall zeigt sich dasselbe Muster, der Prozeß der Koevolution, das komplexe Zusammenspiel von wettbewerbsbezogenen und kooperativen Unternehmensstrategien.

Das vorliegende Buch beabsichtigt, wenn man so sagen kann, die weißen Stellen auf der neuen ökologischen Landkarte der Unternehmensevolution und des Unternehmenswettbewerbs zu füllen. Denn nur eine solche Landkarte kann uns zuverlässig den Weg in die Zukunft ökonomischer Systeme weisen.

Die ungeheuren Veränderungen, die sich in der Geschäftswelt bereits ereignet haben, sind nur ein kleiner Vorgeschmack auf das Kommende. Wenn die ökologische Herangehensweise an Managementfragen größere Verbreitung findet und mehr Führungskräfte ein Bewußtsein für die Bedeutung von Koevolution entwickeln, wird sich der Wandel in der Geschäftswelt exponentiell beschleunigen. Führungskräfte, die sich von ihrer traditionellen Sichtweise nicht freimachen können, werden die realen Herausforderungen und die Chancen, die sich ihrem Unternehmen bieten, verschlafen. Stakeholder und Direktoren, die die neue Realität wahrnehmen, werden ihnen möglicherweise nahelegen, den Hut zu nehmen. Für Unternehmen, die sich als Teil eines dynamischen unternehmerischen Ökosystems wiederfinden, steht sicher viel auf dem Spiel – aber der Einsatz lohnt sich, und die Herausforderungen sind aufregend wie nie zuvor.

2. Eine ökologische Metapher

Eine Viertelerdumrundung von unserem Paradies auf Hawaii entfernt liegt Costa Rica, ein Land, das bei ähnlicher materieller Beschaffenheit völlig andere biologische Verhältnisse aufweist.[1] Costa Rica ist wie Hawaii eine ökologisch vielfältige tropische Vulkanlandschaft. Der Unterschied besteht in der geographischen Lage: Costa Rica liegt auf der schmalen Landbrücke zwischen Nord- und Südamerika, Hawaii isoliert im weiten Pazifischen Ozean. Über einen Zeitraum von fast drei Millionen Jahren wurde Costa Rica von zahllosen Spezies überschwemmt, die in ununterbrochener Folge aus dem Norden wie aus dem Süden zuwanderten. Der Begriff »exotische Spezies« hat an einem Ort, der für Neueindringlinge so leicht zugänglich ist, praktisch keine Bedeutung.

Die Arten, die den Wettbewerb in diesem Schmelztiegel überlebt haben, besitzen die nötige Widerstandsfähigkeit zur erfolgreichen Verteidigung ihrer Nische. Da sie ständig Neueindringlinge abwehren müssen, legen sie sich spezielle Schutzvorrichtungen zu. Die Pflanzen beispielsweise entwickeln gegen räuberische Tierarten ein hochdifferenziertes Arsenal an Fallen, darunter feine Behaarungen der Stengel, die manchen Insekten zum Verhängnis werden, klebstoffähnliche Substanzen, an denen ihre Feinde hängen bleiben, oder Stoffe, die die Verdauung blockieren. Millionen von Tier- und Pflanzenarten haben Millionen solcher Abwehrmechanismen ausgebildet, und so schaffen es nur wenige Exoten, sich dauerhaft niederzulassen, und auch dies nur in begrenzter Anzahl. Insgesamt sind die Ökosysteme von Costa Rica weit robuster und widerstandsfähiger als die auf Hawaii. Im Gegensatz zu den verletzlichen Ökosystemen auf Hawaii lassen sich die costaricanischen zumal durch exotische Nachzügler kaum stören. Zudem sind sie im allgemeinen eher in der Lage, sich nach einem Angriff wieder zu erholen. Deutlich wird diese Fähigkeit an der bemerkenswerten Geschichte der Wiederaufforstung des Trockenwalds.

Der costaricanische Trockenwald lockte lange Zeit landsuchende Farmer und Viehzüchter an. Um die Mitte dieses Jahrhunderts waren daher fast alle einheimischen Spezies verschwunden. Vor wenigen Jahren aber startete eine Kampagne zur Wiederaufforstung. Mit Unterstützung der costaricanischen Regierung und mit Geldern von Umweltorganisation aus aller Welt wurde seit 1971 Land aufgekauft und in den costaricanischen Nationalpark eingegliedert. Zur ökologischen Wiederbelebung des Weide- und Ackerlands griff man auf die Restbestände des Trockenwalds zurück. Fast schlagartig begannen die einheimischen Trockenwald-Spezies sich in den Gebieten des neuen Nationalparks auszubreiten. Nach Schätzungen von Biologen wird es noch ungefähr fünfzig Jahre dauern, bis man die wiederhergestellten Gebiete in ökologischer Hinsicht praktisch nicht mehr von unberührtem Urwald unterscheiden kann.

Wir sehen also, daß natürliche Ökosysteme hinsichtlich ihrer Widerstandskraft und ihrer Fähigkeit, Herausforderungen zu bestehen, stark voneinander abweichen. Ökosysteme vom Typus Hawaii, die, vor Eindringen geschützt, in vergleichsweiser Isolation koevoluieren, mögen auf verwickelte Weise miteinander verwoben sein – effektive Abwehrmechanismen entwickeln sie nicht. Sie sind exotischen Spezies praktisch hilflos ausgeliefert und können sich nach einer Katastrophe nur schwer erholen. Dagegen bilden Ökosysteme, die sich unter einem dauernden Zustrom von Neuankömmlingen entwickeln, eine nahezu unzerstörbare Zählebigkeit aus.

Ähnlich verhält es sich mit Geschäftszweigen, die durch hohe Zolltarife, traditionelle Industrieschranken oder staatliche Regulierungsbestimmungen geschützt sind. Es fehlt ihnen meist, was offenere rivalisierende Ökosysteme zur Hand haben: ein differenziertes Arsenal an Verteidigungswaffen. Denken wir nur an die Bedingungen, unter denen der elektrische Anlagenbau, die Telephon- und Transportgesellschaften, die Banken und andere Dienstleister im Finanzbereich arbeiteten, bevor die staatlichen Regulierungsbestimmungen abgebaut wurden. Denken wir an die öffentliche und private Gesundheitsfürsorge, in der bis Anfang der achtziger Jahre Maßnahmen zur Kostenbegrenzung wirksam waren. Sie alle entwickelten sich in schwer bewachten Arealen, das heißt unter ökologischen Bedingungen vom Typus Hawaii. Sie waren zu sehr mit sich selbst beschäftigt und verfügten daher über keine effektiven institutionellen Abwehrmechanismen gegen mögliche Angriffe.

Auf der anderen Seite weisen aber auch viele Geschäftszweige die ökologischen Züge Costa Ricas auf; mit ihren durchlässigeren Grenzen sind sie für neue Ideen, Menschen und Organisationen leichter zugänglich. Zu denken wäre hier an den Einzel- und Großhandel, das verarbeitende Gewerbe, die Elektronikindustrie, die Computer-Hardware- und Software-Industrie sowie manche Bereiche der Unterhaltungsindustrie. In diesen Sektoren scheint im allgemeinen ein härterer Wettbewerb zu herrschen. Nicht wegen, sondern eher trotz gewisser wirtschaftspolitischer Regulierungsmaßnahmen, ja mitunter sogar gegen sie, nehmen in diesen Wirtschaftsbereichen einzelne Unternehmen eine Führungsposition ein.

Das wettbewerbsintensivste unternehmerische Ökosystem nach costaricanischem Vorbild entsteht wohl am Schittpunkt von Computer-, Kommunikations-, Unterhaltungs- und Finanzdienstleistungsindustrie. Die führenden Unternehmen treiben die Produkt- und Prozeßinnovation beständig mit ungeheurer Geschwindigkeit voran. In diesem Umfeld gibt es unmißverständlich Gewinner und Verlierer. Wer nicht mithalten kann, fällt aus dem Rennen – oder zumindest sehr weit zurück. Die Unternehmen, die in diesem Umfeld mitmischen, bieten zunehmend nur noch eine oder wenige spezialisierte Leistungen an und sondern alles aus, was ihnen auf ihrem steilen Weg zu besserer Produktqualität und geringeren Kosten hinderlich erscheint. Gleichwohl sind sich diese Organisationen bewußt, daß sie zusammenarbeiten müssen, und bilden daher mit Hilfe der Informations- und Kommunikationstechnologien Netzwerke und virtuelle Teams. Darüber hinaus haben sie Wege gefunden, ihre Zukunftsvisionen aufeinander abzustimmen, damit sie mit ihren Forschungs- und Entwicklungsanstrengungen, ihren Produktplänen und Marktschaffungsaktivitäten am selben Strang ziehen und schneller zu Ergebnissen kommen.

Vor kurzem hatte ich ein Gespräch mit einer Managerin eines

Maklerbüros für Unternehmensfusionen und -übernahmen, das auf den Computer- und Kommunikationssektor spezialisiert ist. Als sie ihre Zielgruppe mit dem Terminus »Informationsraum« beschrieb, mußte ich lachen: Die Wortfügung traf den Nagel auf den Kopf, obwohl ich sie in diesem Geschäftszweig à la Costa Rica nicht erwartet hätte. In einer dynamischen Welt müssen wir uns nicht nur über bestehende abgegrenzte Märkte verständigen können, sondern auch über potentielle Märkte. Wir brauchen eine Sprache, mit der sich fassen läßt, was uns in den Kopf schießt, wenn wir die Wirklichkeit nach Möglichkeiten abscannen. Deshalb trifft »Informationsraum« die Sache viel besser als »Computer- und Kommunikationsindustrie« oder ähnlich enggefaßte Beschreibungen.

Vieles, was wir in diesem Buch an neuen Ideen formulieren, hat seine höchste und weitgehendste Ausprägung in diesem »Informationsraum« vom Typus Costa Rica erfahren. Ein regelrechter Kampf um Lebensraum ist entbrannt. Wer daraus siegreich hervorgehen wird und wie die entsprechenden Ökosysteme aussehen werden, ist schwer zu sagen. Ich bin jedoch überzeugt, daß ein besseres Verständnis der Transformationsdynamik von Ökosystemen allen Beteiligten von Vorteil sein wird. Und was noch wichtiger ist: Die angesprochene Problematik wiederholt sich in den meisten anderen Geschäftszweigen und ist daher für alle Manager von kritischer Relevanz. Um diese Fragen zu erhellen, bietet sich die metaphorische Verwendung biologischer Zusammenhänge geradezu an.

Eine neue Perspektive: Geschäftswelt und Ökosysteme

Um die Prämisse dieses Buches zu verstehen, müssen Sie ein anderes Vokabular annehmen und sich selbst und Ihr Umfeld in Begriffen wahrnehmen, die Ihnen möglicherweise fremd erscheinen. Das mag nicht jedem leichtfallen – die meisten Führungskräfte verstehen sich von Natur aus nicht als Gärtner, Förster oder Leiter eines

Wildgeheges, deren Arbeit in der Gestaltung von Ökosystemen besteht –, doch allein dieser Perspektivenwechsel entscheidet mitunter darüber, ob man sich unter den Gewinnern oder unter den Verlierern wiederfindet.

Im Moment verstehen sich Manager als Manager und Unternehmen als Unternehmen, wobei sie das Umfeld, in dem sie tätig sind, als ihren Markt oder ihren Industriezweig begreifen. Meines Erachtens sollten sich Führungskräfte als Bestandteile von Organismen verstehen, die ähnlich wie biologische Organismen in Ökosysteme eingebunden sind.

Sie sollten also nicht weiterhin von Ihrem »Unternehmen« sprechen, sondern in Begriffen von Spezies und Organismus denken. Ein Organismus kann in der hochentwickelten Welt von heute ein Prozeß, eine Abteilung, eine Betriebseinheit oder ein ganzes Unternehmen sein. Anstatt von Ihrem »Kunden-Zulieferer-Netz« oder Ihrem »erweiterten Unternehmen« zu sprechen, sollten Sie an Ihr Ökosystem denken, das weit umfassender und reichhaltiger sein kann. Die Dringlichkeiten des Geschäftsalltags zwingen die meisten Führungskräfte, sich fast ausschließlich auf ihr Kerngeschaft oder auf das, was sie als ihr erweitertes Unternehmen wahrnehmen, zu konzentrieren. Ich meine, sie sollten ihr gesamtes unternehmerisches Ökosystem in den Blick bekommen. Bevor wir mit unseren Ausführungen fortfahren, möchten wir zwei Definitionen vorschlagen.

Biologisches Ökosystem. Eine Gemeinschaft von Organismen, die miteinander in Beziehung stehen, einschließlich der Umwelt, in der sie leben und mit der sie ebenfalls in Wechselbeziehung stehen, beispielsweise ein See, ein Wald, Grasland oder Tundra. Ein solches System umfaßt sämtliche abiotischen Bestandteile wie Mineralstoffe, organische Verbindungen und die klimatischen Bedingungen (Temperatur, Regenfälle und andere physische Faktoren). Zu den biotischen Bestandteilen gehören im allgemeinen Spezies mehrerer trophischer Stufen: Primärproduzenten (hauptsächlich Grünpflanzen), Makrokonsumenten (hauptsächlich Tiere), die andere Organismen oder organische Verbindungen verzehren, und Mikrokonsumenten (hauptsächlich Bakterien und Pilze), die die komplexen organischen Verbindungen, die nach dem Tod der genannten Organismen zurückbleiben, zerlegen.[2]

Der Terminus »unternehmerisches Ökosystem« findet sich derzeit noch in keinem Wörterbuch; daher möchte ich versuchen darzustellen, was ich darunter verstehe.

Unternehmerisches Ökosystem. Eine wirtschaftliche Gemeinschaft von miteinander in Beziehung stehenden Organisationen und Menschen – den Organismen der Geschäftswelt. Die wirtschaftliche Gemeinschaft produziert nützliche Güter und Dienstleistungen für ihre Kunden, die ebenfalls zum Ökosystem gehören. Zu den Mitgliedsorganismen zählen darüber hinaus die Zulieferer, die Marktführer, die Mitbewerber und andere Stakeholder. Mit der Zeit entwickeln sie ihre Fähigkeiten und Funktionen im Sinn koevolutionären Verhaltens, wobei sie sich tendenziell an den Vorgaben des oder der zentralen Unternehmen(s) orientieren. Welche Unternehmen die Führungsrolle innehaben, kann sich mit der Zeit ändern, aber die ökologische Führungsfunktion selbst wird von der Marktgemeinschaft geachtet, weil die Führung allen Mitgliedern eine gemeinsame Vision vermittelt, die es ihnen erlaubt, ihre Investitionen aufeinander abzustimmen und sich so zu spezialisieren, daß sich ihre jeweiligen Leistungen gegenseitig ergänzen und unterstützen.

Viele Führungskräfte, mit denen ich über unternehmerische Ökosysteme sprach, fanden das Konzept faszinierend, wußten aber nicht so recht, was sie sich darunter genauer vorstellen sollen. Aus welchen Komponenten besteht ein unternehmerisches Ökosystem? Wie ist ein unternehmerisches Ökosystem nach außen hin abgegrenzt? Meine Antwort lautet dann immer schlicht und ergreifend: Ein unternehmerisches Ökosystem besteht aus den Kunden, den Händlern (Handelsvertretungen, Vertriebskanäle, Vertreiber komplementärer Produkte und Dienstleistungen), den Zulieferern und natürlich dem eigenen Unternehmen. Diese Mitwirkenden könnte man als die Primärspezies des Ökosystems bezeichnen.

Darüber hinaus umfaßt ein unternehmerisches Ökosystem die Eigentümer und andere Stakeholder der Primärspezies sowie weitere mächtige Spezies, die in bestimmten Situationen relevant werden können, wie etwa staatliche Institutionen und Regulierungsbehörden sowie Verbände und Normenausschüsse, die die Interessen der Kunden und Zulieferer vertreten. Bis zu einem gewissen Grad gehören zu Ihrem Ökosystem auch Ihre direkten Mitbewerber sowie Unternehmen, die Ihnen oder irgendeinem anderen wichtigen Mitglied der Gemeinschaft Konkurrenz machen könnten. Diesen breitgefächerten Spezies-Mix könnte man als die Flora und Fauna eines unternehmerischen Ökosystems bezeichnen.

Zur Veranschaulichung zeigt Abbildung 2.1 ein mehr oder weniger typisches unternehmerisches Ökosystem. Sie werden feststellen, daß es weit mehr umfaßt als das Kerngeschäft oder das erweiterte Unternehmen.

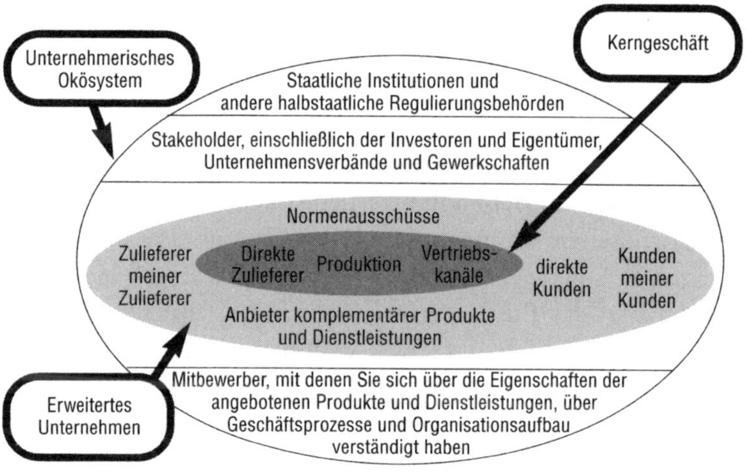

Abbildung 2.1

Wenn Sie in ökosystemischen Begriffen denken, sollten Sie sich nicht zu sehr an den Faktor Größe klammern. »Unternehmerisches Ökosystem« kann sich auf kleine Geschäfte ebenso beziehen wie auf große, ausgedehnte Unternehmensnetze. Der Restaurantbetrieb um die Ecke zum Beispiel ist häufig mit den Institutionen und der Bevölkerung des betreffenden Stadtviertels verflochten: mit dem Zuhause der dort lebenden älteren Mitbürger, mit der Versicherungsgesellschaft, deren Mitarbeiter an Werktagen verköstigt sein wollen, mit der Regionalligamannschaft, die einen Sponsor sucht. Da das Restaurant im Zentrum des örtlichen Lebenszusammenhangs steht, kann es sowohl geben wie nehmen. Beziehungen dieser Art, die beiden Seiten von Nutzen und Vorteil sind, lassen sich als unternehmerisches Ökosystem verstehen. Weit wichtiger als dieser Definitionsversuch ist aber, daß der Manager des Restaurants diese Beziehungen aus bewußten strategischen Überlegungen pflegt und pflegen sollte.

Denken Sie daran, daß das Konzept Ökosystem in der Biologie sehr flexibel gebraucht wird. Teils dient es zur Beschreibung spezifischer ökologischer Gemeinschaften – etwa das »Ökosystem Moor« –, teils bezeichnet es die Biosphäre der Erde – »das Ökosystem« –, teils beschreibt es die Beziehungen zwischen diesen Extremen.[3] Auf ähnliche Weise kann das Konzept auch im Geschäftsbereich fruchtbar gemacht werden, um ineinander verwobene und verflochtene Beziehungen zu erkennen, die ein hohes Nutzenpotential aufweisen – gleichgültig, ob das System groß oder klein ist. Entscheidend ist nur, ob diese Beziehungsnetze neue Ideen verkörpern, die den Kundenwünschen entsprechen und der Organisation und Führung des eigenen Unternehmens förderlich sind. Wie wir noch sehen werden, hängt der Erfolg der nunmehr eigenständigen AT&T-Organisationen davon ab, inwieweit es ihnen gelingt, die ungeheuer leistungsstarken Informations- und Kommunikationslösungen, die den Kunden zur Verfügung stehen, mit ihren eigenen Leistungsangeboten zu vermitteln.

Ein unternehmerisches Ökosystem ist nicht an die herkömmliche Abgrenzung zwischen Industriezweigen gebunden. Es kann sich sowohl innerhalb der traditionellen Industriezweige entfalten oder sie auch sprengen. Man könnte sagen, daß der Zusammenhang zwischen unternehmerischen Ökosystemen und traditionellen Industriezweigen ebenso unbestimmt ist wie der zwischen biologischen Ökosystemen und geopolitischen Einheiten. Ein elektronisches Bestellsystem beispielsweise, das AT&T für ein großes Handelsunternehmen entwickeln könnte, würde Leistungen aus mehreren anderen Industriezweigen erfordern: Computer-Hard- und Software, Systemintegrationsdienste, telephonische Nah- und Fernverbindungen, Filial-Banking sowie Kredit- und Transaktionsdienstleistungen. Dieser Zusammenhang wird aus Abbildung 2.2 ersichtlich.

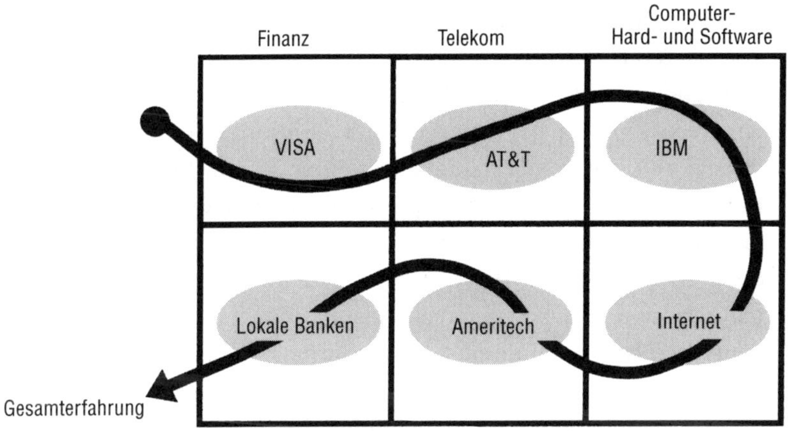

Abbildung 2.2

In der alten Welt verstünden sich die angeführten Unternehmen in erster Linie als Konkurrenten innerhalb ihres jeweiligen Feldes. In der neuen Welt konkurrieren die Unternehmen um die Zusammenführung verschiedenartiger Leistungsträger mit dem Ziel, leistungsstarke Komplettlösungen oder Gesamterfahrungen zu ermöglichen und also erfolgreiche unternehmerische Ökosysteme zu schaffen, die diese Lösungen an den Kunden bringen.

Strategiebildung in einer Welt von Ökosystemen

Einem erfolgreichen unternehmerischen Ökosystem liegt folgendes Modell zugrunde.

- Im Mittelpunkt stehen ein oder mehrere Kernfähigkeiten, auf deren Grundlage neue Produkte oder Dienstleistungen entwickelt werden können, die für den Endverbraucher von hohem Nutzwert sind. Im Bereich der Datenverarbeitung beispielsweise ermöglichte die Fähigkeit zur Herstellung von Mikroprozessoren den weitverbreiteten Gebrauch von elektronischen Rechnern, während das Internet den Weg zur globalen Telekommunikation ebnen könnte. In der verarbeitenden Industrie könnte eine solche revolutionierende Fähigkeit in einer neuen Produktionsorganisation oder einer neuen personalorientierten Motivierungsstrategie bestehen. Die Arbeiten von W. Edwards Deming und anderen trugen zum Beispiel in entscheidender Weise zur Reorganisation des Arbeitsprozesses nach dem »Total-Quality-Konzept« bei. Im Gesundheitssektor könnte die Fähigkeit, ein neues Medikament zu entwerfen oder ein potentiell revolutionäres öffentliches Gesundheitsprogramm zu organisieren, den Grundstein für ein unternehmerisches Ökosystem liefern. Das ungeheure Nutzenpotential dieser Fähigkeiten stimuliert in verwandten Industriezweigen die Geschäftstätigkeit.
- Das Kernprodukt oder die Kerndienstleistung, in der sich die neue Fähigkeit verkörpert, generiert hohe Verkaufszahlen und gewaltige Größenvorteile. Insbesondere bei Chips und Software-Angeboten gehen die Stückzuwachskosten bei hohen Verkaufszahlen gegen Null, so daß die Gewinnaussichten im Informationsraum ausgesprochen vielversprechend sind.
- Dem Kunden wird schließlich eine völlig neue Gesamterfahrung angeboten. Diese Gesamterfahrung beruht nicht nur auf dem Kernprodukt oder der Kerndienstleistung, sondern ist auch durch eine Vielfalt von komplementären Angeboten bedingt, die die Produkterfahrung des Kunden vervollständigen. Das Internet

verkörpert eine Summe von Fähigkeiten im Bereich der Computervernetzung. Netscape und andere liefern mit ihren Software- und Dienstleitungsangeboten das Kernstück des elektronischen Handels über das Internet. Aber erst die Millionen von Verbrauchern und Tausende von Internet-Anbietern machen das Kernprodukt zur lebendigen Erfahrung.

- Der Erlös aus dem Verkauf der Kernprodukte und -dienstleistungen (die hohe Größenvorteile aufweisen) wird in die Verbesserung der zugrundeliegenden Fähigkeiten und die Entwicklung künftiger Produktgenerationen reinvestiert. Das System befindet sich ständig auf »Innovationskurs«, was sich in sinkenden Preisen und zunehmender Leistungsfähigkeit äußert. Die Endverbraucher und die Anbieter von Komplementärprodukten gewinnen die Überzeugung, daß die Anbieter des Kernprodukts nicht nur gegenwärtig für sie da sind, sondern ihnen auch die Zukunft bringen werden.
- Der Gewinn aus dem Kerngeschäft wird aber auch in die weitere Führungsfähigkeit und in die Festigung des Ökosystems selbst investiert. Um den »Gemeinschaftszusammenhalt« der Partnerunternehmen zu stärken, ist es nötig, Missionsarbeit zu leisten, Standards festzulegen, den Überblick zu behalten und Streitigkeiten beizulegen. So bekommen die Kunden und die Mitglieder der Marktgemeinschaft das Gefühl, daß die Allianzen, die das Ökosystem ausmachen, unter einer guten Führung stehen.
- Die genannten Faktoren zusammengenommen bilden, was ich einen »erfolgreichen Zyklus« aus Investitionen und Gewinnen nenne. Dabei handelt es sich eigentlich um einen doppelten Zyklus, da nicht nur das Kernangebot, sondern auch die Gemeinschaftsbeziehungen zwischen den Allianzpartnern kontinuierlich verbessert werden sollen.

Vergleichen wir dieses Modell mit der Siedlungsfolge im biologischen Bereich, so sehen wir, daß die Erstbesiedler Sonnenlicht und Mineralien in biologische Strukturen verwandeln. Diese Aktivität liefert die Grundvoraussetzungen – Nahrung, Erde und Schutz vor den Elementen – für das Gedeihen der nachfolgenden Arten.

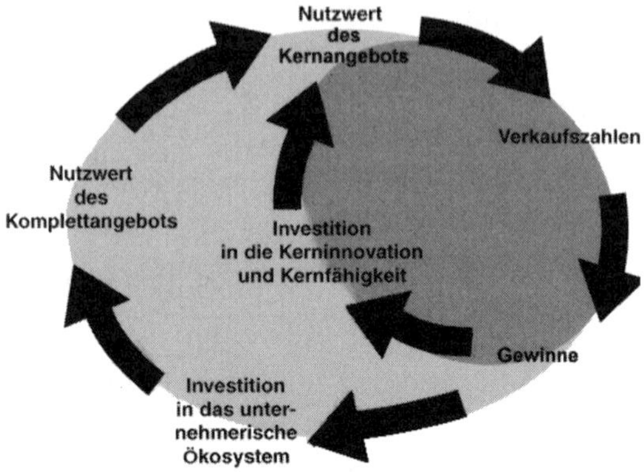

Abbildung 2.3

Ein einzelnes Produkt, ja sogar die Produktführerschaft eines Unternehmens – im Sinn des klassischen Paradigmas des branchenbezogenen Wettbewerbs – sind seit einiger Zeit vergleichsweise leicht auszuhebeln. Ein Newcomer braucht nur die nötigen Technologien zu klonen und die erforderlichen Ausrüstungs- und Personalinvestitionen zu tätigen, und schon ist er am Ziel. Der umweltgestaltende Führer eines unternehmerischen Ökosystems hingegen kann nur schwer aus der Stellung geworfen werden. Hat sich ein »erfolgreicher Zyklus« erst einmal eingespielt, ist es kaum mehr möglich, ihn aufzubrechen. Microsoft und Intel haben zahllose Mittel und Wege gefunden, sich gegen die wiederholten Angriffe von Mitbewerbern zu verschanzen. Sogar der Hersteller von Netzwerk-Software, Novell, der mit der schwierigen Frage zu kämpfen hatte, wer die Nachfolge des Unternehmensgründers Ray Noorda antreten und wann die Ablösung stattfinden soll, konnte aufmüpfige Rivalen lange Jahre in Schach halten.

Es gibt viele Gründe, warum sich ein ökologisch versierter Führer eines Ökosystems an der Macht halten kann. Er hat seine Startkosten bereits bezahlt und realisiert nun die Größenvorteile, die seinem Geschäftsmodell von Haus aus innewohnen. Dies verschafft ihm gegenüber neuen Wettbewerbern einen Vorsprung – der in einer Zeit globaler Märkte und reichlich verfügbaren Kapitals jedoch nicht den Ausschlag gibt.

Die entscheidende Stärke eines Ökosystemführers liegt darin, daß die anderen Mitglieder seines Ökosystems es sich eher zweimal überlegen, ob sie zu einem Neueinsteiger überlaufen sollen. Wird der Neueinsteiger sich halten können? Kann er für ein angemessenes Verkaufsvolumen sorgen? Kann er mich vor Vergeltungsmaßnahmen des ökologisch einflußreichen Marktführers schützen? Besitzt er die nötigen Führungsqualitäten und den nötigen Weitblick, um die Gemeinschaft konstruktiv zu leiten? Hat er die Fähigkeit, Streitigkeiten beizulegen und Ausreißer im Zaum zu halten? Wird er sich seinen Mitstreitern gegenüber fair verhalten? Im allgemeinen wird die Antwort negativ ausfallen, auch wenn die Mitglieder einer Veränderung nicht abgeneigt sein sollten.

Sicher ist es nicht leicht, sich zum wohlverschanzten Führer eines Ökosystems emporzuarbeiten, wie die Mißerfolge einer Reihe von Möchtegern-Ökosystemführern im Informationsraum zeigen. Damit eine ökosystemische Initiative auch nur ansatzweise Sinn macht, müssen die ins Auge gefaßten Mitspieler und ihre Leistungen auf eine Weise zusammengefaßt werden, daß der praktische Nutzwert des Gesamtprodukts außer Frage steht. Im allgemeinen sind strukturierte Unternehmensallianzen der einzig erfolgversprechende Weg, ein Produkt hervorzubringen, das einer großen Zahl von Endverbrauchern als wirklich nützlich erscheint.

Zahllose Produkte und Dienstleistungen schienen außer ihren Schöpfern und Promotern kaum jemandem von Nutzen zu sein. Mangelndes Kundeninteresse, das sich aus dem mangelnden Nutzen des Produkts erklärt, bereitete schon so mancher Neuheit, der die Hersteller eine große Zukunft voraussagten, ein rasches Ende. Der EO-Communicator, der GO Palmtop-Computer, das 3DO-Videospielgerät und die Betriebssoftware für digitale Organizer von General Magic stehen beispielhaft für Produkte, die die Kundschaft nicht überzeugten, so daß das Verkaufsvolumen auf niedrigem Niveau stagnierte. Die Erfahrung mit unternehmerischen Ökosystemen lehrt also: Sie brauchen ein nützliches Produkt, Sie brauchen Größenvorteile, Sie müssen die Innovation kontinuierlich vorantreiben, und Sie müssen in die Expansion ihrer Allianz investieren.

Die Landschaft weitet sich und bietet neuen Ökosystemen Raum

Die zahlreichen Chancenumfelder in der neuen Welt dehnen sich nicht nur hinsichtlich ihrer Größe, sondern auch mit Blick auf die in ihnen entwickelten Fähigkeiten kontinuierlich aus. Das bedeutet, daß ständig Raum für weitere Ökosysteme zur Verfügung steht und mehr Zentren der Koevolution Platz greifen können. In der Welt des Informationsraums sticht dies besonders ins Auge. Spezielle Leistungen, wie beispielsweise die Finanz-Software, die bisher in kleinen Nischen gefangen saßen, verkaufen sich jetzt so gut, daß intensiv in die Produktentwicklung und den Ausbau der entsprechenden Marktgemeinschaft reinvestiert wird. In einem Geschäftsumfeld, in dem einst nur wenige Zentren der Koevolution und wenige Ökosystemführer Platz hatten, können sich nun zahlreiche neue Mitspieler ansiedeln.

All das läßt vermuten, daß sich der Wettbewerb im Informationsraum auf charakteristische Weise gewandelt hat. Anstatt die festen Stellungen alteingesessener Führer zu attackieren, konzentrieren viele Unternehmen ihre Anstrengungen auf die Schaffung neuer Innovationszentren, neuer unternehmerischer Ökosysteme und machen sich den Wahlspruch von Hewlett-Packard zu eigen: »Stürm den ungeschützten Hügel.« Viele scheuen sich, den Kampf um die Eroberung etablierter Ökosysteme aufzunehmen, da sie erkannt haben, daß diese Lebensräume dicht besiedelt sind und Neuankömmlingen gewöhnlich recht abweisend gegenüberstehen. Stattdessen sollten sich die Strategen auf folgende Optionen konzentrieren:

1. Besinnen Sie sich auf Ihre Stärken, festigen Sie Ihre Stellungen und bemühen Sie sich, diese Stellungen zu unternehmerischen »Ökosubsystemen« auszubauen. Analysieren Sie, bei welchen Leistungen Sie bereits Größenvorteile erzielen und über die nötigen Kompetenzen zu weiterer Innovation verfügen. Finden Sie Mittel und Wege, Ihre Leistungen besser auf die Produkte und Prozesse

benachbarter Unternehmen abzustimmen und die Zusammenarbeit mit Ihren Allianzpartnern sowie die Präferenzen Ihrer Kunden so zu gestalten, daß Ihre eigenen Stärken möglichst gut zur Geltung kommen. AT&T verfolgt diesen Ansatz bei seinen Kommunikations-Dienstleistungen, indem es mit seinen Partnern, darunter Lotus und Novell, ständig neue Produkte entwickelt, die sich in die Netzwerke und die Software des Unternehmens integrieren lassen.

2. Schaffen Sie zwischen Ihren Ökosubsystemen feste Verbindungen und/oder nutzen Sie sie, um in benachbarten Territorien neue Stellungen aufzubauen. Microsoft ist ein Meister dieser Strategie. Nachdem das Unternehmen seine gängigsten Anwenderprogramme zu »Office« zusammengefaßt hatte, kontrollierte es 1995 mehr als 90 Prozent des 700 Mio. Dollar-Markts für Application-Suites. Manchmal lassen sich die Größenvorteile für ein neues Produkt auch von einem anderen »ausleihen«. »Microsoft Network« nutzt die weite Verbreitung der Betriebssysteme von Microsoft und fuhr per Anhalter mit »Windows 95« mit.

3. Investieren Sie in die Suche nach ungeschützten Hügeln und ergreifen Sie davon Besitz. Hewlett-Packard verfolgte diese Strategie im Druckerbereich. HP entdeckte vor einigen Jahren, daß im Design, in der Herstellung und im Vertrieb von PC-Druckern zahlreiche Innovationen noch nicht ausgeschöpft waren. Vom Innovationsstandpunkt aus betrachtet, war der Druckerbereich unterentwickelt. Das Unternehmen nahm sich des Problems an, bezog Technologie von Canon in Japan, ergänzte sie durch hochwertige Software (mit hohen Größenvorteilen), entwickelte kostengünstige Herstellungsverfahren und traf Präferenzabkommen mit Vertriebsgesellschaften und Einzelhändlern.

Der Schlüssel zur Einnahme ungeschützter Hügel liegt in folgendem:

- Finden Sie eine Wertschöpfungsnische mit Expansionspotential, in der sich noch kein Mitspieler festgesetzt hat.
- Stellen Sie das erforderliche Kompetenzenportfolio zusammen.
- Tätigen Sie die erforderlichen Investitionen und unternehmen Sie die nötigen Anstrengungen, um die Nische zu beherrschen.

- Arbeiten Sie mit vielen Partnern zusammen, um Ihre Stellung unangreifbar zu machen.

Eine der faszinierendsten Geschichten ist in dieser Hinsicht die Erfolgsstory von Netscape Communications. Netscape machte 1995 von sich reden, als es zum Sturm auf den ungeschützten Hügel der Internet-Software blies. Bemerkenswert war dabei, daß das Unternehmen vorher gar nicht auslotete, ob der Hügel, wäre er einmal eingenommen, ein gewinnträchtiges Geschäft würde tragen können. Der Präsident von Netscape, Jim Clark, erkannte jedenfalls richtig, daß das World Wide Web, auf dem Graphiken eine wichtige Rolle spielen, reif war für den Take-off. Er fand einen jungen College-Absolventen namens Marc Andreesen, der sich in der Technologie und der Subkultur des Netzes auskannte. Hinzu kam Jim Barksdale, ein versierter und wohlbekannter Betriebsleiter, der als Ansprechpartner für Wall Street-Anleger fungierte. Anschließend investierte Netscape hohe Summen in die Produktentwicklung, warf die Desktop-Software »Browser« kostenlos auf den Markt und schloß Allianzen mit Dutzenden anderer Software-Firmen, um kombinierte Angebote zu vermarkten. Schließlich ging Netscape, mit einer starken Geschichte im Hintergrund, an die freien Finanzmärkte, bot aber nur so wenige Anteile an, daß der Kurs kometenhaft in die Höhe schoß.

Ein Jahr später hatte Netscape den Hügel der Internet-Software eingenommen. Gleichwohl konnte Netscape mit seinem anfänglichen Kerngeschäft bisher nicht die erforderliche Größenordnung und die nötigen Bruttogewinne erzielen, um die massive Kampagne langfristig durchzuhalten. Nur die Zukunft kann zeigen, ob es Netscape gelingen wird, sein Kerngeschäft auszubauen und seine Anfangsposition auf Dauer zu einem gewinnträchtigen unternehmerischen Ökosystem auszuweiten.

4. Denken Sie daran, Schlüsselkonzessionen – d. h. Führungspositionen in Ökosystemen – zu erwerben. IBM kaufte Lotus wegen »Notes«, um sich eine ähnliche Eigenentwicklung zu ersparen. Die meisten Beobachter meinen, IBM habe für »Notes« einen überhöh-

ten Preis gezahlt, doch wenn es IBM gelingt, »Notes« in den Erfahrungsraum zwischen Anwender und Windows einzuschleusen, könnte das Unternehmen im Desktop-Bereich seine Führungsposition zurückgewinnen. Interessanterweise verfolgen IBM und Netscape in der PC-Welt dasselbe Ziel; beide versuchen Microsoft zu überholen, indem sie im Zentrum der ums Internet sich webenden Ökosysteme Stellung beziehen: IBM durch den Kauf von Lotus, Netscape durch Freigabe von Software. Es wird ein interessantes Spiel, ob es einem der beiden gelingt, seine bisherige Stellung zu einem gewinnabwerfenden, sich selbst tragenden Geschäft auszubauen.

Seit kurzem hat der Trend, sich in beherrschende Stellungen einzukaufen, wieder nachgelassen. Die weitverbreitete Erkenntnis, daß die tonangebenden Ökosystemführer nur schwer auszuhebeln sind, trieb den Marktwert von Unternehmen, die bestimmte Hügel kontrollieren, immer weiter in die Höhe. Kaum jemand kann es sich noch leisten, ein solches Unternehmen zu kaufen.

AT&T und unternehmerische Ökosysteme – ein Fallbeispiel

Die Entscheidung von AT&T, sich in selbständige Einzelunternehmen aufzuspalten, ist ein Meilenstein in der Entwicklung der Firma vom vertikal integrierten Unternehmen zum Schöpfer und Führer von Ökosystemen. Sie spiegelt wider, wie man nach Ansicht der AT&T-Führung am besten auf den Zusammenbruch der Branchen- und Marktgrenzen reagiert, um das weitere Chancenumfeld besser zu nutzen. Im folgenden soll an diesem Fallbeispiel gezeigt werden, wie sich der »Informationsraum« derzeit verändert und worauf es ankommt, wenn man sich in dieser chaotischen Umwelt erfolgreich durchsetzen will.

Da AT&T aufgrund einer Vereinbarung mit der US-Regierung

bis 1984 im weiteren Informationsraum praktisch nicht tätig werden durfte, beschränkte sich das Unternehmen auf seine Rolle als Kommunikations-Dienstleister und entwickelte und produzierte entsprechende Geräte. Zur großen Enttäuschung der AT&T-Führung stammten zahlreiche revolutionäre Technologien, die das weitere Umfeld in dieser Zeit veränderten, aus den Bell Labs – doch nur selten war AT&T in der Lage, diese Leistungen zu nutzen.

Als AT&T schließlich ins Computer-Geschäft einstieg, war das in etwa so, als wollte sich der liebenswürdige Palila – eine bedrohte Vogelart, die nur an den Hängen des Mauna Kea-Vulkans auf Hawaii vorkommt – in der Wildnis des costaricanischen Dschungels niederlassen. AT&Ts Unternehmensmodell war schon damals veraltet. Weitere Schwierigkeiten erwuchsen aus der schwindelerregenden Komplexität der Unternehmensaufteilung von 1984. Der vertikal integrierte Systemhersteller betrat den Markt in einem historischen Augenblick, als aggressive kleinere Unternehmen, die um den IBM-Standard ein Ökosystem bildeten, über den Globus fegten. Viel Geld wurde im Computersektor damals in den Sand gesetzt. Ruinöse, nicht erfolgreiche Zyklen waren an der Tagesordnung.

Als dann eine zweite Welle der Strategiebildung anhob, war AT&T von Anfang an mit dabei. Durch seine Allianz mit dem erbarmungslos aggressiven Unternehmen Sun Microsystems erkannte AT&T stillschweigend an, daß es die aggressivere Ökologie des entstehenden Informationsraums nicht im Alleingang bewältigen konnte. Die beiden Unternehmen hofften, ein neues unternehmerisches Ökosystem zu schaffen (sie nannten es zwar noch nicht so, aber der Grundgedanke war derselbe), indem sie leistungsstarke neue Chips mit bereits entwickelter Software kombinierten.

Im Grunde hegten sie die Hoffnung, ihre Software werde bei so vielen Herstellern Anklang finden, daß sich ein neuer »offener Standard« durchsetzt. Dieser Standard, so die Überlegung, würde auf die Kundschaft eine unwiderstehliche Anziehungskraft ausüben, da sie damit Computer verschiedener Hersteller verwenden und kombinieren könnte – wodurch das allgemeine Preisniveau sinken würde.

Ein weiterer Hintergedanke: Das neue Ökosystem sollte in den

Kundenkreis der führenden Computerhersteller – IBM, Digital Equipment und Hewlett-Packard – einbrechen, deren Ökosysteme angesichts des neuen Angebots schlagartig in den Ruf kämen, teuer, unflexibel und in sich geschlossen zu sein. AT&T und Sun hofften also, die beiden Hauptlager der UNIX-Software zu vereinigen, einen neuen RISC-Mikroprozessorstandard (SPARC) einzuführen, offene Systeme durchzusetzen und die marktbeherrschende Stellung der traditionellen Großrechner- und Minicomputer-Hersteller zu erschüttern.

Das Ergebnis entsprach jedoch nicht den Erwartungen, obgleich AT&T und Sun mit ihrem Projekt einen entscheidenden Beitrag zur Entwicklung offener Systeme leisteten. Ihr Ökosystem kam nicht in Gang. Die Systemanbieter wollten SPARC erst übernehmen, wenn ausreichende Produktionskapazitäten für die entsprechenden Mikroprozessoren zur Verfügung ständen. Die wichtigsten Halbleiterhersteller wiederum, darunter Texas Instruments und Fujitsu, weigerten sich, die nötigen Investitionen zu tätigen, solange sich die Systemanbieter nicht eindeutig auf SPARC festlegten. Unfähig, einen erfolgreichen Zyklus aus Herstellungsvolumen, Gewinn und Reinvestition in Gang zu bringen, saß die Allianz in der Falle.[4]

Unterdessen taten IBM, DEC und Hewlett-Packard, auf die drei Viertel des Gesamtumsatzes im Computergeschäft entfielen, etwas noch nie Dagewesenes. Sie schlossen sich zu einer Gegenallianz zusammen und gründeten die *Open Software Foundation,* um den Angeboten von AT&T/Sun den Wind aus den Segeln zu nehmen. Dieses Verteidigungsmanöver erforderte eine größere »Offenheit« und Austauschbarkeit der Produkte der drei Hauptanbieter, so daß das Preisniveau mit der Zeit sank. Ihre Ökosysteme gingen daraus gestärkt hervor, sie hatten ihre Hügel erfolgreich verteidigt, allerdings um den Preis geringerer Gewinnmargen.

Sun konnte seine Schrittmacherrolle im Bereich der Workstations wahren, aber AT&Ts weitreichende Pläne waren durchkreuzt. AT&T erwarb mit dem Kauf von NCR einen gewissen Einfluß im Finanzdienstleistungs- und Einzelhandelsbereich, allerdings zu einem überhöhten Preis. Darüber hinaus investierte das Unternehmen in die Architekturen EO, GO und General Magic, hatte damit aber, wie gesagt, keinen Erfolg.

Anfang der neunziger Jahre kam das Spitzenmanagement von AT&T zu dem Schluß, daß es eine bessere strategische Logik brauchte. John Petrillo, damals Stratege der Dienstleistungsabteilung (heute Chefstratege des Konzerns), ergriff die Initiative und überdachte die Gesamtkonzeption des Unternehmens neu. Er analysierte das Chancenumfeld und untersuchte die Erfolgsstrategien der anderen Mitspieler. So konnte er zeigen, daß sich AT&T auf seine Sprach- und Datenübertragungsdienste besinnen und diese als zentrale Vermittlungselemente in Komplettlösungen einbringen müsse, die die Integration von Kommunikations-, Computer- und Medientechnologie erfordern.

Diese dienstleistungszentrierte Sichtweise fußte auf folgender Überlegung: In der neuen Welt werden die Kunden auf eine Vielzahl von computergestützten und Kommunikationsdienstleistungen zurückgreifen wollen. Sie werden komplementäre Produkte und Dienstleistungen erwerben, um zusammenarbeiten zu können. Manchmal werden sie Einzellösungen wünschen, machmal aber auch Komplettlösungen bevorzugen. In jedem Fall wird AT&T unmöglich sämtliche Nutzenkomponenten anbieten können. Das Unternehmen wird daher lernen müssen, an vielfältigen Ökosystemen mitzuwirken, auch an solchen, die es nicht kontrolliert.

Die grundlegende Organisationslogik des neuen Informationsraums kreist, wie AT&T erkannte, um die kontinuierlich innovierenden Spezialisten im Zentrum unternehmerischer Ökosysteme. Jedes Unternehmen spezialisiert sich auf ein oder wenige Leistungsangebote und kooperiert auf flexible Weise mit anderen, ebenfalls spezialisierten Unternehmen, um Komplettlösungen zu erstellen. AT&T müsse herausfinden, bei welchen Produkten es einen differentiellen Vorsprung hat, sich darauf spezialisieren und unternehmerische Ökosysteme darum herum aufbauen. Zu diesem Zweck müßte das Unternehmen beweglicher werden und mit anderen Spezialisten im Bereich der Chip-Herstellung, der Systemintegration und der Haushaltselektronik Partnerschaftsabkommen schließen.[5]

Der wichtigste differentielle Vorsprung von AT&T, so die Argumentation, beruhe auf der Verbindung von kontinuierlicher Innovation mit Größenvorteilen. Von Größenvorteilen – das heißt abnehmenden Stückkosten bei wachsenden Stückzahlen – verstand AT&T einiges. Mehr als 150 Milliarden Vermittlungsminuten wurden jährlich über das zentrale Übertragungsnetz des Unternehmens abgewickelt. Seine Marketing- und Verkaufsorganisationen erreichten mehr als 80 Millionen Kunden. Kontinuierliche Innovation würde die Kosten weiter senken, die Attraktivität der Dienstleistungspalette von AT&T gegenüber den Standardangeboten konkurrierender »Klon-Unternehmen« sichern und die Produktqualität in den Augen der Kunden steigern.

Alex Mandl, seit kurzem Präsident des Gesamtunternehmens, trieb diese Arbeit in seiner damaligen Eigenschaft als Leiter des Konzernunternehmens AT&T Communications Services maßgeblich voran. Seiner Ansicht nach ruhte dieser Sektor auf zwei starken Standbeinen. Zum einen besaß AT&T ein Vermittlungsnetz, dessen Zuverlässigkeit und Übertragungskapazität weltweit an der Spitze lag, und verfügte über das nötige Humankapital, um die entsprechenden Dienstleistungen erfolgreich zu verkaufen und weiterzuentwickeln. Zum anderen war AT&T mit seinen Markenartikeln eines der weltweit absatzstärksten Unternehmen, das Einblick in die Erwartungen von Millionen von Kunden hatte. So kreiste die Strategiebildung fortan um die Frage, welche neuen Komplettlösungen – oder, wenn man so will, welche neuen unternehmerischen Ökosysteme – ausgehend von den Telekommunikations-Diensten und/oder dem Produktvertrieb entwickelt werden könnten. Im Zug dieser Strategie knüpfte man Beziehungen zu Intel, Lotus, Novell und anderen Unternehmen, erwarb McCaw Cellular und kaufte sich bei lokal operierenden Telefongesellschaften der Vereinigten Staaten und anderer Länder ein.

Diese dienstleistungszentrierte Strategie warf eine Reihe von Fragen auf. Wie sollte sich beispielsweise die Abteilung Ausrüstungsgüter der Unternehmensgruppe AT&T verhalten? Der wichtigste Hersteller von Ausrüstungsgütern, AT&T Network Systems, beliefert Großanbieter von Telekommunikations-Diensten mit Vermittlungs-Hardware und Software sowie komplementären Produkten und Dienstleistungen. Zu den Großkunden gehörten dabei nicht nur AT&T Communications Services, sondern auch die regional tätigen Bell-Unternehmen, die sogenannten Baby Bells, sowie andere Telekommunikationsanbieter in aller Welt. Darüber hinaus erstellte Network Systems Übertragungsnetze für verschiedene Unternehmen der Unterhaltungsindustrie. So startete Network Systems in Partnerschaft mit Time Warner beispielsweise einen Versuch mit interaktivem Fernsehen in Orlando. All diese Unternehmen waren sich bewußt, daß sie mit ihren jeweiligen Komplettlösungen und unternehmerischen Ökosystemen in naher Zukunft – Stichwort: Abbau der staatlichen Monopolbestimmungen und Ausbau globaler Netze – zunehmend in Konkurrenz zueinander treten würden.

Einige konzernfremde Kunden von Network Systems schreckten immer mehr davor zurück, AT&T-Material zu kaufen. Wer Ausrüstungsgüter von AT&T verwende, so ihre Überlegung, ordne sich letztendlich den unternehmerischen Ökosystemen unter, die der Konzern aufzubauen sucht und die mit Sicherheit versuchen werden, in die eigenen Territorien und Geschäftsfelder einzubrechen. Je näher der Zeitpunkt rückte, an dem die regionalen und nationalen Monopolschranken fallen sollten, desto größer wurde die Angst.

Zur gleichen Zeit befürchteten einige Führungskräfte von AT&T, Network Systems würde, indem es hochentwickeltes AT&T-Gerät an die Baby Bells und ausländische Telekom-Gesellschaften verkauft, den »Feind mit Waffen« beliefern – oder vielmehr konkurrierende Ökosysteme mit genetisch veränderten Spezies ausstatten. Tatsache war, daß sich alle Netzbetreiber von ihren Gerätelieferanten abhängig fühlten. In einer Welt, in der sich die Ökosysteme der verschiedenen Netzbetreiber Konkurrenz machen, war jeder Gerätekauf oder -verkauf mit Befürchtungen verbunden.

Anfang 1995 befaßte sich Robert Allen, seines Zeichens Generaldirektor, mit einer kleinen Gruppe von Mitarbeitern mit dieser organisatorischen Herausforderung. Das Ergebnis war von unmißverständlicher Klarheit. AT&T müsse sich auf die Abteilung Communications Services konzentrieren und in Partnerschaft mit anderen Unternehmen eine Vielfalt von neuen anwendungs- und dienstleistungszentrierten Ökosystemen schaffen. Die Ära der herkömmlichen vertikalen Konzentration sei vorbei. Network Systems und die anderen AT&T-Hersteller von Ausrüstungsgütern sollten ausgegliedert und zu einem unabhängigen Unternehmen zusammengefaßt werden. Auf diese Weise hätten sie freie Hand, jeden potentiellen Kunden gleichermaßen zu beliefern und sämtliche dienstleistungszentrierten unternehmerischen Ökosysteme zu unterstützen. Aufträge von konkurrierenden Netzbetreibern könnten durch die gegenseitige Abschottung der damit befaßten Teams problemlos bewältigt werden, und keiner müsse befürchten, in Abhängigkeit vom Ökoystems seines Mitbewerbers zu geraten.

Auch der Computer-Bereich sollte ausgegliedert werden. Da es AT&T nicht gelungen war, sich als Hersteller oder Vermarkter gängiger Personal Computer durchzusetzen, sollte der Konzern diesen Geschäftsbereich fallenlassen und sich auf die drei Ökosubsysteme konzentrieren, in denen er Fachkompetenz, Marktpräsenz und Glaubwürdigkeit besaß: Finanzdienstleistungen, Einzelhandel und Telekommunikation. Seine Großkunden würden ihm die Stichworte liefern, und er würde versuchen, ein Verständnis für die Ökosysteme zu entwickeln, die ihnen vorschwebten. Er würde sich als »ihr Computer-Unternehmen« darstellen und, ähnlich wie Silicon Graphics mit der Unterhaltungsindustrie, vielfältige Partnerschaftsabkommen schließen.

Als im September 1995 die Aufspaltung von AT&T verlautbart wurde, fragte man Bob Allen, ob er jetzt immer noch glaube, daß der Computer- und Kommunikationsbereich »konvergiere«. Er ließ daran keinen Zweifel, betonte jedoch, daß die Art und Weise, wie diese Konvergenz zu Tage trat und das Marktumfeld sich entwickelte, eine Umstrukturierung von AT&T erfordere. Daß sich der Computer-, Kommunikations- und Medienbereich aufeinander zubewegten, rechtfertige noch lange nicht vertikale Konzentration. AT&T habe vielmehr erkannt, daß diese Konvergenz im Informationsraum Hand in Hand gehe mit Entflechtung und Spezialisierung. Die neue Logik unternehmerischer Ökosysteme sei hier der springende Punkt. Nicht die Unternehmen der drei Bereiche konvergierten, sondern die strategischen Probleme, die sich ihnen stellen.

Allerdings bedeutet diese organisatorische Umstrukturierung und Vorbereitung auf die Herausforderungen der neuen Welt nicht, daß AT&T nun die Hände in den Schoß legen könnte und der Wettbewerb zwischen den verschiedenen Ökosystemen schon gewonnen sei. Die Schaffung einer geeigneten Organisationsstruktur ist nur der erste Schritt auf dem Weg zum Erfog, ein notwendiger, mitunter schwieriger Schritt, der für sich genommen aber nicht ausreicht. Nun will die strategische Herausforderung gemeistert sein, tragfähige Ökosysteme zu schaffen und zu gestalten. Überdies darf man nicht vergessen, daß die Umweltbedingungen, die den Konzern zur Entflechtung nötigten, mit jedem Tag bedrohlicher werden. Um nur zwei Gefahren zu nennen: Die Baby Bells breiten sich rasant über die gesamte Landschaft aus, und das Internet und andere computerbezogene Ökosysteme entwickeln sich zunehmend zu ernstzunehmenden Konkurrenten des zentralen Fernübertragungsnetzes von AT&T. Ohne Frage blickt AT&T ungeheuren Herausforderungen entgegen, wobei die Erfolgschancen des Unternehmens nicht allein von der richtigen Strategie und Organisationsstruktur abhängen.

Abschließend sei darauf hingewiesen, daß den Unternehmen, die im Informationsraum tätig sind, eine Vielzahl von Organisationsmöglichkeiten offenstehen. Zahlreiche führende Unternehmen ergreifen die nötigen Maßnahmen, um ökosystemische Strategien fahren zu können, und die meisten sind dabei interessanterweise bestrebt, ihr eigenes Erbe und ihre eigene Kultur zu respektieren und auf ihren traditionellen Stärken und Fähigkeiten aufzubauen. Wir wollen kurz vergleichen, auf welche Weise sich verschiedene Firmen der Herausforderung stellen. Wie wir gesehen haben, löste AT&T seine vertikal integrierte Organisation auf und strukturierte sich als Dienstleistungsunternehmen. Ganz anders Hewlett-Packard: Das Unternehmen begann als spezialisierter Hersteller und lernte langsam, in ökosystemischen Begriffen zu denken.

Hewlett-Packard war von Anfang an dezentral organisiert. Die Elektronikbauteile, Prüfinstrumente und Computer, die der Konzern herstellt, finden Eingang in Komplettlösungen und unternehmerische Ökosysteme, die meist von anderen definiert werden. Seine großen Stärken liegen im Bereich von Technologie und Implementierung. Es war nie seine Sache, Gesamtvisionen für die Marktgemeinschaft zu entwerfen. Diese traditionelle Rolle als aktives Mitglied gegebener Ökosysteme spielt Hewlett-Packard auch weiterhin. Doch versucht das Unternehmen unter seinem Generaldirektor Lew Platt nun ebenfalls, eigene unternehmerische Ökosysteme zu definieren und entsprechende Führungsrollen zu übernehmen. In vielen Fällen erfordert diese neue ökosystemische Strategie eine enge Zusammenarbeit zwischen den Leitern der verschiedenen Unternehmensabteilungen, die traditionell gegeneinander abgeschottet waren und sich auf die Entwicklung einzelner Produkte konzentrierten.

Electronic Data Systems zeigt eine weitere Herangehensweise. Als Systemintegrator richtete das Unternehmen bei seinen Kunden komplette Datenverarbeitungsanlagen ein. Seit kurzem beschäftigt es sich mit umfassenderen unternehmerischen Ökosystemen, etwa im Bereich des Gesundheitssektors und der Telekommunikation, und ist bestrebt, sich als Organisator des Informationsflusses innerhalb des Ökosystems zu profilieren.

Einige Unternehmen der Unterhaltungs- und Medienbranche verfolgen eine Strategie, die sie selbst als »vertikale Konzentration« bezeichnen, was recht konventionell klingt. Ihre tatsächliche Handlungsweise ist jedoch meilenweit von dem entfernt, was vertikale Konzentration traditionell bedeutet: die Zusammenfassung möglichst vieler Fertigungsstufen vom Rohstoff bis zum Endprodukt, um den gesamten Wertschaffungsprozeß zu kontrollieren. In der neuen Version nutzen die betreffenden Unternehmen ihre Präsenz in verschiedenen Produktsparten zum Aufbau neuer Ökosysteme, zu denen aber auch andere Leistungsträger Beiträge liefern. So schuf News Corporation, gestützt auf seine Fernsehstationen in den Vereinigten Staaten und seine eigenen Programmproduktionen, das Fox Television Network. Desgleichen strahlt das Unternehmen über seine satellitengestützten Sender in Europa und Asien nicht nur eigene Produktionen, sondern auch Beiträge anderer Programmanbieter aus.

Keine der genannten Vorgehensweisen ist an sich »richtig« oder »falsch«. Jedes Unternehmen versucht vielmehr, sein traditionelles Geschäftsverständnis und seine hergebrachte Organisationsstruktur den neuen Bedingungen anzupassen, um in einer zunehmend von unternehmerischen Ökosystemen geprägten Welt leistungsfähiger agieren zu können.

In welche(s) Ökosystem(e) fließen Ihre Leistungen ein?

Bevor Sie weiterlesen, sollten Sie einen Augenblick innehalten und Ihre eigene Situation überdenken. Wie ist das Ökosystem oder wie sind die Ökosysteme beschaffen, in dem oder in denen Sie sich bewegen? Sind Sie nur in einem oder in mehreren Ökosystemen tätig? Unterliegen diese Ökosysteme einem raschen Wandel? Microsoft beispielsweise spielt nicht nur im PC-Ökosystem eine prägende Rolle, sondern ist als größter Anbieter von Anwenderprogrammen für Macintosh-Computer – genannt seien Tabellenkalkulations- und Textverarbeitungsprogramme – auch in das Apple-Ökosystem eingebunden. Die Führungsspitze von Microsoft investierte viel Zeit, um sich mit den wichtigsten Mitgliedern beider Marktgemeinschaften ins Einvernehmen zu setzen.

Vielleicht entdecken Sie, daß das eine oder andere Ökosystem für Ihren derzeitigen Erfolg besonders wichtig ist, während andere sich noch in ihrer Entstehungsphase befinden und erst in Zukunft vielversprechende Aussichten bieten.

Die weltgrößten Pharmazeutikunternehmen beispielsweise, darunter Merck und Hoffmann-La Roche, stützten sich bis ungefähr 1990 auf den amerikanischen Markt für verschreibungspflichtige Arzneimittel und schufen in diesem lohnenden Umfeld einflußreiche Ökosysteme. Im Mittelpunkt stand die Entwicklung und Erprobung neuer Medikamente, die mit großem finanziellem und organisatorischem Aufwand an die praktizierende Ärzteschaft verkauft wurden.

Nach 1990 mußten die Arzneimittelunternehmen feststellen, daß sich das Gravitationszentrum im Gesundheitssektor langsam verlagerte und andere Ökosysteme, die weitgehend von anderen Mitspielern gestaltet wurden, an Einfluß gewannen. Die größte Bedeutung hatten hier die Ökosysteme der verwalteten Gesundheitsfürsorge, die von Staat, Krankenversicherungen und Vertriebsorganisationen überstürzt aus der Taufe gehoben wurden, um die Kosten im Gesundheitswesen zu dämpfen. So sahen sich die Arzneimittelhersteller genötigt, über den Tellerrand ihrer Branche hinauszuschauen, ihre Führungsrolle zu überdenken und aktiv an der Gestaltung der neuen Ökosysteme mitzuwirken.

Nehmen Sie die Ökosysteme, in denen Sie sich bewegen, genau unter die Lupe. Wer sind die Hauptmitglieder? Wer sind die Systemführer? Sind Sie einer der Systemführer? Gestalten Sie selbst die Zukunft dieses Ökosystems, oder reagieren Sie hauptsächlich auf die Initiativen anderer? Es kann sehr aufschlußreich sein, eine Liste der wichtigsten Mitglieder zu erstellen und zu analysieren, inwieweit sie ähnliche oder unterschiedliche Zukunftsvisionen haben. Sie werden feststellen, daß die Mitglieder in manchen Ökosystemen gut aufeinander eingespielt sind, während in anderen große Uneinigkeit herrscht. Die Führungsproblematik mag sich in taktischer Hinsicht unterschiedlich darstellen, aber in beiden Fällen ist es von entscheidender Bedeutung, daß das Ökosystem als Ganzes ein Gesamtverständnis seiner Lage entwickelt. Es besteht Bedarf an informellen und formellen Gesprächsforen, auf denen sich die führenden Mitglieder eines Ökosystems austauschen können.

Welche Gefahren hat das Ökosystem gegenwärtig und in Zukunft zu gewärtigen? Welche Mittel und Wege bieten sich an, um die Koevolution der Marktgemeinschaft erfolgreich voranzutreiben, so daß für die Kunden ein größerer Nutzen und für die Mitglieder mehr Reichtum herausspringt? Diese drängenden Fragen stellen sich in jedem Ökosystem, und Sie werden feststellen, daß Sie gegenüber Ihren Systempartnern an Profil gewinnen können, wenn Sie Mittel und Wege finden, diese Probleme anzusprechen.[6]

3. Wie führt man ein unternehmerisches Ökosystem?

Eines der denkwürdigeren Erlebnisse in den üppigen Wäldern von Costa Rica ist der Anblick der allgegenwärtigen Blattschneider-Ameisen bei der Arbeit.[1] In großen Haufen strömen sie überall im Wald die Bäume hinunter, jede mit einem Stück Blatt im Gepäck. Nach und nach vereinigen sich die schmalen grünen Streifen zu breiten Straßen, die zum Nest der Ameisen zurückführen, das mehr als dreißig Meter entfernt sein kann. Die Ameisen scheinen den Wald regelrecht zu verzehren. Und in der Tat sind die Blattschneider-Ameisen die führenden Pflanzenkonsumenten von Costa Rica.

Warum sind sie so erfolgreich? Zum Teil aufgrund der erstaunlichen Effizienz ihrer Organisation. Die Ameisen kennen eine strenge Arbeitsteilung, so daß jeder Arbeiter nur die Aufgaben erledigt, für die er nach seiner Körpergröße am besten geeignet ist. Die größten Ameisen bewachen als Soldaten das Nest. Die Arbeiter mittlerer Größe fahren die Blatternte ein, wobei die größten Erntearbeiter auch die dicksten und schwersten Blätter transportieren. Die kleinsten Arbeiter verbringen die meiste Zeit im Nest und verarbeiten das Blattmaterial.

Denn merkwürdigerweise ernähren sich die Blattschneider-Ameisen nicht von den Blättern, die sie ernten. Vielmehr verwenden sie sie als fruchtbare Laubdecke für die Pilzkulturen, die ihnen als Nahrungsgrundlage dienen. Darin besteht das geniale Geheimnis ihres Erfolgs. Durch ihre ektosymbiotische Pilzzucht ernähren sich die Ameisen indirekt von den Blättern der Bäume, eine im Überfluß vorhandene Ressource, die von anderen Ameisenarten kaum genutzt wird. Indes ernten die Blattschneider-Ameisen nicht unterschiedslos alle Blätter, sondern vorzugsweise junges, saftiges Grün, das das Wachstum ihrer Pilzkulturen fördert. Auch meiden sie Blätter, die sich im Laufe der Koevolution chemische Schutzstoffe zugelegt haben, die auf die Ameisen oder ihre Pilze toxisch wirken. Es hat sich gezeigt, daß diese Abwehrstoffe gegen Pflanzenfresser für den Menschen von unschätzbarem Wert sind. Die meisten Arzneimittel und Drogen, die wir aus Pflanzen gewinnen, gingen aus dem »Rüstungswettlauf« zwischen Pflanzen und Herbivoren hervor.

Wie die Biologen zeigen konnten, haben sich die meisten mutualistischen Wechselbeziehungen in der Natur aus antagonistischen Beziehungen entwickelt.[2] Aus Pollenfressern wurden Blütenbestäuber. Tiere, die sich ehemals von Samen ernährten, verbreiten diese nunmehr. Die Ektosymbiose zwischen den Blattschneider-Ameisen und ihren Pilzen entstand vermutlich, als die Ameisen zufällig einmal Pilze ernteten, die sie im Wald fanden. Ebenso ernährten sich unsere frühen Vorfahren von den wilden Pflanzen und Tieren, die sie vorfanden, und gingen erst später zu Ackerbau und Viehzucht über. Diese mutualistischen Beziehungen haben zweifellos zum ungeheuren ökologischen Erfolg unserer Gattung beigetragen. Zu lernen wäre daraus, daß wir Mutualismen schaffen und fördern müssen. Man könnte sogar sagen, daß wir stets versuchen sollten, unsere antagonistischen Beziehungen in mutualistische umzugestalten.

Das komplexe Sozialgefüge und die ökologische Dominanz der Blattschneider-Ameise kann bei einem Tier mit einem Gehirn von der Größe eines Korns nur beeindrucken. Doch kein Tier ist sich des Gesamtzusammenhangs bewußt, in dem es sich bewegt. Und hier liegt auch der entscheidende Unterschied zu einem unternehmerischen Ökosystem. Manager können und sollten entwickeln, was ich als »ökologisches Bewußtsein« bezeichne.

Leider ist das, wie mir scheint, bei den meisten bisher nicht der Fall. Sogar Investment-Analytiker bewegen sich im engen Horizont einzelner Industriebranchen oder beziehen in ihre Analysen nur betriebswirtschaftliche Grunddaten ein. Das Bewußtsein der meisten Manager reicht nur bis zu der Frage, wie sie ihr nächstes Teil an den Mann bringen können. Oder allenfalls bis zur Verbesserung ihrer Herstellungsverfahren. Dieses Tunnel-Bewußtsein birgt die Gefahr, daß Sie im Augenblick vielleicht eine Menge verkaufen können;

droht aber einmal das ganze System zu kippen, so werden Sie es erst merken, wenn es zu spät ist.

Es ist traurig, doch die meisten Manager agieren mit ihren Investitions- und Expansionsstrategien noch immer im Horizont der traditionellen Geschäftsparadigmen und Branchenvorstellungen. Daraus kann gar nichts werden. Ein glückloser Versuch folgt dem anderen, und so bewegt sich der Stratege hilflos in der Falle seiner Tretmühle: ein Wiederholungszwang, der lediglich der allgemeinen Tendenz zur Herausbildung börsenähnlicher Verhältnisse auf den verschiedenen Teilmärkten Vorschub leistet. Das vorhersehbare Ergebnis dieses Verhaltens lautet fortlaufende Enttäuschung, wie das folgende Schaubild verdeutlicht.

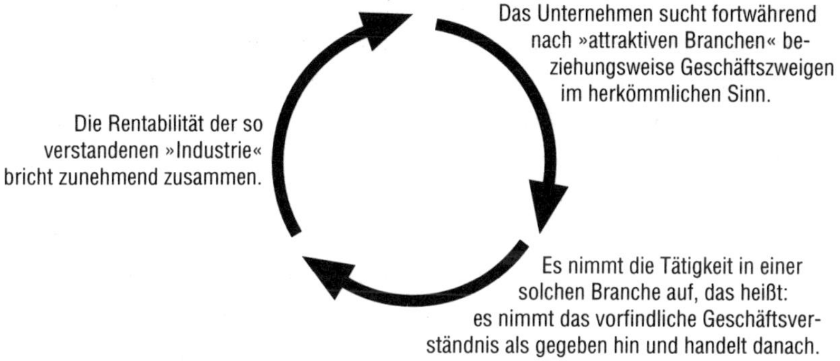

Abbildung 3.1

Da mehr und mehr traditionelle Industriezweige in einen ruinösen Wettbewerb abgleiten, verschlechtern sich die Aussichten, in diesem Bereich ein attraktives Betätigungsfeld zu finden. Das Stimmungsbarometer zeigt alles andere als Euphorie und Siegesgewißheit. Angesichts der großen Zahl von global agierenden Mitspielern fließen Unmengen an Kapital und Kreativität in Unternehmungen, die nur replizieren, was ohnehin schon existiert. Die Energie und Lebenskraft vieler Konzerne verschwindet im Abgrund ausgedienter Paradigmen und verkümmert. Neue Ansätze, die zu innovativen Systemen organisiert werden könnten, führen unterdessen ein unbeachtetes Schattendasein. Kundenwünsche bleiben unbefriedigt, weil es an frischem Denken fehlt.

Ziel der Strategiebildung: Neue mikro-ökonomische Zusammenhänge und neuer Wohlstand

Da sich die Strategiebildung weiterhin in den Grenzen bestehender Industriezweige und Paradigmen bewegt, wissen viele Unternehmen, auch wenn sie zu den ressourcenreichsten der Welt gehören, nicht so recht, wie sie ihre Geschäftstätigkeit ausweiten und neuen Wohlstand für die Gesellschaft schaffen sollen. Dabei liegt es doch auf der Hand - wenn man die Dinge unter einem weiteren Gesichtswinkel betrachtet -, daß wirklicher Wohlstand nur durch bessere Geschäftspraktiken erzeugt werden kann. Wohlstand für Produzenten wie Konsumenten kann nur im Spielraum zwischen dem Status quo und alternativen Möglichkeiten entstehen. Während die alten Mächte ratlos abwarten, bemühen sich Schwärme aufstrebender Unternehmer, zukunftsweisende Technologien mit der Schaffung neuer Märkte zu verbinden, ein ungeordnetes Gerangel, aus dem jedoch riesige neue Vermögen hervorgehen. Was fehlt, ist also nicht der Einblick in die Zusammenhänge der Wohlstandserzeugung, sondern der Entwurf eines machbaren Übergangsprogramms.

Es gibt eine bessere Lösung. Sie können schon jetzt versuchen, die Evolution ihres Geschäftsfelds zu gestalten - und dann damit beginnen, die Rolle des Gärtners zu spielen. Unternehmen, die sich so verhalten, übernehmen in wirtschaftlichen Ökosystemen eine ähnliche Rolle, wie sie die Menschen, auf Glück und Unglück, bisher in biologischen Ökosystemen spielten. Anders gesagt, der Aktionsradius eines Unternehmens ist heute größer denn je. Adam Smiths unsichtbare Hand wird zur sichtbaren Hand. Manager haben heute die Chance, nicht nur Unternehmen, sondern ganze Wirtschaftskreisläufe aufzubauen.

An die Stelle der unfruchtbaren Suche im Bannkreis branchenbezogener Strategiebildung tritt ein neuer, erfolgversprechender Zyklus. Im Brennpunkt liegt hier die Bildung ausgedehnter Ökosysteme, die mit ihrer innovativen Kraft mehr Kunden an sich binden und zukunftsweisende Konzeptionen entwerfen können. Letztendlich wollen Sie sich zum Mittelpunkt eines weiten Netzes innovativer Anstrengungen entwickeln. Sie wollen die im Überfluß vorhandene menschliche Kreativität zur Lösung drängender Probleme nutzen und der Welt damit einen Dienst erweisen. Sie wollen die Grundstruktur für großangelegte Kooperation bereitstellen. In gewisser Hinsicht kommt Ihr Handeln einer Art Gemeinschaftsbildung gleich. Sie knüpfen neue wirtschaftliche Netze. Der Aufbau eines unternehmerischen Ökosystems ist im Gegensatz zur Suche nach attraktiven Geschäftszweigen eine hochmoderne Form der Wirtschaftsentwicklung.

Der Zyklus des Ökosystem-Paradigmas stellt sich also wie folgt dar:

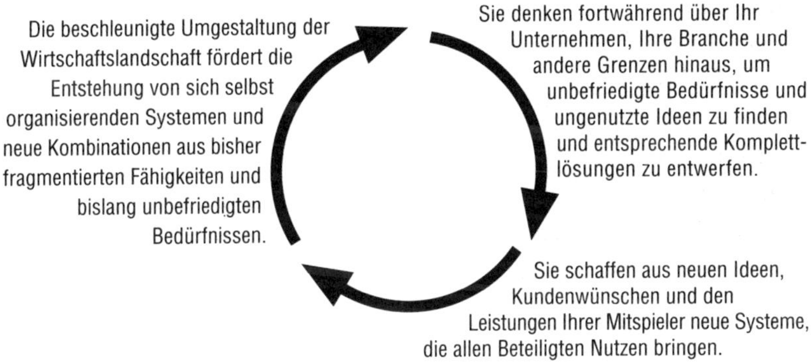

Abbildung 3.2

Dabei besteht natürlich die Gefahr der Selbstüberschätzung - die Gefahr, daß man sich etwas vormacht und seinen Aktionsradius größer wähnt, als er tatsächlich ist. Mehr noch: Da Menschen ebenso wie Unternehmen die Fähigkeit besitzen, die Absichten ihrer Mitspieler zu erahnen, kann ein teuflischer Wettlauf um die bessere Gesamtvision beginnen. Daher müssen Sie bei ihrer Gärtnerarbeit mit Vorsicht zu Werke gehen.

Das Aufregende und Inspirierende dabei ist, daß dem ökosystemischen Zyklus eine Tendenz zur Expansion innewohnt, daß es sich um einen Prozeß handelt, der Ordnung hervorbringt. Niemand kann jedoch vorhersehen, welche Resultate der Prozeß zeitigen wird, da das Verhalten des Systems nicht auf das der Systemkomponenten reduzierbar ist. Der Zyklus zeigt, und dies ist das Interessanteste an ihm, wie neue Zentren der industriellen Organisation und Koevolution geschaffen werden können. Ein neues Ökosystem und das entsprechende Paradigma sind potent genug, auf einem bewegten Markt einen frischen Konsens über wünschbare Güter und Dienste hervorzubringen. Gordon Wu von den Hopewell Holdings, der in Asien neue Infrastrukturen für die Wirtschaft errichtet, beschränkt sich nicht auf einen einzelnen Bereich, sondern ist zugleich im Straßenbau, in der Stromerzeugung und in der Baulanderschließung präsent. Das Internet bringt visuelle Künstler, Handelsunternehmen aller Art und private Computernutzer zusammen und schafft damit ein weltweites Kommunikationsmedium von beispielloser Vielfalt und Reichweite. Der ganze Ansatz, der dem Ökosystem-Zyklus zugrunde liegt, ist rückhaltlos proaktiv und kreativ, im Gegensatz zum branchenbezogenen Zyklus, der wesentlich reaktiv und konservativ ist. Wer sich in den Ökosystem-Zyklus einklinkt, dem werden mehr Optionen zur Verfügung stehen, als er je geahnt hätte. Wer hingegen die alten Wege beschreitet, kann sicher sein, in eine Sackgasse zu geraten.

Durch persönliche und berufliche Qualitäten zur Führung

Im Ökosystem-Zyklus spielen persönliche und berufliche Qualitäten eine zentrale Rolle. Wer am Aufbau eines neuen Ökosystems mitwirkt, tut dies in erster Linie aus Interesse an einer sinnvollen und wichtigen Aufgabe. Am Neuen teilzuhaben, Geschichte zu schreiben und gemeinsam mit anderen neue Akzente zu setzen, ist einfach aufregend und befriedigend. Viele von uns werden finanzielle Risiken eingehen, ihre Karriere aufs Spiel setzen, unglaublich lange Stunden arbeiten und sich mit ungewissen Erfolgsaussichten abfinden, wenn bei ihrer Tätigkeit wirklich etwas auf dem Spiel steht.

Es ist traurig, daß viele Menschen nur selten in den Genuß dieses Vergnügens kommen. Viele von uns arbeiten für Organisationen, die sich im branchenbezogenen Zyklus bewegen, und sehen sich daher genötigt, tagein, tagaus das Räderwerk überholter Werte und ausgedienter Ideen in Gang zu halten. In einer Welt wachsender Möglichkeiten das alte Spiel weiterzuspielen ist nicht nur eine schlechte Strategie, sondern auch todlangweilig. Die Gestaltung eines unternehmerischen Ökosystems hingegen bringt das Ich in Wallung und entzündet das Feuer der Leidenschaft. In einem Unternehmen erfordert dies wirkliche Führungsqualitäten.

Als Unternehmensberater lerne ich viel von meinen Kunden. Über Führungsfragen habe ich von Jim Henson wahrscheinlich am meisten gelernt. Jim ist als Schöpfer der Muppets in bester Erinnerung. Darüber hinaus leitet er als Generaldirektor ein außergewöhnlich ideenreiches Mitarbeiterteam, das, lange Jahre schlicht als »Henson Associates« bekannt (die Visitenkarte zeigte den Schriftzug »HA!«), nun unter der Firmenbezeichnung »Jim Henson Productions« läuft.

Jim zeichnete sich durch drei besondere Führungsfähigkeiten aus. Erstens lag er vollkommen auf der Wellenlänge der sozialen und unternehmerischen Ökologie, in der er lebte. Begierig, kulturell auf dem laufenden zu bleiben - er interessierte sich für Pop und Folk ebenso wie für die gehobene Kultur -, war er ein eifriger Kinobesucher, der gern und ausführlich über die Filme diskutierte, die er gerade gesehen hatte. Sein Büro war ein Durcheinander aus Erinnerungsstücken aus der Muppets-Show und amerikanischer Folk-Art, während in seiner Wohnung afrikanische Kunst den Ton angab, eine persönliche Vorliebe, die sein Puppendesign maßgeblich beeinflußte.

Jim setzte sich intensiv mit verschiedenen Geschäftsmodellen auseinander und analysierte die Anpassungsprozesse und neuen Organisationsstukturen in der Unterhaltungsindustrie. Als kreativer Katalysator war er an der Entstehung des Bürgerfernsehens, des Fantasy-Spielfilms und digitaler Multimedia-Produktionen beteiligt. Stets reflektierte er die wirtschaftlichen und organisatorischen Neuerungen, die das Verhältnis der unabhängigen Produzenten zu den TV-Networks und Filmstudios, den Drehbuchschreibern, Schauspielern und Direktoren - sowie zu den immer mächtiger werdenden globalen Medien-Imperien wie Disney - fortlaufend verändern. Mit einem Wort, er dachte über Ökosysteme nach.

Zweitens nistete sich Jim mit seinen Leistungsbeiträgen in verschiedenen Ökosystemen ein, darunter auch dem Ökosystem, das vom Public Broadcasting System und dem Children's Television Workshop gegründet wurde, woraus die *Sesamstraße* hervorging. Er nutzte neue Talente und jede Gelegenheit, die sich ihm bot, und investierte in das, was wir weiter unten als »Innovationskurs« kennenlernen werden. Jims Hauptinteresse - der Innovationskurs, dem sein ganzes Engagement galt - bestand in der Schaffung »klassischer Charaktere«, das heißt von Persönlichkeiten der Unterhaltungswelt, die wie Kermit der Frosch, Miss Piggy oder Oskar dauerhafte Beziehungen zum Zuschauer aufbauen.

Jim und sein Team beherrschten diese Fähigkeit in mehreren Medien, in Film und Fernsehen ebenso wie in der Musik und in der Buchproduktion. Sein Innovationskurs beruhte auf einer Reihe von speziellen Fähigkeiten, die in jedes neue Projekt investiert wurden. Da waren zum Beispiel die Puppenspieler. Nur wenige Schauspieler besitzen die Fähigkeit - als Puppen verkleidet oder »in Zivil« -, eine bestimmte Zuschauerschaft über Film und Fernsehen persönlich anzusprechen. Manche haben das »gewisse Etwas« und können fast jede Figur mit Leben erfüllen, andere eben nicht. Über Jahre hinweg lud Jim regelmäßig Schauspieler zum Vorsprechen und zu Trainigsseminaren ein, um erfolgversprechende Puppenspieler zu entdecken und zu fördern. Priorität genoß auch die künstlerische und Bühnenleitung, wobei Jim für jedes Medium eigene Spezialisten beschäftigte. Michael Frith, ein visueller Künstler, der unter der Leitung von Dr. Seuss als Illustrator begann, gehört im Bühnendesign heute zu den Weltbesten; unter seiner Hand weitet sich ein kleiner Fernsehschirm zu einem Universum aus Licht und Farben, das den Zuschauer gefangennimmt.

Drittens nutzte Jim die genannten Fähigkeiten, um die persönlichen Qualitäten auszuloten und auszudrücken, die er für wichtig hielt. Dazu gehört auch, daß man Menschen mit anderem Charakter achten soll, und seien sie mürrisch wie Oskar, naiv wie Big Bird, verbohrt wie der Graf oder egozentrisch wie Bert – Figuren, die alle im Dienst einer vielfältigen kreativen Gemeinschaft stehen, die von den positiven Beiträgen jedes einzelnen profitiert. Diese Qualitäten bildeten nicht nur ein Spiel innerhalb des Spiels, sondern sie beseelten Jims gesamtes Ökosystem. Vermittelt über die darstellerischen Fähigkeiten und persönlichen Eigenschaften der Puppenspieler, fanden sie bei einer breiten Zuschauerschaft Anklang und zeigten überall auf der Welt Wirkung. Von Jim konnte ich lernen, wie der Ökosystem-Zyklus funktioniert: Gestützt auf eine strategische Kombination von Kernfähigkeiten und den ergänzenden Beiträgen eines umfassenderen Ökosystems aus Einzelpersonen und Organisationen, verschafft eine Führungspersönlichkeit einem eigenwilligen Set von Qualitäten Geltung.

Wir brauchen ein anderes Day-to-Day-Management

Keine Frage, daß der Ökosystem-Zyklus ein völlig anderes Managementverhalten erfordert. Seit mehr als zehn Jahren lernen Unternehmen, über die traditionellen produktzentrierten Kunden- und Lieferantenbeziehungen hinauszudenken. Den ersten Schritt bildeten Präferenzabkommen mit Zulieferern und Abnehmern, und seit kurzem verstehen sich zahlreiche Manager als Steuermann von sogenannten erweiterten Unternehmen oder vernetzten Organisationen.

Unter dem Blickwinkel des Day-to-Day-Management haben Führungskräfte mit koevoluierenden Koalitionen aus verschiedenartigen Wirtschaftssubjekten zu tun. Unternehmen und Führungskräfte verstehen die Geschäftswelt daher als einen Tummelplatz unterschiedlicher Koalititonen, Lager und Marktgemeinschaften - wobei Interessenallianzen auf gemeinsamen Visionen beruhen und starke Innovationspotentiale mobilisieren können.

Umfang des strategischen Managements	**Kernprodukte und Kerndienstleistungen**	**+ Erweitertes Unternehmen**	**+ Koevoluierendes Ökosystem**
Konzept der Geschäftsbeziehungen	Ein Portfolio aus langfristigen präferentiellen Kunden- und Zuliefererbeziehungen	Ein verwaltetes System von Beziehungen	Ein koevoluierendes, symbiotisches, sich selbst verstärkendes System von strategischen Leistungsbeiträgen
Schwerpunkt der kontinuierlichen Verbesserungen	Produkte und Prozesse	Interaktion von Organisationen, erweiterte Prozesse	Investitionen der Gemeinschaftsmitglieder in die Innovation
Maßstab der erzielten Verbesserung	Weniger Produktmängel; geringere Abweichungen vom Qualitätsstandard	Fortschrittsrate bei der Verbesserung von Produkten und Prozessen	Fortschrittsrate bei der Schaffung von Komplettlösungen mit dramatischen Nutzeneffekten für den Kunden
Die wichtigsten Vereinbarungen mit den Geschäftspartnern	Produktspezifizierungen, Prozeßspezifizierungen, TQM-Standards	Schriftliche Vereinbarungen zwischen den wichtigsten Organisationen	Gemeinschaftliches Steuerungssystem, quasi-demokratische Mechanismen
Gemeinsame Absichten der wichtigsten Partner	Nachhaltig gute Beziehungen zwischen Kunden und Zulieferern, Erzielung der gemeinsam festgelegten Benchmarks	Abstimmung der Strategieplanung und Investitionsvorhaben	Gemeinsame Zukunftsvisionen und gemeinsame Vorstellungen von den hierzu erforderlichen Mitteln und Wegen

Tabelle 3.1 Wachsender Umfang des Strategiemanagements

Tabelle 3.1 bietet einen Überblick über die Folgen der erweiterten Führungsaufgaben für das Day-to-Day-Management. Vielleicht überlegen Sie beim Lesen des Schaubilds einmal, wie sich Ihr Geschäftsalltag, ja sogar Ihre Telefongespräche und Besprechungen in den letzten Jahren verändert haben. Viele Manager verbringen wesentlich mehr Zeit mit den Aufgaben, die in der rechten Spalte verzeichnet sind - ein deutlicher Hinweis, daß die neue Welt vor der Tür steht.

Um die Aufgaben zu bewältigen, die in den beiden rechten Spalten verzeichnet sind, müssen Sie Ihre Aufmerksamkeit auf die Beiträge aller Schlüsselmitglieder Ihres unternehmerischen Ökosystems konzentrieren. Sie müssen verstehen lernen, welche Bedeutung diese Beiträge haben, welches Innovationspotential sie in sich schließen und wie gut sie im Geschäftsalltag realisiert werden. Sie müssen Ihre Geschäftsbeziehungen so gestalten, daß Sie die stärksten Mitspieler und besten Beiträge an sich binden, und Sie müssen für diese Leistungen eine Choreographie entwerfen, die Ihre Kundschaft in Bann schlägt.

Prämissen der ökosystemischen Strategie

Die neue ökosystemische Herangehensweise an Führungs- und Strategiefragen fußt auf folgenden vier Prämissen, die nur auf den ersten Blick etwas verwickelt erscheinen.

1. Mit dem Zusammenbruch der traditionellen Branchenstruktur gibt es nur eine erfolgversprechende Möglichkeit, wie Sie gegenüber Ihren Rivalen merkliche Wettbewerbsvorteile erzielen können: Sie müssen sich auf die Gestaltung neuer Ökosysteme konzentrieren, nicht nur auf die Entwicklung neuer Produkte, und Sie müssen dabei besser sein als Ihre Mitbewerber. Wenn Sie den Trick, wie man ein Ökosystem auf die Beine stellt, einmal heraushaben, wird man Sie nie wieder auf irgendeine »Branche« festnageln kön-

nen. Wie Bill Joy von Sun Microsystems so treffend bemerkte: »Das Ziel ist nicht, das Spiel der anderen zu gewinnen, sondern vielmehr, das Spiel so zu verändern, daß man es gewinnen kann.« In unsere Terminologie übersetzt: Das Ziel besteht nicht darin, sich zum Branchenführer aufzuschwingen, sondern die alte Branchenstruktur zu zerstören, um neue Strukturen zu schaffen.

2. Der Zweck der neuen Marktgemeinschaften liegt darin, dem Kunden durchgreifend Innovatives anzubieten. Innovation meint dabei nicht simple Produkt- und Prozeßverbesserungen oder was sonst noch aus den Forschungs- und Entwicklungsmaschinen herausgepumpt werden mag. All das reicht nicht aus. Mir geht es um wirklich originelle Resultate. Sie müssen für Ihre Kunden völlig neue Komplettlösungen entwickeln, die nachweisbar besser sind als alles Bisherige. Ansonsten lassen sich die Kosten, die mit der Schaffung des Ökosystems verbunden sind, in keiner Weise rechtfertigen. Diese Kosten umfassen Ausgaben für die Entwicklung neuer Prozesse, für die entsprechenden Ausrüstungsinvestitionen, für die Vernetzung kooperierender Unternehmen und für die Werbekampagnen, mit denen die Kunden auf das neue »Produkt« eingestimmt werden.

3. Eine zentrale strategische Entscheidung betrifft den »inhaltlichen« Umfang des Ökosystems. Eine Möglichkeit ist die Schaffung einer übergreifenden ökonomischen Gemeinschaft, die Dutzende oder - wie im Fall des PC-Geschäfts - Hunderttausende von Einzelpersonen und Organisationen umfaßt. Aber auch ein inhaltlich begrenztes unternehmerisches Ökosystem kann den entscheidenden Test bestehen, daß es wichtige Probleme löst und sich für alle Mitwirkenden lohnt. Norand produziert tragbare Datenerfassungsgeräte für Aufgaben wie Lagerverwaltung und Maschinenwartung. Das Unternehmen ist außerordentlich erfolgreich, und dies mit gutem Grund. Es bietet wirklich nützliche Problemlösungen an. Norands Ökosystem wächst und gedeiht, obwohl sich die erste Generation tragbarer Datenerfassungsgeräte, die technisch ähnlich, aber doch allgemeiner konfiguriert waren, nicht durchsetzen konnte. Der spektakulärste Flop war hier bekanntlich Apples »Newton«.

Vom **Unternehmen und von der Branche**	zum **Ökosystem**
Die Grenzen des Geschäftsfelds - darunter Branchen- und Ländergrenzen - werden als gegeben hingenommen.	Die Grenzen des Geschäftsfelds werden zur Sachfrage und können bis zu einem gewissen Grad eigenmächtig festgelegt werden.
Die Strategiebildung bezieht sich primär auf die Branche oder das Unternehmen.	Die Strategiebildung bezieht sich auf das unternehmerische Ökosystem oder auf die Gemeinschaft aller koevoluierenden, innovativ tätigen Mitwirkenden.
Die Wirtschaftsleistung hängt von der Qualität des innerbetrieblichen Managements und der durchschnittlichen Rentabilität in der betreffenden Branche ab.	Die Wirtschaftsleistung hängt weitgehend davon ab, wie gut das Unternehmen seine Allianzen und Beziehungen innerhalb des Netzwerks, das sein unternehmerisches Ökosystem bildet, managen kann.
Im Mittelpunkt steht das Wachstum des eigenen Unternehmens.	Im Mittelpunkt steht die Gesamtentwicklung des ökonomischen Netzwerks und die Position des eigenen Unternehmens innerhalb dieses Netzwerks.
Die Kooperation zwischen den Mitspielern beschränkt sich weitgehend auf das Verhältnis zu den direkten Zulieferern und Kunden, mit dem Zweck, die traditionellen Kunden- und Zuliefererbeziehungen zu verbessern und/oder die bestehenden Branchen- und Ländergrenzen aufrechtzuerhalten.	Die Kooperation weitet sich auf alle Mitspieler aus, die bei der Suche nach neuen Ideen und unbefriedigten Bedürfnissen relevant sind und zu innovativen neuen Marktgemeinschaften aus koevoluierenden Mitwirkenden zusammengefaßt werden können.
Wettbewerb herrscht in erster Linie zwischen einzelnen Produkten und Unternehmen.	Wettbewerb herrscht auch zwischen den verschiedenen Ökosystemen sowie um die Führungsposition innerhalb eines gegebenen Ökosystems.

Tabelle 3.2

Der Umfang und die Grenzen eines unternehmerischen Ökosystems sind nicht durch die traditionellen Praktiken der alten Welt vorgegeben, sondern müssen je nach Sachlage nach eigenem Ermessen festgelegt werden. Ansonsten werden Sie nie die Früchte der Innovation kosten. Wenn der Stratege der neuen Welt beschließt, eine Reihe von Aktivitäten als Teil eines unternehmerischen Ökosystems zu behandeln, so setzt er darauf, daß der Nutzen seines Vorgehens die damit verbundenen Kosten zumindest für die Dauer seiner Unternehmung bei weitem übersteigt.

4. Wer in der neuen Welt entscheidende Wettbewerbsvorteile erzielen will, muß wissen, wann und wie er ein unternehmerisches Ökosystem aufbauen soll, und er muß in der Lage sein, das Wachstum seines Systems dauerhaft zu fördern und kontinuierlich Verbesserungen vorzunehmen. Ganz so, wie ein Adler oder ein Fuchs es spürt, wenn sein Ökosystem in Gefahr gerät, und dann alles Nötige unternimmt, um es zu stärken und zu erweitern.

Daß die praktische Umsetzung dieser klaren Prinzipien alles andere als einfach ist, liegt auf der Hand. Kooperation und Wettbewerb müssen in ein stimmiges Verhältnis gebracht werden. Neue Ökosysteme brauchen Führungspersönlichkeiten, die über die traditionellen organisatorischen und kulturellen Grenzen hinausdenken und attraktive Zukunftsvisionen entwerfen können, die die hergebrachten Unternehmens-, Branchen- und Ländergrenzen überschreiten. Die Tabelle auf Seite 81 mag dies veranschaulichen.

Stärke und Wettbewerbsfähigkeit erwachsen aus der Marktgemeinschaft

In gewisser Weise liegt dem neuen Strategieansatz eine ausgesprochene Binsenweisheit zugrunde. Gestützt auf ein Ökosystem, kann ein Unternehmen mindestens genauso stark auftreten, wie wenn es sich allein auf seine eigenen Fähigkeiten verläßt. Warum war Apple so lange erfolgreich? Weil das Unternehmen bei seiner eingeschworenen Kundschaft hoch angesehen war und die Gunst der Software-Entwickler besaß. Worüber stolperte es 1995? Über die kumulativen Effekte, die sich durch die Abwanderung zahlreicher Mitglieder der Apple-Gemeinschaft über die Jahre angesammelt hatten. Die von Microsoft und Intel angeführte Computer-Gemeinschaft hatte Apple in vieler Hinsicht überholt, insbesondere mit Blick auf die Zahl der Gemeinschaftsmitglieder und ihre Gesamtressourcen, was sich in fortlaufend fallenden Preisen und ständig höherer Rechnerleistung äußerte. Deutlich wird daran, daß die innovationsfördernde Kraft der unsichtbaren Aktivposten eines Unternehmens - positives Denken der Gemeinschaftsmitglieder, gemeinsame Zukunftsvisionen, begeisterte Kunden - die sichtbaren Aktivposten (darunter Maschinenpark, Anlagen und Warenbestand) oft bei weitem überwiegen. Diese unsichtbaren Aktivposten äußern sich in der Mitwirkung zahlreicher kreativer Menschen und Organisationen, die durch ihre Innovationskraft und ihr koevoluierendes Engagement den Einfluß des Unternehmens vergrößern helfen.

Ein anderes Beispiel: Die Konkurrenz zwischen Ford und Chrysler beschränkt sich keineswegs auf den produktbezogenen Wettbewerb um Marktanteile für Personen- und Lastkraftwagen. Beide Autohersteller sind vielmehr bestrebt, Zulieferergemeinschaften und Vertriebsnetze aufzubauen, durch deren Mitwirkung bessere Ergebnisse erzielt werden können. Wie wir noch sehen werden, vertreten Ford und Chrysler hinsichtlich der erfolgversprechendsten Leitung eines Ökosystems unterschiedliche Theorien.

Ford setzt auf globale Größenvorteile, während Chrysler ein radikales Outsourcing-Konzept verfolgt.

Die genannten Beispiele deuten darauf hin, daß im Mittelpunkt strategischer Managemententscheidungen nicht mehr die Leitung des eigenen Unternehmens, sondern die Führung einer Gemeinschaft von Allianzpartnern steht. Ein Geschäftsmodell für das eigene Unternehmen ist nicht mehr ausreichend. Spitzenmanager brauchen heute die Fähigkeit, Geschäftsmodelle für das ganze Ökosystem zu entwickeln.

Sogar in der rauhen und wirren Welt der amerikanischen Präsidentenpolitik kreist der Wettbewerb nicht mehr so sehr um das Image der Kandidaten und ihre politische Programmatik als vielmehr um die Bildung politischer Ökosysteme. Bill Clinton und Al Gore profitieren in erster Linie von den Netzen und Beziehungen, die das Führungskomitee der Demokratischen Partei geknüpft hat und pflegt, sowie vom permanenten Wahlkampf, den Clinton bereits in seiner Zeit als Gouverneur von Arkansas begann. So bauten sie im Laufe der Jahre eine mutualistische Gemeinschaft von Aktivisten, Denkfabriken und Mitarbeitern auf, die ihnen helfen, ihren Werten treu zu bleiben, ihre Ideen weiterzuentwickeln und Einfluß auszuüben. Am anderen Ende des politischen Spektrums verfolgt Newt Gingrich einen recht ähnlichen Ansatz. Seine *Progress and Freedom Foundation* ist nur der sichtbarste Teil eines außerordentlich anpassungsfähigen politischen Ökosystems, das eine lange Wachstumsphase hinter sich hat. In mancher Hinsicht ist Gingrich ein Johnny Appleseed der Politik - wie kein anderer widmete er sich über viele Jahre der Rekrutierung, Ausbildung und Unterstützung von Amtsanwärtern, die heute zu einem Großteil im Repräsentantenhaus sitzen und loyal seine Politik betreiben.

Und auch Ross Perots Vereinigung *United We Stand* entwickelt sich langsam von einer sozialen Bewegung zu einer lebensfähigen, landesweit agierenden dritten Partei. Viel Zeit und Energie waren nötig, um das Wahlrecht in verschiedenen Bundesstaaten zu reformieren und die Abschaffung der Klauseln durchzusetzen, die die Bildung einer weiteren Partei bisher verhinderten. Ungeachtet Ihrer politischen Überzeugungen können Sie im Hinblick auf Führungs- und Strategiefragen eine Menge lernen, wenn Sie beobachten, wie die Fähigkeit zur Einflußnahme - in der Politik ebenso wie in der Wirtschaft - aus dem Zusammenspiel von Informationstechnologie, Risikobereitschaft und langfristigen Investitionen in die Pflege eines Ökosystems erwächst. Nur auf dieser Grundlage können Ideen und Wertvorstellungen gesellschaftlich etwas bewirken - andernfalls wird sich kaum etwas bewegen.

Betrachten Sie das Ökosystem oder die Ökosysteme, in denen Sie tätig sind. Wachsen sie oder schrumpfen sie? Wie effektiv arbeitet die Führung dieser ökonomischen Gemeinschaften? Sorgt sie für kontinuierliche Innovation und eine produktivere Einbeziehung der Kunden? Wie sicher sind die Zukunftsaussichten? Wie steht es mit der Wettbewerbsfähigkeit gegenüber anderen Ökosystemen? Diese Fragen sind lebenswichtig, denn viele Spitzenmanager und Unternehmen haben sich bisher ausschließlich auf ihre eigenen Fähigkeiten konzentriert und es schlicht übersehen, wenn die Ökosysteme, von denen sie abhingen, im Niedergang begriffen waren.

Wettbewerbsvorteile in einer Welt unternehmerischer Ökosysteme

Bedenken Sie, daß nicht alle Ökosysteme und nicht alle Rollen innerhalb eines Ökosystems gleich lukrativ sind. IBM machte das PC-Ökosystem möglich, hatte aber hart zu kämpfen, um überhaupt etwas damit zu verdienen. Mit der Schaffung eines Ökosystems ist es noch lange nicht getan. Wenn Sie finanziellen Erfolg haben wollen, müssen Sie in Ihrem Ökosystem und durch Ihre Mitwirkung daran eine neue Art dynamischer Wettbewerbsvorteile erzeugen.

Soweit ich sehe, können Wettbewerbsvorteile in der neuen Welt nur durch eine Führungsposition in einem erfolgreichen unternehmerischen Ökosystem erzielt werden. Der Wettbewerbsvorsprung der Firma Wal-Mart beispielsweise erklärt sich aus der führenden Stellung des Unternehmens innerhalb eines umfassenderen Systems. Dem Unternehmen Wal-Mart geht es gut, weil es der führende Kopf des Netzwerks Wal-Mart ist - mit anderen Worten: weil es das Netz der Geschäftsabläufe, die Gemeinschaft der Geschäftspartner und das entsprechende unternehmerische Ökosystem bestimmt. Wal-Mart kann sich keineswegs in der geschützten Position einer fein säuberlich abgezirkelten Branche sonnen. Der Einzelhandel in Nordamerika ist weltweit einer der am wenigsten geschützten und wettbewerbsintensivsten Geschäftszweige überhaupt.

Und doch genießt Wal-Mart in gewisser Hinsicht eine geschützte Stellung. Es ist das einzige Unternehmen, das für das umfassendere Wal-Mart-Netzwerk die Führungsstrategien ausarbeitet und sich um die Einzelhandelsgeschäfte, den Großhandel, die Informationsdienste, den Einkauf, das Marketing, die Personalplanung und vieles mehr kümmert. Und weil dieses Netzwerk so verbraucherorientiert und innovativ ist, halten die Kunden ihm mit fast religiöser Inbrunst die Treue, insbesondere in den kleineren Städten auf dem Land. Daß dies eine beneidenswerte Position ist, brauchen wir nicht eigens zu betonen.

Ein weiteres Musterbeispiel für einen ausgeprägten Wettbewerbsvorsprung bietet Intel. Zwischen 1991 und 1995 gehörte Intel mit dem Monopolanbieter von Diamanten, DeBeers, dem Erdöl- und Erdgasunternehmen Malaysias und führenden Arzneimittelherstellern zu den Unternehmen mit der weltweit höchsten Rentabilität. Die Durchschnittsrentabilität in der Halbleiterindustrie betrug im selben Zeitraum weniger als ein Viertel der Rentabilität von Intel. Wie ist das zu erklären? Produzierte Intel so viel effizienter als seine Mitbewerber? Wohl kaum. Die PC-Käuferschaft hatte in dieser Zeit einen regelrechten Heißhunger auf leistungsstärkere Mikroprozessoren. Jahr um Jahr war sie auf der Suche nach mehr Rechnerleistung für ihre neue Software. Nur Intel spezialisierte sich auf diesen Bedarf. Zwar lief die Software der PC-Anwender auch auf den geklonten Mikroprozessoren, wie sie etwa von Advanced Micro Devices angeboten wurden, doch hinkten die

Nachbauten in der Rechnerleistung stets hinter den Originalen von Intel her. Intel verkaufte ein Produkt, nach dem ein riesiger Bedarf bestand und das nur Intel selbst liefern konnte.

Mehr noch: Das PC-Ökosystem unter der Leitung von Intel und Microsoft brachte unzähligen anderen Ökosystemen enorme Nutzenvorteile. So verdankte Intel seinen ungeheuren Erfolg der unantastbaren Stellung als einziger Lieferant eines umfassenderen Ökosystems, das weltweit praktisch sämtlichen Geschäftszweigen entscheidende Produktivitätsfortschritte ermöglichte. Wie wir noch sehen werden, mußte Intel einen hartnäckigen Abwehrkampf führen, als andere Unternehmen mit vereinten Kräften versuchten, in dieses Ökosystem einzubrechen.

Wer in der neuen Welt einen entscheidenden Wettbewerbsvorsprung erzielen will, muß sich eine geschützte Position in einem innovativen Ökosystem erobern, das die Ressourcen des Chancenumfelds so überlegen kapitalisieren und organisieren kann, daß die Kundschaft ihm den Vorzug gegenüber anderen Ökosystemen gibt. »Geschützte Position« meint dabei, daß es extrem schwierig ist, das Unternehmen aus seiner Rolle in der ökosystemischen Gemeinschaft hinauszudrängen, und daß das Unternehmen gegenüber den anderen Systemmitgliedern über genügend Verhandlungsmacht verfügt, um attraktive Margen zu realisieren. So ist zumindest eine Wahrheit des herkömmlichen Strategiekanons weiterhin gültig. Unter sonst gleichbleibenden Bedingungen wirkt sich die Verhandlungsmacht, die daher rührt, daß man der einzige oder einer der wenigen Anbieter eines Produkts ist, das andere brauchen, positiv auf die Rentabilität aus. Vergessen wir aber nicht, daß Verhandlungsmacht in der neuen Welt selten an der Grenze eines Industriezweigs halt macht. Ihr Medium sind dynamische Beiträge, nicht statische Schranken. Sicherheit verschaffen nicht Regulierungsmaßnahmen und ererbte Positionen, sondern Führungsfähigkeit und innovative Leistungsangebote, die auf die Bedürfnissen der Kunden des Ökosystems abgestimmt sind.

Allein schaffen Sie es nicht

Die Ausweitung der Führungsproblematik, von der wir sprachen, ist weder eine Definitionsfrage noch unser persönliches Steckenpferd. Vielmehr liegen ihr weitreichende Veränderungen in den wirtschaftlichen und technischen Gegebenheiten des Geschäftslebens zugrunde. Auf praktisch allen Geschäftsfeldern nimmt das Innovationspotential derzeit drastisch zu. Stimuliert wird es durch technologische Fortschritte, die Verbreitung von Wissensbeständen, die Globalisierung der Kapitalmärkte, den leichten Zugang zu Risikokapital, einschlägige Deregulierungsmaßnahmen, besseres Innovationsmanagement und andere Faktoren.

Wer die Fähigkeit besitzt, potentielle Innovationen effizienter und effektiver zu verwirklichen als seine Mitspieler, wird daher signifikante wirtschaftliche Vorteile erzielen. Jede Innovation erfordert jedoch die Einbeziehung der Kunden und Zulieferer - und je radikaler die Innovation, desto intensiver muß sich die Zusammenarbeit mit den anderen Mitspielern, insbesondere mit den Kunden, gestalten. Wir müssen also vor allem lernen, wie man eine vielfältige Marktgemeinschaft oder ein Netz von Organisationen leitet, deren Mitglieder gemeinsame Vorstellungen von der Realisierung der Innovation haben. Daß bereits realisierte Innovationen heute nur schleppend Verbreitung finden, liegt meistens weniger an einem Mangel an Ideen, Technologie oder Kapital, sondern vielmehr an der Unfähigkeit, breitgefächerte, vielfältige Gemeinschaften von Mitspielern zu leiten und in einen weitreichenden Prozeß der Koevolution einzubinden.

Wenn Sie die Gedanken der Manager lesen könnten, die an der Spitze der Unternehmen Ihres Ökosystems stehen, so würden Sie mit großer Wahrscheinlichkeit eine Gemeinsamkeit entdecken: daß sich ihr Geschäftsfeld in vieler Hinsicht wandelt und sie ihren Kunden daher neue Nutzenvorteile bieten müssen, wenn sie im Geschäft bleiben wollen. Sie werden in neue Fähigkeiten, Ansätze und Geschäftspraktiken investieren müssen. Diese Entscheidungen können sie jedoch nicht allein fällen, weil sie bis zu einem gewissen Grad in einem gegenseitigen Abhängigkeitsverhältnis stehen. Sie müssen gemeinsame Visionen erarbeiten, um ihre Investitionen zu koordinieren; sie können es sich nicht leisten, in alle möglichen Zukunftsszenarien zu investieren und alle möglichen Partnerschaftsabkommen zu schließen.

Wohl jedes Unternehmen will in seinen Entscheidungen möglichst autonom bleiben und seine Zukunftspläne geheimhalten. Andererseits muß es sich mit der Notwendigkeit abfinden, mit anderen zusammenzuarbeiten: Hier muß ein ausgewogener Kompromiß gefunden werden. Gerade wenn es um die Gestaltung der Zukunft geht, kann koordiniertes Vorgehen von ungeheurem wirtschaftlichem Nutzen sein, im Hinblick auf die Fokussierung der Investitionen und die Vermeidung von Sackgassen ebenso wie im Hinblick auf den Versuch, einen Platz im Zentrum einer starken Gemeinschaft zu finden. Dieses Spannungsverhältnis zwischen dem Wunsch nach Autonomie und der Erkenntnis eines gemeinsamen Schicksals verleiht der Strategiebildung in unternehmerischen Ökosystemen eine solche Bedeutung. Viele Unternehmen können Wunsch und Notwendigkeit miteinander vereinbaren, indem sie sich nicht nur als einfache Mitglieder in eine Gemeinschaft einklinken, sondern deren Zukunft darüber hinaus maßgebend mitgestalten.

Wenn Sie diesen Gedanken in Ihrem Geschäftsfeld testen möchten, sollten Sie sich folgende Fragen stellen: Welche innovativen Ideen könnte ich meinen Kunden anbieten, wenn ich eine größere Gemeinschaft von Mitspielern dirigieren und dazu bewegen könnte, meine Ideen mitzutragen? Inwiefern kann ich meine innovativen Ideen nur deshalb nicht umsetzen, weil ich nicht mit anderen kooperiere, meine Investitionen nicht mit ihnen abstimme und meine Ideen bei ihnen daher keine Aufnahme finden?

Wenn Sie diese Fragen beantworten, haben Sie schon einige Anhaltspunkte für Ihr weiteres Vorgehen im Zusammenhang eines Ökosystems.

Wettbewerbsvorteile durch multidimensionale Kampagnen

Die alten Verteidigungslinien um Ihr Terrain halten einfach nicht mehr. Mit der Regelmäßigkeit eines Metronoms werden etablierte Unternehmen, die an den bisherigen Wettbewerbsmethoden festhalten, von starken neuen Rivalen zermürbt werden. Einige dieser Mitbewerber werden nur die gängigen Geschäftspraktiken kopieren, andere aber werden versuchen, mit fortgeschrittenen Technologien oder anderen Ideen Marktanteile zu gewinnen und das Betriebsvermögen der Etablierten teilweise zu entwerten. Vielfach werden die neuen Rivalen die hergebrachten Branchen- und Landesgrenzen verletzen. In manchen Fällen werden diese Grenzüberschreiter von weitgehend ähnlichen Geschäftsfeldern aus zuschlagen, in anderen werden sie überraschend aus anderen Wirtschaftssektoren hereinbrechen, in denen zufällig dieselben Kernfähigkeiten ausgebildet wurden.

Das Endergebnis wird - schlicht gesagt - oft so aussehen: Die etablierten Unternehmen müssen Marktanteile abgeben und Gewinneinbußen hinnehmen, ihr Betriebsvermögen wird entwertet und ihre technischen Fähigkeiten und Humanressourcen können nicht mehr mithalten. Die beste Verteidigung dagegen besteht anfangs gewöhnlich in der Reduzierung der Produktionsmenge und im Reengineering bestehender Prozesse, um die Effizienz zu steigern. Etablierte Unternehmen können mit dieser Strategie ihre Gewinnmargen erhöhen und ihre Kampfkraft stärken. Kurzfristig ist es auf der Basis von Mengenreduzierung und Reengineering möglich, durch Preisnachlässe, Sonderangebote und kleinere Verbesserungen im Produkt- und Dienstleistungsangebot neue Herausforderer abzuschlagen und Zeit zu gewinnen.

Längerfristig führt diese Strategie jedoch nicht allzuweit. Ein Hackmesser kann eine Zeitlang gute Dienste leisten, aber irgendwann ist einfach nichts mehr zum Hacken da. Ein etabliertes Unternehmen, das seine Führungsrolle zurückgewinnen und erneut Wettbewerbsvorteile erringen will, muß vielmehr auf Wachstum und grundlegende Innovationen zielen - und dies sowohl im Bereich seiner Kernprozesse als auch mit Blick auf sein allgemeines Geschäftsmodell.

Unternehmen, die das nicht tun, werden in einen ruinösen Zyklus des Niedergangs hineingezogen: Sie werden in dem verzweifelten Versuch, die Kosten schneller zu reduzieren, als die Gewinne zurückgehen, Leute entlassen und Vermögenswerte aussondern, in der praktisch nichtigen Hoffnung, die bisherigen Gewinnmargen aufrechtzuerhalten. Sie verkennen, daß ihre grundlegenden Geschäftsideen wertlos geworden sind, und nicht nur die Art und Weise, wie sie diese Ideen umsetzen. Dieser Niedergang und Zusammenbruch - oder Fast-Zusammenbruch - war an einer ganzen Reihe von Unternehmen zu beobachten, deren Stellung in der Geschäftswelt unangreifbar schien. Erst als sie es schafften, sich strategisch umzuorientieren, konnten sie sich wieder fangen. Sie analysierten den Bedarf ihrer neuen Kunden, die Gegebenheiten neuer Märkte und das Potential neuer Technologien und Geschäftsmodelle und konnten ihr Geschäft mit ein bißchen Glück wieder in Schwung bringen.

Das Geheimnis, wie man diesen Todeskampf vermeiden kann, liegt im Entwurf eines multidimensionalen Konzepts, das die beiden Ebenen berücksichtigt, auf denen Neues zu schaffen ist - das eigene Leistungsangebot und das anvisierte Ökosystem selbst. Dieses Konzept muß die folgenden sieben Dimensionen jedes Wettbewerbsvorteils umfassen, auf die ich immer wieder zurückkommen werde:

- Kunden
- Märkte
- Produkte
- Prozesse
- Organisationen
- Stakeholder
- Staat und Gesellschaft

In den folgenden Abschnitten werde ich die allgemeinen Merkmale solcher Kampagnen darstellen und ausloten, welche Modifikationen sich dabei im Laufe des Lebenszyklus eines Ökosystems ergeben. Zunächst müssen wir uns jedoch damit beschäftigen, welche Stadien ein Ökosystem durchläuft.

4. Die Stadien eines unternehmerischen Ökosystems

Biologische Gemeinschaften fallen nicht fix und fertig vom Himmel, sondern entwickeln sich mit der Zeit. Leben etabliert sich nur schrittweise, durch Ausdauer, Geduld und Glück. Dieser verwickelte und heroische Prozeß heißt biologische Besiedlung. Die elementarsten Formen der Entwicklung biologischer Gemeinschaften finden sich bei der Besiedlung von Ödland: Berghänge, die nach einem Erdrutsch keine Vegetation mehr aufweisen, schlickbedeckte Flächen, die nach einer Überflutung zurückbleiben, oder die Lavaströme auf Hawaii. Die Biologen sprechen in diesem Zusammenhang von Erstbesiedlung, ein Prozeß, in dessen Verlauf ein Ökosystem buchstäblich von Grund auf entsteht.

Lava kommt auf Hawaii in zwei verschiedenen Strukturen vor: als massive *Pahoehoe* und als grobrissige *'A'a*. Aufgrund der zahllosen kleinen Risse, in denen sich Feuchtigkeit ansammeln kann und in denen die ersten Besiedler Schutz finden vor direkter Sonneneinstrahlung, bietet die *'A'a*-Lava die günstigsten Voraussetzungen für eine Besiedlung. Die Erstbesiedler, zu denen Mikroorganismen, Flechten und Farn gehören, produzieren mikroskopisch kleine Mengen von Humus und Erde und spenden zusätzlichen Schatten.

Nach einiger Zeit sprießen in diesen günstigen Mikroklimata die widerstandsfähigen *'Ōhi'a-Lehua*-Bäume, die wiederum anderen Arten Schutz bieten. Ein Großteil der anfänglichen biologischen Aktivität entwickelt sich im Bereich der Wurzeln der *'Ōhi'a-Lehua*-Bäume, die sich ihren Weg durch die Zwischenräume der hartgewordenen Lava suchen und kleine Höhlen ins Gestein arbeiten, in denen Spinnen, Grillen und andere Insekten einen Lebensraum finden.

Im Laufe der Jahre und Jahrzehnte überzieht sich das einstige Ödland mit Vegetation, und die Artenvielfalt nimmt zu. Das lokale

Ökosystem differenziert sich aus und kann eine Fülle von Arten ernähren. Pflanzenfresser stellen sich ein, gefolgt von zunehmend höherwertigen Fleischfressern. Alle diese fremden Arten richten sich rasch häuslich ein und bilden, was man eine Gemeinschaft vielfältiger Abhängigkeiten nennen könnte. Unter guten Bedingungen kann schon innerhalb eines Menschenlebens ein artenreicher Wald entstehen. Das trostlose Gebiet verwandelt sich in ein vollausgebildetes Wald-Ökosystem mit komplexen Wirkzusammenhängen und Entwicklungsmöglichkeiten.

Schaffen Sie neue Nutzwerte durch die kreative Verbindung der Leistungen ihrer potentiellen Geschäftspartner

In den letzten Jahren beschäftigten sich die Ökologen ausgiebig mit der Entstehung biologischer Gemeinschaften. Sie suchten dabei zu unterscheiden, welche Entwicklungsergebnisse sich biologischer Notwendigkeit und welche sich historischen Zufällen und glücklichen Umständen verdanken. Resultat dieser Forschungen war, was die Ökologen »Aufbaugesetze« nennen. Diese Regeln beschreiben, welche Arten in einer Gemeinschaft zusammenleben können und in welcher Reihenfolge sie in einem Ökosystem auftreten. Der Grashüpfer kann erst kommen, wenn sich die Pflanzen angesiedelt haben, von denen er sich ernährt. Andere Aufbaugesetze beschreiben, wie intensiv die Konkurrenz in einem Ökosystem werden kann. Die erste Singvogel-Art, die sich in einem Ökosystem niederläßt, kann sich unter Umständen so stark verbreiten und einen so großen Teil des Nahrungsangebots für sich in Anspruch nehmen, daß von den nachfolgenden Singvogel-Arten nur noch für die Hälfte Platz ist. Die anderen werden zurückgewiesen und müssen sich ein anderes Siedlungsgebiet suchen.

Hier gibt es starke Parallelen zu unternehmerischen Ökosystemen. In beiden Fällen sind ein System und eine Sequenz symbiotischer Beziehungen festzustellen. Am Anfang steht eine Geschäftsidee, die eine kleine Zahl von Pionieren zusammenschweißt. Diese bringen zusätzliche Ideen und Kapitalien ein und ziehen, wenn sich die Idee als gewinnbringend erweist, weitere Leistungsträger an. Mit der Zeit bringt der kontinuierliche Zyklus aus neuen Beiträgen und wachsenden Gewinnen ein reichhaltig differenziertes unternehmerisches Ökosystem hervor, dessen Mitglieder – Kunden und Lieferanten, Produkte und Dienstleistungen, Prozesse und Organisationen – in vielfältiger Weise ineinanderspielen.

Ein Blick auf ein beliebiges unternehmerisches Ökosystem zeigt, daß sich in einer komplexen Abfolge mit der Zeit ein System spezifischer Fähigkeiten und Beziehungen herausbildet. Fidelity Investments zum Beispiel tätigt nunmehr rund 15 Prozent des Gesamtumsatzes der New Yorker Wertpapierbörse. Die Investmentgesellschaft bildet den Dreh- und Angelpunkt eines ausgedehnten und starken Ökosystems von Finanzdienstleistungen. Diese Stellung erwarb das Unternehmen freilich nicht über Nacht. Als Ned Johnson in den sechziger Jahre die Leitung des damals kleinen Familienbetriebs übernahm, kam er nach eingehenden Analysen zu dem Schluß, daß seine Händler, die die Investmentfonds bislang an den Mann brachten, zu wenig zur Wertbildung beitrugen, als daß sich die Kosten, die sie verursachten, rechtfertigen ließen. Also begann er, ein Fähigkeitsportfolio für Telemarketing aufzubauen, um seine Produkte direkt an den Endverbraucher vermitteln zu können. Die dadurch erzielten Kostenersparnisse gab er, um seinen Kundenkreis zu erweitern, zum Teil an den Verbraucher weiter, zum Teil investierte er sie in landesweite Werbekampagnen, so daß Fidelity zu einem führenden Unternehmen der Investmentbranche aufstieg.

Werden Sie Ihrer Führungsrolle gerecht: Synergistische Kompetenzen müssen in der richtigen Reihenfolge zusammengestellt werden

Ein Manager muß voraussehen können, welche Maßnahmen er ergreifen muß, um sein Ökosystem auf die nächsthöhere Ebene zu heben. Da Innovation immer wichtiger wird und jeder weiß, daß er es allein nicht schaffen kann, gewinnt die eingehende Auseinandersetzung mit den Aufbaugesetzen von Marktgemeinschaften höchste Priorität. Die Rede vom »Gesamtprodukt« oder »Gesamtangebot«, die in Silicon Valley aufkam, sollte Managern ein Instrumentarium an die Hand geben, mit dem sich herausfinden läßt, welche Erfahrungen ein Kunde mit einer gegebenen Technologie machen muß, wenn er sie voll und ganz ausschöpfen will. Viele Manager lernen langsam, sich mit folgenden Problemen auseinanderzusetzen: Wenn meine Kunden aus meinen Produkten und Dienstleistungen den größtmöglichen Nutzen ziehen sollen, muß ich mich fragen, welche Fähigkeiten sie außer denen, die ich selber anbieten kann, auch noch benötigen. Welche Komponenten können Dritte anbieten? Was muß der Kunde selber bereitstellen? Viele technische Produkte erfordern, wenn sie in den Augen führender Kunden überhaupt bestehen wollen, komplementäre Güter und Dienstleistungen. Diese Schlüsselkomponenten und Serviceleistungen müssen von den entsprechenden Zulieferern erbracht werden. Schließlich müssen auch die Kunden selbst die nötigen Fähigkeiten erwerben, um mit meinem Angebot umgehen zu können, und sie müssen formulieren, welche Innovationen sie brauchen.

Ein Manager muß in seinem Entwicklungsplan nicht nur sein eigenes Produkt oder seine eigene Dienstleistung, sondern das gesamte Ökosystem berücksichtigen. Manche führenden Unternehmen bringen seit neuestem sogenannte »Vorläuferprodukte« auf den Markt, die eigens dafür entworfen werden, potentielle Kunden in einen kokreativen Prozeß der Koevolution mit dem Unternehmen einzubinden. Gleichzeitig kümmern sie sich um den Aufbau von Zuliefererketten, die Bereitstellung komplementärer Produkte und Serviceleistungen sowie um die Schaffung der nötigen Kompetenzen bei Kunden und führenden Zulieferern. Vor allem Software-Unternehmen verfolgen diese Geschäftsstrategie. Mit *Quicken* von Intuit, ein kostengünstiges PC-Anwendungsprogramm, lassen sich Schecks ausfüllen und finanzielle Transaktionen festhalten. Aber Intuit hat mehr im Sinn. Das Unternehmen will seine Kunden mit Finanzinstituten vernetzen und sich damit zum Zentrum eines weitgespannten Netzes von Angeboten und Beziehungen entwickeln.

Die Identifikation von Fähigkeiten und Beziehungen und die Entscheidung, wie und wann sie geschaffen werden müssen, stehen in unserer neuen Ökonomie im Mittelpunkt der Strategiebildung.[1] In den folgenden Kapiteln werden wir anhand von Fallbeispielen, darunter ein Telefonunternehmen in Afrika und Wal-Mart, sehen, wie Unternehmen, ausgehend von einigen Anfangskomponenten, Schritt für Schritt eine vielfältig differenzierte Gemeinschaft aus interdependenten Organisationen schaffen.

Eine eingehende Untersuchung der dabei zu beobachtenden Sequenzen ist der Schlüssel zur Beantwortung einer Reihe schwieriger Strategiefragen. Viele Unternehmen scheitern nur deshalb, weil sie mit ihrer Innovation »zu früh« auf den Markt kommen. Andererseits gibt es kaum systematische Leitlinien für das richtige Timing. Eine Untersuchung unternehmerischer Ökosysteme zeigt, daß das Problem nicht einfach in einem zeitlichen »zu früh« oder »zu spät« besteht, sondern im mangelnden Gespür für den aktuellen Stand der Fähigkeiten innerhalb des Ökosystems. Es gibt viele Gründe, warum ein Vorläuferprodukt manchmal lange Zeit nicht auf den Markt kommt: Die Technologie ist noch nicht ausgereift; es gibt Probleme mit der Organisation; die Kundschaft hat noch keinen Bedarf; oder der Markt ist noch nicht aufnahmebereit. Anfang der neunziger Jahre konnten sich Computer ohne Tastatur deshalb nicht durchsetzen, weil die Technologie zur Sprach- und Handschriftenerkennung noch nicht ausgereift war.

Manche unternehmerische Initiativen scheitern auch daran, daß ein anderes Ökosystem mit einem besseren Produkt schneller auf den Markt kommt. Federal Express zum Beispiel ging mit *Zap Mail* davon aus, die Kundschaft sei bereit, für einen persönlichen Fax-Dienst, der mit lokalen Kuriernetzen arbeitete, teueres Geld zu bezahlen. *Zap Mail* erwies sich als Flop, weil das Spitzenmanagement die Zeichen der Zeit nicht erkannte. Die damals sich anbahnenden Entwicklungen in der Telekommunikation, der Halbleiterindustrie und der Verbraucherelektronik trieben unternehmerische Ökosysteme hervor, die erschwingliche Faxgeräte für Büro und Zuhause auf den Markt brachten.

Berücksichtigen Sie die Ären und Stadien der Koevolution

Die Ökologen bezeichnen die verschiedenen Veränderungen, die ein biologisches Ökosystem im Laufe der Zeit durchmacht, mitunter als sukzessive Stadien. Ökologische Sukzession läßt sich am besten als schrittweiser Wandel in der Zusammensetzung einer Gemeinschaft von Organismen definieren. Sie führt von der Besiedlung von Ödland (Primärsukzession) oder eines bereits bestehenden Ökosystems (Sekundärsukzession) zu einer weitgehend stabilen Klimax.[2] Im Laufe der aufeinanderfolgenden Stadien wächst nicht nicht nur die Biomasse der Gemeinschaft, sondern es verändert sich auch ihre Struktur und Organisation. Gras und Unkräuter weichen Erlenbäumen, die wiederum ausreichend Stickstoff im Boden binden, damit Nadelbäume sich ansiedeln können.

Unternehmensführer, die ein Gespür für solche Veränderungen in ihrem unternehmerischen Ökosystem entwickeln, unterscheiden daher oft, was ich als die verschiedenen »Ären« eines Ökosystems bezeichne. Sie versuchen zu bestimmen, in welcher Ära sie sich gerade befinden, wie lange diese Ära noch dauern wird und wodurch sich die nächste Ära ankündigt. Es hat sich gezeigt, daß man auf diese Weise besser in der Lage ist, wichtige mögliche Veränderungen vorherzusehen, um entsprechende Vorkehrungen zu treffen. In manchen Fällen können sich die Unternehmen dann darauf vorbereiten, die nächste Schlüsselinnovation zum richtigen Zeitpunkt in die ökosystemische Gemeinschaft einzubringen. In anderen Fällen können sie bestimmen, welchen Wert ihr derzeitiger Leistungsbeitrag in der nächsten Ära haben wird, und ihr weiteres Vorgehen entsprechend gestalten.

Eine ökologische Analyse zeigt, daß die Abfolge und Natur der großen Ären, die ein unternehmerisches Ökosystem durchläuft, bis zu einem gewissen Grad vorhersagbar sind. Im Rahmen meiner Beratertätigkeit fand ich es außerordentlich hilfreich, im groben vier Entwicklungsstadien zu unterscheiden: die *Pionierphase,* in der das grundlegende Paradigma des Ökosystems ausgearbeitet wird; die *Expansionsphase,* in der die Gemeinschaft sich ausweitet und Ressourcen aller Art in sich aufnimmt; die *Autoritätsphase,* in der das Gemeinschaftsgefüge sich festigt und ein rücksichtsloser Wettbewerb um die Führung des Ökosystems und die Gewinne, die es abwirft, beginnt; und die *Erneuerungs- oder Endphase,* je nachdem, ob es der Gemeinschaft gelingt, die Innovation weiterhin voranzutreiben.

Jedes Stadium konfrontiert das unternehmerische Ökosystem mit spezifischen Herausforderungen. Darüber hinaus hält jedes Stadium für die Manager – gleichgültig, ob ihr Unternehmen bereits Teil des Ökosystems ist oder ob sie sich erst Zugang verschaffen wollen – jeweils andere, vorhersehbare Probleme bereit. Wenn Sie erkennen, in welchem Stadium sich ein gegebenes Ökosystem befindet, können Sie sich besser auf die bevorstehenden Herausforderungen vorbereiten und entsprechende Führungsentscheidungen treffen. Die meisten großen Firmen bestehen aus vielfältigen Betriebseinheiten und Tochtergesellschaften, die in mehreren unternehmerischen Ökosystemen mitspielen. Führungskräfte, die den Überblick über die Lage der für sie wichtigen Ökosysteme behalten, sind eher imstande, bei jeder sich bietenden Chance die geeigneten Spezialisten und Ressourcen zusammenzuziehen.

Bevor ich mich mit den vier Stadien ausführlich in eigenen Kapiteln beschäftige, ist es angebracht, sie hier kurz zu umreißen. Um einen ersten Eindruck zu gewinnen, scheint es hilfreich, die jeweiligen Handlungsziele sowie die spezifischen Kooperations- und Wettbewerbsformen in den vier Stadien zu betrachten.

Erstes Stadium: Die Pionierphase eines Ökosystems

Bringen Sie Fähigkeiten zusammen, um Kernangebote zu kreieren, auf denen sie aufbauen können

Die Pionierphase ist durch die Suche nach einem lebensfähigen, neuen unternehmerischen Ökosystem gekennzeichnet. Sie ist die Phase des Brainstorming, eine Zeit, in der ehrgeizige und wildentschlossene Visionäre Ausschau halten nach grundlegenden technologischen und konzeptionellen Innovationen, mit denen sich radikal bessere Produkte und Dienstleistungen erbringen lassen. In dieser Periode suchen die Unternehmer keimhafte Ökosysteme zu bilden und zumindest so weit zu entwickeln, daß sich die Bedürfnisse der ersten Kunden befriedigen lassen. Das vorrangige Ziel in diesem Stadium besteht darin, die »Tragfähigkeit des Konzepts« zu erweisen – mit anderen Worten: unmißverständlich klar zu machen, daß es hier eine lebensfähige und aufregende Alternative zum Status quo gibt.

Ebenso kommt es in dieser Periode entscheidend darauf an, die nötigen Ressourcen einzubinden und zu definieren, welchen Nutzwert das neue Produkt oder die neue Dienstleistung für den Kunden haben soll. Sie müssen in koevolutionären Sequenzen in die Hervorbringung einer Fähigkeit investieren, mit der sich jenes schwer faßbare Ding schaffen läßt, das als *Wert* bekannt ist. Genauer gesagt, Sie müssen die geeigneten Fähigkeiten versammeln, mit denen sich effektiver als mit irgendeinem anderen Ansatz Nutzwert schaffen läßt. Den meisten von uns dürfte der Ausdruck »Wertkette« ein Begriff sein. Er bezieht sich auf sämtliche Tätigkeiten, die zur Produktion und Vermarktung eines Produkts oder einer Dienstleistung erforderlich sind. Für die meisten von uns ist das ein statisches Konzept. Wir versuchen, die Nutzwertkette unseres Geschäfts zu verstehen, den Stand unserer Fähigkeiten zu messen und Verbesserungsmöglichkeiten zu finden.

In der neuen Welt dürfen wir uns nicht damit begnügen, bestehende Nutzwertketten zu analysieren und zu verbessern, sondern müssen aktiv an der Hervorbringung neuer Nutzwertketten arbeiten. Ich ziehe dafür die Bezeichnung »Wertkettenbildung« vor, um zu betonen, daß es sich hier um einen aktiven Vorgang handelt. Sie sollten sich fragen, welche Chancen für dramatische Leistungsverbesserungen in ihrem Geschäft bestünden, wenn Sie sämtliche direkten und komplementären Fähigkeiten neu organisieren würden und neue Technologien, Kunden, Märkte und Regulierungsmaßnahmen zur Verfügung stünden.

Wenn Sie sich auf die Funktionsweise unternehmerischer Ökosysteme eingestellt haben, können Sie das Spiel der Wertkettenbildung bewußter und mit glücklicherer Hand spielen. Sie können in der Wertkettenbildung Kreativität beweisen und die zur Verfügung stehenden Fähigkeiten so mischen und verknüpfen, daß neue Angebote, Fähigkeitennetze und Ökosysteme daraus entstehen. Die Art und Weise, wie Ned Johnson die herkömmlichen Investmentfonds mit Telemarketing und landesweiten Werbekampagnen verband, mag als Beispiel für kreative Wertkettenbildung dienen.

Schaffen Sie Nutzwerte, die den vorhandenen weit überlegen sind

Im ersten Stadium müssen Sie aus den vorhandenen und neuen Fähigkeiten in Gedanken neue Systeme der Nutzwertbildung zusammenbauen, die weit effektiver sind als die bisher existierenden. Manchmal werden dafür anfangs nicht alle erforderlichen Elemente zur Verfügung stehen. Entscheidend ist jedoch die Zielvorstellung: Unter Ausnutzung neuer Chancen und Integrationsparadigmen wollen Sie, gewöhnlich in Zusammenarbeit mit Ihren Partnern, funktionsfähige Nutzwertketten konzipieren und schaffen.

Das ist zweifellos ein Unterfangen von erschreckenden Ausmaßen. Im Einzelhandel dauerte es mehrere Jahre, bis das Billigmarkt-Konzept nach einigen Turbulenzen zu Beginn der siebziger Jahre seine endgültige Gestalt annahm. Am Anfang stand die Idee, daß die Kunden den weiten Weg nicht scheuen würden, wenn das Warenangebot vielfältig genug und das Preisniveau hinreichend niedrig wäre. Die frühen Billigmärkte entwickelten sich aus der alten Idee, daß niedrige Preis den Absatz ankurbeln. Die Pioniere, darunter S. S. Kresge (später: Kmart), griffen diese Idee auf und erweiterten die Angebotspalette. Gleichwohl dauerte es mehrere Jahre, bis die Unternehmen nach manchem Mißgriff verstanden, wo der Schlüssel zum Erfolg liegt: Alles muß stimmen – die Mischung des Warenangebots, die Plazierung des Billigmarkts, das Verhalten der Angestellten, die Logistik und der Einkauf. Im Laufe der folgenden zwei Jahrzehnte wurden diese Konzepte zunehmend verfeinert, wobei Kmart, Wal-Mart und andere bis an die Grenzen des Machbaren vorstießen und Organisationen von wirklich beeindruckenden Ausmaßen schufen.

Der Erfolg hängt in diesem Stadium in entscheidendem Maß davon ab, daß Sie ihre Angebote besser als andere auf die künftigen Wünsche Ihrer Kunden zuschneiden und auf den Markt bringen können. Darüber hinaus müssen Sie Ihre Ideen schützen und gleichzeitig so viel wie möglich von anderen lernen. Die legendären Erfolgsstorys im ersten Stadium erzählen von »Ideendieben«. Sam Walton, Bill Gates und David Sarnoff waren Meisterdiebe, die sich an Ideen aneigneten, was immer sie bekommen konnten, um die Produkte, die ihnen am Herzen lagen, weiterzuentwickeln. Wenn Sie Erfolg haben wollen, müssen Sie den Integrationsprozeß weit genug und in die richtige Richtung vorantreiben, damit das Geschäft läuft und der Lernprozeß weitergehen kann. Mißerfolge stellen sich ein, wenn Sie an den Bedürfnissen und Wünschen Ihrer Kunden vorbeizielen oder nicht in der Lage sind, sie zu erfüllen. In diesem Fall wird Ihr Ökosystem nicht genügend Interesse wecken, und das Wachstum wird versiegen.

Von den vier grundlegenden Herausforderungen, mit denen sich ein unternehmerisches Ökosystem konfrontiert sieht, kommt der Schaffung von Nutzwert im ersten Stadium die größte Bedeutung zu. Die Kreation eines Produkts von entschieden höherem Nutzwert als alles bisher Verfügbare ist in den ersten Tagen eines unternehmerischen Ökosystems die conditio sine qua non. Nur wenn die begründete Hoffnung auf signifikante Zugewinne besteht und nur wenn vorhersehbar ist, daß die Neukreation sowohl den Kunden als auch den Zulieferern Vorteile bringt, wird die Begeisterung aufkommen und werden die Gelder, Talente und sonstigen Ressourcen sich einstellen, ohne die ein neues Ökosystem nicht aus den Startlöchern kommt. In der Anfangsphase hat ein Ökosystem in seinem Kampf gegen das Establishment insofern eine zusätzliche Last zu tragen, als die Gewinne, die es abwirft, auch die Kosten decken müssen, die den potentiellen Partnern durch die Umstellung entstehen. In späteren Phasen wird sich die Situation umkehren, das heißt das Ökosystem wird auch gegen etwas leistungsfähigere Newcomer bestehen können, da den Kunden Kosten entstehen, wenn sie abspringen. Den Test des relativen Nutzwerts muß ein Ökosystem in allen Phasen bestehen, doch im ersten Stadium ist er von ausschlaggebender Bedeutung.

Zweites Stadium: Die Expansion eines Ökosystems

Beginnen Sie mit einem Kern von synergistischen Beziehungen und investieren Sie in Ihre Ausweitung und Vergrößerung

Sobald eine biologische Gemeinschaft voll ausgebildet ist, breitet sie sich immer weiter aus und erobert alle für sie geeigneten Gebiete. Die Gemeinschaft verhält sich jetzt wie ein komplexer, territorial ausgebreiteter Organismus, der sich alle Nährstoffquellen zunutze macht und seine Oberfläche auszudehnen sucht, um die Aufnahme von Sonnenenergie zu maximieren.

Auch effektive unternehmerische Ökosysteme müssen expandieren, um den ihnen zur Verfügung stehenden Verbreitungsraum auszufüllen. Dies bedeutet nach der einen Seite Aufsaugen von Nachfrage, nach der anderen Einbinden aller verfügbaren Schlüsselkomponenten beziehungsweise Produkte und Dienstleistungen zur Stärkung Ihrer Position und Ihrer Konzeption des betreffenden Ökosystems. Die mitunter härtesten strategischen Konflikte treten auf, wenn ähnliche unternehmerische Ökosysteme in denselben Markt oder in dasselbe geographische Gebiet einzudringen suchen. Im High-Tech-Bereich treten solche Konflikte vielfach als Auseinandersetzung um allgemeinverbindliche technische Standards auf. Auf den Verbrauchermärkten geht es, wie etwa bei den »Cola-Kriegen«, nicht nur unmittelbar um Marktanteile; im Hintergrund steht vielfach der Krieg der Ökosysteme um territoriale Zugewinne.

Viele Manager messen den großen Schlachten um Marktanteile immer weniger Bedeutung bei; sie mögen interessant, vielleicht sogar spektakulär erscheinen, aber im heutigen Geschäftsalltag sind sie nicht mehr besonders relevant. Die meisten von Ihnen sind hingegen in ökosystemische Auseinandersetzung verstrickt. Es liegt in Ihrem Interesse, über die Einflußsphäre Ihrer Produkte und Dienstleistungen sowie der entsprechenden Komplementärerzeugnisse Ihrer Partner stets genauestens informiert zu sein. Entscheidender noch ist, daß Sie das Nachfragepotential Ihres natürlichen Absatzmarkts richtig einschätzen und herausfinden, ob Sie dieses Potential weit genug ausschöpfen, um ein Eindringen konkurrierender Ökosysteme zu verhindern.

Alles in allem kommt es im zweiten Stadium darauf an, das erfolgreiche Paradigma auf weitere Bereiche auszudehnen, seine Leistungsfähigkeit zu festigen und seine Replizierbarkeit zu gewährleisten. Sie müssen zusätzliche Kunden und andere Stakeholder in Ihren Bannkreis ziehen. Der Schwerpunkt liegt hier auf der Identifizierung und Einbindung aller potentiellen Allianzpartner, die Ihnen zur Abrundung Ihres Ökosystems am wünschenswertesten scheinen: die besten Kunden, die stärksten Zulieferer, die wichtigsten Vertriebskanäle. Und bei alldem sollten Sie stets die Kontrolle über die Entwicklungsrichtung der gesamten Unternehmung behalten.

Das Kooperationsnetz muß mit allen möglichen Problemen fertigwerden, und Sie können sicher sein, daß es daran nicht mangeln wird. Im Produktbereich tritt immer wieder das Problem auf, die steigende Nachfrage zu befriedigen, während auf der Angebotsseite noch an der Qualität gefeilt wird. Sowohl in der Logistik und in der Produktion als auch beim Einkauf und bei der Finanzierung können Schwierigkeiten auftauchen, die das Wachstum des Ökosystems hemmen. Die Marktgemeinschaft muß Wege finden, wie sie gemeinsam auf unerwartete Rückschläge reagieren kann. Wenn die Partner aus der Pionierzeit nicht über genügend Ressourcen verfügen, um den Herausforderungen zu begegnen, wird es unumgänglich, das Ökosystem umzustrukturieren. Die ersten Unternehmen im Bereich der Biotechnologie zum Beispiel hatten sich schlicht übernommen. Sie meinten, sie könnten alles in eigener Regie erledigen: Forschung und Entwicklung, Testserien und Genehmigungsverfahren, Absatz und Verkaufsunterstützung. Die meisten verkannten einfach, wie kostspielig und zeitraubend das Genehmigungsverfahren für ihre ersten Produkte beim US-Landwirtschaftsministerium FDA sein würde. Folglich gerieten viele Unternehmen ins Schwanken. Am Ende erwiesen sich die Biotechnologie-Firmen außerstande, ein auf eigenen Füßen stehendes Ökosystem zu schaffen, und entwickelten sich zu bloßen Forschungs- und Entwicklungsunternehmen, die sich auf die Ökosysteme der etablierten traditionellen Pharmazeutikunternehmen aufpfropften.

Erzielen Sie auf den Teilmärkten, auf die Sie sich beschränken und die Sie ausschöpfen wollen, eine kritische Masse

Unter Wettbewerbsgesichtspunkten muß ein Ökosystem im zweiten Stadium jeden Kampf um Kunden, Partner und Zulieferer gegen jedes andere Ökosystem bestehen. Vielfach betreten zwei oder mehr Lager mit auffallend ähnlichen Kernideen und einem ähnlichen Organisationsparadigma das Feld. Die Schlacht verspricht unschön zu werden, da jede Seite versucht, die wichtigsten Akteure an sich zu binden und die Koalition des Gegners zu spalten. Im Bereich der Haushaltselektronik fanden diese Wettbewerbskämpfe zwischen Ökosystemen in einigen legendären Kriegen um technologische Standardnormen Ausdruck: VHS gegen Betamax, die digitale Kompaktkassette gegen die bespielbare CD. Eine andere Erscheinungsform ist der Kampf um die Gunst des Verbrauchers und die beste Software, wie der Showdown zwischen Nintendo und Sega veranschaulicht. In der Unterhaltungsindustrie kämpfen die internationalen Konzerne MCA, Matsushita, Sony, Walt Disney, Time Warner und Paramount mit harten Bandagen um Marktanteile im Film- und Videogeschäft sowie für ihre Themenparks und Einzelhandelsketten. Jedes Unternehmen hat dabei eigene Vorstellungen, wie die Synergieeffekte vielfältiger Medien und Softwarequellen am erfolgversprechendsten zu organisieren sind.

Von den vier grundlegenden Herausforderungen, mit denen sich ein unternehmerisches Ökosystem konfrontiert sieht, ist die Schaffung einer kritischen Masse im zweiten Stadium am wichtigsten. Als Erfolgskriterium fungiert in diesem Stadium die möglichst frühzeitige Einbindung möglichst vieler Partner. Sobald die kritische Masse erreicht ist, werden sich eher zurückhaltende Allianzpartner einklinken, so daß das Geschäftsvolumen zunehmen und Größen- und Umfangsvorteile sich einstellen werden. Diese Größenvorteile können dann genutzt werden, um Profite für die Partner und zur weiteren Marktexpansion anzuhäufen, sei es durch Discount-Angebote oder direkte Investitionen in Werbung und Kundenerziehung. Wer die kritische Masse nicht erreicht, wird mit Sicherheit scheitern und hilflos mitansehen müssen, wie sein Ökosystem mangels Kunden- und Zuliefererinteresse abstirbt.

Drittes Stadium: Autorität in einem etablierten Ökosystem

Konzentrieren Sie sich darauf, Ihre Leistungsbeiträge im Herzen der ökologischen Marktgemeinschaft zu verankern

Jeder will ins Establishment aufsteigen – in der Geschäftswelt ebenso wie in der biologischen Natur. Ein bemerkenswerter Aspekt des Besiedlungsprozesses ist die Fähigkeit mancher Spezies, sich im Zentrum der Artengemeinschaft einzunisten und diese Stellung auch im voll ausgebildeten Ökosystem auf Dauer zu halten. Welche der zahlreichen Arten, die im Laufe der Entwicklung eines Ökosystems hinzukommen, sich einen festen Platz erobern können, ist vielfach eine Frage des Zufalls oder der Launen der Natur. Manche Arten, die als Pioniere spezialisiert sind und sich auf ungastlichem Boden rasch etablieren können, werden in dem Maß, wie das Ökosystem heranreift, an den Rand gedrängt. Sobald die Artengemeinschaft jedoch einen hohen Komplexitätsgrad erreicht hat, können sich diejenigen Spezies, die sich bis dahin erfolgreich etabliert haben, meist auch halten. Das Gefüge der Artengemeinschaft – die grundlegenden Spezies, aus denen sie besteht, sowie die spezifischen Beziehungen zwischen ihnen – verändert sich nun kaum noch.

Auf ähnliche Weise streben auch unternehmerische Ökosysteme einem Zustand der Stabilität zu, und die Marktteilnehmer, die zufällig zur rechten Zeit am rechten Ort waren, können es sich in der Marktgemeinschaft bisweilen gemütlich einrichten. Die Vereinbarungen und Beziehungen zwischen den Mitgliedern des unternehmerischen Ökosystems entwickeln sich zu festen Bezugspunkten, an denen die Gemeinschaft ihre Arbeit ausrichtet. Die Mitglieder betrachten diese Beziehungen als Garanten ihrer Interessen. Jeder Versuch, eine Beziehung zu verändern, erschüttert die Stellung der davon Abhängigen. Diese Beziehungen treiben vielfach auch indirekte Querverbindungen zueinander hervor. Unternehmen A und

Unternehmen B legen zum Beispiel in einem Abkommen die technologischen Merkmale und die Finanzierung der Aktivitäten von Unternehmen C fest, das wiederum als Zulieferer von B fungiert. Vielfach wird ein Abkommen auch von Mitgliedern, die nicht daran beteiligt sind, willkommen geheißen, weil es ihnen indirekt zugute kommt und ihre Interessen schützt. Dies stärkt den Zusammenhalt der Marktgemeinschaft, wann immer Veränderungen ins Auge gefaßt werden.

Mit der Zeit verfestigen sich diese Vereinbarungen zu einer relativ stabilen Struktur, die die Funktionslogik des unternehmerischen Ökosystems bildet. Im Normalfall hat diese Logik dauerhaft Bestand, es sei denn, sie geht in irgendwelchen Katastrophen unter. Das kann alles Mögliche sein, angefangen von Veränderungen in der staatlichen Regulierungspolitik über nachlassendes Kundeninteresse bis hin zur Konkurrenz eines leistungsstärkeren Ökosystems.

Wenn Ihnen der Weg ins Establishment anfangs verbaut ist, überlegen Sie, ob Sie es nicht als Klon schaffen können; denn auch noch im Reifestadium bieten biologische ebenso wie unternehmerische Ökosysteme Neuankömmlingen beachtliche Chancen. In biologischen Ökosystemen kommt es recht häufig vor, daß alteingesessene Arten durch neue Organismen verdrängt werden. In der Geschäftswelt können Außenseiter mit Durchblick nicht selten die zentralen Produkte und Verfahren eines unternehmerischen Ökosystems klonen und damit in Konkurrenz zu den etablierten Marktführern treten. Gerade im Reifestadium sind Marktgemeinschaften in dieser Hinsicht sehr anfällig.

Und zwar aus folgendem Grund: In der Entstehungs- und Expansionsphase haben Mitbewerber praktisch keine Chance, die Grenzen eines Ökosystems zu durchbrechen, es sei denn, sie sind bereits stark genug, um eine Führungsrolle übernehmen zu können. Tatsächlich sind sämtliche Rollen in dieser Phase bewegliche Ziele. Ein Unternehmen, das eine solche Rolle anvisiert, flirtet mit der Katastrophe. Es geht das beunruhigende und unvernünftige Risiko ein, eine Rolle anzustreben, die sich zu dem Zeitpunkt, zu dem es in der Lage ist, sie zu übernehmen, vielleicht schon verändert hat. Sobald die Marktgemeinschaft jedoch einmal eingespielt ist, stehen auch die bisher veränderlichen Rollen der Mitglieder hinlänglich fest. Außenseiter auf Beutezug können sich dann gefahrloser in das Ökosystem hineinwagen und ihr Glück versuchen.

Wahren Sie in Ihrem unternehmerischen Ökosystem Ihre Autorität

Im dritten Stadium versuchen also mit großer Wahrscheinlichkeit neue Mitbewerber, sich einen Weg in die ökosystemische Gemeinschaft zu bahnen. Unter den Alteingesessenen entsteht Streit über die Siegesbeute und die weitere Führung der Koalition. Der etablierte Marktführer kann durch andere Mitglieder des Ökosystems leicht hintergangen werden. Mit einem Wort, Konkurrenz findet in diesem Stadium ebenso innerhalb des Ökosystems statt wie auch gegenüber Außenstehenden. Um erfolgreich zu bleiben, muß ein führendes Unternehmen sich weiterhin als fähig erweisen, die künftige Entwicklungsrichtung sowie die künftigen Investitionen der wichtigsten Kunden und Zulieferer des Ökosystems zu bestimmen. Es muß seine Rivalen innerhalb des Ökosystems abschlagen und attraktiver erscheinen als andere Ökosysteme. Es muß sich vorteilhaft darstellen und mit beiden Beinen fest auf dem Boden stehen.

Da sich der Wettbewerb innerhalb des Ökosystems auf den Anteil an der Beute richtet, muß jedes Unternehmen, das gesunde Gewinnmargen anstrebt, seine Verhandlungsmacht gegenüber den anderen Mitgliedern des Ökosystems wahren. Im dritten Stadium scheitert ein führendes Unternehmen nur dann, wenn es die Kontrolle über die Zukunft des Ökosystems verliert. Büßt ein Mitglied seine Verhandlungsmacht ein und opfert daraufhin einen Teil seiner Gewinnmarge, hat es schon verloren.

In reifen Ökosystemen haben sich die Unternehmen unter anderem mit der zentralen Herausforderung auseinanderzusetzen, wie sie ihre Autorität und die Einzigartigkeit ihres Leistungsbeitrags aufrechterhalten können, während sie gleichzeitig die Innovationstätigkeit und die Koevolution der Marktgemeinschaft insgesamt fördern müssen. Ein lebhaftes Beispiel für diese Dynamik bietet die nun schon alte Geschichte der Personal Computer-Industrie in den Jahren 1983 bis 1985. Als IBM auf diesem Geschäftsfeld aktiv wurde, ergriff das Unternehmen zwei Maßnahmen, die das Ökosystem grundsätzlich stabilisierten, es andererseits aber auch für den internen Wettbewerb öffneten. Zum einen setzte es auf eine einzige, sich nur langsam wandelnde technische Architektur. Zum anderen bezog es Schlüsselkomponenten von Dritten und gestattete es diesen Zulieferern zögerlich, auch an andere Kunden zu verkaufen. IBM knüpfte zu seinen Geschäftspartnern feste Beziehungen und ermöglichte es anderen, daran teilzuhaben. Dieses Vorgehen zeigte die sehr positive Wirkung, daß sich das Ökosystem explosionsartig ausdehnte, indem es Milliarden von Dollar an Risikokapital und hochqualifizierte Experten anzog. Für IBM jedoch ergab sich daraus die entschieden unglückliche Konsequenz, daß das Unternehmen seine Schrittmacherrolle in dem von ihm selbst geschaffenen Ökosystem teils verlor und die Gewinnmargen in der gesamten Marktgemeinschaft entsetzlich schrumpften.

Eine weitere Gefahr stellen Außenseiter dar, die alternative Ökosysteme aufbauen und einen Teil des Geschäfts an sich ziehen. Je stabiler ein Ökosystem, desto höher die Wahrscheinlichkeit, daß solche Initiativen Erfolg haben. Dafür gibt es zwei Gründe: Der Außenseiter analysiert das ökosystemische Gefüge der Etablierten, entwickelt eine leistungsfähigere Alternative und bedient sich fortgeschrittenerer Technologien und Paradigmen. Darüber hinaus neigen führende Unternehmen aufgrund der schieren Masse ihres Ökosystems zu konservativem Verhalten und können oder wollen keinen Gegenangriff gegen einen Mitbewerber starten, der mit einem neuen Paradigma auftritt. Die Schranken, die den Zutritt zum Ökosystem verwehren sollten, beschränken nun die Möglichkeit von Vergeltungsmaßnahmen. Sind erst einmal riesige Kapitalmengen in Fabrikanlagen und Ausrüstungsgüter investiert, ausgedehnte Geschäftsbeziehungen geknüpft und die Fertigkeiten und Technologien eingeschliffen, so können sich die Mitglieder eines bestehenden Ökosystems nur schwer zu der Einsicht durchringen, daß all das nun hinfällig sein soll.

Die grundsätzliche Herausforderung, der sich ein unternehmerisches Ökosystem im dritten Stadium gegenübersieht, ist mithin die Wahrung seiner Autorität. Selbstverständlich zählt es immer und überall zu den Grundvoraussetzungen eines lebensfähigen unternehmerischen Ökosystems, daß die Führungsautorität gewahrt bleibt, doch rückt dieses Erfordernis ab einem bestimmten Erfolgsniveau besonders in den Vordergrund. Zum Teil finden die Führungskämpfe in den eigenen Reihen statt. Gegenstand der Streitigkeiten zwischen den Allianzpartnern kann dabei die Verteilung des erwirtschafteten Gesamtprofits, die weitere Entwicklungsrichtung des Ökosystems oder die technologische Führungsrolle sein.

In den späteren Entwicklungsstadien, wenn die Beschaffenheit und Zusammensetzung des Ökosystems für alle klar erkennbar ist, lassen sich manche Mitbewerber dazu hinreißen, ihren eigenen Partnern, die am Aufbau des Ökosystems mitwirkten, Konkurrenz zu machen. Beschleunigt wird dieser Prozeß mitunter durch Kunden, die mit den Produkten und Dienstleistungen des Ökosystems zufrieden sind, zunehmend Einblick in den Prozeß der Nutzwerterbringung gewinnen und daher die Neigung verspüren, ihr Geschäft auf andere Zulieferer umzustellen, solange diese sich an das Gefüge des Gesamtsystems halten.

Der Gegensatz zwischen Isolation und Offenheit, wie wir ihn an den Ökosystemen von Hawaii und Costa Rica beobachten konnten, spielt im dritten Stadium eine wichtige Rolle. Ein Ökosystem, das sich beispielsweise durch wirtschaftspolitische Regulierungsmaßnahmen oder die Monopolisierung von Schlüsselressourcen gegen neue Wettbewerber abschotten kann – was immer seltener vorkommt –, erweist sich im dritten Stadium als wesentlich stabiler als Ökosysteme mit ausgesprochen niedrigen Eintrittsbarrieren. Eine Reihe von klassischen Fallstudien zeigt Situationen, die dem Hawaii-Modell nahekommen. Oft wird argumentiert, daß ein Unternehmen, das ein sogenanntes »marktbeherrschendes Design« – beispielsweise das Design der mechanischen Schreibmaschine – anbietet, nahezu unüberwindliche Eintrittsbarrieren errichten kann. Dieser angenommene Zusammenhang zwischen marktbeherrschendem Design und marktbeherrschendem Unternehmen tritt in wettbewerbsarmen Umfeldern zwar recht häufig auf. Unter den wilden und chaotischen Bedingungen vom Typ Costa-Rica verflüchtigt sich der genannte Zusammenhang jedoch so sehr, daß er zu vernachlässigen ist.

«Marktbeherrschendes Design« bezieht sich auf Produkte und Prozesse, die sich als Industrienorm durchsetzen und von anderen Herstellern weitgehend übernommen und weiterentwickelt werden. In der hier vorgeschlagenen Terminologie ist ein marktbeherrschendes Design eines der möglichen Ergebnisse eines architektonisch stabilen unternehmerischen Ökosystems. Im PC-Geschäft glänzte der Personal Computer von IBM als marktbeherrschendes Design. Nach der herkömmlichen Argumentation sind Unternehmen, die ein marktbeherrschendes Design kontrollieren, aufgrund der dadurch ermöglichten ungeheuren Größenvorteile praktisch unbesiegbar.

Wahr ist an dieser Geschichte gerade so viel, daß sie gefährlich in die Irre führt. Der fraglos angenehme Wettbewerbsvorteil, den man als Platzhirsch in einem stabilen Ökosystem genießt – zumal wenn man ein marktbeherrschendes Design kontrolliert –, ist nicht unbedingt von Dauer. In der neuen Welt wirken viele Faktoren zugunsten potentieller Eindringlinge. Man braucht sich dabei nur vor Augen zu halten, wie IBM entthront wurde und Tausende von Klon-Unternehmen sich im IBM-Ökosystem einnisteten. Wie wir noch sehen werden, muß man unablässig an der Aufrechterhaltung und Stärkung seiner Führungsrolle arbeiten. Sogar Intel und Microsoft, die das PC-Ökosystem derzeit souverän beherrschen, müssen permanent vor Herausforderern auf der Hut sein.

Viertes Stadium: Erneuerung oder Untergang

Finden Sie Mittel und Wege, das alte System mit neuen Ideen aufzufrischen

Ich sprach schon davon, daß Trends wie Deregulierung und Technologiediffusion den Wandel in der Geschäftswelt und die Einführung von Verbesserungen beschleunigen. Aber auch, weil man sich in Managementkreisen zunehmend der Entwicklungsdynamik von Ökosystemen bewußt wird – und besser als früher in der Lage ist, die künftigen Ökosystem-Paradigmen anderer Wettbewerber zu durchschauen –, verschärften sich die Auseinandersetzungen um die Führung von Ökosystemen.

Diese Bedingungen bringen hervor, was man als »paradigma-basierten Wettbewerb« bezeichnen könnte: ein eskalierendes Duell zwischen Paradigmen. Was einst ein sicherer Hafen war, entwickelt sich zum heiß umstrittenen Kampfplatz, auf dem es von Rivalen nur so wimmelt. In der Automobilindustrie zum Beispiel wird derzeit mit harten Bandagen gekämpft. Jeder Marktteilnehmer versucht die anderen durch immer bessere Geschäftsmodelle auszustechen. Jeder Mitbewerber in einem Ökosystem sieht sich der Herausforderung gegenüber, das Ökosystem selbst ebenso wie seine Rolle darin nie als etwas Selbstverständliches zu betrachten und sich vielmehr ständig um maximale Leistungsverbesserungen zu bemühen, sei es innerhalb des bestehenden Ökosystems oder durch die Schaffung neuer Ökosysteme.

In der vierten Phase, ihrem Altersstadium, müssen die Ökosysteme den Kampf gegen ihr eigenes Hinfälligwerden bestehen. Erinnern wir uns, daß ein marktbeherrschendes Ökosystem nie gegen Überalterung gefeit ist, da es stets mit überlegenen Gegenspielern zu rechnen hat. Auch das robusteste Ökosystem wird schließlich angegriffen und möglicherweise von einem konkurrierenden System ersetzt werden, das dem Kunden größere Nutzwerte bietet. Anders gesagt: Ein Ökosystem kann nur dann überleben, wenn in seinem

Umfeld gewisse Bedingungen gegeben sind und es diese Bedingungen besser nutzen kann als konkurrierende Ökosysteme. Wandeln sich die Umfeldbedingungen – etwa durch neue Regulierungsmaßnahmen oder verändertes Konsumentenverhalten –, so muß sich auch das Ökosystem wandeln, will es nicht ernsthaft Schaden nehmen. Umgekehrt können neue Ökosysteme den alteingesessenen das Territorium streitig machen, wenn sie aus den Chancen, die das Umfeld bietet, effektiver Kapital schlagen. Der Wettbewerb um neue Chancen steht nie still. Auf jedes erfolgreiche, etablierte Ökosystem kommen Dutzende, wenn nicht Hunderte von Unternehmern, die an neuen alternativen Ökosystemen bosseln, um das alte hinwegzufegen.

Bleiben Sie mit alternativen Produkten und Prozessen wettbewerbsfähig

Von den vier grundlegenden Herausforderungen, denen sich ein unternehmerisches Ökosystem gegenübersieht, steht die kontinuierliche Leistungsverbesserung im vierten Stadium an oberster Stelle. Wer sich als Führer eines prosperierenden Ökosystems etabliert hat, für den muß die Verlängerung des eigenen Lebens ab einem gewissen Punkt die höchste Priorität erhalten. Andernfalls wird er an seiner konservativen Haltung zugrunde gehen. Langlebigkeit erzielt, wer Mittel und Wege findet, neue Ideen in das bestehende Ökosystem hereinzuholen. Häufig spricht man in diesem Zusammenhang von »Zusatztechnologie«, da dabei neue Ideen in ein bestehendes Ökosystem eingeführt werden, ganz so wie man einen Automotor mit einem Turbolader aufrüstet. In manchen Fällen, in denen die Ressourcen eines Ökosystems auf neue Weise kombiniert werden, ist auch von »Ressourcen-Umnutzung« die Rede, etwa wenn man das Fahrgestell eines alten Chevy zum Ausgangspunkt für die Konstruktion eines Dragster verwendet.

Manche Ökosystem-Führer versuchen, den Appetit der Kunden nach Veränderungen zu zügeln, indem sie begrenzte Fortschritte in

Aussicht stellen und der Kundschaft damit zu verstehen geben, daß vorerst keine umwerfenden Neuerungen zu erwarten sind. Zumal die Automobil-Hersteller haben diese Strategie bis zur Perfektion entwickelt. Über die Jahre haben sie die Käufer dazu erzogen, mit gespannter Aufmerksamkeit die alljährlichen kosmetischen Veränderungen an der Karrosserie zu verfolgen und sich nicht damit zu beschäftigen, ob an den entscheidenden Teilen wie Motor, Getriebe oder Fahrgestell grundlegende Neuerungen vorgenommen wurden. Diese gezielt konservative Strategie birgt in der neuen Welt große Risiken, da sie das Ökosystem der Konkurrenz innovativer Newcomer ausliefert. Daß die US-amerikanischen Autohersteller die Neuerungen nicht zur Kenntnis nahmen, die Toyota und andere japanische Firmen zur Produktionsreife entwickelten – Neuerungen, die nur durch eine eingehende Analyse der entsprechenden Fertigungsverfahren zu erkennen waren –, lag wohl auch daran, daß sie sich in ihrer Kurzsichtigkeit auf Karrosseriekosmetik konzentrierten.

Stellen Sie sich mit Ihren Kollegen der Herausforderung der vier Tests

Ein unternehmerisches Ökosystem muß im Laufe seines Reifungsprozesses vier grundlegende Tests bestehen. Diese Kriterien mögen als hilfreicher Orientierungsrahmen für Manager dienen, die ein Ökosystem führen. In der Tat besteht eine der Hauptaufgaben des Managements darin, die Aufmerksamkeit und Investitionstätigkeit auf die Schaffung von Kompetenz- und Beziehungsnetzen zu konzentrieren, die die folgenden vier Test bestehen:

1. Sie schaffen ein System und eine Sequenz von symbiotischen Beziehungen, aus denen ein Produkt mit einem deutlich höheren *Nutzwert* als alle bisherigen Angebote hervorgeht.

2. Sie schaffen durch die Einbeziehung weiterer Kunden, Märkte, Partner und Zulieferer die nötige *kritische Masse.*

3. Sie sichern Ihre führende Stellung durch zukunftsweisende *Innovationen* und *koevoluierende Prozesse* auf der Basis des bisher Erreichten.

4. Sie sorgen für *kontinuierliche Leistungsverbesserungen,* um zu verhindern, daß Ihr Geschäft an Überalterung zugrunde geht.

Diese vier Tests sind ein ausgezeichnetes Mittel, um die Robustheit eines unternehmerischen Ökosystems und die Leistungsbeiträge führender Mitglieder zu beurteilen. Nicht nur bei der Ausarbeitung ökosystemischer Strategien sollte man sich daran orientieren, sondern auch, um nicht überrascht zu sein, welche Herausforderungen ein unternehmerisches Ökosystem im Laufe seines Lebenszyklus zu gewärtigen hat. Die Reihenfolge, in der wir die Tests oben aufgezählt haben, deckt sich dabei tendenziell mit der Abfolge der vier Entwicklungsstadien.

In Geschäftskreisen wird nach wie vor darüber diskutiert, was wichtiger ist: Kooperation oder Wettbewerb. Wie die Untersuchung unternehmerischer Ökosysteme zeigt, sind Kooperation und Wettbewerb in allen Entwicklungsstadien von Bedeutung, aber auf je unterschiedliche Weise. Eine ganzheitliche Herangehensweise an Führungsfragen erfordert die Gestaltung koevoluierender Prozesse. Koevolution verläuft in der Natur wie in der Geschäftswelt sowohl über Wettbewerb als auch über Kooperation. Im Pionierstadium müssen Sie mit anderen kooperieren, um ein Produkt oder eine Dienstleistung von wirklichem Nutzwert zu schaffen, Ihre Ideen gleichzeitig aber auch schützen. Im Expansionsstadium müssen Sie mit anderen zusammenarbeiten, um den Markt abzudecken, und andere Ökosysteme gleichzeitig abblocken. Im Autoritätsstadium müssen Sie die Marktgemeinschaft durch eine zukunftsträchtige Vision zusammenschweißen, andererseits aber darauf achten, daß Ihre Führungsposition und Ihre Gewinnmargen erhalten bleiben. Im Stadium der Erneuerung schließlich müssen Sie innovative Leistungen von außen ins System hereinholen und gleichzeitig verhindern, daß Kunden und Partner zu neueren Ökosystemen überlaufen.

Tabelle 4.1 bietet einen Überblick über die Herausforderungen, die sich in den vier Stadien der Ökosystementwicklung mit Blick auf Führerschaft, Kooperation und Wettbewerb stellen.

Entwicklungsstadium des unternehmerischen Ökosystems	**Herausforderungen an die Führung**	**Herausforderungen mit Blick auf Kooperation**	**Herausforderungen mit Blick auf Wettbewerb**
Pionierstadium	**Wert**	Definieren Sie in Zusammenarbeit mit Ihren Kunden und Zulieferern das neue Wertangebot und ein Paradigma der Bereitstellung, dessen Effektivität alles bisher Existierende in den Schatten stellt.	Schützen Sie Ihre Ideen vor anderen Marktteilnehmern, die eventuell an ähnlichen Angeboten arbeiten.
Expansionsstadium	**Kritische Masse**	Arbeiten Sie mit Ihren Zulieferern und Partnern zusammen, um Ihr Lieferpotential zu erhöhen, maximale Marktpräsenz zu erzielen und die kritische Masse zu erreichen.	Verhindern Sie, daß sich andere Marktteilnehmer mit ähnlichen Ideen implementieren; setzen Sie Ihren Ansatz in den wichtigsten Marktsegmenten als Standard durch; schaffen Sie einen festen Verbund von führenden Kunden, Schlüssellieferanten und wichtigen Vertriebskanälen.
Autoritätsstadium	**Zukunftsweisende Führung der Koevolution**	Spornen Sie Ihre Zulieferer und Kunden durch eine vielversprechende Zukunftsvision dazu an, weiterhin zusammenzuarbeiten und das Ökosystem fortlaufend zu verbessern.	Sichern Sie sich gegenüber den anderen Spielern in Ihrem Ökosystem, auch gegenüber Schlüsselkunden und wichtigen Zulieferern, weiterhin eine starke Verhandlungsposition.

Erneue-rungs-stadium	**Konti-nuierliche Leistungs-ver-besserung**	Arbeiten Sie mit innovativen Leistungsträgern zusammen, um neue Ideen in das bestehende Ökosystem. hereinzuholen.	Sichern Sie weiterhin hohe Eintritts-barrieren, um innovative Leistungsträger am Aufbau alternativer Ökosysteme zu hindern. Sorgen Sie dafür, daß dem Kunden bei einer eventuellen Umstellung auf einen anderen Leistungsanbieter hohe Kosten entstehen – so gewinnen Sie Zeit, um Ihre Produkte und Dienstleistungen durch neue Ideen aufzurüsten.

Tabelle 4.1

Im folgenden Kapitel werden wir im einzelnen die Entwicklung der Automobilindustrie nachzeichnen und mit Blick auf die genannten vier Tests die unterschiedlichen Führungsansätze von Ford, Sloan und Iacocca analysieren.

5. Koevolution und Autos: Die Stadien in Aktion

Was würde geschehen, wenn sich auf irgendeine Weise die tektonischen Platten unter der Erdoberfläche so extrem verschieben, daß Hawaii und Costa Rica aneinanderstoßen? Es käme zu einem Zusammentreffen verschiedener Ökosysteme und zu einer allgemeinen Vermischung der Arten. Endergebnis wäre vermutlich die restlose Umgestaltung der auf den Hawaii-Inseln entstandenen Ökosysteme – sowie Fortbestand und Expansion der costaricanischen Lebensgemeinschaften, allerdings mit ein paar Neuerwerbungen. Genau solche Experimente sind derzeit – mit dem Zusammenbruch traditioneller Branchen- und anderer vergleichbarer Grenzen – in den wirtschaftlichen Ökosystemen an der Tagesordnung.

Zum Beispiel waren die meisten großen, hinter Branchenmauern herangewachsenen unternehmerischen Ökosysteme in den mittleren Jahren genauso isoliert wie die Ökosysteme der Hawaii-Inseln, auch wenn sie oftmals eine stürmische Anfangsphase hinter sich hatten. Das gilt für die große Öl- und Stahlindustrie ebenso wie für Eisenbahn- und Automobilbau – und für Versorgungsunternehmen von Elektrizitätswerken bis zu Telefongesellschaften. In all diesen Sektoren trat schließlich an die Stelle der ursprünglichen, heftigen Konkurrenz die Vorherrschaft einiger weniger Akteure und Rollen, begleitet von langen Phasen relativen Stillstands. Unkompliziert blieb die Umwelt in manchen Fällen auf Grund von Marktregulierung, in anderen auf Grund von Kapitalmangel, fehlendem Wissenszufluß oder Beherrschung der Schlüsselmärkte. Heute aber werden Landbrücken geschlagen, und die Arten gehen auf Wanderung. Die Globalisierung von Kapital und Märkten sowie die durch Ersatztechnologien und -angebote gestellten Aufgaben haben das Leben entschieden komplizierter gemacht. Es ist, als durchbrächen wir die Isolation des hawaiianischen Paradieses. Costa Rica, wir kommen.

Die Zeitunterschiede in der Koevolution

Alle großen traditionellen Industriezweige – Stahl, Öl und Automobilbau – haben viele Jahrzehnte gebraucht, bis sie die vier Entwicklungsstadien durchlaufen hatten. Ein Großteil des langsamen Anfangstempos erklärt sich vermutlich daraus, daß sie weltweit die erste Generation industrieller Ökosysteme darstellten und sich ein breites Spektrum von Fähigkeiten erst einmal ganz neu herausbilden mußte. Die Hauptrolle aber spielte mit Sicherheit die Isolation, besonders weil sie dafür sorgte, daß etablierte Geschäftsparadigmen ihre beherrschende Stellung lange halten konnten.

Seit diese Isolation aufgebrochen ist, geht die Unternehmensentwicklung nun in drastisch beschleunigtem Tempo vor sich. Was früher Jahrzehnte dauerte, dauert heutzutage vielleicht ein paar Jahre. Überdies sind viele Geschäftsfelder zunehmend von De-integration, Modularisierung und Wettbewerb geprägt, so daß wir uns der fast pausenlosen Entstehung zahlreicher, miteinander konkurrierender Ökosysteme gegenübersehen.

In diesem Kapitel will ich die Entwicklung der großen autoproduzierenden Ökosysteme unter die Lupe nehmen.[1] Ich möchte Ihnen eine plastische Vorstellung von den Entwicklungsstadien und den für jedes Stadium spezifischen Aufgaben der Führungskräfte vermitteln. Die Stadien der Unternehmensevolution gibt es seit den Anfängen des Warenverkehrs; mit dem ökologischen Modell können wir daher die Herausbildung jedes beliebigen großen Geschäftszweiges analysieren und sowohl die Kooperations- und Wettbewerbsprobleme wie die zu ihrer Lösung erforderlichen Ansätze anschaulich machen. Herausarbeiten will ich auch den Gegensatz zwischen der langwierigen, gemächlichen Entwicklung einer traditionellen Industriebranche und dem sich überschlagenden, Paradigmen sprengenden Wettbewerb, zu dem es kommt, sobald ihre Schranken gefallen sind.

Lernen Sie aus der Geschichte etwas über Strategie-Entwicklung

Bei den meisten betriebswirtschaftlichen Analysen besteht das Problem darin, daß sie den Blick vornehmlich auf die aktuelle Arbeitsweise eines Unternehmens oder unternehmerischen Ökosystems richten und sich über die Ereignisse, die sie hervorgebracht haben, eher ausschweigen. Managern, die nach und nach Führungspositionen aufbauen wollen, gibt das kaum Hilfen an die Hand. Langfristige Fallgeschichten hingegen verschaffen weit mehr Einblick in die von Managern zu bewältigenden Situationen, die jeweils gefällten Entscheidungen und die Folgen.

Seit vielen Jahren veranstalten Richard Neustadt und Ernest May an der Harvard University ein Seminar für mittlere und höhere Führungskräfte in Politik und Regierung. Was sie dort lehren, haben sie in dem ausgezeichneten Band *Thinking in Time: The Uses of History for Decision Makers*[2] zusammengefaßt; darin betonen sie, man solle historische Fallgeschichten nicht einfach nur lesen, sondern mit bestimmten Fragestellungen an sie herangehen: »Bei jedem Beispiel fragen wir, ob es die Entscheidungsträger im gegebenen Rahmen etwas besser hätten machen können. Wenn ja, wie? Und welche allgemeinen Schlüsse könnten Leute der Praxis für den eigenen – oder eines anderen – Alltagsbedarf aus dem Beispiel ziehen?«

Derlei Fragen sind wie eine Nährlösung, in der Sie Ihr strategisches Denken entfalten. In der Auseinandersetzung mit ihnen schärfen Sie Ihren Blick für die Veränderung von Mustern und verbessern Ihre Position bei der Nutzung neu auftauchender Umweltbedingungen. Im folgenden erzähle ich eine Reihe von Geschichten über Unternehmenswachstum und Koevolution. Wir werden die von Unternehmensleitern getroffenen Entscheidungen unter die Lupe nehmen und uns anschauen, was sie erbracht haben. Und wir werden den Handlungsalternativen nachgehen, die sich womöglich angeboten hätten, wenn die Entscheidungsträger besser imstande gewesen wären, die Dynamik der sie umgebenden Unternehmensentwicklung zu interpretieren.

Nach meiner Erfahrung interessieren sich viele Führungskräfte für Unternehmensgeschichte – und für die Rolle, die sie selbst in der aktuellen Geschichte spielen. Da die wirtschaftliche Evolution ein immer rasanteres Tempo vorlegt, verkürzt sich auch der entsprechende historische Zeitplan. In vielen Geschäftsbereichen konnte der einzelne Manager in den letzten Jahren mehrere große Entwicklungsperioden mit ihren je eigenen Bedingungen persönlich miterleben. Und beim Blick in die Zukunft sehen die meisten Manager gewaltige Verschiebungen und Veränderungen der Wirtschaftsverhältnisse voraus. Der radikal komprimierte Zeitplan des Wandels macht eine historische Perspektive nicht nur sinnvoll, sondern auch dringend erforderlich.

Die Firmengeschichte von Ford Motor Company und General Motors ist schon für sich genommen faszinierend.[3] Aber darüber hinaus haben beide Autohersteller weltweit gewaltigen gesellschaftlichen Einfluß gehabt. In ihrer Hochzeit gehörten diese großindustriellen Ökosysteme zu den technologisch fortgeschrittensten Unternehmen. Viele der Organisations- und Führungsvorstellungen, die wir mittlerweile mit integrierten Großbetrieben verbinden, wurden in der Automobilindustrie entwickelt – vom Konzept der Geschäftseinheiten (der Units) und der divisional gegliederten Firma bis zu Marktprognose und Produktionsplanung. Aus all diesen Gründen können wir eine Menge lernen, wenn wir ihnen im Zeitraffer durch das dreiviertel Jahrhundert ihrer Entwicklungsgeschichte folgen und uns anschauen, wie sich in jedem neuen Stadium neue Führungsaufgaben stellen.

Autos sind uns natürlich vertraut. Sie rufen angenehme Erinnerungen wach. Auto-Ökosysteme sind als Thema besonders reizvoll, weil sie das gesamte Zeitmaß-Spektrum der wirtschaftlichen Evolution repräsentieren. Ihre Herausbildung prägte das ganze ursprüngliche Maschinenzeitalter. Ihre Neukonzeption durch Toyota und die Japaner war eine Sache von etwa zwanzig Jahren. Jetzt, wo wir uns dem Ende des 20. Jahrhunderts nähern, gehören die großen amerikanischen Automobilhersteller – Ford, General Motors und Chrysler – zur globalen ökonomischen Umwelt und verfolgen drei gesonderte Strategien der Schaffung und des Managements von Ökosystemen.[4]

Eine Fallstudie zur unternehmerischen Koevolution

Die Geschichte der Unternehmensevolution erzählt besonders von alternativen Visionen für Organisierung und Leitung eines Ökosystems. Und tatsächlich haben Ford und General Motors mit grundverschiedenen Modellen begonnen. Ford setzte seine Wachstumshoffnungen auf Produktvereinfachung und einen einheitlich strukturierten, großen Geschäftsprozeß. General Motors entstand aus der Akquisition zahlreicher im Aufbau befindlicher Ökosysteme und dem Versuch, sie zu einem kohärenten, synergetischen Unternehmen zusammenzuschweißen. Von Ford hat die Welt daher viel über Massenproduktion, von General Motors über das Betreiben einer in Sparten gegliederten Firma gelernt. Wir wollen ihnen von Anfang an bei ihrem Tun zuschauen.

Erstes Stadium: Von der motorisierten Kutsche zum Automobil

Für eine Vielzahl potentieller autozentrierter Ökosysteme begann das erste Stadium etwa um die letzte Jahrhundertwende. Das ausgehende 19. Jahrhundert war eine Zeit des Experimentierens, in der die ersten Pioniere versuchten, das Potential des motorisierten Individualverkehrs in den Griff zu bekommen. Die ersten lebensfähigen

Ökosysteme im Automobilbau stammten von Männern wie Ransom E. Olds. Im Grunde nahmen sie nur die Fahrtechnik der Pferdekutschen und -wagen und fügten einen Motor hinzu. Technologisch entscheidend wurde der kleine Benzinmotor, der eine Fortbewegung ohne das gewaltige Gewicht der dampfbetriebenen Alternativmodelle ermöglichte. Ihre Automobile funktionierten ganz ordentlich, fanden eine kleine, aber hingebungsvolle Käuferschar und konnten in begrenzter Stückzahl gewinnträchtig hergestellt werden.

Nur wenige dieser bahnbrechenden Ökosysteme aber entwickelten sich zu expandierenden industriellen Gemeinschaften. Zum Teil liegt das daran, daß ihre Begründer über keine Systemvision verfügten. In dieser Hinsicht stand Henry Ford nahezu allein. Vom Beginn seiner Laufbahn an interessierte er sich nicht bloß für Autos, sondern für den Gesamtaufbau eines Unternehmensprozesses, der die Massenproduktion und den Massenvertrieb von Autos ermöglicht. Sein organisationales Lernen zielte auf die Schaffung eines Großsystems. Ja, was ihm vorschwebte, war eine, wie wir heute sagen würden, mehrdimensionale Offensive: Sie sollte nicht nur das Käuferinteresse wecken, sondern zugleich die Marktentwicklung vorantreiben, neben Händlernetzwerken also auch entsprechende Infrastrukturen – von Straßen bis zum Tankstellen- und Reparaturservice – schaffen. Ford gründete die Ford Motor Company und brachte 1908 per Massenproduktion und -vertrieb sein Modell T auf den Markt.

Ein weiterer Pionier war William C. Durant, der ebenso wie Ford ein expansives Ökosystem schaffen wollte. Im Jahr 1904 begann er mit dem Aufbau der späteren General Motors. Er war zwar weniger systemorientiert als Ford, aber genauso ehrgeizig. Sein Ansatz bestand vor allem darin, daß er andere Firmen aufkaufte und auf diese Weise einen expandierenden, allerdings nicht fest organisierten, sondern aus mehreren Autofabriken bestehenden Verbund schuf.

Zweites Stadium: Große, expandierende industrielle Ökosysteme

Ford und Durant wurden rasch zu den zwei Haupttriebkräften im neu entstehenden Automobilgeschäft. In den folgenden zwanzig Jahren kam es zwischen Ford und General Motors zu fast legendären Schlachten, in denen sie um Seele und künftiges Profil des Autobaus nicht minder stritten als um schlichte Marktanteile.

Fords Modell basierte auf vertikaler Integration, technisch sorgfältig geplanter Produktion und Produktvereinfachung. Sein Ökosystem war, wie wir es heute nennen würden, »skalierbar«, maßstabsgetreu zu vergrößern; bis 1914 hatte sein Unternehmen mehr als 267 000 Autos produziert und hielt 48 Prozent der Marktanteile. Außerdem hatte es überwältigende Größenvorteile erlangt. Im Jahr 1914 produzierten die Fordwerke 20,6 Autos pro Arbeiter, während die durchschnittliche Produktivität der übrigen Automobilhersteller gerade mal bei 4,3 Autos pro Arbeiter lag.[5]

Durant hatte, wie schon erwähnt, eine andere Idee im Kopf. Seine mit General Motors verfolgte Strategie basierte auf der Akquisition kleinerer, junger Unternehmen, auf Marketing-Macht sowie Verkaufsabdeckung und Produktvielfalt. Durants innovatives Paradigma galt eigentlich weniger der Produktionslogik als vielmehr der Unternehmensstrategie und -struktur. Er schuf ein Ökosystem, das sich seinen Marktanteil holte, indem es die Märkte und Produktionsanlagen zahlreicher kleinerer Unternehmen bündelte. Doch die Elemente dieses Ökosystems konnten nicht zusammenwirken und genügend Größenvorteile schaffen, so daß GM durch hohe Kosten und immer weniger konkurrenzfähige Produkte behindert wurde. Außerdem verfügte Durant zwar über ein der heutigen divisionalisierten Firma nicht unähnliches Strukturparadigma, aber über keines der Systeme und keine der Kompetenzen, wie man sie braucht, um die Aufsicht über einen solchen Riesenkraken zu führen. Aufgrund dieser Mängel war das Ökosystem von General Motors im Jahr 1920 fast am Ende. Durant wurde von seinen Geldgebern hinausgeworfen.

Von etwa 1910 bis 1930 betrieben die beiden Marktführer die für das zweite Stadium spezifische große Expansion ihrer Ökosysteme. Ford beschränkte sich darauf, sein System der Massenproduktion in den Vereinigten Staaten immer stärker auszuweiten, während er Firmen in aller Welt die Lizenz erteilte, die Hauptmerkmale dieses Systems zu kopieren. Auf diese Weise war er zwar in der Lage, der explodierenden Nachfrage nach preiswerten, einfachen Autos zu entsprechen. Andererseits aber kümmerte er sich überhaupt nicht um den Markt für anspruchsvollere oder Lifestyle-Fahrzeuge.

Beachtlicher war das Unternehmensmodell, das Alfred P. Sloan nach dem Rausschmiß von Durant für General Motors verfolgte. Sloans Konzept schuf die Voraussetzung für das Management eines komplexen unternehmerischen Ökosystems: Er teilte das vielseitige Unternehmen in Produktlinien, die sich ihrerseits fokussieren ließen wie die in Massenproduktion hergestellten Modellreihen bei Ford. Zugleich zentralisierte er die Finanzaufsicht über diese dezentralisierten Produktlinien, und so wurde General Motors zum Prototypen der heutigen Spartenfirma. GM verband Massenproduktion mit finanziellen und administrativen Kontrollmechanismen, die im Prinzip die Aufsicht über mehrere Systeme à la Ford ermöglichten.

Noch interessanter ist Sloans Einsicht, daß nicht alle Kunden gleich behandelt werden wollen. Reichere Kunden, so seine Überzeugung, würden für ausgefallene Fahrzeuge bereitwillig zahlen. Er machte sich daher an die Schaffung von Kundensegmenten, indem er verschiedene Modellreihen gezielt für Käufer mit bestimmtem ökonomischem und sozialem Status entwickelte. Im statusbewußten, konformistischen Amerika der Jahrhundertmitte konnte Sloan den Kunden helfen, sich ihre je besondere, um eine seiner Autoklassen zentrierte Identität zu schneidern. Chevy-Fahrer hatten ein anderes Selbstbild als Cadillac-Fahrer, und beide fühlten sich der Marke ihrer Wahl stolz verbunden.

Unter Sloan eroberte General Motors eine beherrschende Stellung auf dem US-Markt und ließ Ford weit hinter sich. Mehr noch:

Sein Organisationsmodell setzte sich, sobald Henry Fords Nachfolger es übernommen hatten, in allen großen Ökosystemen des Automobilbaus durch und hielt sich bis über die mittleren Jahrzehnte unseres Jahrhunderts hinaus. Beide Firmen konvergierten gewissermaßen in einem einheitlichen unternehmerischen Gesamtmodell, das Produktideen ebenso umfaßte wie Prozeß- und Organisationskonzepte. Bekannt ist dieses Modell heute unter dem Namen »Massenproduktion«, auch wenn es dabei nicht nur um Produktionstechniken, sondern zugleich um Ansätze zur Kundensegmentierung sowie Unternehmens- und Anbietermanagement geht.[6]

Drittes Stadium und langer Stillstand

Zum dritten Stadium unternehmerischer Ökosysteme, das wir »Autorität« genannt haben, gehört der Kampf um die vom Ökosystem erzielten Erträge und Gewinne. In der Autoindustrie kam dieses Stadium sowohl bei Ford als auch bei General Motors von 1930 an zum Zuge. Für die Automobil-Manager bestand erfolgreiches Wirtschaften damals weitgehend im Ausbau der Beziehungen zu den anderen wichtigen Mitgliedern des jeweiligen Ökosystems: den großen Stahlunternehmen, den großen Gewerkschaften und den großen Regierungsbehörden. Einige der heftigsten Kämpfe nahmen ihren Ausgang vom Hauptanbieter in der Autoindustrie: von der Arbeiterschaft. Ende der 20er Jahre arbeiteten etwa 500 000 Menschen in den Autofabriken des Detroiter Raums. Niemand war organisiert. Die Arbeit war oftmals gefährlich; ein Karosseriewerk trug den schauerlichen Beinamen »das Schlachthaus«. Aber schon Mitte der 30er Jahre gab es die Gewerkschaft der Automobilarbeiter: United Auto Workers. Im Jahr 1937 errang die UAW einen beispielhaften Sieg, als General Motors sie als offizielle Vertretung seiner Beschäftigten anerkannte.

Nach und nach verschaffte die Organisierung den Arbeitern entscheidende Verhandlungsmacht; die Gewerkschaft nutzte sie, um die

Unternehmen zum Teilen der Siegesbeute zu zwingen. Jahrzehntelang zog sich das Tauziehen zwischen Arbeitern und Unternehmen hin, wobei die US-Regierung sich mit wechselndem Erfolg als Vermittlerin einschaltete. Diese im dritten Stadium auftretenden Kämpfe trugen zwar zum besseren Schutz der Beschäftigten bei, hatten aber auch einen hohen Preis: strenge Arbeitsrechtsauflagen und die Polarisierung von Belegschaft und Management. Geprägt davon wurde auch das nächste Stadium der Ökosystem-Entwicklung; wie ein Gespenst ging das Problem in der amerikanischen Autoindustrie um.

Neben der unmittelbaren Hauptspezies spielten auch viele andere Organisationen eine wichtige Rolle für den Erhalt der Auto-Ökosysteme. Die Kfz-Haftpflichtversicherung, entstanden aus Konsumgenossenschaften in ländlichen Gebieten, entwickelte sich zum internationalen Geschäft. Benzinherstellung und -vertrieb brachte den jeweiligen Eigentümern gigantische Vermögen ein. Bau und Unterhaltung von Straßen wurden zu einer Dauereinrichtung, die man in allen Gegenden antraf; die Mittel dafür stammten in erster Linie aus Steuern, die wiederum von diversen kommunalen, einzel- und bundesstaatlichen Behörden erhoben wurden. Keine dieser Spezies stellte die Prämissen in Frage, nach denen die großen Auto-Ökosysteme organisiert waren und ihr Geschäft betrieben. Vielmehr erweiterten und ergänzten sie das vorhandene Wertangebot, weil sie Erfahrung und Erleben der Kunden zwar differenzierten, aber nicht von Grund auf veränderten.

Während des im dritten Stadium auftretenden langen Stillstands engagierte sich auch die Regierung zunehmend in diesem, wie sie nun meinte, ausgewachsenen »Industriezweig«. Staatliche Regulierung und Intervention wurden zu einem Hauptfaktor sowohl bei der Verteilung dessen, was das System einbrachte, als auch bei der Verstärkung seiner eingefleischten Denk- und Handlungsweisen.

Die Kämpfe zwischen Arbeiterschaft und Management, in denen die Regierung als Vermittlerin fungierte, setzten sich bis in die 70er Jahre hinein fort, als schließlich alle Seiten durch eine neue, tiefgehende Krise zusammengezwungen wurden; sie bestand darin, daß Managementmodelle, Geschäftspraktiken und Produktionssysteme, die seit den 20er Jahren nur quantitativ verändert worden waren, sich endgültig als veraltet erwiesen. Ihren Beinahe-Zusammenbruch verdankte die amerikanische Automobilindustrie den Japanern.[7]

Die Entstehung eines alternativen Ökosystems in Japan

In der Biologie kann es vorkommen, daß eine Reihe von Individuen vom Hauptteil der Population getrennt wird. Diese Subpopulation lebt nun ihre eigene, gesonderte Geschichte und bildet eigenständige Formen der Anpassung an ihre Umwelt heraus. Ihre Angehörigen können nach und nach derart distinkte Merkmale entwickeln, daß die Gruppe zu einer besonderen Art wird.

In Japan hatte sich die Autoherstellung nach dem Zweiten Weltkrieg fast wie eine solche isolierte Subpopulation entwickelt: In den Entstehungsjahren getrennt vom Hauptstrang, zog sie Nutzen aus der Parallelevolution. Vor dem Krieg hatten die Japaner sich beim Aufbau ihrer Auto-Ökosysteme nach denen der Amerikaner gerichtet. Diese Anfänge wurden durch die militärischen Kämpfe und die anschließende Besetzung Japans zunichte gemacht.

Die neuen japanischen Ökosysteme der Nachkriegszeit begannen mit völlig anderen Prämissen, ihr Chancenumfeld betreffend, und sahen sich genötigt, grundsätzlich neue Visionen der Autoherstellung zu entwickeln. In den Jahren des Wiederaufbaus machten sich Toyota und andere daran, Autos in begrenzter Menge mit einem Minimum an Kapitaleinsatz sowie hochmotivierten und gewissenhaften Beschäftigten zu produzieren. Natürlich waren das die Rahmenbedingungen eines Japan, das den Krieg verloren hatte. Was sich auf diese Weise seit den frühen 50er Jahren herausbildete, war ein Produktionssystem, in dessen Zentrum vor allem dies stand: sorgfältige, kontinuierliche Arbeitskoordination und Mitteloptimierung.

Hinzu kam, daß Männer wie W. Edwards Deming das Konzept des organisationalen Lernens aus Amerika nach Japan brachten, eine Bewegung, aus der die sogenannte Quality Revolution hervorging. Mit Hilfe der neuen Ideen konnten Toyota und andere Firmen sich

Kenntnisse im Performance Measurement aneignen und ihre leistungsbereiten Beschäftigten zur kontinuierlichen Prozeßverbesserung und zu einem beständigen – vom einzelnen oder vom Team getragenen – Lernprozeß motivieren.

In den 70er Jahren war aus diesen Ideen durch Koevolution ein hochentwickeltes, neues unternehmerisches Ökosystem geworden; es verband kundenorientierte Produktplanung mit entsprechender technischer Spezifikation, flexibler Fertigung, lernbereiten Mitarbeitern und Lieferantennetzwerken, und zusammengehalten wurde all das durch statistisch optimiertes Management. Das Ökosystem war durch und durch innovativ, was sich auch in den kolossalen Verbesserungen niederschlug, die es im Vergleich zu alternativen Systemen beim Preis-Leistungs-Verhältnis erzielen konnte. Qualitativ hochwertige Autos wurden in der Hälfte der Zeit entwickelt, zur Hälfte der Kosten technisch umgesetzt und mit halb soviel Einsatz von Kapital und Arbeitskräften gefertigt.

Das Toyota-Ökosystem zum Beispiel erreichte in den 70er Jahren ein geradezu unerhörtes Maß an Produktvielfalt und -qualität einerseits, an Wirtschaftlichkeit andererseits.[8] Zudem hatten seine Spezialisten ein Jahrzehnt lang die Chancen auf dem amerikanischen Markt ausgekundschaftet. Sie beschlossen, die Zeit für einen ersten großen Einstiegs- und Besiedlungsschub sei gekommen. Bildlich gesprochen war eine Landbrücke zwischen der japanischen und der amerikanischen Lebenswelt entstanden, und die Arten begannen, über sie hinwegzuströmen. Hawaii stand kurz vor der Invasion.

Viertes Stadium und sein Vorstoß zu den amerikanischen Auto-Ökosystemen

Die führenden Ökosysteme der US-Autobranche im traditionellen Sinn gerieten nun plötzlich in einen regelrechten nach Art des vierten Stadiums verlaufenden Krieg, in dem sie sich gegen einen neuen Zustrom unternehmerischer Ökosysteme verteidigen mußten. Die Selbsterneuerung erwies sich als schwierig, und Unternehmen wie Chrysler oder Ford waren, zusammen mit zahlreichen eng an sie gebundenen Zulieferern, Ende der 70er Jahre dem Zusammenbruch nahe.

Die Überlegenheit der japanischen Modelle erzwang schließlich die weltweite Umgestaltung der Autoindustrie, die zu dem wurde, was wir heute vor Augen haben. Bis Mitte der 90er Jahre wurden die entscheidenden Elemente des Toyota-Ökosystems von anderen Ökosystemen im Automobilbau übernommen. Lief die Kombination aus Fords »Fordismus« und General Motors' Spartenfirma noch unter dem Namen »Massenproduktion«, so kennt man das Toyota-System mittlerweile unter dem Namen »lean manufacturing« (schlanke Fertigung) oder »lean production«, und den Unternehmensleitern, Analysten, Fachwissenschaftlern und Beratern, die Veränderungen auf den Weg zu bringen suchen, dient es als Bezugspunkt, als Benchmark.[9]

Natürlich wurde es mal mehr, mal weniger stark übernommen, je nach den Problemen, die sich aus der Umwandlung großer, im vierten Stadium befindlicher Ökosysteme ergeben. Im Kern ging es um die Schaffung eines neuen Anfangsstadiums – samt seines Denkens und Handelns, seiner Systeme und Organisationen – im äußeren Rahmen des alten. Die Biologie kennt diesen Prozeß als »sekundäre Besiedlung«: Arten aus dem einen Ökosystem dringen in das Territorium eines anderen ein und verändern schließlich seine ganze Zusammensetzung und Struktur.

Bei General Motors wurden zwar nach dem neuen Paradigma Betriebe gegründet – NUMI in Kalifornien und Saturn in Tennessee –, aber deren revolutionäre Ergebnisse vom übrigen Unternehmen jahrelang nicht beachtet. Statt dessen gab GM Milliarden Dollar für den Versuch aus, seine eigene Version der Massenproduktion zu automatisieren, und kaufte sogar Electronic Data Systems auf, um diesen Vorstoß zu beschleunigen. Was herauskam, war leider jämmerlich, und Anfang der 90er Jahre blieb GM nichts anderes übrig, als sich verstärkt um die Übernahme der Lean Production zu bemühen.

Ford war ein hoffnungsvollerer Schüler. Von etwa 1980 an unternahm die Firma eine heroische Anstrengung, handelte seine Arbeitsverträge neu aus, um Arbeitsplatzflexibilität zu erreichen, und investierte bei sämtlichen Fordwerken in Total-Quality-Programme. Zum Schluß nahm sie die heikelste Aufgabe in Angriff: die Umgestaltung ihrer Lieferanten- und Beschaffungsnetzwerke, in denen buchstäblich Tausende von Anbietern aufs engste miteinander verflochten waren. Ford konnte die Japaner zwar nicht einholen, verbesserte aber die eigene Leistung und Kostenlage so gewaltig, daß es General Motors bei den wichtigsten Benchmarks deutlich überrundete.[10]

In einem späteren Kapitel werden wir noch einmal darauf zurückkommen, mit welchen Herausforderungen die Ökosysteme im vierten Stadium zu tun haben. Denn so dringlich es ist, über die Schaffung neuer Ökosysteme Bescheid zu wissen, so wertvoll ist die Fähigkeit, bereits bestehende umzugestalten. In unserer Verherrlichung aller Technologie und alles Neuen nehmen wir manchmal nicht zur Kenntnis, daß die schnelle Unternehmens-Evolution viele überholte, aber noch immer einsatzbare Fähigkeiten hinter sich zurückläßt. Deren Umstellung auf neue Zwecke könnte sich als einer der wichtigsten Geschäftsbereiche des nächsten Jahrhunderts erweisen.

Ein neues und schnelleres Zeitmaß

Für die Entfaltung der vier Massenproduktions-Stadien in den autozentrierten Ökosystemen brauchte es drei Viertel eines Jahrhunderts. Viele Manager bei Ford und General Motors verbrachten ihr gesamtes Berufsleben in nur einem – oder höchstens zwei – dieser Stadien. Angesichts dieses zeitlich ausgedehnten historischen Prozesses fragt man sich, wie lange wohl die neue, von den Japanern geschaffene Struktur ihre Gültigkeit behalten wird. Die Antwort lautet nach meiner Ansicht: nicht lange. Und zwar aus zwei Gründen: Erstens führen die zugespitzten Bedingungen der heutigen wirtschaftlichen Evolution dazu, daß jedes neue Paradigma im Nu reproduziert und überholt wird. Zweitens läßt sich die ressourcenintensive Autoherstellung – gleichgültig ob als Massenproduktion oder Lean Manufacturing – vermutlich auf lange Sicht so nicht durchhalten, da die fossilen Brennstoffe der Erde irgendwann erschöpft sein werden.

Mittlerweile sind die neuen Lean-Production-Paradigmen, die in der Autoindustrie für Konstruktion, Fertigung, Vertrieb und Verbraucherabstimmung gelten, in den unternehmerischen Ökosystemen der ganzen Welt fest verankert. Amerikanische Firmen haben zentrale Techniken, Prozesse und Organisationsvorstellungen des japanischen Systems – also die betriebswirtschaftlichen Pendants der Arten – bereits geklont und ausgebaut. Seit etwa 25 Jahren erleben wir etwas, das sich am besten als sekundäre Besiedlung der wichtigsten Auto-Ökosysteme fassen läßt: Aus dem einen Zentrum industrieller Organisationen wandern Arten in andere Ökosysteme ab, die sie dann partiell verändern.

Zur Zeit machen die Auto-Ökosysteme in aller Welt einen erneuten Wandel durch, weil das Lean-Production-Konzept in den meisten Ökosystemen, in die es Eingang finden konnte, das Reifestadium erreicht hat. Die Strukturentwicklung der Lean Production stagniert, und prompt drängt all das, was moderne Ökosysteme dieses Stadiums auszeichnet – nämlich Modularisierung, Outsourcing (Auslagerung) und De-integration – mit geballter Kraft in die anderen Teile der Welt.

Genau wie PCs werden Autos zu Produkten, die bis zu einem gewissen Grade nach dem Plug-and-Play-Verfahren montiert werden können – wenigstens von den großen Montagewerken. Je weiter die führenden Lean-Production-Ökosysteme ins dritte Stadium vordringen, desto schneller steuern sie auf flexible Fertigung und modulare Bauweise sowie branchenweit auf radikale De-integration, Entkopplung und Outsourcing zu. Es ist verblüffend zu sehen, wie die Welt des Autobaus – ein extrem kapitalintensiver Geschäftszweig – in weniger als 25 Jahren die Lean-Production-Innovation nicht nur vollständig übernommen, sondern auch damit begonnen hat, sie in Stücke zu reißen.

Das dritte Stadium in einer offenen, modularen Wirtschaft

Die meisten Beobachter der Autoindustrie interessieren sich immer noch hauptsächlich für die Ausbreitung der Lean Production in den wichtigsten Ökosystemen. Aber das ist vielleicht gar nicht das Faszinierendste. Weltweit beherrscht wird das Automobilgeschäft mittlerweile von einigen wenigen großen, im dritten Stadium befindlichen Ökosystemen unter Führung von Firmen, die sich alle im wesentlichen an den Grundsätzen der Lean Production orientieren. Das Interessante daran ist, daß das neue dritte Stadium – nämlich der Lean Production – ganz anders aussieht als das dritte Stadium der früheren Massenproduktion. Entwicklungsgeschichtlich unterscheiden sich beide nicht weniger als die Urwälder von Hawaii und Costa Rica.

In der neuen Ökonomie verschwinden, wie schon erwähnt, die Branchen- und Ländergrenzen, das technologische Know-how verbreitet sich überall, Kapital und Management-Talent gibt es in Hülle und Fülle. Zudem haben Informationstechnologie und neues Managementdenken immer mehr virtuelle Organisationen und Netzwerkunternehmen entstehen lassen. In dieser Umwelt bringt die für das dritte Stadium kennzeichnende Stabilität der Produkt- und Prozeßparadigmen paradoxerweise eine Unmenge neuer Organisationsarten und -modelle hervor. In der neuen Ökonomie sind stabile Ökosysteme nichts anderes als offene Ökosysteme, wie geschaffen für Neueinsteiger. Gerade die Stabilität des unternehmerischen Grundmodells macht es zur leichten Beute für risikofreudige Firmen, die bereit sind, etwas härter zu arbeiten oder sich mit schmaleren Erträgen zu begnügen als die bereits etablierten.

In der Autoindustrie verhält es sich also wie im PC-Geschäft: Kloner und Newcomer sitzen den etablierten Marktteilnehmern dicht auf den Fersen. Autos werden heute in Taiwan und Korea und zahllosen anderen Staaten produziert; Lieferfirmen machen rasante Entwicklungen durch. Das LKW-Transportunternehmen Ryder zum Beispiel stellt heute die wichtigsten integrierten Logistikdienstleistungen für Autofirmen bereit.

Besonders interessant ist die Art und Weise, in der drei große Autohersteller – Ford, General Motors und Chrysler – ihr jeweiliges Ökosystem koordiniert haben. Jeder von ihnen folgt einem eigenständigen Ansatz, so daß sie drei verschiedene Wege repräsentieren, auf denen Großunternehmen sich in den extrem modularen, de-integrierten und von Hyperkonkurrenz geprägten Umfeldern, wie sie bei fehlender Isolation von unternehmerischen Ökosystemen entstehen, behaupten können.

Drei Strategien für die Führung offener Ökosysteme

Chrysler hat sich auf etwas konzentriert, das man »lean orchestration« (schlanke Koordination) nennen könnte: Als Systemingenieur und Systemintegrator verbindet es die von mehreren Mitspielern erbrachten Einzelleistungen zu einem Ganzen.[11] Die Firma hat ihnen weitgehende Eigenverantwortung für Produktplanung, Produktion, Montage größerer Autosubsysteme, Qualitätssicherung und Just-in-time-Lieferung übertragen. So nutzt sie die gewaltigen kollektiven Ressourcen nicht nur des eigenen Ökosystems, sondern aller großen Ökosysteme im Automobilbau. In den weltweiten Anbietergemeinschaften, die im Dienst dieser Ökosysteme stehen, steckt eine immense Vielfalt und Vitalität. Nach Chryslers Theorie kann das Unternehmen lernen, diese Gemeinschaft wie ein geschickter und erfolgreicher Tramper für die eigene Zielsetzung zu verwenden und die beste Auswahl, Gestaltung und Integration ihrer Kräfte zu erreichen.

Bis jetzt hat die Strategie sich ausgezahlt. Chrysler kann mit weniger Kosten und kürzerer Entwicklungszeit arbeiten. Zusammen mit ein paar wirklichen Design-Hits hat dieser Ansatz dem Unternehmen nach dem Verlust seines Topmanagers Iacocca einen regelrechten Neuaufschwung beschert. Andererseits fragen manche Beobachter, ob sich Chrysler mit seiner Taktik nicht zu sehr auf die Zulieferer verläßt und am Ende noch Qualität und Vertrauenswürdigkeit aufs Spiel setzt. Die Zeit wird es – wie immer – zeigen.

Ford hingegen zielt weiterhin auf Volumen und damit auf Größenvorteile. Die Firma versucht, den gesamten Weltmarkt auszuschöpfen; sie will ihre weltweiten Gesamtumsätze mit den eigenen Fertigungs- und Entwicklungsressourcen erzielen und auf diese Weise zu großen Einsparungen kommen. Diesen Zweck verfolgt Ford mit

– der Konzentration seiner weltweiten Fahrzeugkonstruktion in fünf Zentren,
– dem Übergang zu weniger, aber dafür umfangreicheren Montagevorgängen,
– dem Übergang zu weniger Lieferanten, die dann Größenvorteile nutzen und auch für Ford wiederum interessanter werden können.[12]

Ford setzt darauf, daß die Annäherung bei Verbrauchergeschmack und Umweltpolitik zusammen mit der Öffnung nationalstaatlicher Grenzen den Erfolg der »Weltautos« hinreichend sichert. Konstruiert würden diese Autos an zentralen Standorten und produziert überall dort, wo ein Maximum an Größenvorteilen genutzt werden kann, wobei zugleich die lokalen Kapazitäten und die Kosten für Zölle und Steuern berücksichtigt werden müßten. Die Gefahr dieser Strategie besteht darin, daß die mit der Herstellung von Weltautos verbundenen Koordinierungskosten die Vorteile womöglich wieder aufzehren. Ford selbst ist der Ansicht, ein so anspruchsvolles Konzept sei mittlerweile durch die Fortschritte in der Informationstechnologie, die die Koordinierungskosten senken können, durchführbar geworden. Ein weiteres Risiko besteht darin, daß die Weltmärkte in Sachen Kundengeschmack und umweltpolitische

Auflagen irgendwann voneinander abweichen und dann die Vorteile des Weltautos von Produkten, die auf kleinere Märkte zielen, mehr als zunichte gemacht werden.

Unterdessen scheint Toyota nach neuen Methoden im Autogeschäft zu suchen; hier und da etwa zieht es Funktionen, die an Zulieferer übertragen worden waren, wieder an sich. So kann die Firma rascher zu einem hochentwickelten Prozeß- und Vermögensaufbau gelangen. Interessanterweise scheut sie weiterhin vor der automatisierten Hightech-Produktion als dem A und O des Autobaus zurück. Vielmehr setzt sie große Anstrengungen in den Maschinenbau, die Entwicklung von Individual- und Teamfertigkeiten und die breite Verteilung von Wissen bei der Lieferantenbasis. In einigen wichtigen Punkten hält Toyota an seinen Ursprüngen fest und konzentriert sich ganz auf die Frage, wie man mit laufend verbesserter Koordination und ständig vertieftem menschlichem Können und Engagement Autos produzieren kann.[13]

Wer beim Aufbau neuer Methoden zu sehr an den eigenen Ursprüngen festhält, läuft Gefahr, mit seinem Versuch, ein Ökosystem zu verbessern, in dem Innovation immer weniger einbringt, zu viel Zeit und Geld zu vergeuden. Hier und da ließe sich dieselbe Anstrengung vielleicht sinnvoller für radikalere Möglichkeiten verwenden. Toyota, so könnte man geltend machen, wäre besser beraten, dieselben Mittel in neue Transportsysteme zu stecken, die imstande sind, das Auto zu ersetzen. Die Kehrseite des Arguments ist freilich, daß die Suche nach neuen Methoden gar nicht unbedingt so teuer sein muß. Vielleicht ist sie eher eine Sache der Denkhaltung als der materiellen Mittel und läßt sich mit den normalen Managementkosten in einem Unternehmen durchführen, das zugleich den Möglichkeiten einer durch und durch anderen Zukunft nachgehen könnte.

General Motors war, als dieses Buch geschrieben wurde, ein interessanter Joker. In jüngerer Zeit hatte GM den Pfad der vertikalen Integration verfolgt. Während der 80er Jahre investierte die Firma ausgiebig – und womöglich unklugerweise – in Hightech-Information sowie technologie-gestütztes Reengineering, kaufte schließlich, teilweise um dieses Programm umzusetzen, Electronic Data Systems und schuf damit das größte Computer-Dienstleistungsunternehmen der Welt. Optimisten verweisen darauf, daß GM sich von der Größe her mit Toyota messen und sowohl auf das Ford- wie auf das Chrysler-Modell setzen könnte: gleichzeitige Verfügung über ein langfristiges Portfolio mit ein paar Weltautos und über systemintegrierte, in Schnellmontage und geringer Stückzahl produzierte Lifestyle-Angebote. Pessimisten machen natürlich nach wie vor geltend, daß GMs legendäre Bürokratie – diese Hinterlassenschaft seines Riesenerfolgs aus der ersten Zeit des Autobaus – auch weiterhin die Achillesferse des Unternehmens bleiben wird.

Wie man am Autogeschäft sieht, schafft die neue, von früheren Schranken vergleichsweise befreite Ökonomie zwei wichtige Ressourcen in einem Chancenumfeld – eine große Teilnehmergemeinschaft und große Gesamtumsätze –, und die Unternehmen können sich diese Ressourcen per Neupositionierung auch zunutze machen. Mit der Wahrnehmung und Nutzung der neuen Ressourcen erreichen die Firmen eine höhere Ebene der strategischen Phantasie. Wie ich überall in diesem Buch unterstreiche, besteht die Hauptlehre aus dem »Ende des Wettbewerbs« ja darin, daß die Unternehmen in den neuartigen Umfeldern imstande sein müssen, nicht nur ihre heutigen Geschäftsmodelle umzusetzen, sondern auch die zukünftigen ins Auge zu fassen. Chrysler, Ford und General Motors stehen für interessante Alternativen zur Gestaltung von Ökosystemen, weil sie weit in die neue Epoche vordringen.

Wird das »grüne« Hyperauto Detroit ruinieren?

Trotz aller Kreativität bei den Autoherstellern steht am Horizont eine mächtige Drohung. Fast niemand hält das Auto heute noch für eine nachhaltige, zukunftsfähige Technologie. Ihre Abhängigkeit vom Erdöl und anderen Ressourcen übersteigt vermutlich die Leistungskraft unseres Planeten, zumal immer mehr Länder zu hochentwickelten Industrieländern werden und optimale Verkehrssysteme haben wollen.

Wie lange sich die Auto-Ökosysteme noch halten, hängt zum Teil davon ab, wie lange die Umwelt insgesamt – die soziale, politische, ökonomische und biologische Umwelt – von radikalen Veränderungen verschont bleibt. Beim Personenverkehr ist der Wandel schon in Sicht, teilweise einfach aus ökologischen Gründen. Die nachweislich vorhandenen weltweiten Vorräte an herkömmlichem Rohöl werden – den günstigsten Schätzungen zufolge – noch etwa vierzig Jahre, die Erdgasvorräte noch weitere sechzig Jahre reichen. Wenn nicht irgendetwas Neues eintritt, werden sich die Hauptverkehrsmittel in den nächsten Jahrzehnten ändern müssen.

Die Autoindustrie erlebt zwar schon viele der mit dem Ende der Isolation verbundenen Auswirkungen – insbesondere die schnelle Übernahme neuer Paradigmen und den Vormarsch der Mikroelektronik –, aber auf anderer Ebene hat ihre Veränderung gerade erst begonnen. Das wirkliche Ende ist erreicht, wenn sie sich genötigt sieht, entweder über ihre äußersten Grenzen hinauszugehen oder andere Firmen an ihre Stelle treten zu lassen, vielleicht Unternehmen aus der Raumfahrt (neue Fahrzeuge) oder dem Hoch- und Tiefbau (neue Infrastruktur) oder der Computertechnik (neue Steuerungssysteme) oder dem Wohnungsbau (neue Städte). Mit großer Wahrscheinlichkeit wird sich diese Veränderung sogar noch im Berufsleben vieler meiner Leser ereignen.

Es gibt mindestens zwei plausible, allerdings radikale Denkschulen, die den heutigen Ökosystemen im Automobilbau den Boden unter den Füßen wegziehen und zur Schaffung neuer, an zukünftige Alternativumwelten besser angepaßter Ökosysteme führen könnten. Die eine fällt unter die Rubrik »intelligente Verkehrssysteme« und macht sich stark für die computergesteuerte Koordinierung integrierter Fahrzeug- und Straßensysteme. Die Idee dabei ist, daß automatische Steuerung zur besseren Nutzung und Auslastung von Autos und Straßen, und das wiederum zu Leistungseffekten führen könnte, die durchaus die Mühe wert sind.

Obgleich schon in aller Welt damit experimentiert wird, sind sich die Experten noch nicht einig, ob dieser Ansatz genug einbringt, um eine neue Ökosystem-Entwicklung voranzutreiben. Von den vier Tests, die ein potentielles Ökosystem bestehen muß, ist die Wert-Prüfung wohl die Haupthürde des Modells. Mit hoher Wahrscheinlichkeit werden intelligente Fahrzeugsysteme daher so lange im ersten Stadium steckenbleiben, bis diese Prüfung eindeutig bestanden ist.

Der radikalere Ansatz heißt »Hyperauto«. Gefördert wird es unter anderem von dem Futuristen Amory Lovins; es besteht in einer Kombination aus Hybridmotor (Gas-/Elektromotor) und leichter, kohlefaserverstärkter Kunststoffkarosserie.[14] Theoretisch kann dieses Fahrzeug mit einer einzigen Gastankfüllung durch die ganzen USA fahren.

Ebenso faszinierend ist, daß die Kohlefaserkarosserie ohne die bei Autos mit Blechkarosserie erforderliche kapitalintensive Tiefziehpresse hergestellt werden kann. Da diese Kapitalintensität eine der wichtigsten, von den führenden Autoherstellern durchaus geschätzten Marktzutrittsschranken darstellt, könnte mit deren Erosion der Automobilbau auch kleineren und gänzlich andersartigen Unternehmen zugänglich werden. Nach allem, was wir derzeit wissen, sähe das Autogeschäft dann ähnlich aus wie das PC-Geschäft: Das Hyperauto würde zu einer Sache vieler kleiner Montagewerke und direkter Vertriebsfirmen.

Theoretisch wenigstens scheint das Hyperauto die Wert-Prüfung bestehen zu können. Wenn Firmen ein paar Jahre lang Prototypen hergestellt haben, könnte der Test auch in praxi bestanden werden – zumindest mit kleinen Stückzahlen. Das wahrscheinlichere Problem des Hyperautos dürfte die im zweiten Stadium erforderliche kritische Masse sein. Jedes Autounternehmen braucht ein vollständiges Lieferantennetz für Einzelteile, auch wenn die Karosserie aus Kunststoff besteht. Insbesondere aber werden die Kunden sichergehen wollen, daß sie auf Reisen überall mit einem Kundendienst für ihr Fahrzeug rechnen können. Das neue Ökosystem wird folglich ausgedehnte Vertriebs- und Kundendienstnetzwerke einrichten müssen. Die bestehenden Automobilunternehmen verfügen zwar über solche Netzwerke, aber sie werden kaum geneigt sein, mit ihrer Hilfe die eigenen Tiefziehpressenvorteile zunichte zu machen. Ein Newcomer wiederum – etwa aus der Raumfahrt- oder Computerbranche – könnte durchaus Hyperautos herstellen, aber den Aufbau von Service-Einrichtungen in einer ganzen Region empfände er wohl doch als ein erhebliches Wagnis.

Stabilität ist vergänglich

Mit der unternehmerischen Evolution fertigzuwerden heißt, auf die Zukunft Einfluß zu nehmen. Die Unternehmen müssen, wie gesagt, zusätzlich zur Umsetzung heutiger auch künftige Geschäftsmodelle ins Auge fassen. Fortschritte sichert man sich, wenn man gleichermaßen herausfindet, *was* man tun muß, um den Kundenbedürfnissen zu entsprechen, und *wie* man es tun muß. Ist eine neue Idee entscheidend besser als das, was es schon gibt – so wie das Rad gegenüber dem Lastschlitten oder der Mikroprozessor gegenüber dem Großrechner –, dann kann sie womöglich auch zur Schaffung eines neuen unternehmerischen Ökosystems führen.

Im weitesten Sinne geht es bei Unternehmensstrategien um Stabilität und Instabilität in jenem großen, komplexen System, das wir Weltwirtschaft nennen. Sie nehmen eine bestimmte Mischung von Faktoren – Technologie-, Kapital-, Management- oder Marktregulierungsfaktoren – und lassen daraus ein Ökosystem entstehen. Kreative Manager versuchen, sich all diese Chancen zunutze zu machen und sie in erfolgreiche unternehmerische Initiativen zu verwandeln. Auf diese Weise schaffen sie ihrerseits Stabilität: Mit dem Aufbau eines Integrationsparadigmas legen sie den Keim zu einem unternehmerischen Ökosystem. Soweit das erste Stadium. Das neu entstehende Ökosystem entfaltet, sofern es Erfolg hat, eine hektische Lebendigkeit und drängt von einem Marktterritorium ins nächste. Die Stabilität des Integrationsparadigmas macht sich nun in vielen Formen des Lebens und Wirtschaftens geltend. So sieht es im zweiten Stadium aus. Tabelle 5.1 veranschaulicht diese Struktur: Stabilität in Bewegung.

Stadium des unternehmerischen Ökosystems	**I. Pionierstadium**	**II. Expansion**	**III. Autorität**	**IV. Erneuerung**
Führende Arten oder Firmen im Ökosystem	Neu entstehend	Stabil	Unter zunehmendem Wettbewerbsdruck	Unter starkem Wettbewerbsdruck
Unternehmensmodell für das Ökosystem	Neu entstehend	Stabil	Stabil	Wird instabil
In den Marktgrenzen vorherrschendes Ökosystem	Steht noch nicht fest	Neu entstehend, unter Wettbewerbsdruck	Stabil	Wird instabil

Tabelle 5.1

An der tabellarischen Darstellung sticht zweierlei hervor: erstens, daß die Stabilitätszone, wenn man sie vom längerfristigen Evolutionsprozeß her betrachtet, eher klein ist; und zweitens, daß ein Unternehmen sich nie über alle vier Stadien hinweg Stabilität sichern kann. Im zweiten Stadium werden Führungsposition oder Mitgliedschaft eines Unternehmens gemeinhin nicht direkt in Frage gestellt, ungewiß ist aber die Lebensfähigkeit des Ökosystems selbst, so daß alle Managementkräfte in eine dramatische Expansionsschlacht geworfen werden. Ist die Schlacht jedoch erst einmal gewonnen, kommt es zu wildem Aufflackern der Konkurrenz zwischen Partnern und Verbündeten. Im dritten Stadium können sich denkbar viele Faktoren – Stabilität des Unternehmensmodells, Wertkonzeption, Prozeß- und Vermögensstruktur – gegen jene Unternehmen verschwören, die das ursprüngliche Komplott getragen haben.

Für diese Insider, die das Ökosystem begründet und betrieben haben, wird es nun erneut turbulent, und es wäre kein Wunder, wenn sie sich mit einem Mal nach den glücklichen, alten Zeiten sehnten. Die Pioniere haben ja allerhand Grund, stolz zu sein. Sie haben Wert beigesteuert, indem sie ein Integrations- und Stabilitätsparadigma entwickelt und an eine Vielzahl von Anbietern und Nachfragern weitergegeben haben – ganz zu schweigen von seiner Verbreitung über viele verschiedene Marktterritorien. Aber nun, wo das stabile Muster fertig ist, entfaltet es ein Eigenleben. Nur die Marktführer sprechen keine neue Sprache mehr. Tausende, wenn nicht Millionen von Mitwirkenden beherrschen das Idiom. Eine Lebensgemeinschaft ist entstanden, die ihre Gründer nicht braucht. Das Schicksal des Ökosystems ist mit dem ihren nicht länger verflochten. Neueinsteiger können sich der Gemeinschaft ohne weiteres anschließen. Manche von ihnen sind vielleicht klüger als die Gründer, andere bereit, entweder mehr für das Spiel einzusetzen oder weniger aus ihm zu gewinnen.

Sollen die Pioniere nun weiterhin ihren Wert haben, müssen sie sich gegen den Populismus der Gemeinschaft wenden und grundsätzliche Führungskraft unter Beweis stellen. Um wieder mitmischen zu können, müssen sie im Ökosystem Instabilität erzwingen, damit die Struktur der Gemeinschaft für Innovationen offen bleibt. Sie müssen die Mitglieder um sich scharen, um mit vereinten Kräften voranzukommen. Und es muß ihnen gelingen, wichtige Fortschritte beizusteuern, die von den Endverbrauchern als Wert gewürdigt, ja gefordert werden. Das wiederum wird andere Beteiligte ermuntern, das Nötige zu tun, um diese Fortschritte auf den Markt zu bringen.

Zu guter Letzt, im vierten Stadium, geht dem bis dahin so nützlichen Integrationsparadigma endgültig der Treibstoff aus. In seiner bestehenden Form vermag das Handeln der Gemeinschaft den aktuellen Chancen und Problemen nicht mehr gerecht zu werden. Andere, bessere Integrationsmodelle bieten sich als zwingendere Unternehmensvisionen und als interessantere Basis für eine Marktgemeinschaft an. Das vierte Stadium bringt dem Ökosystem erneute Instabilität, und zwar auf zweierlei Weise. Entweder wird sie bewußt eingesetzt, so daß eine mehr oder weniger geordnete Umstellung von Vermögen und Prozessen auf ein neues Integrationsparadigma möglich wird; oder sie kommt ungewollt, weil die Marktgemeinschaft in der Verteidigung ihres Modells erstarrt und so sehr verkalkt, daß sie rasch und unaufhaltsam in den Niedergang hineinschlittert. Die Rolle führender Unternehmen oder Manager besteht darin, Visionen für die Umstellung zu unterbreiten, sie dann in die Tat umzusetzen oder, wenn sie sich als nicht realisierbar erweisen, alle Anstrengungen zu unternehmen, um aus der Marktgemeinschaft auszusteigen und zugleich Pionierarbeit für die Heranbildung einer Alternative zu leisten.

In den folgenden Kapiteln werde ich die mit den einzelnen Entwicklungsstadien verbundenen Anforderungen systematischer unter die Lupe nehmen. Auf jeder Stufe müssen ja, wie wir sahen, deutlich voneinander unterschiedene Begabungen und Fertigkeiten eingebracht werden. Kluge Marktführer lernen nämlich, ihre Sparten und Geschäftseinheiten in jedem Stadium neu vor die Frage zu stellen, mit welchen spezifischen Problemen, Märkten und Produkten sie es zu tun haben. So kann man Managementqualitäten und -systeme, Managementstruktur und -kultur besser auf die Schwierigkeiten zuschneiden, die im jeweiligen Entwicklungsstadium das größte Gewicht haben. In dieser konzentrierten, destillierten Form sind sie die beste Garantie für erfolgreiches Gedeihen in der neuen Welt.

6. Erstes Stadium: Das Chancen-Terrain

Für einen Pionier hat das Terrain, auf dem er seine Chancen findet, vielerlei Gestalt und Größe: Es reicht vom vereinzelten Mikrochip bis zu einem ganzen Planeten. Pferdekot mögen wir entschieden unattraktiv finden, für eine Fliege oder eine Pilzspore stellt er eine prachtvolle Chance dar. Der Schlüssel zu erfolgreicher Pionierarbeit ist die Fähigkeit, neues Terrain zu entdecken und, einmal dort angekommen, zu überleben und sich erfolgreich zu entwickeln.

In der Natur gelten manche Pflanzen und Tiere als Pionierarten. Sie spezialisieren sich auf die Besiedlung relativ kargen Geländes. Im allgemeinen sind sie extrem heikel in ihrer Ortswahl. Viele Flechten zum Beispiel siedeln sich ausschließlich auf kahlem Lavagestein an. Manche Pflanzen beschränken sich strikt auf offene Bodenstellen wie etwa Erdrutschhänge und die von umgestürzten Bäumen hinterlassenen Löcher. Solche Unkrautarten scheinen es auch immer eilig zu haben, die umgegrabene Erde in unseren Gärten zu besiedeln. Natürlich gibt es große Unterschiede zwischen der Besiedlung einer neuen vulkanischen Insel im Pazifischen Ozean und der eines Erdrutschhangs im costaricanischen Urwald, und nicht weniger unterschieden sind die Merkmale der in beiden Fällen erfolgreichen Pioniere. Aber es gibt auch Ähnlichkeiten.

Zu den wichtigen gemeinsamen Charakterzügen von Pionierarten gehört die hohe Vagilität – die Fähigkeit, sich über große Entfernungen zu verteilen und neue Standorte für die Ansiedlung zu finden. Viele dieser Arten freilich haben keinen unmittelbaren Einfluß auf die Reise, die sie antreten. Manche, wie etwa Löwenzahnsamen, sind den Launen des Windes ausgeliefert, andere sind angewiesen auf fremde Arten, die sie transportieren. Die Samen vieler Pflanzen treten ihre Reise im Darm eines Vogels an. Kletten heften sich ans Fell von Säugetieren und gelangen so per Anhalter in neue

Lebensräume. Wieder andere Siedler, wie fliegende Insekten, erreichen den neuen Lebensraum aus eigener Kraft.

In der biologischen Welt ist die überwältigende Mehrzahl der potentiellen Siedler zum Scheitern verurteilt. Ein Hutpilz kann Millionen Sporen hervorbringen, aber nur ein winziger Bruchteil von ihnen findet eine passende Stelle zum Keimen und Wachsen. Das liegt einfach daran, daß die meisten dieser hoffnungsvollen Siedler entweder auf ungeeignetes Territorium verschlagen werden, wo sie nicht überleben können, oder zu spät kommen, um sich noch mit Erfolg gegen jene Siedler behaupten zu können, die sich bereits niedergelassen haben. Andere wiederum gelangen zu früh in ein neues Land, noch vor den wichtigsten für sie erforderlichen Symbionten. So ist denkbar, daß eine Pflanze auf der neuen Insel zwar blüht, sich dann aber nicht fortpflanzen kann, weil ihr der Bestäuber fehlt.

Manche Siedlerarten bringen ihre Hauptsymbionten oder -mutualisten selber mit. Bei den Blattschneiderameisen lädt die junge Königin sich immer ein Pilzstückchen aus ihrem heimischen Garten auf, bevor sie ihr Geburtsnest verläßt und eine neue Kolonie begründet. Diese kostbare Ladung trägt die Königin in einem besonderen Beutel, der sich allein der Evolution verdankt. Läßt sie sich dann an einem geeigneten Wohnort nieder, so legt sie mit ihrem kleinen Pilzstückchen den Pilzgarten für die neue Kolonie an. Blattschneiderameisen können ohne ihre mutualistischen Pilze nicht überleben. Tatsächlich zeigen DNA-Untersuchungen, daß diese Ameisen seit mindestens 30 Millionen Jahren denselben Pilzstamm verwenden.

Von geglückten Experimenten zum zielgerichteten Lernen

Auch menschliche Pioniere, die neues Land besiedeln, bringen viele ihrer Symbionten oder Mutualisten selber mit – die Samen ihrer Kulturpflanzen ebenso wie ihre Haustierfamilien. Sie machen oftmals die Entdeckung, daß sie ihr Verhalten ändern müssen, um sich dem neuen Land anzupassen. Aber menschliche Pioniere haben noch eine weitere nützliche Fähigkeit: In vielen Fällen können sie das Terrain selbst verändern, damit es ihren Bedürfnissen entspricht.

Wirtschaftspioniere haben zusätzliche Vorteile. Sie können das neue Terrain aus der Ferne sorgfältig prüfen und im voraus, noch ehe sie sich dorthin begeben, für Symbiosen oder Mutualismen vor Ort sorgen. Bei geschickter Planung können diese Pioniere denkbaren Erfordernissen und Problemen schon im Vorgriff begegnen. Gleichwohl muß ein Wirtschaftspionier die neue Chance erst einmal ausfindig und sich zunutze machen. Eine entscheidende Rolle kann dabei überraschend häufig der Zufall spielen – nicht zuletzt die stets unvorhersehbare Kreativität einzelner Kunden.

Manager sind oft verblüfft über Verwendungen, die einfallsreiche Konsumenten für ihre Produkte finden. Die Firma Radio Shack verkauft im Westen von Kansas und im Osten von Colorado große Mengen der für die Schiffahrt gedachten MB-Funkgeräte. Denn die Farmer haben entdeckt, daß sie mit diesen Geräten billig und bequem, über die großen Entfernungen der Prärie hinweg, miteinander kommunizieren können. Die Wahrscheinlichkeit, daß man dabei ein zugelassenes Bord-Land-Signal stört oder von staatlichen Kontrolleuren erwischt und gerichtlich verfolgt wird, ist sehr gering. Zu den interessantesten Möglichkeiten, neue Produktideen zu finden, gehört das Aufspüren überraschender – auch illegaler – Anwendungen der jeweiligen Technologie.

Doch Pioniere, die ein unternehmerisches Ökosystem allererst aufbauen, möchten nicht allein auf den Zufall angewiesen sein. Sie wollen dem ökonomischen Experiment soviel wie möglich nachhelfen. Ziel jedes Unternehmensstrategen ist es, zur kalkulierbaren Anwendung der Aufbaugesetze von wirtschaftlichen Ökosystemen zu gelangen. Der elementare Zyklus unternehmerischer Tätigkeit besteht in der Überführung von Ideen und Marktchancen in Gebrauchswert für Kunden – und Gewinne für Investoren. Wie dieser Wert zustande kommt, hängt vom Einzelfall ab. Selbst nach intensivem Studium wird die grundsätzliche Frage – »Was kommt zuerst, nach welchem Zeitplan und in welcher Reihenfolge?« – eigentlich ein Geheimnis bleiben und in jedem Fall neu durchgespielt werden müssen.

Es ist aber unmöglich, alles zu antizipieren, was in einem neu entstehenden unternehmerischen Ökosystem auf- und eintreten könnte. Hier wechselt man über vom geschlossenen, kognitiv begrenzten Reich des Denkens in die unendlich komplexe, vielfach verknüpfte Welt der realen Kunden und des realen Geschäfts. Das beste, was man tun kann, ist vermutlich, daß man sich ein Programm für zielgerichtetes Lernen macht – also versucht, über das gerade in Angriff genommene Experiment gründlich nachzudenken und sich im Wettlauf um die Erkenntnis dessen, was im Rahmen der neuen Möglichkeiten Nutzwert oder Wert heißen kann, an die Spitze zu setzen.

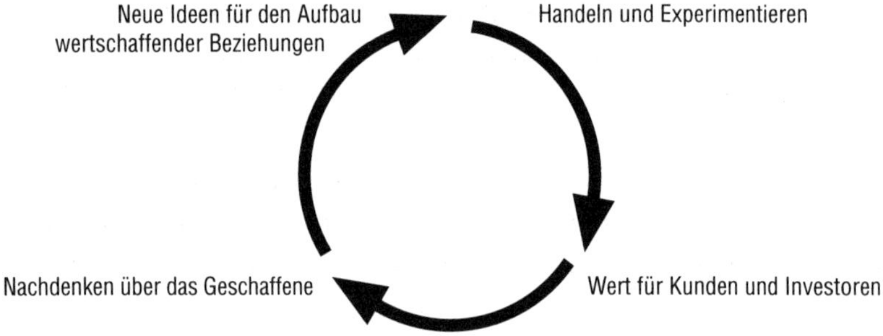

Abbildung 6.1
Ein Lernzyklus zur Schaffung von ökonomischem Wert

Die schwierige Aufgabe besteht folglich darin, einen Lernzyklus in Gang zu bringen, dessen Ziel, wie Abbildung 6.1 zeigt, die Hervorbringung von ökonomischem Wert ist. Die Probleme, vor denen sich der Begründer eines unternehmerischen Ökosystems sieht, haben Ähnlichkeit mit denen der Biologie: Es gibt viele Möglichkeiten, ein mutualistisches, selbstverstärkendes Beziehungssystem zu schaffen – und viele Möglichkeiten des Scheiterns –, und von den wirklichen Aufbaugesetzen unternehmerischer Ökosysteme hat man nur eine nebelhafte Vorstellung. Im verfügbaren Spektrum an Umweltbedingungen und umsetzungsfähigem genetischem Material muß der seiner Erstvision folgende Pionier einen Beziehungskonnex ausfindig machen, dank dessen dieser elementare Zyklus von Energiebeschaffung und -umwandlung in Gang gebracht werden kann. Unternehmerische Ökosysteme bieten gewaltige Prämien nicht nur für Inspiration und Enthusiasmus, die dem Vorkämpfer über unvermeidliche Fehlschläge hinweghelfen, sondern auch für Phantasie und Lernfähigkeit, die zu kreativen Lösungen führen und kontinuierliche, auf Analyse und Experiment gestützte Verbesserung ermöglichen.

Ein Klub von Träumern

Manager fragen mich häufig: Wo und wie beginnt man mit einem Ökosystem? Und wie sieht es am Anfang aus? Meine Antwort lautet: Die Welt des Anfangsstadiums ist erfüllt vom Geist des Neuen und vom ungestümen Drang, etwas Besonderes und ganz Eigenes zu machen. Ihre Bewohner sind oft berauscht von dem Wunsch, den Zaubertrank zu entdecken, der die Welt verändert. Diese begeisternden Träume können entweder – bildlich gesprochen – in den Dachböden oder Kellern großer Unternehmen entstehen oder aus kleinen Betrieben, ja sogar aus den Versuchen einer Handvoll erfindungsreicher Individuen hervordrängen.

Nicht selten liegen die Brutstätten der im ersten Stadium entfalteten Aktivität in den Randbezirken der Weltwirtschaft, an Orten der Untätigkeit, wo von Wirtschaftsgeist kaum etwas zu spüren ist. In der Wüste, so scheint es, blüht die Phantasie. So plagten sich etwa Bill Gates und Paul Allen, die späteren milliardenschweren Leiter des Microsoft-Imperiums, 1975 noch in Albuquerque, also buchstäblich in der Wüste, mit dem Versuch ab, primitive Software auf einem notdürftig zusammengeflickten Computer zum Arbeiten zu bringen.[1] Das Unternehmen, das hinter dem Computer stand, hieß MITS und wurde geleitet von einem nonkonformistischen, finanziell ruinierten Ingenieur namens Ed Roberts. Die MITS-Büroräume lagen eingeklemmt zwischen einem Wasch- und einem Massagesalon in einem drittklassigen Einkaufszentrum. Der Computer war ein wenig vertrauenerweckendes Hobbygerät, das er für 395 Dollar per Postversand über die Zeitschrift *Popular Mechanics* erstanden hatte. Er hatte keinen Festspeicher und keinen zuverlässigen Arbeitsspeicher, und statt einer Tastatur gab es Kippschalter. Wie es Bill Gates später beschrieb: »Jede neue Idee wurde bei MITS nur halb ausgeführt.« Das ist der Stoff, aus dem das erste Stadium gemacht ist.

Weit draußen in der flimmernden Hitze der Wüste Neu Mexicos baute MITS ein Lern- und Versuchszentrum auf, das schließlich zum Anziehungspunkt für Tausende von Mitrevolutionären in den ganzen Vereinigten Staaten wurde. Mit einem Wohnmobil, dem sogenannten MITS-Mobil, kutschierte Roberts wie ein Ken Kesey des Computers im amerikanischen Westen herum und schürte das Feuer, indem er in mehreren Städten bei der Einrichtung von Computer-Klubs half und den Ehrgeiz vieler Jugendlicher weckte. Mit viel Überschwang trug er einen Traum vor. Massenweise wurde der primitive Apparat bestellt, und eine Zeitlang war MITS sehr erfolgreich. Vor allem aber entstand eine lernende Organisation, die durch keinerlei Tradition, Branche oder geographische Lage eingeengt war. Unbegrenzte Möglichkeiten taten sich auf.

Es muß gleich hinzugefügt werden, daß zwar alle Unternehmer auf einen glücklichen oder wenigstens glückverheißenden Ausgang hoffen, aber die meisten erfolglos bleiben. Zum Wesen der geschäftlichen Wagnisse, so faszinierend sie sein mögen, gehört auch, daß die große Masse von ihnen steckenbleibt und fehlschlägt. Doch selbst im Scheitern leisten sie oft noch verdienstvolle Beiträge, sowohl weil künftige, später in anderer Gestalt weiterwirkende Führungskräfte bei ihnen in die Lehre gehen, als auch weil sie schöpferische Ideen hervorbringen und Zentren für Lerngemeinschaften schaffen, die diese Ideen und Visionen in die Welt hinaustragen.

MITS scheiterte, aber zugleich gab es den Anstoß zur Gründung eines neuen Ökosystems, das seine Nachfolge antrat. Im Laufe einiger Jahre entwickelte diese Gemeinschaft das Wesen des Personal Computer. Zu einem der ersten Computer-Clubs, dem Homebrew Computer Club in Palo Alto, gehörten auch Steve Wozniak und Steve Jobs. Hierher brachten sie ihren ersten Apple. Was die PC-Revolution vorangetrieben hat, war die kollektive Energie Tausender von Hobbybastlern, die schließlich sogar das widerstrebende IBM-Unternehmen davon überzeugen konnten, daß es entweder mitmachen mußte oder völlig abgehängt werde.

Im Anfangsstadium müssen Pioniere auch erstmals lernen, wie man Kundenunterstützung und -mitwirkung aktiviert – und Pionierkunden schafft. Die Arbeit dieses Stadiums, die einschneidende Fortschritte im Leben der Menschen herbeiführt, hat immer etwas von einer sozialen Bewegung an sich. Manche Strategen machen im ersten Stadium genau das zum Kernstück ihrer Strategieplanung. General David Sarnoff, der den Rundfunk kommerzialisiert hat, zielte ganz bewußt darauf, das Piano als Mittelpunkt des häuslichen Lebens zu verdrängen. Nach seiner Überzeugung konnte das Radio – etwas, woran Männer und Knaben in Garage oder Keller herumbastelten, weswegen er auf den Firmennamen Radio Shack (Radio-Schuppen) verfiel – zum anregenden Kern der Familienfreizeit werden. Damit wäre es auch für die Werbung attraktiv. Die Werbeeinnahmen würden zur Finanzbasis des Programms, das wiederum – in einem endlosen Fortschrittszyklus – das Radio noch stärker in den Mittelpunkt des Familienlebens rücken könnte.

Schließlich hat der Rundfunk das Zuhause noch zusätzlich verändert, als er aus dem Wohnzimmer auch ein Zentrum für Nachrichten und Politik machte. In beiden Weltkriegen gelangten per Radio ausführliche Berichte direkt nach Hause, und während des gesamten Zweiten Weltkriegs konnten Politiker wie Franklin D. Roosevelt und Winston Churchill das Engagement und Interesse der Menschen wachhalten, weil sie sie über den Rundfunk erreichten.

Wer imstande ist, die Denkhaltung des ersten Stadiums nachzuvollziehen, verfügt über einen gewaltigen Wert. Dasselbe Denken, das die Rundfunk- oder PC-Revolution in Gang gebracht hat, erweist sich auch heute tagtäglich, überall um uns herum, als äußerst lohnenswert. Selbst wenn wir letztlich nur ein bestehendes Ökosystem ausweiten wollen, müssen wir wissen, mit welchen Alternativen es sich auseinandersetzen muß und ob dies in naher oder ferner Zukunft der Fall sein wird. Anders gesagt, nur wenn wir diese Alternativen ernstnehmen und herauszufinden suchen, wo sie dem Status quo gefährlich werden können, sind wir ganz sicher, daß wir auch die eigenen potentiellen Schwachstellen konsequent unter die Lupe genommen haben.

Ein Musterfall: Starlight Telecommunications

Im Sommer 1994 kam ich von einer Geschäftsreise aus London nach Boston zurück. Im Flugzeug begann ich ein Gespräch mit meinem Sitznachbarn, einem abenteuerlustig aussehenden Mann in Khakihosen, ausgerüstet mit einer ausgeblichenen Gepäckbox, die über und über mit Reisestickern aus aller Welt von Osteuropa bis Ostafrika beklebt war. Er hatte eine Menge Interessantes zu erzählen. Beiläufig erwähnte er, er sei auf der Rückreise von Somalia in seine Heimat New Hampshire. Somalia? Meine Neugierde war geweckt, und ich fragte ihn, was er denn an einem der schrecklichsten Orte des Weltgeschehens gemacht habe. Aus allem, was er erzählte, ging hervor, daß er zusammen mit ein paar somalischen Partnern ein privates Telefonnetz in Mogadischu besaß und betrieb. Ihr Netz lieferte faktisch die einzigen Telefonverbindungen in dem unsicheren, vom Krieg verwüsteten Land. Während unserer Unterhaltung dämmerte mir, daß er ein prachtvolles Beispiel für die Probleme, die Risiken und die unvergleichlichen Befriedigungen einer Unternehmensentwicklung im ersten Stadium lieferte.

Bill O'Brien ist Präsident der Starlight Telecommunications, deren Firmensitz in einem einzigen, bei der Handelskammer in Salem/New Hampshire angemieteten Raum besteht. Er ist ein faszinierender, mutiger Mann von unverwüstlichem Optimismus und gehört zu den Menschen, die sich mit Konfliktszenarios auskennen. Seine Firma arbeitet mit einheimischen Partnern in den Hinterhöfen der Welt, wo sie Inlandstelefondienste und den Anschluß an internationale Fernsprechnetzbetreiber anbietet.

Eine kräftige Dosis Zufall hat ihn in dieses Geschäft hineingebracht. Anfang der 90er Jahre arbeitete er noch ganz zufrieden bei GTE (General Telephone and Electronics Corp.) als Direktor für Marketing und Unternehmensentwicklung in Osteuropa, dem Nahen Osten und Afrika. Um kreative Strategien zu mobilisieren, hatte GTE kurz zuvor eine New-Ventures-Gruppe zusammengestellt, die bei den Beschäftigten Vorschläge für neue Geschäftsinitiativen einholte. Die Gruppe urteilte dann über die Lebensfähigkeit des jeweiligen Vorschlags und gab Geldmittel, wenn sie ihn für aussichtsreich hielt.

Eines Tages rief bei O'Brien Peter Nielsen, ein Kollege, der für die Produktentwicklung in der GTE-Satellitenabteilung zuständig war, an, erzählte ihm, er habe eine Idee für ein Telefon-Unternehmen in Entwicklungsländern, und bat ihn, bei der Ausarbeitung mitzuhelfen. Zuerst hatte Nielsen nur an ein Hardware-Unternehmen gedacht, das diesen Ländern lediglich Telekom-Anlagen verkaufen sollte. O'Brien überzeugte ihn davon, daß es klüger wäre, sich direkt als Betreiberfirma zu betätigen. Beide Männer machten sich nun an die Lektüre des langweiligen, ca. 600 Seiten starken Handbuchs, das New Ventures den Hauptbeteiligten bei neuen Unternehmensplanungen zur Verfügung stellte, und studierten es, bis ihnen die Augen wehtaten. Außerdem lasen sie das Buch *Intrapreneurship* von Gifford Pinchot.[2] Sie schauten sich an, wie der britische Telekom-Riese Cable and Wireless in Entwicklungsländern seine Allianzen mit den ortsansässigen Telefongesellschaften aufbaute.

Sie interessierten sich auch für die eher spielerischen Unternehmungen des Ex-Hippies, Rockstar-Managers und Erfinders der drahtlosen elektrischen Gitarre Kenny Schaffer. Schaffer hatte mit

Erfolg ein Fernverbindungsnetz in der Sowjetunion aufgebaut, deren Telefondienste notorisch schlecht funktionierten. Nicht zuletzt diese Eskapaden konnten O'Brien und Nielsen endgültig davon überzeugen, daß der Aufbau eines Telefonunternehmens in einem anderen Land alles andere war als Schwarze Magie, bei der man zehn Jahre und 100 Millionen Dollar brauchte, um einen einzigen Anruf zustande zu bringen. Wenn sogar ein Rock-and-Roll-Typ, der nur einen einzigen russischen Satz sprach (»Hier gibt es zuviele große Mücken«), das schaffte, dann konnte es so schwer nicht sein. Und so entwickelte das Paar den Plan für ein Unternehmen namens Starlight Communications. Beide Männer hatten kleine Kinder, die das Gedicht »Starlight, star bright ...« liebten – daher der Name.

Elemente des Starlight-Plans

Der Plan erläuterte, wie mit mehreren unternehmerischen Initiativen eine Reihe wichtiger Entwicklungstrends genutzt und in einem Zyklus selbstverstärkender Beziehungen die Fundamente für ein neues Ökosystem gelegt werden könnten. Kernstück des Vorschlags war die Erkenntnis, daß viele Teile der Welt – ein Großteil Afrikas zum Beispiel – so gut wie keine Anbindung ans weltweite Telefonnetz hatten, obgleich es dort zahlungsfähige Kunden gab. Hinzu kam, daß diese Anbindung sich per Satellit über eine mehr oder weniger bedeutende Zahl von Verkäufern von Sendekapazitäten relativ leicht herstellen ließ.

Das Missing link war der Telefondienst vor Ort. In diesem Punkt, so die Überzeugung der beiden Männer, lag die Lösung in der Technologie. Drahtlose, durch preisgünstige Funktechnik und Vermittlungsvorrichtungen verbundene Fernsprechautomaten könnten über Satellit an die Außenwelt angeschlossen werden. Wenn sich die Ausrüstungskosten geringhalten ließen, wären die Investitionskosten in wenigen Monaten wieder hereingebracht – und die Technik könnte mit Bedacht auch in unsicheren Gegenden eingesetzt werden.

Schließlich war da auch ihre eigene Erfahrung und Vertrautheit mit unwirtlicheren Landstrichen unseres Planeten. Zumal O'Brien war überzeugt, es werde ihm gelingen, in unsicheren Gebieten lokale Partnerschaften zu begründen und Starlight überall dort präsent zu machen, wo andere, etabliertere Firmen nicht den Fuß hinsetzen mochten.

Diese Elemente bildeten also die Keimzellen des neuen Ökosystems. Durch eigene kreative Wertkettenbildung konnten die Starlight-Abenteurer eine besondere Kombination von Ressourcen und Beziehungen konzipieren, die als ganze schlichtweg allem überlegen waren, was die anvisierten Märkte aktuell zu bieten hatten. Der potentielle Vorteil war so groß, daß er sie bewegte, den nächsten Schritt zu tun und Unterstützung für ihren Plan zu suchen. Ihrer Ansicht nach reichte der theoretische Wert aus, um nicht bloß sie selbst zu begeistern, sondern auch andere zu gewinnen – und schließlich dann die Schaffung eines neuen unternehmerischen Ökosystems in Afrika zu ermöglichen.

Übergang zum Handeln

Mehr als zweihundert Geschäftsgründungspläne wurden damals der New-Ventures-Gruppe vorgelegt; O'Brien und Nielsen erfuhren, daß ihre Eingabe zu den beiden gehörte, für die Gelder bewilligt wurden. Das war die letzte gute Nachricht von GTE. Aus diversen betriebsinternen Gründen revidierte New Ventures den ersten Beschluß und entschied, die Unternehmung nicht zu finanzieren. Allerdings wurde den Männern mitgeteilt, sie könnten mit dem Geschäftsgründungsplan nach eigenem Belieben verfahren. Noch immer hingerissen von ihrer Idee, begannen O'Brien und Nielsen, obgleich sie noch weiter bei GTE arbeiteten, den Starlightplan bei anderen Geldgebern herumzureichen.

Der Zufall wollte es, daß O'Brien zu Beginn des Jahres 1992 einen Anruf von einem Bekannten namens Baloo Patel erhielt. Patel ist ein sagenhaft reicher Geschäftsmann, der seinen Firmensitz in

Kenia hat und neben vielem anderem auch die weltweit größte Heißluftballonflotte besitzt, mit der Touristen zu ihren Safaris geflogen werden. An ihn hatten sich sieben somalische Brüder gewandt, die ein Unternehmen namens Qorco Trading betrieben. Sie wollten in Somalia eine Telefongesellschaft gründen. Patel rief O'Brien an, weil er meinte, GTE könne Interesse an der Sache haben. Statt dessen beschloß O'Brien im Juni 1992, bei GTE zu kündigen und Somalia als Testfall für das Starlight-Konzept zu benutzen. Bei positivem Ausgang sollte Nielsen dann gleichfalls kündigen und sich ihm anschließen. Im November 1994, als das somalische Telefonprojekt den Investoren bereits seit längerem Gewinne einbrachte, stießen Nielsen und ein anderer GTE-Mitarbeiter, Dave Rowe, zu O'Brien, um in aller Form das Starlight-Unternehmen zu gründen.

Vor Ort in Somalia

Als O'Brian das erste Mal nach Somalia reiste, um mit den dortigen Machthabern zusammenzutreffen, bereute er seinen Entschluß sofort. Vom Flughafen wurde er in einem Kleinlaster abgeholt und fand sich eingekeilt zwischen einem Haufen wenig zimperlich wirkender Männer mit Maschinengewehren. Drei Mal mußte er in ein anderes Fahrzeug umsteigen – eine Schutzmaßnahme gegen eventuelle Verfolgung. Zum Glück hatten die Brüder, die das Qorco-Unternehmen leiteten, in Verhandlungen mit den Kriegsherren den Weg geebnet. Gleichwohl teilte General Mohamed Farah Aidid, der Chef der wichtigsten Miliz, O'Brien unverblümt mit, er sei nicht sicher, ob er ihn für einen Kriegsgewinnler oder einen Spion halten solle. Weder die eine noch die andere Verdächtigung fand O'Brien sonderlich beruhigend.

Ein Großteil von Mogadischu besteht in einem schachbrettartig angeordneten Dschungel aus armseligen Hütten mit vor sich hinbröselnden Pappwänden und Wellblechdächern. Das Pro-Kopf-Einkommen liegt bei 175 Dollar im Jahr (obgleich bewaffnete Banditen über 50 Dollar pro Tag verfügen). Zum damaligen Zeitpunkt hatte Somalia weder eine anerkannte Regierung noch die geringste Infrastruktur, auch kein Telefonnetz. Gebeutelt von Krieg und Hungersnot, steckte das Land in einer unbehaglichen Pattsituation zwischen zwei einheimischen Milizenführern, die von der Außenwelt beharrlich als »Kriegsherren« bezeichnet, von den Somaliern hingegen als Helden verehrt wurden. In einem Land, das unter Überbevölkerung, Krankheit, Verbrechen und Ressourcenknappheit litt, machten sich die meisten Menschen mehr Sorgen darum, woher die nächste Mahlzeit kommen, als wohin der nächste Telefonanruf gehen sollte.

Kreatives Problemlösen

Die Installierung des Telefonnetzes in Somalia war für sämtliche Starlight-Mitarbeiter ein Lernerlebnis. Alles nur Denkbare mußte bewältigt werden. Man nehme etwa das folgende Problem: Wie stellt man Telefonanrufe – gar solche an Fernsprechautomaten – in Rechnung, wenn ein Land weder Währung (zum Bezahlen der Anrufe) noch zuverlässigen Postverkehr (zur Übermittlung von Rechnungen und Zahlungen), noch Banken (zur Einlösung von Schecks) noch Rechtsprechung (zum Eintreiben der Gebühren) hat? Starlight machte folgendes. Es stellte Fernsprechautomaten auf, die mit »intelligenten Karten«, also Chipkarten bedient werden. Diese Karten kauft man in der jeweils verfügbaren harten Währung – in der Regel US-Dollars oder südafrikanische Rands. Das Geld dafür erhalten die Einheimischen zumeist von den im Ausland lebenden Landsleuten, die sie anzurufen gedenken.

Die Telefonkarten selbst sind wahre Hightech-Wunderwerke in einer fast ausschließlichen Lowtech-Umgebung. Hergestellt in Japan, sind sie mit einem Mikrochip ausgestattet. Sie haben die Größe von herkömmlichen Kreditkarten und werden mit einem bestimmten Nominalwert gekauft, der etwa fünfzehn US-Dollar beträgt und für soundsoviel Minuten Auslandsgespräch reicht. Eine solche Chipkarte führt der Benutzer in einen Schlitz des Telefonapparats ein und wählt die Nummer. Während des Gesprächs belastet der Apparat den Nominalwert der Karte, bis der Kredit aufgebraucht ist.

Die Starlight-Anschlüsse vor Ort laufen über die eine oder andere billige drahtlose Funktechnik, oftmals eine Variante der Geräte, wie sie in den Industrieländern zur Entsendung von Taxis und Installateuren benutzt werden. Vermittelt werden die Anrufe mit Hilfe von Kleinstausgaben jener digitalen Vermittlungsvorrichtungen, die bei Telefongesellschaften und geschäftlichen Nebenstellenzentralen in aller Welt Verwendung finden.

Auslandsverbindungen werden von einer Starlight-Bodenstation in Somalia per Satellit weitergeleitet. Das Rufzeichen stellt den Anschluß an ein großes, hochentwickeltes Funkfernsprechnetz her, das von der norwegischen Telekom betrieben wird. (Immer wenn ich daran denke, stelle ich mir die Anlage in so etwas wie Supermans ›Festung der Einsamkeit‹ vor.) Von Norwegen aus werden die Anrufe als normale Auslandsgespräche weitergeleitet und können jeden Ort in den Industrieländern erreichen. Hereinkommende Anrufe für somalische Empfänger erfordern von allen Orten der Welt die Durchwahl über Norwegen. (Zuerst war es noch so, daß man die Vorwahl für Norwegen und die von der norwegischen Telekom bereitgestellten Telefonnummern benutzen mußte, aber seit Februar 1995 gibt es die somalische Vorwahlziffer 252.) Die Anrufe werden an Satellitenübertragungskanäle geschaltet und mit Starlight-Bodenstationen und schließlich mit den Fernsprechteilnehmern verbunden.

Starlight und seine somalischen Partner knüpften rasch feste Beziehungen zu den verschiedensten einheimischen Stakeholdern, von denen die meisten zugleich Kunden sind. Zu ihnen gehören führende ortsansässige Unternehmen. Somalia Fruit zum Beispiel begann schon bald mit Werbung auf den Telefonkarten und zahlte 50 Cent pro Karte für den Abdruck seines Logos. Andere Interessenten sind multinationale Firmen, Hilfsorganisationen wie das Rote Kreuz, Hotels, Flughafen-Konzessionäre und lokale Energieversorger. Zu den Alltagsschwierigkeiten gehörte die Angst, daß alles gestohlen werden könnte. So mußte Starlight fünfzig bewaffnete Wachschutzleute mit dem Schutz seiner Anlagen betrauen; daß die Wahl auf 50 Soldaten aus Aidids Armee fiel, schadete seinen Bemühungen um mehr Einfluß nicht.

Es gab unbestreitbare Risiken, die in der unsicheren Wirtschaftslage und der unbefriedigenden politischen Situation begründet waren. Aber ebenso deutlich stellte sich heraus, daß man für das Risiko reichlich entschädigt wurde. Das offene, chaotische, uneingegrenzte Umfeld in den weniger entwickelten Ländern bietet den perfekten Rahmen für eine kleine Gruppe, die ins Telefongeschäft einsteigen will.

Positiv schlägt auch zu Buche, daß die Serviceeinrichtungen dringend benötigt werden, die moderne Technologie weit weniger Kapitaleinsatz verlangt, als man meinen könnte, und die Betriebsprobleme sich bewältigen lassen. Die finanziellen Erträge sind außerordentlich attraktiv.

Wie man die Sache anpackt

Starlight begann seinen Betrieb in aller Bescheidenheit, mit zwölf Telefonapparaten an einer Wand im obersten Stockwerk des Olympic-Hotels im Zentrum von Mogadischu. Vor dem Hoteleingang sorgte die Firma für die Anbringung eines Schildes, auf dem Kunden mit Gewehren oder Handgranaten der Zutritt untersagt wurde. O'Brien fing in kleinerem Maßstab an, weil er unbedingt rasch etwas aufbauen und zum Laufen bringen wollte, um den Investoren das Geld zurückzahlen zu können; war ihm doch immer bewußt, daß eine verirrte Bombe jederzeit das gesamte Unternehmen hinwegfegen konnte. Am 27. Januar 1994 meldete Starlight von Mogadischu aus das erste Auslandsgespräch an, und in der Stadt wurde das als Meilenstein in der Entwicklung gefeiert. Ein muslimischer Imam sprach seinen Segen. Mehrere Schafe wurden geopfert. Und General Aidid telefonierte höchstpersönlich mit einem norwegischen Regierungsbeamten, obgleich er entdecken mußte, daß er gar nicht viel zu sagen hatte. Alle Einnahmen aus den Anrufen der ersten zwei Tage wurden der städtischen Moschee gestiftet.

Die Telefonapparate konnten Tag und Nacht sowohl für ankommende als auch für herausgehende Anrufe benutzt werden, und die Leute gewöhnten sich rasch an ihren Gebrauch. Somalische Familien schrieben an Freunde im Ausland und schlugen einen passenden Anruftermin vor. Die Briefe wurden dann per Boten oder Flugzeug in die mit einem Postdienst gesegneten Nachbarländer befördert und von dort an die eigentliche Adresse geschickt. Somalier leben verstreut in aller Welt, auch in den Vereinigten Staaten und in Deutschland, in besonders großer Zahl allerdings in Kanada und den skandinavischen Ländern. Die Empfänger solcher Anrufe kreuzten dann am vereinbarten Tag im Starlight-Büro auf und traten ihre unvermeidliche, lange Wartezeit an. Manchmal konnte es Tage dauern, ehe der Anruf kam, und manchmal kam er überhaupt nicht. Wer einen Anruf verabredet hatte, erschien morgens im Büro und harrte dort bis zum Abend aus. War das Telefonat nicht gekommen, ging er fort und stand bei Tagesanbruch wieder an der Tür. Immer wenn ein Anruf zustandekam, herrschte restloses Entzücken.

Vorbereitungen zur Expansion

Seit diesem bescheidenen Beginn hat es beachtliche Fortschritte gegeben. Heute besitzt Starlight in ganz Somalia ein expandierendes Netz aus etwa tausend Fernsprechautomaten, ergänzt durch ca. 125 private Telefonkunden, darunter das Internationale Rote Kreuz, Reuters, CNN, Ärzte ohne Grenzen und zahlreiche einheimische Geschäftsleute. Die ersten Ortsverbindungen waren kostenlos, aber mittlerweile werden sie berechnet. Jedes Ferngespräch kostet 2,50 Dollar. Da es keine Post gibt, werden die Rechnungen für Privatkunden per Boten zugestellt, und sie müssen als Ganzes in bar gezahlt werden.

Bei der Auswahl der Standorte macht Starlight zumeist die Handelszentren ausfindig und stellt die Telefone dort auf. Da die Firma sich Kenntnisse über das einheimische Brauchtum angeeignet hat, weiß sie, daß es sich auf dem Land besonders empfiehlt, einen Ort in der Nähe eines Baumes zu wählen, der traditionell als Treffpunkt für Schafhändler dient. Angesichts der drahtlosen Verbindung zum Starlight-Firmensitz brauchen die Fernsprechautomaten nichts weiter als eine kleine Energiequelle: Batterie oder Solarzelle.

Gewiß, die Firma ist nicht groß, aber sie hat sowohl finanzielle wie Lernerfolge vorzuweisen. (Gewissermaßen auch militärische, denn die Starlight-Anlagen sind nie gestürmt worden.) Im Jahr 1994 lagen die Umsätze bei mehr als 600 000 Dollar, und heute liegen sie noch sehr viel höher; die großen Gewinnspannen sind beeindruckend. Ohne eine Garantie in der Hand zu haben, muß Starlight auf einer sich wandelnden Basis permanent am Ball bleiben. Aber angesichts der hohen Wertschätzung, die seine Dienstleistung bei den Kunden genießt, gibt es große Expansionspotentiale. Starlight hat denn auch berechtigte Hoffnungen, daß es die Fundamente für ein weltweites Dienstleistungsunternehmen legen kann.

Die Bedingungen, nach denen Starlight sucht, gibt es häufiger, als selbst O'Brien in seinen ersten Träumereien von diesem System ahnte. Somalia ist nur der Anfang. Die Firma hat auch eine Niederlassung in Uganda sowie Erstlizenzen in Swasiland und bereitet ein Programm für die Homelands in Südafrika vor. Zusätzlich zu weiteren Möglichkeiten in Afrika selbst hat O'Brien auch vor, nach Osteuropa, Rußland und in die GUS-Staaten zu gehen. So sagte er einmal zu mir: »Dieses Portfolio mit kleinen Telefonunternehmen werden wir schon bald in der Hand haben. Das Kommunikationsgeschäft entwickelt sich immer so. Wenn Sie sich mal die Geschichte der Fernsprechbranche in New York anschauen, da gab es um die Jahrhundertwende ungefähr zweitausend Gesellschaften. Wir alle kennen die Szene aus *Little House on the Prairie*, in der das Warenhaus den ersten Telefonapparat bekommt. Ungefähr so was machen wir auch.«

Die Chance sehen, wo andere das Risiko sehen

Das alles ist einfach deshalb so faszinierend, weil die meisten Menschen beim Blick durch dasselbe Prisma die Chancen, die O'Brien und seine Partner entdeckt haben, gar nicht sehen würden. Das afrikanische Land Somalia im Jahr 1994 wäre wohl der letzte Ort gewesen, an dem sie eine Geschäftsgründung geplant hätten. Ein normaler Geschäftsmann würde sich dort eher den Kopf darüber zerbrechen, wie er mit dem Leben davonkommen, als wie er Profit machen kann.

Nicht so O'Brien und seine Geschäftspartner. Sie blickten auf ein verlockendes Chancenumfeld, in dem sie ein solides Unternehmen würden aufbauen können. Es lohnt, jede der Chancen so zu betrachten, wie sie es taten, nicht nur um Starlight zu verstehen, sondern um zu begreifen, mit welcher Methode man im Chancenumfeld des ersten Stadiums Anhaltspunkte für ein erfolgreiches Unternehmensmodell finden kann.[3]

Wählen Sie Kunden und Kundensegmente, die Lernprozesse unterstützen

In der umfangreichen Werbung für neue Angebote ist häufig die Rede von sogenannten »Frühaufnehmer«-Kunden, ohne daß der Begriff besonders genau erklärt würde. Nach meiner Überzeugung gibt es im ersten Stadium Kunden, die besser sind als andere. Die Ziele dieses Stadiums haben mit Lernfähigkeit zu tun – der Bereitschaft zu lernen, welches Wertangebot funktioniert und wie man es bereitstellt. Ideale Kunden sind folglich die, die sich mit einer Erstausgabe des endgültigen Angebots begnügen können, weil sie wissen, daß selbst in der rudimentären Form der Wert ausreicht, um Fortschritte für Leben oder Geschäft zu bringen.

Die Somalier werden diesen Ansprüchen aufs beste gerecht. Geduldig warten sie tagelang auf einen Anruf, weil die Alternative bedeutet, daß sie sonst mit bestimmten Menschen überhaupt nicht sprechen können. Überdies liefern sie nützliches Feedback über die Dienstleistung und ihre mögliche Verbesserung und tragen zu dieser häufig selber bei, indem sie eigene Unterstützungssysteme schaffen. Schließlich sind sie, obgleich Frühaufnehmer-Kunden, doch hinreichend repräsentativ für andersgeartete Abnehmer, so daß jede von ihnen erhaltene Information auf breiterer Basis eingesetzt werden kann, wenn das Ökosystem im zweiten Stadium expandiert.

Um ein Maximum an Einfällen aus den Kunden herauszuholen, braucht man eine lernfördernde Situation. Zwei Faktoren sind dabei wichtig. Erstens intensive Interaktion mit den Kunden, um herauszufinden, was sie meinen, und Hinweise darauf zu erhalten, wie sie das Produkt verwenden wollen. Zweitens Kunden, die sich genötigt sehen, diesen Wert selbst bereitzustellen. In den für das erste Stadium typischen Situationen bilden sich gemeinhin Kunden heraus, die wie Sponsoren und Stammkunden zugleich sind: Menschen, die mit Hingabe dazu beitragen, daß das Kernangebot sich erfolgreich entwickeln kann. Sie müssen nicht unbedingt treue Anhänger eines bestimmten Produkts oder einer Dienstleistung sein, aber sie stehen zu dem Prozeß, der das eine oder andere hervorbringt. Werden sie nicht enttäuscht, dann lassen sie sich über lange Zeit fest binden.

Ein durch Mundpropaganda verbreitetes Frühkäuferinteresse kann zu einem wichtigen Katalysator des Ökosystems werden. Seine Ursache hat dieser Enthusiasmus in der Fähigkeit der Frühaufnehmer-Kunden, das gewaltige Potential der Innovation schon in diesem keimhaften Stadium, wo sie noch kaum Gestalt angenommen hat, wahrzunehmen. Die Begeisterung für MITS entstand mit einer zufälligen Titelgeschichte von *Popular Electronics*. Der Artikel hatte Tausende von Bestellungen zur Folge und machte allerhand Wirbel. Mit einem derart berauschenden Enthusiasmus-Gebräu läßt sich mitunter eine ausgedehnte Lerngemeinschaft gründen.

Die Menschen, die in Somalia leben und arbeiten, sind unter

keinen Umständen repräsentativ für Frühaufnehmer-Kunden in den Industriestaaten. Aber sie hatten einen Blick dafür, wie attraktiv das Wertangebot einer ganz schlichten Dienstleistung war. In diesem Punkt haben sie die Kriterien für den guten Kunden des ersten Stadiums voll erfüllt.

Tatsächlich hatten verschiedene somalische Kundengruppen einen dringenden Bedarf an telefonischer Auslandsverbindung. Zum einen mußten die internationalen Hilfsorganisationen – Rotes Kreuz, Ärzte ohne Grenzen, UNISOM (die UN-Mission) – sowohl untereinander als auch mit der Außenwelt kommunizieren. Zum andern haben viele Somalier in aller Welt Freunde und Verwandte oder Geschäftsinteressen. Sie machen sich Gedanken umeinander und wollen in Kontakt bleiben. Drittens wird ein bestimmter Teil des internationalen Geschäfts von Firmen in Somalia getragen, und im Zuge des Wiederaufbaus wird dieser Teil an Umfang zunehmen. Ein Land, das sich vom Krieg erholt, zieht mit Regelmäßigkeit Öl- und Gaskonzerne, Bauunternehmen zum Aufbau von Straßennetz und Energieversorgung sowie Verkäufer von Konsumgütern an. Und viertens wird Somalia irgendwann eine anerkannte Regierung bekommen, und die wird mit der übrigen Welt kommunizieren müssen. Im Jahr 1995 gab es noch zwei konkurrierende Quasi-Regierungen, die wenig Interesse an einer Telefonverbindung mit anderen Ländern hatten, aber diese Verhältnisse werden sich zwangsläufig ändern.

Natürlich bringen die genannten, wie immer vielversprechenden Kundengruppen auch Probleme mit sich. Die Hilfsorganisationen bleiben nur auf Zeit in Somalia, und obgleich sie eine wertvolle Funktion für die Anfänge des Telefonnetzes erfüllt haben, sind sie keine Dauerkunden. Die Somalier selbst sind äußerst knapp bei Kasse und schlagen sich mit kümmerlichen Einkommen durch, auch wenn sie zusätzliches Geld aus dem Ausland bekommen, das für Telefonate verwendet werden kann.

Noch lästiger ist, daß es im Land keinen offiziellen Post- und Bankverkehr gibt. Rechnungs- und Zahlungsformen, die in Industrieländern zum Standard gehören, werden im heutigen Somalia zur Farce. Und schließlich gibt es keine Währung, die irgendwie von Bedeutung ist.

Privater und öffentlicher Sektor sind erst im Entstehen begriffen. Aber ein paar Große, die hier mitmischen wollen, versuchen schon, sich in Somalia selbst ein Bild von der Lage der Dinge zu machen. Bei ihnen kann man sich um künftige Geschäftsverbindungen bemühen.

Der Ideenreichtum von Starlight zeigt sich daran, wie rasch die Firma aus diesen Anfangskunden wichtige Allianzpartner gemacht, von ihnen gelernt sowie Mittel und Wege gefunden hat, ihnen gute Dienste zu leisten und zugleich akzeptable Gewinne einzustreichen.

Beginnen Sie auf Märkten mit natürlichen Grenzen

Hierbei geht es um die Frage: »Welches sind die von sich aus vorhandenen Märkte und Marktgrenzen, in deren Rahmen wir operieren könnten?« Im ersten Stadium ist es hilfreich, wenn Märkte relativ frei von Wettbewerb und abgeschottet gegen die neugierigen Blicke potentieller Wettbewerber sind. So nämlich kann der Lernprozeß vonstatten gehen, ohne daß andere sich etwas davon aneignen. Sucht man maximalen Lernerfolg, so ist der »Einbahn«-Blick auf die Arbeit und den Lernprozeß anderer konkurrierender Firmen und Ökosysteme einfach unschlagbar. Problemlos können die Starlight-Pioniere Organisation und Technologie der Kommunikationsnetze in den USA und in Europa studieren und das Gelernte dann auf Afrika übertragen. Umgekehrt aber ist es ganz unwahrscheinlich, daß Konkurrenten nach Somalia gehen und sich anschauen, was Starlight dort macht. So hat auch Wal-Mart-Chef Sam Walton eine Zeitlang andere Einzelhandelsunternehmen besucht und ihre Methoden studiert. In den ersten Jahren drehten nur wenige den Spieß um und gingen ins ländliche Arkansas, um sich seine Tätigkeit anzusehen. Bei diesem Vorgehen verfügt die selber im Verborgenen bleibende Firma zusätzlich zu ihrem eigenen Integrationslabor noch über eine Quelle, aus der reichlich Ideen anderer Labors sprudeln, so daß sie sie übernehmen kann, ohne die Labors selber finanzieren oder betreiben zu müssen. Somalia wird diesen Ansprüchen voll gerecht. Es gibt dort keine anderen Telefondienste und keine rivalisierenden Netzbetreiber, die auf den Markt drängen. Somalia liegt – auch innerhalb Afrikas – weit ab vom viel begangenen Pfad.

Aber Märkte müssen prinzipiell stabil sein – wenn nicht früher, dann doch später. Starlight baut darauf, daß Somalia nicht immer im politischen und ökonomischen Chaos steckenbleiben wird. Im Zuge der Erholung des Landes soll das Telefonnetz eine Schlüsselrolle für den Wiederaufbau spielen, und davon kann Starlight nur gewaltig profitieren.

Bis es soweit ist, geht die Firma erhebliche Risiken ein. Eine internationale Gewerbeversicherung steht nicht zur Verfügung oder nur gegen viel Geld; werden die Anlagen also zerstört oder gestohlen, muß Starlight die Kosten tragen. Es wäre sicher nichts Neues, wenn Telefonapparate von einer Bombe in die Luft gejagt würden. Gekauft werden kann überdies nur in den USA statt direkt bei somalischen Partnern. Und da es keine handlungsfähige Landesregierung gibt, könnte ein Konkurrent ganz ungehindert in den Markt eintreten.

Schließlich ist nicht einmal garantiert, daß Starlight nach der Stabilisierung der Verhältnisse das Haupttelefonnetz bleiben wird. Wenn der Staat auf jede Regulierung des Marktes verzichtet, ist es durchaus denkbar, daß ein Rivale ihn übernimmt. Oder die Regierung könnte beschließen, daß sie über die Telekom-Konzession selbst verfügen will. Möglich wäre dann entweder, daß sie sich mit einem anderen Carrier einigt oder daß sie ihr eigenes Netz mit eigenen Ingenieuren betreibt, die sie in den Reihen der im Ausland ausgebildeten und mit der Hoffnung auf Arbeit nach Hause zurückkehrenden Somalier findet.

Seine Wettbewerbsposition hat Starlight unbestreitbar auf dem letzten noch unstrukturierten Markt erobert, auf einem Markt, wo nicht einmal zuverlässig prognostiziert werden kann, wie es mit Regulierungsmaßnahmen aussehen wird. Starlights Antwort darauf besteht, wie wir sehen werden, in seiner Allianz mit den voraussichtlichen Machteliten, um im sich bildenden gesellschaftlichen Establishment sicher untergebracht zu sein.

Bieten Sie Vorläuferprodukte, die expandieren und evoluieren können

Die Angebote des ersten Stadiums brauchen, wie schon erwähnt, nicht erschöpfend zu sein. Aber sie müssen funktionieren. »Funktionieren« heißt in der Regel, daß sie folgende Bedingungen erfüllen müssen:

- Kernstück des Angebots müssen Produkte oder Dienstleistungen sein, die für bestimmte Kunden soviel Nutzwert haben, daß diese sie kaufen, auch wenn sie noch unvollständig sind.
- Die Angebote müssen sich in Kultur, Lebenszusammenhang und Geschäftstätigkeit der Kunden integrieren lassen. Der Anbieter muß dazu beitragen, indem er die Kunden einlädt, durch die Integration seines Erstangebots in ihre Welt Probleme zu lösen.
- Erforderlich ist ein klarer Plan für Produkt- und Dienstleistungs-Verbesserung, an den der Kunde glauben kann, so daß er bei der Verbesserung des Angebots mithilft und sogar seine Grenzen akzeptiert, nur um mit dem Anbieter in Verbindung zu bleiben.

Die Firma Starlight wußte, daß sie zu Beginn nichts weiter anbieten konnte als den drahtlosen Anschluß an das internationale Fernverbindungsnetz für hinausgehende Gespräche. Dazu installierte sie Telefonautomaten, die mit Chipkarten zu bedienen waren. Unternehmen und Organisationen erhielten ein Zusatzangebot für hereinkommende Gespräche, so daß sie aus dem Ausland angerufen werden konnten. Auch Inlandsverbindungen zwischen Fernsprechteilnehmern waren machbar, hatten aber sehr viel weniger Nutzwert, weil die Kunden sich bereits mit Hilfe diverser Funksprechanlagen erreichen konnten. Doch ausgehend von diesem Beginn konnten Starlight und seine Erstkunden hoffen, daß es mit der Zeit mehr und bessere Dienstleistungen geben werde.

Besonders viel muß im ersten Stadium für Produkt- und Service-Verbesserungen getan werden. Der flexible Einsatz von Kapital und Tatkraft muß sich in unübersehbarem Nutzen sowohl für den Kunden als auch für den Hersteller auszahlen. Kunden, die von einer nur geringfügig nutzbringenden Dienstleistung enttäuscht sind, werden sofort dem Anbieter die Schuld geben.

In diesem Punkt hat die Firma Starlight ihr großes Talent bewiesen. Sie hat demonstriert, wie mit Hilfe der Technologie eine kostengünstige Infrastruktur für ein Telefonnetz geschaffen werden kann. Wenigstens prinzipiell wurden damals drahtlose Verbindungen leichter beschaffbar. Der »Mobilfunk«, also die Grundausstattung, die in den Industrieländern für den Einsatz von Funktaxis verwendet wird, konnte einer kleinen Anzahl von Kunden preiswerte drahtlose Anschlüsse verschaffen. Die Technologie ist ideal: leicht verständlich und leicht zu warten, robust und billig.

Es ist relativ unkompliziert, ein Kundennetzwerk über eine Bodenstation mit einem Satelliten, von dort mit einem Punkt in einem Industrieland und schließlich dann, über das Wunderwerk der konventionellen Auslandsleitungen, mit praktisch jedem Ort der Erde zu verbinden. Deshalb bot der Anschluß von Mogadischu an die übrige Welt keine größeren Schwierigkeiten. Starlight konnte eine strategische Beziehung zur norwegischen Telekom aufbauen, die für die Anbindung ans weltweite Telekommunikationsnetz auf Satellitenbasis sorgte. Zu Beginn konnte man bei Starlight in Somalia anrufen, indem man die norwegische Vorwahlziffer plus eine von der norwegischen Telekom vergebene Nummer wählte, die dann zum somalischen Telefondienst weitergeleitet wurde.

Das komplizierteste und potentiell teuere Ausrüstungsstück, das gebraucht wurde, war die Vermittlungs-Vorrichtung, die die verschiedenen Funklinien verbinden und die Durchwahl zur übrigen Welt per Satellit ermöglichen sollte. Auch in diesem Punkt arbeiteten Technologie und Ökonomie zugunsten von Starlight. Von zahlreichen Lieferfirmen und zu sinkenden Preisen waren problemlos kleine digitale Vermittlungs-Vorrichtungen – Miniaturausgaben der Nebenstellenanlagen, wie sie bei größeren Unternehmen der Industrieländer üblich sind – zu erhalten.

Investieren Sie in Geschäftsprozesse, die später vergrößert werden können

Im Anfangsstadium geht es bei den Geschäftsprozessen in aller Regel um experimentelles Lernen. Zu diesem Zeitpunkt befinden sie sich noch im Urzustand und haben keinerlei spezifische Ausformung. Alles ist ungewiß und im Fluß. Die übergreifenden unternehmerischen Prozesse sind Planen, Experimentieren und Reflektieren. Aus den von diesen Tätigkeiten gelegten Keimen entstehen dann schließlich die traditionellen Prozesse wie Produktentwicklung, Marketing und Vertrieb sowie Kundendienst.

Die größten potentiellen Betriebskosten und Startprobleme lagen für Starlight in der Schwierigkeit, an Ort und Stelle ausgebildete Fachkräfte zu bekommen. Man kam zu dem Schluß, es müsse möglich sein, mit Fernsprechautomaten an öffentlichen Orten wie Flughäfen und Hotels zu beginnen und sie drahtlos, über Funk, mit der Zentrale zu verbinden. Dieses Dienstleistungsangebot hatte den Vorteil, daß es kein großes Rechnungswesen erfordert, weil die Dienstleistung im Moment der Inanspruchnahme bezahlt wird. Überdies brauchte man beim drahtlosen Netz so gut wie keinen Außendienst. Die jeweils benötigten technischen Fachkräfte konnte man von den Postämtern vor Ort anwerben oder ausleihen und sie von den Experten, die mit Starlight aus den USA gekommen waren, schulen und unterstützen lassen. Den Hauptbedarf an Fachpersonal hätte man bei Erstinstallation oder Ausweitung eines Netzes, nicht aber bei der laufenden Wartung.

Eine Stärke – und Schwäche – der Situationen des ersten Stadiums besteht darin, daß so wenige Personen so viel Wissen vom Geschäftsprozeß im Kopf mit sich herumtragen. Im Fall von Starlight begannen entscheidende Geschäftsprozesse mit nichts anderem als der Perspektive und dem Wissen, die O'Brien in eine rasch sich verändernde Situation einbrachte. Jedes Unternehmen muß dann im Laufe seiner Entwicklung herausfinden, wie es die zum Wachstum erforderliche organisatorische Differenzierung und Komplexität schaffen kann.

Sorgen Sie für eine Organisationsstruktur, die Allianzpartner sichert

De facto betreiben nur wenige Unternehmensstrategen im ersten Stadium ihr Geschäft isoliert. Sie operieren in einer Welt anderer Ökosysteme, von denen einige schon fest etabliert sind, andere gerade neu entstehen. Die meisten neuen Ökosysteme entstehen an den Rändern der etablierteren, oder sie werden ihnen aufgepfropft, oder sie gehen aus der Umgestaltung dieses oder jenes Teils eines schon vorhandenen Geschäftsfeldes hervor. Das Kabelfernsehen sollte ursprünglich zur Expansion des herkömmlichen Fernsehens auf ländliche Gebiete dienen – und ist heute zu dessen Rivalen geworden. Das Video-Ökosystem entstand am Rande des Fernsehens und des Kinos. Ökosysteme des ersten Stadiums sind aber zugleich auf die Herausbildung und Koevolution zahlreicher neuer Organisationen angewiesen. Ein Teil des Problems besteht also in der Schaffung einer Unternehmensstruktur, die dem im ersten Stadium befindlichen Ökosystem die erforderliche Unterstützung sichert, ohne es zu überfordern oder seine Operationen allzusehr auseinanderzureißen.

Ein System im Anfangsstadium muß Mitglieder finden, die die erforderlichen Kapitalmittel und Prozesse beisteuern. Auf den einen

Feldern müssen daher mehr Partner gefunden, auf den anderen muß mehr vertikale Integration hergestellt werden. Immer aber muß die Gemeinschaft der Nachfrager und Anbieter harmonisch zusammenwirken, weil sie etwas Neues ansteuern. Auf die Fähigkeit des Netzwerks zum gemeinsamen Lernen kommt es ganz entscheidend an. Alle Mitglieder müssen das Management als gerecht und durchsetzungsfähig betrachten, so daß es eventuellen Streit mit Erfolg schlichten kann.

Um ihre Führungsrolle auf Dauer zu sichern, muß die Hauptfirma über die Bildung der Marktgemeinschaft hinaus tätig werden. Sie muß drei verschiedenartige Werte beisteuern: die Struktur der Allianz; den Überblick über den Gesamtablauf; und die Garantie, daß ein Schlüsselanteil des Unternehmenswertes von anderen nicht kopiert und aller Wahrscheinlichkeit nach für Konkurrenten auch in Zukunft kein Angriffsziel werden kann.

Starlight ist der Katalysator seines Ökosystems; es hat den Überblick, weiß, wie das Ganze geplant und betrieben wird, und ist in der Lage, kulturübergreifend zu arbeiten: In Afrika baut es seinen Dienstleistungsbetrieb auf, in den USA, in Deutschland, Frankreich, Japan, Taiwan und Singapur kauft es die Anlagen, in Norwegen gewinnt es die Telekom als Partner, und aus den Vereinigten Staaten holt es die Investoren. In seinem Vertrag mit dem somalischen Partner überließ Starlight diesem 40 Prozent der dortigen Firma, die sein Netz betreiben sollte.

Starlight unterhält diverse symbiotische Beziehungen. Fest gebunden ist der Betrieb vor allem an das Satelliten-Ökosystem der norwegischen Telekom, das seinerseits an das weltweite Fernverbindungsnetz angeschlossen ist. Mit seinen Anlagen hängt es an anderen unternehmerischen Ökosystemen, zumal an Firmen in Japan und den Vereinigten Staaten, die mit Fernmeldeausrüstung handeln. Zum Teil ist der Starlight-Plan deshalb so prächtig, weil er diese anderen Ökosysteme miternährt und dann von ihren Größen- und Umfangsvorteilen sowie vom kumulierenden Lernerfolg profitiert.

Aber Intentionen ändern sich. Irgendwann wollen Marktpartner einen größeren Brocken vom Gewinn haben. Verstimmung macht sich breit. Zu den schwierigsten Problemen für Starlight wird gehören, wie es die norwegische Telekom davon abhalten kann, das Ganze an sich zu reißen, wenn sie vielleicht einmal zahlreiche Direktbeziehungen hat. Andererseits könnte Starlight sich selbst an einem bestimmten Punkt vertikal in die von der norwegischen Telekom angebotenen Dienstleistungen integrieren, womöglich in gemeinsamer Unternehmung mit einem anderen weltweit agierenden Netzbetreiber.

Ein weiteres Problem ist die Konkurrenz zwischen Neuem und Altem. In Somalia hat es Starlight mit keinerlei Wettbewerb von seiten einer vorhandenen Telefongesellschaft zu tun, einfach weil es keine gibt. In anderen Teilen Afrikas aber mußte die Firma Allianzen mit schon bestehenden Ökosystemen eingehen, um einen unschönen und vermutlich ruinösen Konkurrenzkampf zu vermeiden.

Eine letzte Sorge ist schließlich die direkte Konkurrenz, die darauf abzielen könnte, ein neues und ganz ähnliches Ökosystem aufzubauen. Aber Starlight war so klug, sich auf Gegenden zu kaprizieren, die als so riskant, kompliziert und räumlich begrenzt gelten, daß die Etablierung zusätzlicher Wettbewerber ausgeschlossen scheint. Dem Unternehmen verschafft das wertvolle Zeit, selbst zu lernen und sich zu etablieren.

Festigen Sie die Beziehungen zu den Hauptunterstützern über Miteigentum und andere Beteiligungsformen

Stakeholder haben ein eigenes Bild von ihrem Schicksal und von dem, was sie tun müssen, um Herr dieses Schicksals zu bleiben. Fünf Merkmale charakterisieren die idealen Stakeholder. Erstens müssen sie dort, wo sich die Zusammenarbeit abspielt, also im weiteren Umfeld und auf dem Markt (nicht unbedingt in der herkömmlichen Branche), zu den wichtigen Machern gehören. Zweitens muß ihre Unterstützung wenn möglich ein gleichzeitiges Engagement in konkurrierenden Ökosystemen ausschließen. Drittens muß die Zusammenarbeit für sie im Zentrum ihres Gesamtinteresses stehen. Viertens müssen sie einigermaßen komplementäre, nicht miteinander konkurrierende Interessen vertreten. Schließlich müssen sie nach einem gemeinsamen Ethos handeln, so daß sie kooperieren, ohne sich gegenseitig übers Ohr zu hauen.

Gewiß, für einen Europäer oder US-Amerikaner wäre der Einstieg in Starlights Somalien-Geschäft entschieden riskant. Für O'Briens somalischen Partner hingegen war es einfach eine günstige Gelegenheit. »Ich lebe hier in Mogadischu«, sagte er ihm einmal, »meine Zusammenarbeit mit Ihnen macht mein Risiko nicht größer.« Deshalb entschied sich O'Brien für einen ortsansässigen Geschäftsmann, der wußte, wie er sich auf dem Betriebsumfeld durchschlagen kann.

Die norwegische Telekom stellte nicht nur die Satelliten-Boden-Verbindungen bereit, sondern empfahl sich auch als ein wichtiger Partner in der strategischen Allianz. In den letzten Jahren hat die Telekom selber eine für das unternehmerische Ökosystem interessante strategische Entscheidung getroffen. In einer internationalisierten, deregulierten Telekom-Welt ist damit zu rechnen, daß ein Großteil des Fernmeldeverkehrs in die Industrieländer aller Wahrscheinlichkeit nach über regionale Drehkreuze wie New York, London, Berlin, Hongkong, Singapur und Tokio läuft. Der Konzentrationstrend wird noch verstärkt dadurch, daß sich in diesen Städten die Dienstleistungszentren des weltweiten Bank- und Finanzwesens sowie die Firmensitze der großen multinationalen Konzerne befinden.

In der Erkenntnis, daß ihr die nötigen Mittel fehlen, um in diesem hochkarätigen Spiel mitzuhalten, hat die norwegische Telekom beschlossen, sich lieber als Satellitendrehkreuz für Telefonverbindungen zwischen entwickelten und weniger entwickelten Gegenden der Welt zu spezialisieren. In der Zusammenarbeit mit

Unternehmern wie O'Brien hat sie gelernt, Probleme bei Gebühreneinzug und Nummernvergabe zu bewältigen und mit den vor Ort verfügbaren, ganz verschiedenen Ressourcen in den von ihr bedienten Ländern umzugehen. Gefestigt wird die Beziehung zwischen der norwegischen Telekom und Starlight noch dadurch, daß die Telekom einen kleineren Anteil an O'Briens Geschäft hält.

Nicht jede Mainstream-Gesellschaft hat sich so bereitwillig engagiert wie Norwegens Telekom. Als O'Brien zum Beispiel bei AT&T um etwas Startkapital für sein Projekt bat, sagte ihm der Firmenvertreter, er könne nichts in einem Land investieren, in dem es kein offizielles Privatisierungsprogramm gebe. O'Brien warf ihm einen skeptischen Blick zu und erklärte, in Somalia gebe es überhaupt nichts Offizielles.

Bemühen Sie sich unbedingt um eine Symbiose zwischen Ihnen selbst und all denen, die gesellschaftliche Werte und staatliche Politik mitprägen

Die meisten Strategen verschwenden nur wenig Gedanken auf ihr Verhältnis zum Staat und zu der von ihm repräsentierten Gesamtgesellschaft. Diese Mißachtung ist ein Fehler. Nicht wenige von denen, die ein kleineres Unternehmen starten, sind so vehement gegen den Staat eingestellt, daß sie das Verhältnis zu ihm mehr oder minder ignorieren. In großen Konzernen wiederum ist das Verhältnis zur Regierung oft Sache einer besonderen Abteilung oder gehört zum Aufgabenkatalog des Aufsichtsrats und wird selten in die Strategie der einzelnen Betriebseinheiten eingebracht. Ich kann gar nicht genug darauf hinweisen, daß Firmenchefs nur sich selber schaden, wenn sie dieser Dimension keine Beachtung schenken. Ökosysteme lösen soziale Veränderungen aus. Diese haben regelmäßig eine Reaktion der Gesellschaft und fast immer auch eine des Staates zur Folge. Ein Unternehmensstratege muß unbedingt versuchen, diese Rückwirkungen im vorhinein zu bedenken und zu steuern, so daß sie möglichst viel zum Erfolg des Ökosystems beitragen und nicht etwa, sobald es floriert, zur Konfiszierung der Gewinne führen.

Natürlich gibt es in Somalia derzeit faktisch keine offizielle staatliche Politik – oder Regierung. Es gibt aber Machteliten, die die ersten Anfänge eines Establishments bilden, und Starlight ist eifrig bemüht, unter diesen Gruppen diejenigen zu unterstützen, die ihm sowohl stark wie integer genug erscheinen. Die Firma hält enge Kontakte nicht nur zur einheimischen Führungsschicht, sondern auch zu UNISOM und den wichtigsten ausländischen Konsulaten (und als Wachschutzleute hat sie, wie schon erwähnt, Soldaten aus einer der zwei Hauptarmeen eingestellt).

Die längerfristige Arbeit von Starlight bestand darin, daß die Firma, auf dem Wege über die norwegische Telekom, die International Telecommunications Union bewegen konnte, die Landesvorwahlnummer für Somalia wieder zu aktivieren, damit das Starlight-Telefonnetz direkt angewählt werden könnte. Dies gehört zu den vielen Anstrengungen, mit denen das Unternehmen sich als konstruktives und unentbehrliches Mitglied der neu entstehenden Gesellschaft und ihres Staates bewährt hat.

Tabelle 6.1 führt auf, welche Dimensionen der Unternehmenspolitik und des sich bildenden Ökosystems Sie unbedingt bedenken müssen und welches die Idealbedingungen sind, die Sie testen und anpeilen möchten.

Um es mit einem konkreten Bild zu sagen: Die Pioniere des ersten Stadiums surfen auf den durch die Konvergenz zahlreicher verschiedener Entwicklungstrends erzeugten Wellen. Entscheidend dabei ist, den richtigen Zeitpunkt zu erwischen. Kommt die Welle zu früh – oder zu spät –, dann kann die Anstrengung entweder aus Mangel an Unterstützung verpuffen oder von unerwarteten Kräften und Turbulenzen niedergeschlagen werden.

Dimensionen des unternehmerischen Ökosystems	**Allgemeine Fragen**	**Idealbedingungen**	**Beispiel Starlight**
Kunden: Kundeninteresse und -mitwirkung	Welche Kundengruppen können wir in unterschiedlicher Weise bedienen?	Kunden, die bereitwillig zum Lernprozeß beitragen und für die auch eine primitive Version dessen, was möglich ist, noch Attraktivität besitzt	Multinationale Verbände und Firmen; Öffentlichkeit; quasistaatliche Organisationen vor Ort
Märkte: Marktgrenzen und -instanzen	Welches sind die von Natur aus vorhandenen Grenzen, innerhalb derer wir operieren können?	Fest umgrenzte oder relativ versteckte Märkte ausfindig machen, die aber nicht so aus dem Rahmen fallen, daß sie standardisiertes Lernen verhindern; einsteigen, lernen und dann beherrschen	Ostsomalia
Angebote: Produkt- und Dienstleistungsstruktur	Welche Gesamtangebote können wir machen?	Teilangebot, das aber den Kernwert enthält	Inlandsverbindungen und Anschluß ans internationale Netz
Prozesse: Struktur des Geschäftsprozesses	Welche Prozeßstruktur können wir aufbauen, um dieses Angebot mit einem im Vergleich zum Vorhandenen grundsätzlich besseren Preis-Leistungsverhältnis auszustatten?	Die Prozeßstruktur muß echt revolutionäres Potential enthalten – und so viel davon zu erkennen geben, daß Frühkäufer interessiert werden und genügend Geldmittel für die weitere Arbeit vorhanden sind.	Drahtloses Netz im Land, Chipkartenautomaten sowie Satellitenverbindung nach Norwegen und zur übrigen Welt
Organisationen: Organisationsstruktur	Inwieweit werden Stakeholder wichtige zusätzliche Unterneh-	Die Fähigkeit, Wertangebot und Prozeßstruktur miteinander	Eigentumsbeteiligung, unter einem Starlight-Vorstand

	men einbringen können, und wie lassen sich die Beziehungen strukturieren und koordinieren? Wie werden Konflikte gelöst?	zu verknüpfen und in gemeinsamer Anstrengung und gemeinsamem Lernprozeß weiterzuentwickeln	
Stakeholder: Eigentümer und andere Stakeholder	Wer sind die Stakeholder, wie sehen ihre allgemeinen Interessen aus, und wie paßt das Ökosystem in ihre Pläne? Wo gibt es Übereinstimmung mit den Stakeholdern und wo nicht?	Rückgriff auf starke, mit der geschäftlichen Unternehmung übereinstimmende und sympathisierende Unterstützer, die über die Unternehmerziele nicht uneins sind	Somalische Staatsbürger, Starlight, Norwegische Telekom
Gesellschaftliche Werte und staatliche Politik	Wie läßt sich eine Beziehung zur Öffentlichkeit und zur Regierung herstellen, so daß Innovation als Wert anerkannt und eine kräftige Innovationsrendite unterstützt wird?	Abschluß eines Sozialvertrages, der garantiert, daß die eigenen Innovationsbeiträge eine Rendite abwerfen	Man versucht, sich als geschätzter Leistungsträger und geachteter Mitspieler innerhalb der inoffiziellen lokalen Machtstrukturen zu bewähren, in der Hoffnung, zu einem anerkannten Teil der neu entstehenden offiziellen Struktur zu werden.

Tabelle 6.1

Die Firma Starlight läßt diese Anfangsschwierigkeiten im scharfen Kontrast erkennen. Die Starlight-Chefs hatten ein Gespür für das theoretische Potential in der Fernmelde-Technologie, auf die sie setzten. Sie arbeiteten in der Überzeugung, daß sich aufgrund dieser Entwicklungstrends ein Telefonnetz in abgelegenen Regionen aufbauen lasse. Hinzu kam die Gewißheit, daß der richtige Zeitpunkt zum Handeln gekommen sei.

Das theoretische Potential der Entwicklungstrends ist zwar notwendige, aber nicht hinreichende Bedingung für den Erfolg im ersten Stadium. Alles hängt an der praktischen Durchführung – also an dem, was wir aus der Biologie als Realisierung der Aufbaugesetze von Ökosystemen kennen. Selbst unter günstigsten Umständen können theoretische Vorteile nicht immer in die Tat umgesetzt werden. Bestimmte technologische Strukturen, die auf den ersten Blick problemlos implementierbar erscheinen, erweisen sich als extrem schwierig, manche Betriebs- und Marktentwicklungsprobleme als nahezu unlösbar.

In allen Unternehmungen des Anfangsstadiums steckt ein grundsätzliches Implementierungsrisiko. Die Aufgabe eines Pioniers besteht darin, das theoretische Potential auszuloten und so schnell wie möglich auf die Verringerung dieses Risikos hinzuarbeiten. Was die einzelnen und die Organisation insgesamt aus diesen Anstrengungen lernen, macht den Hauptwettbewerbsvorteil des ersten Stadiums aus. Unternehmen, die später in den Markt eintreten, haben den »Nachfolgervorteil«; sie können sich auf die Pionierarbeit der Vorgänger beziehen, die bereits ein Konzept erprobt und Optionen getestet haben. Andererseits verschafft jedes Implementierungswissen, das geheimgehalten oder nur schwer kopiert werden kann, dem Pionier des ersten Stadiums einen echten Marktvorteil. Bei Starlight sind die technologischen Probleme relativ unkompliziert und sichern nicht viel Vorsprung. In den Geschäftsbeziehungen und der Betriebsorganisation des Projekts hingegen steckt eine Menge Wissen, das sich zu seinen Gunsten auswirkt.

Denken Sie in die Zukunft und bereiten Sie sich auf ihre Erfordernisse vor

Hier sollten wir zweierlei festhalten:

- Die Welt bleibt nicht stehen für Bill O'Brien. Seine Stakeholder, seine Kunden und ihre Gesellschaft werden sich ändern.
- Ziel des ersten Stadiums ist nicht zuletzt die Vorbereitung auf das

zweite. O'Brien wird irgendwann auf seinem Weg vor dem zweiten Stadium stehen.

Tabelle 6.2 zeigt einige der Probleme, die wir O'Brien und seinen Freunden schon jetzt prophezeien können. Oder genauer gesagt: Eine solche Tabelle sollten sie unbedingt für sich selber aufstellen und kontinuierlich auf den neuesten Stand bringen.

Dimensionen des unternehmerischen Ökosystems	**Schlüsselfragen**	**Voraussichtliche Veränderungen**	**Was Starlight tun muß, um mit exogenen Problemen sowie mit Wachstum und Sukzession fertigzuwerden**
Kunden: Kundeninteresse und -mitwirkung	Wie werden sich Kunden und Kundensegmente verändern?	Die Toleranz der Kunden gegenüber einem primitiven Telefonnetz wird abnehmen.	Mit fortschreitender Entwicklung der Kundenbedürfnisse und -interessen muß Starlight zu besserer Marktsegmentierung und komplexeren Produktionsplänen kommen.
Märkte: Marktgrenzen und -instanzen	Wie werden sich Märkte und Marktgrenzen verändern?	Mit dem Schwinden der derzeitigen Marktzutrittsschranken werden vielleicht andere Teilnehmer einsteigen wollen. Der Staat wird stärker werden und seine Politik nicht nur besser durchsetzbar sein, sondern auch – wegen der automatisch abnehmenden Zahl der Hindernisse – größeres Gewicht bekommen.	Starlight muß seine Beziehungen zur neu entstehenden Regierung ausbauen und, wenn möglich, seine Konzession verteidigen. Darüber hinaus muß es ein Maximum an Kundennachfrage befriedigen, um andere vom Markteinstieg abzuhalten.

Angebote: Produkt- und Dienstleistungsstruktur	Wie wird sich das Angebot verändern? Welche Veränderungen der Produkt- und Dienstleistungsstruktur werden erforderlich sein?	Erwartet wird ein größeres Vollangebot, etwa mit Telefonbuch oder Kundendienst.	Starlight muß erhebliche Investitionen in Dienstleistungspalette und Humanressourcen vornehmen.
Prozesse: Struktur des Geschäftsprozesses	Wie wird sich die Organisation samt ihren Fähigkeiten und Kenntnissen verändern müssen? Was braucht man, um mit den Erfordernissen eines wachsenden, evoluierenden, heranreifenden Unternehmens fertig zu werden?	Die Kunden werden Beständigkeit bei Marketing und Vertrieb, Kundendienst und die regelmäßige Einführung neuer und verbesserter Dienstleistungen erwarten.	Prozesse wie Kundendienst, Betriebsmanagement, Service-Entwicklung sowie Marketing und Vertrieb müssen systematisiert und professionalisiert werden.
Organisationen: Organisationsstruktur	Wie werden sich Rollenverteilung und Führungsposition in der gesamten Versorgungskette verändern?	Die fortschreitende technologische und unternehmerische Evolution führt mit großer Wahrscheinlichkeit zu Auseinandersetzungen über die Frage, worin der Wert für das Gesamtsystem besteht.	Starlight muß sicherstellen, daß es über einen Großteil der Versorgungskette verfügt; ihn sollten die Firma und ihre Eigentümer teils selbst besitzen, teils kontrollieren.
Stakeholder: Eigentümer und andere Stakeholder	Wie werden sich die Stakeholder und ihr jeweiliges Programm verändern – etwa so, daß sie mehr oder weniger Übereinstimmung aufweisen?	Die norwegische Telekom sucht vielleicht stärkere Beteiligung. Der in Somalia angesiedelte Teil des Netzes könnte an Akquisiteure verkauft werden. Eine höher-	Starlight muß sich die Führungsposition in der Gesellschaft erhalten. Außerdem wird es seine Lieferanten-Beziehungen auf den verschiedenen Märkten standardisieren wollen, um sich integrierte Einkaufs- und

		wertige technische Ausstattung wird mehr Kapital und engere Beziehungen zu den Geräte- und Zubehörproduzenten erfordern.	Verhandlungsmacht zu verschaffen.
Gesellschaftliche Werte und staatliche Politik	Wie werden sich gesellschaftliche Werte und staatliche Politik verändern?	Zunächst werden Gesellschaft und Regierung (soweit es eine systematische Regierungsgewalt gibt) Starlight gern noch sich selbst überlassen. Mit der Zeit werden Gesellschaft und/oder Regierung mehr von den goldenen Eiern haben wollen.	Starlight muß sich als führende Kraft in der Entwicklung Somalias und als bewährter Helfer bei der Verbesserung des Alltagslebens zur Geltung bringen – damit seine Leistungen weiterhin anerkannt und unterstützt werden.

Tabelle 6.2

Wir alle, die wir in unternehmerischen Ökosystemen arbeiten, müssen in regelmäßigen Abständen eine Bestandsaufnahme des Kommenden machen. Es lohnt, einige markante Punkte in der Starlight-Tabelle näher zu betrachten, weil sie Manager in anderen Situationen auf wichtige Probleme hinweisen könnten. Wir müssen zuerst einmal bedenken, was uns bevorstehen könnte, und dann in die zur Problemlösung erforderlichen Qualifikationen investieren.

O'Briens Kundschaft wird bald das Reifestadium erreicht haben – im Leben ebenso wie in ihrem Dienstleistungsbedarf. Mit der Zeit werden Inlandsverbindungen und Anrufe ins Ausland – zur Zeit noch ein kleiner Teil des Geschäfts – an Umfang zunehmen. Ein Problem könnte die Qualität der Telefonate werden. Für O'Brien ist es wichtig, weiterhin Kundenkontakt zu halten und für die Evolution seiner Dienstleistungen ein Wegenetz zu entwerfen, das der Entwicklung der Gesellschaft entspricht. Er muß kontinuierliche Einfühlung in seine Kunden beweisen und gemeinsam mit ihnen das Leben in Somalia verändern.

Die Märkte, auf denen Starlight seine Dienstleistungen anbietet, sind derzeit noch so gut wie frei von Konkurrenten, aber das wird nicht ewig so bleiben. Im Zuge der Etablierung wird das Unternehmen seine Beziehungen zu Regierungsstellen ausbauen und seine Konzession, wenn irgend möglich, verteidigen müssen. Außerdem muß es ein Maximum an Kundennachfrage befriedigen, um zu verhindern, daß andere in den Markt einsteigen. In Somalia und anderen Staaten südlich der Sahara wird die soziale und politische Stabilität zunehmen und die Wirtschaftsentwicklung Fortschritte machen. Wenn alles gut geht, wird Starlight als einer der fest etablierten Spieler gemeinsam mit diesen nationalen Ökosystemen groß werden.

Investieren muß die Firma sicherlich in Dienstleistungspalette und Humanressourcen. Prozesse wie Kundendienst, Betriebsmanagement, Service-Entwicklung sowie Marketing und Vertrieb werden systematisiert und professionalisiert werden müssen. Wenn O'Brien wirklich zum Wal-Mart der Telekom in Afrika werden will, dann ist er gezwungen, seine Verfahren zu standardisieren. Will er zur Marktbeherrschung nach Art des zweiten Stadiums gelangen, dann muß er sich – wie wir im nächsten Kapitel sehen werden – Größe, Volumen und Reproduzierbarkeit zu Leitworten machen.

Fortschritte in der Technologie werden die Bereitstellung von Inlands- und Auslandsanschlüssen verbilligen. Damit meine ich preiswertere Vermittlungs-Vorrichtungen, Fernvermittlung von Norwegen aus (Direktzugriff mit Hilfe der sogenannten Direct Access Mesh Architecture) sowie bessere und billigere drahtlose Netze, so daß man vom Massenangebot an Funkgeräten und Halbleitern profitieren kann, die für die drahtlose Revolution in den Industrieländern hergestellt werden. O'Brien muß auch weiterhin an der Spitze dieser Entwicklungstrends bleiben und dafür sorgen, daß sie in sein Ökosystem integriert und nicht etwa zur Basis anderer Systeme werden.

Es wird zwangsläufig zu einem neuen Konkurrenzkampf kommen. Zur Zeit werden weltweite direkte Satellitenkommunikationsnetze entwickelt. Eines davon ist das Iridium-Netz, das einem Konsortium unter Führung von Motorola gehört. Damit entstehen Dienstleistungen, die Starlights Angebot ersetzen könnten, allerdings vermutlich zu höheren Preisen und mit geringerer Qualität. Auch gibt es vielleicht andere Funknetzbetreiber vor Ort, die in späteren, politisch stabileren Zeiten bereit sind, mehr Kapital für integriertere, anspruchsvollere Systeme zu investieren.

Ein Wandel des Unternehmensmodells wird notwendig werden, wenn das Ökosystem heranreift, denn es ist ja erst einmal nur auf das erste Stadium eingestellt. Was muß es tun, um mit der Expansion fertigzuwerden? Wo sollten die Adreßbücher liegen? Was ist mit einem Nummernvergabeplan? Und welche Richtung soll die Evolution des Netzes nehmen? Breitbandübertragung? Satellitenmobilfunk? Viele Entscheidungen stehen an.

Generell wird der Abschluß des ersten Stadiums mit einer Art Universalfreude begrüßt. Aber es stellt sich auch eine rätselhafte Gegenempfindung ein. Man fühlt sich hin- und hergerissen zwischen der Lust, im Augenblick zu schwelgen, und dem nicht minder mächtigen Wunsch, neue Aktivitäten in Gang zu bringen. Auf die Zukunft bezogen, heißt praktische Umsetzung: Man muß Beziehungen zu anderen Ökosystemen knüpfen und steuern, Rollen festlegen und die Menschen zu ihrer Ausübung bewegen und nicht zuletzt ein anderes Verhältnis sowohl zu Stakeholdern als auch zu Gesellschaft und Staat finden.

Das allgemeinere Problem besteht in der Entscheidung, wie man die Führung der Revolution übernehmen soll. Geplant werden muß also, mit welcher Strategie und Taktik man andere zur Schaffung eines voll entwickelten, variationsreichen Ökosystems heranziehen kann. Die Art, wie man sie beteiligt, wirkt sich entscheidend auf die im Entstehen begriffene Organisationsstruktur des Ökosystems aus. Diese Anfangsbedingungen können erheblichen Einfluß darauf haben, wie der Ablauf der Folgestadien aussieht und welche bestimmten Aufgaben die einzelnen Mitspieler in Zukunft erwarten. Für Starlight geht es dabei um sein Verhältnis zu Machtzentren – zu somalischen Geschäftsleuten und Kunden ebenso wie zur neuen Regierung oder zur norwegischen Telekom und anderen Anlagenlieferanten.

Bill O'Brien und Starlight repräsentieren in jeder Hinsicht die prototypische Situation des ersten Stadiums. Sie verbinden gute Ideen mit dem Potential für radikale Preis- und Leistungsverbesserungen und völlig neue Nutzeffekte. Am Anfang muß man vor allem bestimmen können, wie die Chance, die günstige Gelegenheit aussieht. In unserer von Trennwänden befreiten Welt der vielen Ressourcen muß das erste Stadium dazu da sein, mit genügend Zeit und Sorgfalt genauer als andere zu prüfen, welche Dinge in ein Ökosystem eingebracht werden können, damit es neuen Nutzwert schafft. In diesem Stadium weicht das kahle Land dem siegreichen Leben.

7. Zweites Stadium: Die Ausbreitung der Revolution

Ein neues Ökosystem ist besiedelt. Pionierarten wie Mikroorganismen und Pilze haben sich eingenistet. Das Territorium ist nun ganz gesprenkelt, das heißt übersät mit Pflanzengeflechten und Haufen von kleinen Sträuchern. Würde nicht noch mehr passieren, dann würden nur wenige vom bis dahin entwickelten Leben Notiz nehmen. Der Lebensraum wäre nichts anderes als ein ökologisches Echo auf dem Radarschirm. Soll ein Ökosystem eigenes Profil gewinnen, dann müssen Population und Arten so weit expandieren, daß es im System buchstäblich von Leben wimmelt – womit perfekt umschrieben ist, was in dem von mir so genannten zweiten Evolutionsstadium eines Ökosystems geschieht.

Es gibt ein faszinierendes Teilgebiet der Biologie, die sogenannte Biogeographie, die aufzuklären sucht, unter welchen Bedingungen ein Ökosystem wirklich beginnen kann. Dieses Teilgebiet befaßt sich eingehend mit Besiedlungsprozessen und mit der Frage, wie die Anfangsgemeinschaft der Pionierarten sich in ein stabiles, dynamisches Ökosystem im Klimaxstadium verwandelt. Einige der Leitgedanken der Biogeographie sind von spezieller Bedeutung für die Steuerung der Expansion von unternehmerischen Ökosystemen.

Zu den zentralen Beobachtungen der Biogeographie gehört, daß Lebensgemeinschaften auf mindestens zweierlei Weise heranreifen. Zum einen expandiert die Biomasse. Der Grasbewuchs wird dichter. Die Bäume werden größer. Es gibt immer mehr Tierpopulationen. Tod und Verwesung der Organismen führen dazu, daß die organischen Stoffe im Erdreich vermehrt und die Böden ergiebiger werden. Überdies wird Sonnenenergie per Photosynthese in Biostruktur verwandelt. Solange diese Energie kontinuierlich aus dem Weltraum hereinströmt und ein bestimmtes Fleckchen Erde bescheint, expandiert auch die dortige Biomasse.

Zweitens reifen Ökosysteme auch auf dem Wege über zunehmende genetische Vielfalt heran: Sie nehmen zusätzliche Arten auf, entfalten synergetische Beziehungen und werden immer geschickter und flinker bei der Verwandlung der Ressourcen in das Leben der Gemeinschaft. Genetische Vielfalt ist in aller Regel ein sehr günstiges Merkmal des Ökosystems. Steht dieses nämlich vor einem schwierigen Problem – etwa Klimaveränderung oder Einschleppung einer aggressiven Krankheit –, dann kann das bedrohlich für Schlüsselarten und wichtige symbiotische Beziehungen werden. In solchen Augenblicken ist es hilfreich, wenn andere Arten zum Ausweichen da sind.

Es gibt eine interessante Hypothese über die Relation von genetischer Vielfalt zu Größe und Reichweite des Ökosystems. Nach dieser Hypothese, die Edward Wilson und Robert MacArthur als erste formuliert haben, als sie Inseln in der Karibik beobachteten, gibt es umso mehr Arten, je größer die Insel ist. Bekannt geworden ist sie unter dem Namen »Arealeffekt«, den man mittlerweile auch in vielen anderen Umweltsituationen beobachtet hat. So dient sie etwa immer wieder als Begründung für die These, man dürfe Naturschutzgebiete nicht in so kleine Stücke schneiden, daß sie wichtige Arten nicht mehr ernähren können.[1]

Der Arealeffekt resultiert zum Teil aus der Tatsache, daß viele Arten – zumal Raubtiere an der Spitze der Nahrungskette – auf Nahrungsbeiträge aus einem ausgedehnten Territorium angewiesen sind. Ein einzelner Jaguar, einer der größten Fleischfresser von Costa Rica, hat ein Revier von etwa 60 Quadratkilometern. Eine zukunftsfähige Jaguarpopulation benötigt mindestens 2000 Quadratkilometer Waldgebiet. Je größer der angrenzende Raum, den ein Ökosystem besiedelt, desto mehr Arten werden darin finden, was sie brauchen. Diese Arten wiederum können weiteren Spezies Schutz oder Nahrung bieten.

Fördern Sie Vielfalt in unternehmerischen Ökosystemen

Auch in unternehmerischen Ökosystemen gibt es einen Diversitätsvorteil, der an die Vielfalt von Menschen, Organisationen und Ideen gebunden ist. In aller Regel ist ein solches Ökosystem um so stabiler und unverwüstlicher, je größer die Zahl der Mitglieder ist, denn sie sorgt für den Abwechslungsreichtum seiner Angebote, für alternative Lieferquellen im Fall von Engpässen und für Unmengen kreativer Ideen, die die Weiterentwicklung vorantreiben.

Wirtschaftliche Ökosysteme scheinen auch einen Arealeffekt zu kennen. Es gibt Schwellenwerte für Spektrum oder Umfang des Güterverkehrs, jenseits derer eine Wirtschaftsgemeinschaft zusätzliche neuartige Mitglieder aufnehmen kann, die in ihrem Gefolge neue Kunden heranziehen. Ablesen läßt sich das am Unterschied zwischen Kleinstadt- und Großstadtökonomie. Kleine Städte verbinden zwar oftmals wichtige Nutzwerte mit einzigartigen kulturellen Ressourcen, aber in Sachen Diversität haben sie nichts, was der schier chaotischen Variationsbreite einer Großstadt gleichkäme. Dasselbe sieht man beim Wettbewerb zwischen den verschiedenen Formaten der Unterhaltungselektronik, die auf VHS-Bändern, Audiokassetten und CDs eine breite Palette von Fertigprogrammen, auf 8mm-Videos und MIDI-Platten jedoch erheblich weniger anzubieten hat.

Die unternehmerische Vielfalt findet ihre Grenzen natürlich nicht bloß am Handelsvolumen eines Ökosystems, sondern auch am Grad der Offenheit oder Geschlossenheit, die die Marktgemeinschaft gegenüber neuen Ideen, Menschen, Organisationen und Prozessen an den Tag legt. In der Biologie gilt das ganz ebenso. Manche biologischen Ökosysteme sind gegen das Eindringen neuen biologischen Materials viel stärker abgeschottet als andere. Biologen haben festgestellt, daß um so weniger Arten auf einer Insel leben, je weiter diese von einem Kontinent oder einer anderen

Landmasse entfernt ist: Abgelegenere Inseln füllen sich langsamer, weil die Arten größere Entfernungen überwinden müssen, um sich dort anzusiedeln. Die Biologen nennen das den »Entfernungseffekt«. Dieser scheinbar naheliegende Gedanke hat eine wichtige Parallele im Geschäftsleben, wo er illustriert, wie hoch der Preis für die Abschottung in der Phase der Expansion sein kann. Allzuoft haben die Wachstumsgrenzen eines Ökosystems mit der mangelnden Bereitschaft der Verantwortlichen zu tun, andere aufzunehmen, die partizipieren möchten.

Wie in der Biologie bringt das Expansionsstadium in unternehmerischen Ökosystemen einen Zuwachs sowohl an Umfang und Größe als auch an Diversität bei all den Organisationen und Individuen, die es gemeinsam Wirklichkeit werden lassen. Zugleich ist es eine Phase defensiven Handelns, weil das expandierende Ökosystem fast immer mit der Konkurrenz von seiten alteingesessener »Platzhirsche« oder neu gebildeter Alternativsysteme zu tun hat. Unter Managementgesichtspunkten gibt das zweite Stadium drei zentrale Probleme auf: Ist unsere Idee so weit fertig, daß sie große Verbreitung finden kann? Welche Initiativen werden nacheinander erforderlich sein? In welchem Tempo sollten wir dieses Ökosystem wachsen lassen – das heißt wieviel Geschäftstätigkeit streben wir in einem bestimmten Zeitraum an, und mit wieviel verschiedenen Mitwirkenden können wir fertig werden?

Entwerfen Sie eine zwingende, skalierbare Vision des neuen Nutzwerts

Das erste Problem ist also, ob unsere Idee einsatzbereit ist. Generell erfordert die Expansion im zweiten Stadium eine zwingende Nutzwertvision sowie die Fähigkeit zur Vergrößerung des Ökosystems, um diesen Wert bei einer großen Kundenzahl zu verbreiten. Wie ich bereits in den vorangegangenen Kapiteln sagte, kann es vorkommen, daß ein Konzept zu wenig ökonomischen Wert in Aussicht stellt, um die Expansion zu tragen – zumindest nicht zu den aktuell angepeilten Kosten. In solchen Fällen sollte man mit seinem Konzept so lange auf das erste Stadium zurückgehen, bis das Wertangebot sinnvoller wird. Enthusiasmus kann leider auch blind machen. Die neue Produktlandschaft ist übersät mit dem Abfall der in eine sinnlose Expansion gezwungenen, aber mit nur begrenztem Wert ausgestatteten Angebote.

Manchmal steckt zwar im Kernkonzept mehr als genug potentieller Nutzwert, aber die Realisierung dieses Werts und seine Weitergabe an die Kunden hängt davon ab, daß das Ökosystem eine bestimmte Größe und Variationsbreite erreicht. In solchen Fällen kann es erforderlich sein, den ersten Teilnehmern Sonderpreise oder andere Anreize zum Markteintritt zu offerieren, damit sie dann eine Anziehungskraft auf spätere Einsteiger ausüben. Beobachten läßt sich so etwas häufig bei Vereinen – Gesundheits- und Wohlfahrtsvereinen –, in denen der erste Mitgliederschub mit erheblichen Anreizen gelockt werden muß.

Ein ähnliches Problem ergibt sich, wenn ein Nachfrager oder Anbieter mit untragbaren Anlaufkosten zu tun hat, obgleich die Mitwirkung am Ökosystem auf lange Sicht von großem Nutzen für ihn sein wird. Manchmal ist es sinnvoll, daß eines der größeren Mitglieder den Einstieg solcher Marktteilnehmer mit irgendeinem langfristigen Darlehen unterstützt. Man nehme etwa die Möglichkeit, »kostenlose« Handys zur Verfügung zu stellen. Sie helfen dem Kunden über die Hürde hoher Anfangskosten hinweg, aber bezahlt werden sie schließlich mit den Einnahmen, die sein Anschluß ans Funknetz bringt.

Die zweite schwierige Aufgabe besteht in der Reproduktion und Vergrößerung des Wertangebots. Die Autos von Ford, die Burger von McDonald's, die Telefondienste von AT&T, die Mikrochips von Intel und der Kundendienst von Fidelity Investment – all diese Angebote zeichnen sich dadurch aus, daß ihr Wert beständig in großem Umfang bereitgestellt werden kann. Aufgrund dieses Umfangs können die genannten Konzerne die Führung riesiger Ökosysteme übernehmen. Kleinere Ökosysteme lassen sich zwar von weniger mächtigen Firmen bewältigen. Aber selbst das Kiez-Restaurant, das ein lokal begrenztes unternehmerisches Ökosystem schaffen will, muß seine Mahlzeiten mit Regelmäßigkeit anbieten. Außerdem muß es Größenvorteile nutzen können, die ihm Expansionsgewinne verschaffen – worauf sich diese ihrerseits in Wachstum und Erhalt der Marktgemeinschaft investieren lassen.

Wenn Sie die Einsatzbereitschaft einer eigenen unternehmerischen Idee testen wollen, dann stellen Sie sich folgende Frage: Ich habe vor, wirtschaftliche Ökosysteme zu schaffen, die auf den Qualitäten meiner Firma basieren; aber haben wir, meine Partner und ich, wirklich gelernt, den von uns angebotenen Wert im erforderlichen Umfang regelmäßig und zuverlässig bereitzustellen? Was ist zu tun, damit das geschieht? Die Antwort auf diese schlichte Frage kann Ihnen über weite Strecken helfen, sich auf die Expansionsoffensive im zweiten Stadium vorzubereiten.

Erweitern Sie das Ökosystem mit einer Reihe von Initiativen

Unternehmenswert und Skalierbarkeit vorausgesetzt, stehen Sie nun vor mehreren für das zweite Stadium charakteristischen Implementierungsproblemen. Bei den wichtigsten geht es um die Frage der richtigen Reihenfolge: Was sollte jetzt und was kann später getan werden? Eine Expansionsstrategie muß Initiativen auf allen sieben Ebenen des unternehmerischen Ökosystems vorsehen. Manche Probleme sind externer Art: Wie unterscheiden wir unser Ökosystem von anderen? Die Antwort auf diese Frage finden Sie häufig, indem Sie sorgfältig auf die Reihenfolge der Kunden, Märkte und Produkte achten. Mit welchen Kunden und Märkten wollen Sie anfangen – und wohin oder zu wem wollen Sie danach gehen? Anschauen müssen Sie sich, wie Erstkundschaft und Ausgangsmärkte beschaffen sind und wie sich die Kaufmuster, Bedürfnisse und Einstellungen der Folgekunden und -märkte von ihnen unterscheiden. Ihr Ökosystem muß sich verschiedenen, aufeinanderfolgenden Gruppen anpassen können. Die anfänglichen Produkt- und Dienstleistungsangebote werden zu Vorläufern späterer Angebote und sollten vielleicht bewußt so angelegt sein, daß sie Kunden nicht nur in Ihr Ökosystem locken, sondern dann auch immer stärker partizipieren lassen.

Viele Probleme sind interner Art: Wie können wir uns davor bewahren, unter dem Gewicht neuen Wachstums zu implodieren? Im zweiten Stadium entstehen die größten inneren Schwierigkeiten zumeist auf Prozeß-, Organisations- und Stakeholderebene. Vergrößerung und Reproduktion erfordern bestens geplante, standardisierte Geschäftsprozesse. Diese wiederum sind auf gut geführte Organisationen angewiesen. Will man eine Organisation in eine aggressive Wachstumsphase steuern, so braucht man Risikokapital, das von Stakeholdern mit großen Taschen bereitgestellt werden muß.

Die Prioritäten der Hauptkapitalgeber wiederum sind deutlich geprägt von der staatlichen Politik: von direkten Eingriffen in Preisgestaltung und Eigentumsrechte ebenso wie von Steuervergünstigungen, Regelung des Banken- und Versicherungswesens, Zinspolitik und Stützmaßnahmen für die Landeswährung. Im Jahr 1993 haben wir miterlebt, wie milliardenschwere Zusammenschlüsse zwischen Kabelfernseh- und regionalen Telefongesellschaften, die zur Schaffung von gigantischen Datenautobahnen führen sollten, zum Teil deshalb kollabierten, weil die Regierung eine Obergrenze für Kabelfernsehgebühren festlegte.

Die im zweiten Stadium anstehende Expansion ist ein ganz ernsthaftes Wagnis. Sie erfordert erhebliche Geldmittel, was sie ganz entscheidend vom Pionierstadium abhebt. Manager und Organisationen müssen vorausdenken und so handeln, daß sie auf die Auswirkungen eines derart einschneidenden Wechsels vorbereitet sind.

Steuern Sie die Expansionsrate des Ökosystems

Die Wahl der Expansionsrate ist eine Schlüsselentscheidung in der Entwicklung unternehmerischer Ökosysteme – ganz ebenso wie im Wachstum des Einzelunternehmens. Man kann versuchen, schnell zu expandieren, oder man kann bremsen und auf ein maßvolleres Wachstum setzen. Gewiß gibt es kein Fertigrezept, das festlegt, wie schnell man ein Ökosystem wachsen lassen muß; ein paar Faktoren aber, die sich erneut in externe und interne unterteilen lassen, sollte man bedenken.

Zunächst zu den externen: Ist Ihr Ökosystem gegen unmittelbare Rivalen abgeschottet, so können Sie sich mehr Zeit für das Wachstum nehmen. Langsames Wachstum aber bringt in der Expansionsphase wirklichen Nutzen, weil es Ihnen gestattet, die theoretischen Vorteile Ihres Unternehmensmodells mit viel Sorgfalt in die Tat umzusetzen. Die Firma Wal-Mart zum Beispiel hat, wie wir noch sehen werden, jahrelang an einer soliden Grundlage für ihr Ökosystem bauen können, und zwar nicht zuletzt, weil sie dem direkten Wettbewerb, mit dem sich ihre Großstadt-Geschwister herumschlagen mußten, aus dem Weg ging. Deshalb konnte sie intensive Kundenbindung, reichlich Individual- und Organisationskompetenzen sowie verläßliche Systeme und Verfahrensweisen schaffen, bevor sie sich in den aggressiven Zweikampf begab. Genauso entwickelten die japanischen Auto-Ökosysteme ihre Kernfähigkeiten hinter den hohen Schutzmauern des ökonomischen Protektionismus; sie warteten, bis ihre Qualitäten so ausgefeilt und ihre Größen- und Umfangsvorteile so gesichert waren, daß sie auf dem Weltmarkt mithalten konnten, und gingen erst dann mit ihrer Spezies und ihrem ökologischen Modell in die Vereinigten Staaten.

Protektionismus ist natürlich ein zweischneidiges Schwert. In den beiden ersten Stadien kann er entscheidend sein, weil auf diese Weise neue Ideen gefördert und in die Praxis umgesetzt werden. Zu viel Protektionismus hingegen kann dazu führen, daß gleichsam hawaiianische, also anfällige, binnenorientierte und nicht wettbewerbsfähige Ökosysteme entstehen. Auf die Frage nach dem optimalen Protektionsgrad lautet die richtige Antwort: Für Manager, die die Entwicklung unternehmerischer Ökosysteme an führender Stelle lenken, gelten zwei Imperative. Erstens muß dafür gesorgt werden, daß das im Entstehen begriffene Ökosystem ungehinderten Zugang zu den besten unternehmerischen Arten bekommt, die die Welt zu bieten hat, und daß es im expandierenden Ökosystem synergetisch koexistieren kann. Es geht nicht um die Schaffung einer streng isolierten Insel, sondern einer Insel, auf der sich die Einführung neuer Ideen bis zu einem gewissem Grade – von einer Art ökonomischem Naturschutzmanager – steuern läßt. Der Marktführer prägt das Ökosystem. Zweitens muß dafür gesorgt werden, daß die aus anfänglicher Protektion erwachsenen Gewinne ihrerseits in die Konkurrenzfähigkeit auf Weltniveau investiert werden. Das weiter oben beschriebene Toyota-Ökosystem hat sich nach dem Zweiten Weltkrieg klugerweise um die Aneignung von Know-how aus Ökosystemen außerhalb Japans bemüht. Es nutzte die Schutzbestimmungen, um Kompetenzen aufzubauen, mit deren Hilfe es schließlich über seine Herkunftsinsel hinauswachsen konnte. Der Marktführer sollte eine klare Zielvorstellung haben. Die zeitlich begrenzte Treibhausexistenz des Ökosystems muß für seine Vorbereitung auf den Übergang ins größere Chancenumfeld genutzt werden.

Auf manchen Märkten und zu bestimmten Zeiten ist Protektion fast kontraindiziert, so etwa häufig im Hightech-Bereich. Wenn Unternehmen sich schnell darauf einigen, bestimmte Standards festzuschreiben, kann es entscheidend darauf ankommen, daß man mit blitzartiger Geschwindigkeit in das größere Chancenumfeld eintritt und dort die beherrschende Stellung erringt. Der Start in einem geschützten Mikro-Umfeld hat bisweilen nur begrenzten Nutzen. In der Internet-Welt zum Beispiel gelang es der Firma Netscape Communications Anfang 1995, sich bei den am Elektronikmarkt beteiligten Unternehmen und Privatpersonen als Standard für Server- und Browser-Software zu positionieren. Um sich als faktischer Standard-Software-Anbieter zu etablieren, verschenkte sie ihren

Einführungs-Browser in Tausenden von Kopien. Zur selben Zeit verkaufte sie Server an zahlreiche große Unternehmen, die Informationen ins Internet einbringen wollten, sammelte ein beachtliches Anlagekapital und schaffte es, jede neu auf den Markt kommende bedeutsame Innovation in ihre Software-Basis zu integrieren. Im Laufe eines Jahres wurde Netscape zum beherrschenden Software-Ökosystem, und die Firmenleitung legte die Grundlagen für die Position des Marktführers. Nun steht sie vor folgender Frage: Kann sie aus dieser Führungsposition ein wirkliches Unternehmensmodell mit Umsätzen, Größenvorteilen und Gewinnen machen – um ihr Zukunftsfähigkeit zu sichern? Kann sie – gegen die unverminderte Opposition von Microsoft und anderen Firmen mit fest etabliertem Kerngeschäft und großen Investitionsmöglichkeiten – ein lebensfähiges Geschäft aufbauen?

Auch wenn das äußere Umfeld eine rasche Expansion diktiert, mag es intern anders aussehen: So sehr Ihnen an Tempo liegt, so gründlich sollten Sie das Risiko eines Binnenkollapses abwägen. Mit Binnenrisiken wird man wohl am besten fertig, wenn man in regelmäßigen Abständen die Wachstumsrate seines Ökosystems auf allen sieben Ebenen des unternehmerischen Ökosystems prüft. So etwa auf der Kundenebene: Einerseits wollen Sie die Nachfrage an der Endverbraucherbasis stimulieren, um Ihren Vorsprung gegenüber konkurrierenden Ökosystemen zu wahren. Andererseits wollen Sie vermeiden, daß die Nachfrage Ihre Lieferkapazitäten allzusehr übersteigt. Sonst wäre das Paradox denkbar, daß diese Nachfrage auf Ihren Konkurrenten ausweicht und Sie mit der Investition in die Nachfragestimulierung letztlich nur Ihrem Gegner helfen. Im Jahr 1995 senkte Apple die Preise und stimulierte die Nachfrage nach seinem Macintosh. Leider wurde die Firma durch Chip-Lieferprobleme daran gehindert, diese Nachfrage ganz zu befriedigen – und so haben, nach Meinung heutiger Analysten, schließlich viele Kunden ihre neuen Geräte beim Konkurrenten Microsoft/Intel gekauft. Oder auf der Marktebene: Einerseits wollen Sie möglichst viele Vertriebswege und Marktagenten nutzen. Andererseits wollen Sie kein solches Tempo vorlegen, daß Sie jede Kontrolle darüber verlieren, was diese Agenten den Kunden wirklich liefern – oder schlimmer noch, die Kontrolle über die Kunden selbst verlieren und den Zwischenhändlern die Möglichkeit geben, eigene Ökosysteme aufzubauen.

- Wenn Sie der Nachfrage entsprechen und die Marktvorteile realisieren wollen, die Ihr Unternehmensmodell in Aussicht stellt, müssen Sie die Geschäftsprozesse ausweiten. Geschieht dies aber zu schnell und zu radikal, werden Qualität und Vertrauenswürdigkeit auf der Strecke bleiben. Lieferanten und Stakeholder spielen eine entscheidende Rolle, aber nur, wenn die Kosten für sie ihre Wertschöpfung nicht übersteigt – oder wenn das Gesamtlieferantennetz ein hochwertiges Angebot bereitstellen kann. Im Jahr 1993 führte Chrysler seine LH-Modellreihe, die mit ihrem schönen Design sehr beliebt wurde, am Markt ein. Hergestellt wurde sie von einer großen Gemeinschaft – einem Ökosystem – von Zulieferern, die Verantwortung für eine beispiellose Vielzahl von Funktionen übernahm, zu denen nicht bloß die Fertigung wichtiger Bauteile und Montagesätze, sondern auch die Produktgestaltung gehörte. Um mit seiner – gemessen am Weltmarktmaßstab – relativ kleinen Betriebsgröße fertigzuwerden, versuchte Chrysler, durch Rückgriff auf diese Außenseiter sein Ökosystem zu stärken und die Kosten zu senken.

Leider warf der Versuch, mit einer so ausgreifenden Lieferkette zu einem hochwertigen Produkt zu kommen, mehr Probleme auf, als die Unternehmensleitung selbst geahnt hatte. 1995 strich *Consumer Reports* die LH-Modelle aus seiner Empfehlungsliste, und zwar wegen schwindender Zuverlässigkeit, denn Chrysler konnte – wie es auch selbst eingesetzt – das Netzwerk nur noch in begrenztem Maße steuern. Die Kosten für Garantieleistungen waren fast auf das Doppelte gestiegen. Die Chrysler-Manager hielten zwar am Modell ihres Ökosystems fest, sahen aber illusionsloser, wie schwierig es ist, mit einer Reihe eigenständiger, wenn auch untereinander verbundener Organisationen eine hochwertige Unternehmenskultur zu schaffen.

Investitionen in schnelles Wachstum fordern bisweilen einen hohen Preis auf der Seite der Zinssätze oder der Betriebsführung. In manchen Fällen stellt der Staat die Weichen für das schnelle Wachstum eines Ökosystems, besonders wenn er – wie 1995 beim Verkauf der PCS-Lizenzen für den privaten Funkverkehr – gesetzlich abgesicherte Monopol- oder Oligopolstellungen anbietet. Bei diesen Lizenzen spielte der Staat eine bis dahin unbekannte Rolle, nicht nur weil er den Anstoß zu unternehmerischen Ökosystemen in einem neuen Chancenumfeld gab, sondern weil er Milliarden Dollar in die öffentlichen Kassen brachte, indem er die für den Eintritt in das Umfeld erforderlichen Rechte am Frequenzspektrum verkaufte.

Generell müssen Sie als Manager zwei Ziele verfolgen: Zum einen gilt es, die internen Probleme der direkten Expansion zu bewältigen, und zum andern, beim Wachstum so schnell zu sein, daß Sie den zur Verfügung stehenden Raum noch vor anderen Ökosystemen besiedeln können. Wie wir in Kapitel 8 sehen werden, können Sie zwar auf mehrerlei Weise die Marktgrenzen akzentuieren, um sich besser gegen konkurrierende Ökosysteme zu schützen. Aber im Wettbewerb zwischen Ökosystemen ist, wie bei vielen anderen Wettspielen auch, der Angriff wenn nicht die beste Verteidigung, so doch mindestens ein ganz wichtiger Faktor.

Im zweiten Stadium geht es also darum, wer am schnellsten vom Kernbereich synergetischer Beziehungen zu einem vielfältigen, widerstandsfähigen Ökosystem gelangt. Es geht darum, viele verschiedene Wertelemente, ja sogar Merkmale konkurrierender Ökosysteme, zusammenzuschließen zu einem unternehmerischen System, das nicht nur Marktterritorium besetzen, sondern es auch gegen rivalisierende Ökosysteme verteidigen kann.

Eine Episode aus der Frühzeit des PC-Geschäfts – nämlich das Wettrennen zwischen Apple und Tandy – kann noch zwei weitere Werte beisteuern. Erstens verdeutlicht sie an einem hübschen Vergleichs- und Kontrastbeispiel, daß man in einer Welt unternehmerischer Ökosysteme mit dem traditionellen Denken nicht mehr weiterkommt. Zweitens und mehr noch hat genau dieser Kampf den Pionieren des PC-Geschäfts das Nötige beigebracht – und faktisch die Voraussetzungen für weitere Runden im Ökosystem-Wettbewerb auf dem Computermarkt und anderen von ihm beeinflußten Märkten geschaffen. Sowohl der Kampf selbst als auch seine Beurteilung haben allenthalben Nachwirkungen für die Geschäftswelt gehabt.

Schaffen Sie ein neues Ökosystem durch Veränderung des Lebens

An meinen ersten PC habe ich die schönsten Erinnerungen. Es war ein Tandy TRS-80 Model I (von seinen Kritikern »trash 80« genannt, weil sie ihn für Schrott hielten), den ich 1982 gekauft hatte. Ich war der dritte Besitzer. Zuerst hatte er bei der Automatisierung eines LKW-Transportunternehmens geholfen, dann für eine technische Beratungsfirma die Berechnungen zu Heizung und Kühlung erledigt, und nun sollte er mir bei meinem Abschlußexamen in Harvard behilflich sein. Am heutigen Standard gemessen, war es ein kümmerliches Gerät – mit winziger Speicherkapazität, langsamem Mikroprozessor und einigen wenigen Softwareteilen.

Trotz seiner Grenzen war mein TRS-80 eine Offenbarung. Als Student mit extrem schmalem Budget verdiente ich mir Geld mit Recherche- und Schreibarbeiten für Dozenten. Mit meinem braven PC konnte ich sechsmal effizienter arbeiten als ohne ihn. Da die meisten meiner Studienkollegen noch keinen PC benutzten, kam ich meinen Kunden wie Superman vor. Meine Einkünfte begannen zu steigen.

PCs waren aber nicht nur handliche Geräte für mittellose Studenten. Sie standen für die Freiheiten, die die Elektronik einem verschaffte. Vorher war ich immer zum Rechenzentrum der Universität gepilgert, wo ich Terminals benutzte, die an einen vom einschüchternden Personal des »Office of Information Technology« bedienten Großrechner angeschlossen waren. Mit dem TRS-80 konnte ich bequem in meiner Wohnung arbeiten, ohne daß ich mit Unterbrechungen oder Time-sharing zu tun hatte. Der TRS-80 gehörte mir und wurde zu einem – wie Steve Jobs es sehr richtig bezeichnet hat – »Fahrrad des Kopfes«: allgegenwärtig, und deshalb ein Mittel zur Erweiterung meiner geistigen Fähigkeiten. Der TRS-80 löste eine persönliche Revolution in meinem Leben aus – und im Leben vieler anderer auch.

Den Anstoß zu solchen Revolutionen im Leben der Menschen geben, wie schon im letzten Kapital erwähnt, Innovationen, die das Potential zur Schaffung großer unternehmerischer Ökosysteme besitzen. Autos, Telekommunikation, Fernsehen, Pharmazeutika und Luftverkehr – sie alle haben so gewirkt. Das Internet steht heute ganz ebenso für die Freiheiten der weltweiten Telekommunikation wie vormals die PCs für die Freiheiten des elektronischen Rechnens, und es verheißt eine ähnlich weitreichende ökonomische Revolution. Im Jahr 1982, als ich mich an meinem TRS-80 erfreute, war ich nur Teil einer allgemeineren Umwälzung, einer unternehmerischen Revolution, die im nachhinein besser zu begreifen ist, als sie es damals war.

Vollenden Sie die allgemeine Produkt-, Prozeß- und Organisationsarchitektur

Wie so oft in der Geschichte hat auch diese Revolution eher ruckweise begonnen. In den frühen 70er Jahren entstand mit dem Mikroprozessor eine neue Technologie, die weitreichende neue Anwendungsmöglichkeiten eröffnete und die Kosten des elektronischen Rechnens drastisch zu senken versprach. Dennoch schlummerte diese Innovation noch mehrere Jahre vor sich hin. Bis 1975 hatten Hobbygeräte wie Altair und IMSAI nur einen kleinen Markt erobert. Aber diese Computer eigneten sich nicht für den Durchschnittsbenutzer.

Vom Ende der 70er Jahre an führten Tandy, Apple und andere Firmen die Vorläufer des späteren Personal Computer ein. Die von ihnen gewählte Ausgangsinnovation war der Mikroprozessor, aber diese ersten Produktplaner wußten, daß weitere Produkte und Dienstleistungen geschaffen werden mußten, um das Ganze zu einem Paket zu schnüren. Die Palette reichte von Hardwarekomponenten über Software bis zu Dienstleistungen wie Vertrieb und Kundendienst. Ein Resultat dieser Bemühungen war auch mein TRS-80 Model I.

Apple und Tandy schufen ihr voll entwickeltes, vielfältiges Ökosystem mit einer je besonderen Strategie. Die Firma Apple arbeitete mit Geschäftspartnern zusammen und plädierte dafür, die Koevolution per »Missionsarbeit« anzukurbeln: Sie machte Partner ausfindig, motivierte sie mit ihrer Gesamtvision für die ganze Welt der PCs und lieferte Verhaltensmaximen und andere Hilfestellungen, um sie in Schwung zu bringen. Das grundlegende Computerdesign und das Betriebssystem behielt die Firma fest im Griff; zugleich aber forderte sie selbständige Softwarehersteller auf, Programme für ihr Gerät zu schreiben. Außerdem arbeitete sie mit unabhängigen Magazinen, Computerläden und Ausbildungseinrichtungen zusammen – ja sie konnte sogar mehrere Schulbezirke mit Apple-II-Computern »bestücken«.

Die Firma Tandy hingegen zielte eher auf vertikale Integration. Sie versuchte, ihre Software – vom Betriebssystem bis zu Programmiersprachen und Anwendungsformen (wie etwa Wortprozessoren) – zu kaufen und dann zu besitzen. Sie kontrollierte Vertrieb, Service, Support und Schulung sowie die Marktentwicklung, weil sie ihre Produkte ausschließlich über ihre Radio-Shack-Geschäfte verkaufte. Zugleich boykottierte sie unabhängige Zeitschriften, die sich für die TRS-80-Geräte engagierten. Deshalb konnte Tandys einfacheres und strenger kontrolliertes Ökosystem weder zu Motivation, Chancen und Binnenkämpfen des Apple-Systems beitragen noch vergleichbar viel Kapital und Talent mobilisieren wie Apple, weil ihm die Beteiligung anderer Firmen fehlte.

Tabelle 7.1 stellt beide Ansätze zur externen und internen Kontrolle der wichtigsten Wertelemente nebeneinander.

Produktelement	**Apple**	**Tandy**
Anwendungssoftware	Engagierte Gemeinschaft selbständiger Entwickler	*Kleinere Gemeinschaft unabhängiger Entwickler mit Tandy-Lizenz*

Programmiersprache	*Sowohl Eigenentwicklung als auch Fremdentwicklung*	*Programmiersprachen von externen Entwicklern gekauft und nur über Radio Shack zu beziehen*
Betriebssystem	*Eigenentwicklung*	*Eigenentwicklung*
Monitore	Bezogen von Dritten, unter eigenem Firmennamen	*Eigenherstellung*
Speicher	Bezogen von Dritten, unter eigenem Firmennamen	Bezogen von Dritten, unter eigenem Firmennamen
Eingabegeräte (Tastaturen u. ä.)	Bezogen von Dritten, unter eigenem Firmennamen	Bezogen von Dritten, unter eigenem Firmennamen
Hardwareplattform	*Eigenherstellung*	*Eigenherstellung*
Mikroprozessor	Motorola	Zilog

Welche Firmen waren verantwortlich für Schlüsselelemente der Produktarchitektur?

Geschäftsprozeß	**Apple**	**Tandy**
Service und Support	Netzwerk selbständiger Händler	*Firmeneigene Radio-Shack-Geschäfte*
Vertrieb	Netzwerk selbständiger Händler	*Firmeneigene Radio-Shack-Geschäfte*
Marketing	Bundesweite Großwerbung durch externe Werbeagenturen	*Kleinwerbung für Radio-Shack-Geschäfte mit intern entwickelten Werbespots*
Magazine, Schulungsprodukte und -dienstleistungen, Verbraucherbildung und -information	Förderung unabhängiger Magazine, Experten, Unterstützerorganisationen	*Selbstpublizierte Materialien. Abschottung gegen unabhängige Magazine, Experten, Unterstützerorganisationen*

Welche Firmen trugen die Haupt-Geschäftsprozesse?

Tabelle 7.1 Vergleich der Modelle von Apple und Tandy sowie ihrer externen und internen Verfügung über wichtige Wertelemente.

Tandys Ansatz brachte das Unternehmen schnell in die vorderste Reihe; im Jahr 1979 konnte es einen Umsatz von 95 Millionen Dollar melden, während Apple nur auf 47,9 Millionen kam. Aber Tandys strenge Kontrolle führte letztlich zu einem langsameren Wachstum, und zwar von dem Moment an, als die Sicherung eines Marktanteils und einer breiten Benutzerbasis entscheidend für den Erfolg wurde. Im Jahr 1982 lag der Apple-Umsatz mit 583,1 Millionen Dollar deutlich über Tandys 466,4 Millionen Dollar. Nach weiteren zwei Jahren war das Tandy-Ökosystem angesichts der PC-Offensive von IBM endgültig zusammengebrochen, und die Firma selbst war nur noch ein Kloner unter vielen anderen. Apple hingegen konnte dank seiner breiten und fest verankerten Unterstützerbasis bis in die Mitte der 90er Jahre, also noch mehr als zehn Jahre nach IBM's Markteintritt, ein stattliches Marktterritorium besetzt halten.

Den Führungskräften in der Computerbranche kam dieses Doppelbeispiel außerordentlich zupaß. Gleich mehrere Lehren ließen sich daraus ziehen: Innovation führt zu einem Wettkampf zwischen alternativen Implementierungsmodellen. Lebenswichtig bei diesem Kampf ist die Ausfüllung des gesamten Wertpakets. Artenvielfalt zieht Kunden an, weil diese gern ein breites Spektrum von Ausweich-Software, -Hardware und -Dienstleistungen zur Verfügung haben. Frühkäufer helfen beim Übergang zu einer größeren Vielfalt an Elementen und Angeboten. Und das Ganze ergibt einen erfolgreichen Expansionszyklus.

Am wichtigsten ist vielleicht, daß ein Großteil des neu geschaffenen Nutzwerts von den Gründern und Erbauern des Ökosystems nicht vorausgesehen werden kann. Entdeckt und gewollt wird neuer Wert vielmehr häufig von Außenseitern, die sich dem Ökosystem anschließen, weil sie Hilfestellung im eigenen Interesse suchen und es schaffen, die Angebote des Systems an ihre Bedürfnisse anzupassen. So werden Outsider zu Insidern, und das Ökosystem samt seinen Arten gewinnt an Vielfalt. Apple etwa lief dem Ausbildungsmarkt nicht eigentlich hinterher, sondern nahm sich die Freiheit, zum Liebling der Lehrenden und Lernenden zu werden. Auch das

Verlagswesen entdeckte von sich aus den Macintosh von Apple – samt seiner überlegenen graphischen Oberfläche, seinen frühen Laserdruckern und der von unabhängigen Firmen wie Adobe und anderen entwickelten Software.

Führung im Ökosystem heißt Schaffung einer Partizipationsstruktur

Für aufmerksame Beobachter von Tandy und Apple ergab sich noch eine weitere Lektion: Zur Expansion gehört ganz wesentlich, neue Partner zum Eintritt in die Marktgemeinschaft zu bewegen. Erst in zweiter Linie geht es bei der Expansion des Ökosystems um das Wachstum der eigenen Firma. Die für dieses Wachstum erforderlichen Mittel entspringen vielmehr aus der Zusammenarbeit mit Partnern. Die Partner helfen, das Wertpaket eines Ökosystems schnell auszufüllen und anzureichern, und sie können das auf durchaus kreative, unkalkulierbare Weise. Hat man Schlüsselpartner auf seiner Seite, so verhindert man vielleicht auch, daß sie anderen expandierenden Ökosystemen Hilfe gewähren; für den Selbstschutz ist das unerläßlich. Wie schnell ein Ökosystem sich neue Beiträge einverleibt, hängt ab von der Offenheit der Mitwirkungsstruktur und davon, wieviele neue Mitwirkende die Motivation und Fähigkeit zur Teilnahme haben.

Apples eigentliche Leistung lag in dem Nachweis, daß es bei der Führung von unternehmerischen Ökosystemen vor allem darum geht, eine Partizipationsstruktur zu schaffen, die andere zum Mitmachen bewegt und ihre Aktivitäten synergetisch organisiert. Der Firma wird häufig die Erfindung des Computers zugeschrieben – was ein Irrtum ist, da es vor und neben ihr genügend andere Computerfirmen gab. Dagegen hat sich Steve Jobs als Gründer und Hauptdesigner der Apple-Unternehmensvision einiges Verdienst erworben, als er das Missionieren zu einer Form der Unternehmertätigkeit machte, bei der die Entscheidung, wer sonst noch einbezogen werden muß, ebenso zählt wie die Suche nach Möglichkeiten, sie zur Mitarbeit zu gewinnen, und die Aufrechterhaltung von Struktur, Anreizen und Fair play in der Marktgemeinschaft. Um es mit den Worten eines Insiders zu sagen: »Steve Jobs wollte eigentlich Rockstar werden, und die Bestrebungen und Methoden solcher Stars hat er ins Unternehmen eingebracht.« Er schuf Groupies und Fans, arbeitete mit Promotern und Medien, versuchte, Ruhm und Publicity und jenes Treue-, ja Trutzbundverhältnis zu kreieren, wie es die damaligen Rock-and-Roll-Gemeinden auszeichnete – und begründete so, zusammen mit seinen Apple-Freunden, eine neue Form der Wirtschaftstätigkeit, die aufs schönste zur neuen Welt der über die Grenzen hinwegreichenden, modularen, wertkettenbildenden unternehmerischen Ökosysteme paßte.

Ironischerweise scheiterte die Firma Apple daran, daß sie in einem Struktur-Kampf mithielt, der sie letztlich zugrunde richtete. Ende der 80er Jahre stand das von IBM initiierte Ökosystem unter der Leitung von Microsoft und Intel und besaß eine extrem offene, sehr effektive De-facto-Partizipationsstruktur. Tausende von Lieferanten und Millionen Kunden strömten herbei, um sich ihm anzuschließen. Apple, nun nicht mehr unter der Führung von Jobs und seinen Rock-and-Roll-Fans, wurde zum vergleichsweise geschlosseneren Ökosystem, dem man sich weniger leicht anschließen konnte. Für Hersteller von Anwendungssoftware wurde es immer schwieriger, mit den von Apple zusammen mit seinen Geräten verkauften Textverarbeitungs- und Zeichenprogrammen zu konkurrieren. Hardware-Hersteller wurden abgeschreckt durch den Anspruch der Firma auf Exklusivität im Ökosystem und durch die Weigerung, ihr Betriebssystem über Lizenzen auch auf anderen Geräten laufen zu lassen. Zur selben Zeit waren Microsoft-Software, Intel-Chips und andere mit ihnen zusammenhängende Komponenten jedermann zugänglich, der sich ihrem Ökosystem anschließen wollte. Im Apple-Ökosystem ließ das Innovationstempo nach, die Preise stagnierten, und das Konkurrenzsystem wurde führend in der Schaffung von Unternehmenswert.

Am meisten Erfolg haben Marktführer in expandierenden Ökosystemen dann, wenn sie ihre Anstrengungen auf den Aufbau von Partizipationsstrukturen richten, in denen die Arbeit von grundverschiedenen Akteuren integriert und koordiniert wird. Im günstigsten Fall wird das Ökosystem so attraktiv, daß die Ressourcen sich selbst ausfindig machen, dem Marktführer hinterherlaufen und um Aufnahme bitten. Am effektivsten wird die Sache dann, wenn der Marktführer sich von einigen der auf den Plan tretenden Ressourcen einfach überraschen lassen kann und ihrer Findigkeit und Kreativität Spielraum läßt, so daß sie zu wichtigen Mitspielern werden, weil sie selbst neue Wachstumspfade aufzeigen und entwickeln.

Hier springt die biologische Parallele ins Auge. Wie schon erwähnt, entwickeln sich weit vom Festland entfernte Inseln nur sehr langsam. Im Geschäftsleben kann man die Insel prinzipiell weiter von neuen Leistungsträgern weg- oder aber näher an sie heranrücken – und auf diese Weise die Einführung des Neuen befördern.

Eine Zeitlang schuf Apple ein Ökosystem, das offen war für neue Arten; ja, im Initiieren und Koordinieren dieser Beiträge sah die Firma recht eigentlich ihren Daseinsgrund. Das führte zu einer großen Vielfalt von Unternehmensarten und trug dazu bei, daß das Apple-Ökosystem immer variationsreicher wurde – und Tandy schließlich auch von der Größe her übertraf. In die Isolation geriet Tandy im Endeffekt, weil es weiter von der Küste abrückte und zum Opfer des Entfernungseffekts wurde. Sein Ökosystem ließ weniger Arten neu hinzukommen, und daher war es auch weniger vital und widerstandsfähig. Im Wirtschaftsleben ist es nicht anders als in der Biologie: Dem Ökosystem mit der größeren Diversität wird in aller Regel der Vorzug gegeben.

Natürlich birgt die Aufnahme von Partnern auch Gefahren. Partner im Ökosystem können – wie Partner überall sonst – so mächtig werden, daß sie die Führung des gemeinsamen Unternehmens an sich reißen. Man muß also nicht bloß Partner aufnehmen, sondern zugleich eine Strategie entwerfen, die die langfristige Führungsposition und die Kontrolle der Partner sichert. Freilich saß diese Lektion noch nicht fest in den Köpfen der ersten PC-Revolutionäre.

Erst die spätere Erfahrung von IBM, das sich mit einem Mal von seinen früheren Partnern Microsoft und Intel ökonomisch ausgeschlachtet sah, hat, wie wir noch sehen werden, dieses Problem ins Bewußtsein gerückt. Weiter unten wird das wichtige Thema »Risiken der Partnerschaft« ausführlicher zur Sprache kommen. Hier sei nur soviel gesagt, daß nach dem »Ende des Wettbewerbs« Partnerschaft fast unvermeidlich geworden ist und ihre Probleme daher nicht ignoriert, sondern bewältigt werden müssen.

Nutzen Sie geeignete Vorläufer-Ökosysteme

In gewissem Sinn ist es gleichgültig, ob ein Ökosystem von Grund auf neu gebaut oder aus Stücken zusammengesetzt wird, die von anderen übernommen oder entliehen sind. Wichtig ist vielmehr, daß eine neue Kooperations- und Koevolutionsstruktur – ein neues Ensemble synergetischer Beziehungen – gebildet und erhalten wird und gegenüber alternativen Arrangements Wettbewerbsvorteile verschafft. Zu meinen Lieblingsbeispielen aus der Biologie gehört das Mikroökosystem der Wanderfalken in New York. Wanderfalken reagieren extrem sensibel auf das Pestizid DDT und ähnliche Chemikalien. Diese Chemikalien, von denen die meisten in den USA verboten sind, führen dazu, daß die Falkeneier hauchdünne Schalen haben, so daß die meisten zerbrechen, noch ehe die Küken geschlüpft sind. Die Falken selber nehmen das DDT in der Regel nicht direkt zu sich, verzehren aber mitunter Vögel, die DDT-verseuchte Insekten gefressen haben. Auf jeder Ebene der Nahrungskette wird das DDT stärker konzentriert, was für die Falken katastrophale Auswirkungen hat.

Die New Yorker Tauben dagegen haben sich als überraschend resistent gegen DDT erwiesen, obgleich sie sich von den Abfällen der Stadt ernähren. Vor mehreren Jahren siedelten sich einige Wanderfalken in New York an; ihre Nester bauten sie an Wolkenkratzern, von denen sie, wenn sie hungrig waren, herabschossen, um Tauben zu fangen. Mittlerweile gedeihen sie prächtig in diesem Ökosystem, das Anleihen bei Altem und Neuem macht und heute über alle Hochhäuser verteilt ist. Was hierbei zählt, ist nicht die Herkunft der Elemente oder ihr früherer Zusammenhang, sondern die neue Kooperationsstruktur, die Falken, Tauben und Müll zum synergetischen, sich selbst erhaltenden System verknüpft.

Die geschickte Nutzung bestehender Ökosysteme und vorhandener Elemente kann einem neuen Ökosystem gewaltige Vorteile verschaffen. Im vorangegangenen Kapitel habe ich berichtet, wie Starlight Telecommunications seine Telefondienste in Somalia aufbaute. Mit Bedacht setzte die Firma Ressourcen aus etablierten Systemen ein: den kostengünstigen Taxifunk für die drahtlosen Verbindungen vor Ort oder das weltweite Fernleitungsnetz, in das sie sich über Satellitenanschluß nach Norwegen einklinkte. Der Schlüssel zum Erfolg lautet: Man sollte Größe und andere etablierte Fähigkeiten der bestehenden Ökosysteme nutzen, ohne sich in ihren überholten Denk- und Verfahrensweisen zu verfangen. Die Kunst besteht in der Verwendung der Ressourcen bei gleichzeitigem Festhalten an der eigenen Unternehmensvision und den eigenen Werten – sowie der Konkretisierung dieser Werte in einer neuen und geeigneten Kooperationsstruktur, die den Aufbau neuer, kreativer Beziehungen in einem neuen und unverwechselbaren Ökosystem vorantreiben kann.

Selten denkt man daran, daß auch das PC-Ökosystem von IBM aus den Teilstücken eines früheren Ökosystems – der sogenannten CP/M-Welt – erbaut wurde. In der Frühzeit der PCs ging noch ein drittes Ökosystem an den Start, brach dann aber zusammen. Im Zentrum dieses Ökosystems standen zwei Software-Hersteller: Digital Research und Micropro. 1977 löste Digital Research sein Betriebssystem CP/M von der Hardware und verkaufte es gesondert. Diese Abtrennung gab fast jedem beliebigen kleinen Hersteller die Möglichkeit, Komponenten zusammenzumontieren und einen brauchbaren Computer daraus zu machen. Von einem Tag auf den anderen stiegen eine Vielzahl kleiner Firmen, die auf dem in den ersten Tandy-Geräten benutzten Zilog-Mikroprozessor aufbauten, in das Geschäft ein.

Im Jahr 1979 brachte Micropro einen Mikroprozessor heraus, der auf CP/M-gestützten Geräten lief. Wordstar war die erste wirklich erfolgreiche Textverarbeitung, und sie konnte eine große Gruppe potentieller PC-Kunden, Autoren ebenso wie Verleger, im Sturm nehmen. Die Nachfrage nach Wordstar, CP/M und der Hardware kleiner Hersteller wie Morrow und Kaypro nahm rasant zu.

Leider gab es so heftige Rivalitäten zwischen den Hardware-Unternehmen, daß keines von ihnen genug Einnahmen hatte, um sie wieder in die Marktführerschaft zu investieren. Auch keine der beiden Software-Firmen lernte, diese Rolle zu spielen. Niemand war da, der den Markt studierte, neue Generationen der Funktionsübertragung definierte oder Anbieter und Partner koordinierte, um dem Markt Verbesserungen zu bescheren. Das CP/M-Ökosystem geriet vollends ins Schwimmen beim Versuch, über seine Frühform hinauszugelangen.

Als IBM 1981 ins PC-Geschäft einstieg, klaubte es die Stücke dieses Ökosystems zusammen. Im Gegenzug zu seiner eigenen, auf vertikale Integration eingeschworenen Geschichte und Unternehmenskultur imitierte und erweiterte IBM das Apple-Modell und baute eine Unterstützergemeinschaft auf. Die Firma holte sich Partner und öffnete ihre Computerarchitektur für Anbieter von außerhalb. Außerdem übernahm sie einen Mikroprozessor von Intel, in dem sämtliche Instruktionen aus dem in Tandy- und CP/M-Geräten verwendeten Zilog-Mikroprozessor zusammengefaßt waren. Vom damals noch winzig kleinen Hersteller Microsoft erwarb IBM die Lizenz für das Betriebssystem MS-DOS. Microsoft seinerseits hatte MS-DOS von der kleineren Firma Seattle Computing gekauft, die das Betriebssystem als Beinahe-Klon von CP/M entwickelt hatte. Infolgedessen konnten Wordstar und andere verbreitete Anwendungsprogramme ohne Schwierigkeiten auf den IBM-PC übertragen werden.

Im Kern lief das Vorgehen von IBM auf eine Kreuzung zwischen wichtigen Elementen des CP/M-Ökosystems und den eigenen Anstrengungen hinaus. Zugleich hat die Firma dem neuen Ansatz einige der Wettbewerbsvorteile aus ihrem traditionellen Großrechner-Ökosystem »ausgeliehen«. Dank ihrer vollen Taschen und ihrer Größe konnte sie ein erfolgreiches PC-Ökosystem begründen. In puncto Expansion hatte dieses System gewaltige Wettbewerbsvorteile gegenüber den Ansätzen von Apple und Tandy. Die Nachfrage nach seinem neuen Gerät stimulierte IBM mit Hilfe einer Kombination aus intensiver Markenwerbung, Vertrieb über das Versandhaus Sears und andere Kanäle sowie Aufbau eines eigenen Fachhandelsnetzes. Microsoft wurde mit Management-Beratung und -Systemen sowie mit Geldmitteln unterstützt. Intel erhielt ein umfangreiches Mikroprozessor-Geschäft und 1983 sogar 250 Millionen Dollar für den Aufbau der Chip-Produktionskapazitäten. In jedem dieser Fälle erwies sich IBMs Ansatz zur Expansion seines PC-Ökosystems als voller Erfolg. Sein PC-Geschäft wuchs von 500 Millionen Dollar im Jahr 1982 auf 5,65 Milliarden Dollar im Jahr 1986, und schon bald hatte das Unternehmen samt seinem Ökosystem die Vorherrschaft auf dem Markt.

Aus der herkömmlichen Sicht der Dinge sah die Beziehung zwischen alten und neuen Ökosystemen immer so aus, daß die ersteren die letzteren schluckten. Große Unternehmen, die oftmals zu Recht als innovationsarm gelten, warten so lange, bis eine Idee sich bewährt hat, und dann übernehmen sie sie und machen sie zu einem Erfolg. Auch die Geschichte der IBM-PCs wird häufig so erzählt. Eine kreativere Variante aber ist nach meiner Überzeugung, daß neue Ökosysteme viel gewinnen können, wenn sie mit alten zusammenarbeiten – und die Vertreter der neuen sich zu guter Letzt oft an der Spitze wiederfinden. Im Fall IBM jedenfalls haben Microsoft und Intel den Sieg davongetragen, und die Geschichte kann auch so gelesen werden, daß beide die IBM-Ressourcen nur auf Eigenes aufgepropft haben, also auf Arbeit, Führungsstil und Unternehmensvision, die nicht etwa IBM, sondern sie selbst entwickelt hatten.

Auch Federal Express konnte nicht existieren ohne die Fernsprech- und Luftverkehrs-Infrastrukturen, die es für seine Zwecke auf die Beine gestellt hatte. Einzelhandelsfirmen, die sich auf eng begrenzte Warenguppen konzentrieren, haben zum Teil gerade deshalb Erfolg, weil der Kunde ihre Angebote in Universalmärkten mit breit gestreutem Warensortiment ergänzen kann. Das Angebot von Home Depot wird ergänzt von Hardwaregeschäften und Baumärkten vor Ort. Oft kauft der Kunde bei beiden ein. Lebensmittelhändler, die Bionahrungsmittel anbieten, stoßen auf einen allgemeinen Markt vor, zu dem auch traditionelle Supermärkte gehören. Auch hier kauft der Kunde häufig bei beiden ein. In der neuen Welt unternehmerischer Ökosysteme besteht eine strategische Schlüsselfrage darin, welche Bestandteile der alten Welt ich mir einverleiben will – und wie.

Betrachten Sie die eigene Situation in expandierenden Ökosystemen

Nachdem Sie sich mit Expansionsproblemen vertraut gemacht haben, sollten Sie unbedingt eine Pause einlegen, einen Blick auf das Umfeld Ihres eigenen Unternehmens werfen und sich anschauen, welche Möglichkeiten Sie haben, um die Expansion des Ökosystems und Ihrer Firma zu stimulieren. Tabelle 7.2 mit den mittlerweile vertrauten sieben Ebenen versammelt einige der Punkte, die in der Expansionsphase bedacht werden sollten. Vielleicht möchten Sie, daß Ihr Management-Team sich auch über das folgende Problem Gedanken macht: Es könnte nämlich sein, daß Sie, ganz im Geist der Schaffung und Ausweitung einer Marktgemeinschaft, »Team« in breiterem Sinne verstanden wissen wollen und weitere Spitzenmanager aus den Ökosystemen, an denen Sie beteiligt sind, miteinbeziehen möchten.

Zur Lösung dieses Problems müssen Sie über allgemeinere Fragen nachdenken. Zum Beispiel: Inwieweit ist mein Unternehmen

Teil eines größeren unternehmerischen Konzepts – Angebote, Prozesse und Organisationen betreffend –, das eine bewußte Expansion ermöglicht? Inwieweit ist mein Unternehmen Teil eines neuen, koevoluierenden Konzepts von zusammenhängenden Produkten oder Dienstleistungen – neuen Funktionen und Lösungen –, das die Kunden mitschaffen und -entwickeln können? Aus den Antworten ergibt sich vielleicht, welche weiteren Spieler als Partner in Frage kommen – oder welche Standards und ergänzenden Produkte oder Dienstleistungen stärker in die eigene Angebotspalette integriert werden könnten. Ergeben mögen sich auch erfolgversprechende Forschungs- und Entwicklungslinien, die eine Stärkung der Synergieeffekte und Funktionszusammenhänge zwischen diesen Elementen zum Ziel haben. Die Gesamtaufgabe besteht darin, auf allen sieben Ebenen des Ökosystems zu einer Kooperations- und Koevolutionsstruktur – und eben damit zu Wettbewerbsvorteilen für das System zu kommen.

Dimensionen des unternehmerischen Ökosystems	**Fragen, mit denen eine Kooperations- und Koevolutionsstruktur konfrontiert werden muß**	**Wettbewerbsvorteile, die erzielt werden müssen**
Kunden	Welche Veränderungen der Ziele, Selbstbilder, Kaufgewohnheiten und Treuemuster muß mein Ökosystem für seine Expansion nutzen und eventuell mit in Gang setzen?	Starke Identifikation der Kunden mit ihrem Mitgliedsstatus im Ökosystem; zahlreiche aktive Kontakte zu anderen Mitgliedern
Märkte	Welche Märkte soll das Ökosystem, dessen Expansion ich anstrebe, in welcher Reihenfolge durchdringen? Wie kann ich mit der Expansion dazu beitragen, daß das Ökosystem Einzelpersonen und Organisationen auf diesen Märkten bei der Realisierung ihrer Ziele	Beherrschen der Vermarktungskanäle und der fest umgrenzten Märkte, die über sie beliefert werden

	hilft? Welche lokalen Angebots-, Aktivitäts- und Organisationsarten sollten in mein synergetisches Beziehungsnetz integriert – oder durch meine expandierenden Leistungen ersetzt werden?	
Angebote	Welche Komplementärprodukte oder -dienstleistungen tragen zur Expansion des Ökosystems bei? Wie kann ich die Verbindung zwischen diesen zusätzlichen Beiträgen und meinen eigenen Angeboten fördern – sowie sicherstellen, daß diese immer zur Verfügung stehen und kontinuierlich verbessert werden?	Angebote, die ein so reichhaltiges und volles Wertpaket zur Verfügung stellen, daß der Kunde nicht in Versuchung gerät, außerhalb des Ökosystems nach ähnlichen Produkten und Dienstleistungen zu fahnden
Prozesse	Welches ist das gesamte sowohl von anderen als auch von mir betriebene Prozeßökosystem, auf das mein Unternehmen sich bei seiner Expansion beziehen muß? Wie ließe sich die Expansion dieser Prozeßstruktur durch bewußte Kooperation der Beteiligten verbessern?	Gut durchgearbeitete Prozesse, die gegenüber alternativen Ökosystemen Lernkumulationsvorteile verschaffen, und/oder Prozesse, die aus effizienterer oder effektiverer Technologie und Produktplanung resultieren
Organisationen	Welche Organisationen und welche Beziehungen zwischen ihnen sind für die Expansion meines Unternehmens und des Ökosystems, in dem es lebt, erforderlich? Wie könnte die Kooperation zwischen diesen Organisationen strukturell verbessert werden, damit sie zur Expansion beiträgt?	Ein Organisationsaufbau, der dem Ökosystem maximale Größen-, Umfangs- und Innovationsvorteile verschafft
Stakeholder	Welche Unterstützung von seiten der Stakeholder, ein-	Maximale Ressourcen nach Bedarf, und das zu minimalen

	schließlich finanzieller Beiträge, wird für die Expansion erforderlich sein? Wie läßt sich diese Untersützung sicherstellen?	Kosten; insbesondere eine Finanzbasis, die weder drückende Kosten noch lästige Kontrollen mit sich bringt
Werte und Politik	Inwieweit steht die Expansion meines Ökosystems und Unternehmens im Einklang mit öffentlichen Werten und staatlicher Politik? Wie kann ich diese Bindungen verstärken und sowohl Öffentlichkeit als auch wichtige Regierungsbeamte von den Vorteilen einer Expansion meines Ökosystems überzeugen?	Maximale Abstimmung zwischen Zielen und Werten des Ökosystems und denen der jeweiligen Gesellschaft sowie der Machteliten in dieser Gesellschaft, also der politisch Verantwortlichen und der Behörden

Tabelle 7.2

Wenn Sie und Ihre Mitarbeiter sich diese Fragen tatsächlich gemeinsam stellen, dann wird von großem Interesse sein, in welchen Punkten das Teams uneins und in welchen Bereichen es sich einig ist. Ein Dissens über die auf das Ökosystem bezogene Expansions-Strategie kann insgeheim lähmend wirken, weil er dazu führt, daß die Beteiligten entgegengesetzte Zwecke verfolgen und dabei ein Führungsschema entwickeln, das aus dem Spektrum der normalen Managementsysteme und -ziele des Unternehmens herausfällt. Ein Konsens hingegen, der die von Ihnen ersonnene und realisierte Kooperations- und Koevolutionsstruktur explizit einschließt, kann in puncto Effektivität eines Management-Teams Wunder wirken. Er kann auf neue Ressourcen, auf neue Möglichkeiten, diese Ressourcen für die gemeinsame Sache einzuspannen, und auf Sektoren aufmerksam machen, in denen ein durchschlagender Erfolg denkbar ist.

Erfolgreiche Wachstumslenkung auf Ökosystem-Ebene besteht zu einem Großteil in einer Verschiebung der eigenen Führungsvorstellungen und der des Teams. Deren eigentlichen Kern bildet der Wechsel von Einzelelementen zu Strukturen: von einem Denken in betriebswirtschaftlichen Einheiten – Unternehmen, Menschen,

Fertigkeiten und Vermögenswerte – zu einer Betrachtung, die die Geschäftstätigkeit von der Kooperations- und Koevolutionsstruktur her in den Blick nimmt, also jener Struktur, in der die Einzelelemente zusammenwirken und gemeinsam, in einem koevolutionären Prozeß, die Zukunft ansteuern.

Dieser Wechsel vom Standpunkt der Einzelelemente zu dem der Kooperations- und Koevolutionsstruktur erfordert mehrere Denkverschiebungen, die eng miteinander zusammenhängen. Aufgeführt sind sie in Tabelle 7.3.

Weg von	Hin zu
Einzelunternehmen gründen und ihr Wachstum fördern	Koevolutionsstrukturen aufbauen, in denen die Kompetenzen mehrerer Firmen zusammenfließen – und das Wachstum dieser Gemeinschaften fördern
Nach Fortschritten suchen, indem man Bedürfnisse befriedigt, die bereits bedient werden, mit Ressourcen, die bereits herangezogen werden	Starke, noch unbefriedigte Bedürfnisse und zersplitterte, unzureichend genutzte Ressourcen ausfindig machen – und neue Wertketten entdecken, die zu einer schöpferischen Verbindung zwischen Ressourcen und Bedürfnissen führen
Ressourcen zumal im eigenen Unternehmen und in der eigenen Branchengemeinschaft ausfindig machen	Nach Möglichkeiten einer schöpferischen Integration von Ressourcen suchen, die aus anderen Unternehmen und Branchen stammen
Management und Marktführerschaft insbesondere dadurch sicherstellen, daß man über tote Vermögenswerte verfügt und Einzelpersonen und Organisationen zur Mitwirkung an den eigenen Plänen nötigt	Talentierte Einzelpersonen, Organisationen und Unternehmen dazu bewegen, zusammen mit der eigenen Firma eine Reihe gemeinsamer Ziele in die Tat umzusetzen

Tabelle 7.3. Denkverschiebungen, die zur Führung expandierender Ökosysteme erforderlich sind

Keinesfalls stehenbleiben dürfen wir bei unserer heutigen Vorliebe für organisatorische Netzwerke, Standards und Strukturen – auch wenn damit einiges von dem bezeichnet ist, was unbedingt getan werden muß. Wir brauchen ein neues Bild von der Aufgabe des Marktführers. Gefordert ist die Planung und Förderung von Kooperations- und Koevolutionsstrukturen, die den Kunden zu innovativem Wert verhelfen und in denen der Marktführer eine dauerhafte Funktion und Nützlichkeit entfalten kann. Wir müssen unser Management-Denken von Grund auf verändern: Unsere Unternehmensstrategie sollte, wenn die auf den Einzelelementen basierende Perspektive versagt, lieber vom Struktur-Standpunkt ausgehen – statt gegen ihn zu arbeiten.

8. Zweites Stadium, Fortsetzung: Die Verteidigung der Revolution

Schaut man sich Satellitenfotos von der Erde an, so sieht man große Farb- und Strukturflächen, die für riesige Gebiete mit gleichartigen Pflanzen- und Tiergemeinschaften stehen. Ein Großteil des US-amerikanischen Ostens und Mittelwestens zum Beispiel wird noch immer von einer ökologischen Ordnung auf Laubwald-Basis eingenommen.

Beim näheren Hinsehen jedoch entdeckt man ein anderes Bild. Innerhalb dieser großflächigen Regionen gibt es bemerkenswert viele Unterschiede. Sanddünen umarmen den Michigan-See. Sumpflandschaften grenzen an Wiesenland. Vorstädtische Grasparzellen fressen sich in Waldgebiete.

Das nähere Hinsehen konfrontiert uns unmittelbar mit den dunklen Geheimnissen des – wie die Biologen es nennen – Mikroklimas, der räumlich begrenzten Bedingungen eines kleinen Biotops. An ein und demselben Tag – ja, in ein und demselben Augenblick – kann die Temperatur von der Süd- zur Nordseite eines kleinen Hügels um viele Grade schwanken. Auf einem Raum von nur wenigen Quadratmetern können die Bodenverhältnisse ganz drastische Unterschiede aufweisen. Flüsse durchfließen die Landschaft und schaffen vielfältige Voraussetzungen für aquatische Ökosysteme und Feuchtgebiete in unmittelbarer Nachbarschaft zu knochentrockenen Felsformationen.

In einer Welt schnell expandierender unternehmerischer Ökosysteme, konvergierender Branchen und exotischer, branchenübergreifender Technologien gelingt es uns nicht immer, wirtschaftliche Mikroklimas richtig einzuschätzen – oder uns zunutze zu machen. Dabei können sie anfälligen Ökosystemen ganz entscheidenden Schutz gewähren. Zwar begeistern wir uns für den Artenreichtum und die Vitalität der unternehmerischen Ökosysteme à la Costa Rica. Hätten wir indessen vor, eine neue Ordnung zu begründen, wäre Costa Rica für diesen Neubeginn wohl kaum der geeignete Ort. Vermutlich würden wir uns eher nach einem geschützteren Territorium umsehen, dort Schlüsselarten einführen und es den Sukzessionsprozessen überlassen, eine artenreiche, hoch-synergetische Lebensgemeinschaft hervorzubringen.

Nach dem Fall der großen – nationalstaatlichen und brancheneigenen – Grenzen besteht die klügste Strategie mitunter darin, klein anzufangen und ein speziell auf bestimmte Mikrobedingungen zugeschnittenes Ökosystem aufzubauen. Einige der größten Wirtschaftsunternehmen in der postindustriellen Welt – darunter, wie wir sehen werden, Wal-Mart – schufen ihre Imperien von Mikrochancen aus. Hatten sie erst einmal aus mehreren solcher Chancen etwas gemacht, konnten sie ihre Schöpfungen wie Perlen zu einer Kette und dann zu kunstvollen Netzwerken mit erheblichen Größen- und Umfangsvorteilen verknüpfen. Diese Strategie ist in der neuen Welt von immenser Bedeutung und eine Garantie für Komplexität. Aber zunächst wollen wir uns noch einmal anschauen, wie die Bedingungen der Ökosystem-Konkurrenz aussehen, die in vielen Fällen ein solches Vorgehen erfordern.

Die Gefahren der Ökosystem-Konkurrenz

Heute, wo die traditionellen Grenzen entweder ganz fallen oder zunehmend durchlässig werden, finden sich die meisten Firmen – zusammen mit traditionellen und neuartigen Wettbewerbern – hilflos in riesigen Chancenumfeldern wieder. Die kreativsten Unternehmen bauen unternehmerische Ökosysteme auf, um die Unterstützung und die vielfältigen Kompetenzen zu schaffen, die zur Befriedigung der Kundenwünsche und zur Nutzung neuer innovativer Ideen erforderlich sind. Aber der bloße Aufbau eines Ökosystems verhindert den Wettbewerb nicht. In der neuen Wirtschaftswelt gibt es nämlich erhebliche Konkurrenz zwischen den Ökosystemen.

Diese Ökosystem-Konkurrenz ist ein ganz unverwechselbares Merkmal des Wirtschaftslebens und hat keine direkte Parallele in der Biologie. Das genaueste Analogon wäre vielleicht der Kampf des Gärtners gegen Unkraut und Wildpflanzen. In der Wirtschaft hingegen präsentieren die Marktführer alternative Auffassungen von der Zukunft und den Mitgliederbeziehungen – und Kunden, Lieferanten und andere müssen sich für eine der Seiten entscheiden. Der Kampf zwischen Ökosystemen steht fast immer im Zentrum des für das zweite Stadium charakteristischen Wachstums. Da Ideen sich heute schnell verbreiten und die traditionellen Schranken der Unternehmertätigkeit weltweit ins Wanken geraten sind, wird jede Idee, die aus der Versuchs- in die Expansionsphase übertritt, zur Entstehung einer Gegen-Gemeinschaft führen. Die bloße Existenz einer expandierenden Allianzen-Gemeinschaft ist ein Signal für andere, womöglich weniger vorausschauende Strategen, daß sich etwas tut und daß sie vielleicht selbst vergleichbare Ökosysteme in Gang bringen sollten.

Angesichts dieser Verhältnisse können wir für die Expansion im zweiten Stadium keine sinnvolle Strategie entwickeln, ohne uns darum zu kümmern, wie sich die Ausweitung und Vertiefung des eigenen synergetischen Beziehungsnetzes und zugleich der Schutz vor Übergriffen anderer sicherstellen lassen. Bei einigen der interessantesten Wettbewerbssituationen geht es um solche Zusammenstöße zwischen expandierenden Welten. Zur Zeit betrachte ich ganz fasziniert die atemberaubende Endphase des Konflikts zwischen Wal-Mart und Kmart. Während Wal-Mart unaufhaltsam vorwärtsstürmt, versucht Kmart verzweifelt, den endgültigen Kollaps des mittlerweile spröde gewordenen Synergienetzes, auf das die Firma angewiesen ist, zu verhindern.

Ein Wettbewerber, der Ihrer Expansion Konkurrenz machen will, versucht nicht nur, Sie mit Ihren eigenen Waffen zu schlagen. Er will so viel verfügbares Territorium an sich reißen – so viel ökologische Tragfähigkeit des Lebensraumes schlucken –, daß das Unternehmensmodell Ihres Ökosystems scheitert. Der expandierende Konkurrent will ja verhindern, daß Ihr Ökosystem eine Wachstumsstufe erreicht, wo es von breiter Mitgliederbasis, Größe und kontinuierlicher Innovation profitieren kann. Dieser neue Wettbewerber will das Wachstum Ihres Ökosystems hemmen und dafür sorgen, daß sein Vorteilssystem ins Wanken gerät und zusammenbricht.

Ziel der Kämpfe auf Ökosystemebene ist es, Schlüsselkunden, kritische Masse und Marktdynamik sowie die Beziehungen zu wichtigen Anbietern und anderen potentiellen Allianzpartnern zu sichern. Machen Sie keinen Fehler, dies sind Nullsummenspiele. Wen ich verpflichte, den verlieren Sie. Ich versuche ja, nicht bloß wichtige Leistungsträger zu engagieren, sondern sie Ihnen und anderen Ökosystemen streitig zu machen.

Wer heute erfolgreich sein will, muß also zwei Ziele auf einmal erreichen. Erstens müssen Sie Ihr Ökosystem leistungsfähiger, variationsreicher und widerstandsfähiger machen als die konkurrierenden Systeme. Zu diesem Zweck müssen Sie den Entfernungseffekt kleinhalten, das heißt bildlich gesprochen, Ihr Ökosystem näher an andere potentielle Teilnehmer heranrücken und sie zur Mitarbeit ermuntern. Den Arealeffekt müssen Sie sich zunutze machen, so daß Sie mit zunehmender Größe auch wachsende Mannigfaltigkeit und Artenvielfalt einbringen. Und Sie müssen Verbindungen zu anderen Ökosystemen herstellen, um sie Ihrem Netzwerk einzuordnen und Ihre Welt wechselseitig nutzbringender Beziehungen schneller wachsen zu lassen. Um all dies ging es im letzten Kapitel.

Zweitens können Sie sich nicht darauf verlassen, daß irgendwelche schon vorhandenen Grenzen Ihr Ökosystem vor der Bedrohung durch andere schützen. Vielmehr müssen Sie die Ökosystemgrenzen selbst schaffen und verteidigen, dort welche errichten, wo keine sind, und die bestehenden festigen. Dies ist das zentrale Thema des jetzigen Kapitels.

Es gibt drei Hauptmöglichkeiten der Errichtung von Grenzen, die man verteidigen kann. Tun Sie erstens alles, um Kunden fest in Ihr Ökosystem einzubinden. Fördern Sie psychologische Identifikation und Zugehörigkeit, tägliche Zusammenarbeit und Rücksprache, regelmäßige Einbeziehung. Beherrschen Sie zweitens den

Markt und die Vermarktungswege. Schöpfen Sie die Nachfrage auf einem Markt und den Preisspielraum voll aus, um andere fernzuhalten. Schaffen Sie drittens Angebote, die Gesamtlösungen präsentieren, also alle Kundenbedürfnisse in einer bestimmten Sparte befriedigen. Sorgen Sie dafür, daß der Kunde keine ergänzenden Produkte und Dienstleistungen bei anderen zu suchen braucht, denn er könnte einem alternativen Ökosystem in die Falle gehen.

Grenzen errichten kann außerordentlich schwierig sein, wenn Sie sich eine beherrschende Stellung in einem großen Segment des gesamten Chancenumfelds erobern wollen. Dagegen läßt es sich oftmals schneller und sicherer bewerkstelligen, wenn man die ursprünglichen Ambitionen zurückschraubt und sich auf den Teil des ökonomischen Mikroklimas konzentriert, den man wirklich beherrschen kann. Die erfolgreiche Expansion des Ökosystems beginnt häufig damit, daß man Submärkte ausfindig macht, auf denen das Ökosystem eine beherrschende Stellung über einen Teil des Gesamtterritoriums erringen kann. Im günstigsten Fall gibt eine solche Abtrennung des Marktes die Möglichkeit, viele uneinnehmbare Positionen zu schaffen, die zu guter Letzt miteinander verbunden werden können und dann die erfolgreiche Besiedlung und Verteidigung eines Großteils des Gesamtterritoriums gestatten.

Betrachten wir nun ein konkretes Beispiel für die Expansion im zweiten Stadium. Seinerzeit erschien es als rasanter Erfolg; doch dieser Erfolg wurde zunichte gemacht, weil man nicht darauf achtete, verteidigungsfähige Marktgrenzen zu errichten.

Die Lehrbeispiele nicht vergessen

Wenn die berauschende Zeit der Expansion anbricht, wird man leicht in blindem Enthusiasmus mitgerissen. Missionieren (auch als Zeltmission), T-shirts, Trinkbecher, Baseballmützen und allgemeine Ekstase sind an der Tagesordnung. In dieser Zeit empfiehlt es sich, über ein paar warnende Beispiele nachzudenken. Einer meiner Lieblingsfälle ist die berühmte Geschichte von People Express, die man mit Gewinn aus ökologischer Sicht betrachten kann. Diese Fluggesellschaft – Liebling der Betriebswirtschaftler, mit Hoffnungen vollgepackter Traum der Mitarbeiter, Retter Tausender von Rucksacktouristen – mußte erleben, wie ihr im Augenblick maximaler Anfälligkeit die Beine unter dem Leib weggezogen wurden.

Gegründet wurde People Express mit dem Ziel, sich die 1978 gesetzlich festgelegte Deregulierung im Flugverkehr der Vereinigten Staaten zunutze zu machen. Bis 1982 hatte diese Deregulierung der Branche bereits viele der traditionellen Schutz- und Hilfsmaßnahmen entzogen und die Grenzen des weltweit größten Luftverkehrsmarktes geöffnet. Von 1982 an strömten zahlreiche Konkurrenten auf das Geschäftsfeld. Die meisten waren fast sofort wieder pleite. Nicht so People Express. In mehrfacher Hinsicht machte sein Gründer Donald Burr nämlich alles richtig: Er konzentrierte sich auf preisbewußte Kunden, beherrschte unterversorgte Nischenmärkte (Flugverbindungen zwischen nachgeordneten Städten), entwickelte innovative Möglichkeiten, die Fluggesellschaft mit extrem niedrigen Kosten zu betreiben, konnte die Beschäftigten für eine Teilentlohnung in Form von Aktien gewinnen und schuf eine relativ zufriedene Kundenbasis auf mehreren wichtigen Märkten an der Ostküste der Vereinigten Staaten. Vom ersten People-Express-Flug im Jahr 1981 stieg der Jahresumsatz der Gesellschaft bis 1985 auf fast eine Milliarde Dollar.

Dann aber ging die Firma über die Nischenmärkte hinaus, bot Flüge zwischen Großstädten an und stieg so in die direkte Konkurrenz mit den großen Fluggesellschaften ein. Das ging nur mit größeren Maschinen und höherer Kreditaufnahme. Im Oktober 1985 kaufte Burr die Firma Frontier Airlines, um seinen Erfolg im Westen des Landes zu wiederholen.

Als die durch die Expansion verursachte Anfälligkeit der Gesellschaft am größten war – weil sie mit der Integration von Frontier ebenso zu tun hatte wie mit der Umstrukturierung des Unternehmens und der Schuldentilgung nach dem Firmenaufkauf –, kam der

Angriff von American Airlines. Mit Hilfe der Daten aus seinem Computer-Reservierungssystem startete American Airlines eine konzertierte Sonderangebots-Offensive mit dem Ziel, People Express in einen Cash-flow-Engpaß zu treiben. Das beschnitt dessen Möglichkeit zu weiterer Expansion, führte dazu, daß das gesamte People-Express-Ökosystem von einer schleichenden Vertrauenskrise heimgesucht wurde, und forcierte schließlich seinen Zusammenbruch.

Was hätte People Express tun können? Es hätte vielleicht bei den Ostküstenmärkten, wo es eine starke Stellung innehatte, stehenbleiben und sich mehr auf die Zusammenarbeit mit seinen Billigflugkunden konzentrieren sollen, für die American Airways und andere große Fluggesellschaften langfristig wohl kaum attraktive Alternativen anzubieten gehabt hätten. Oder es hätte mehr liquide Mittel ansammeln sollen, um vorübergehende Billigangebote der größeren Firmen durchstehen zu können. Statt dessen nahm es Kredite auf und expandierte über die gesicherten Nischen hinaus. Hätte People Express seine Hochburgen geschützt, wären Attacken wie die von American Airlines den Angreifer teuer zu stehen gekommen und womöglich gar nicht erst versucht worden.

Ein solches Schwerpunktsetzen war auch in den 90er Jahren Motor für den Aufstieg vieler Billigfluganbieter wie etwa Southwest Express. Sie machten kleine Nischen ausfindig, die voll ausgeschöpft werden konnten (zum Beispiel die Route zwischen Dallas und Fort Worth), und konkurrieren mit Busreise und Autofahren ebenso wie mit den großen Fluglinien. Das Chancenumfeld, auf dem sie agieren, ist zwar offen für viele Wettbewerber, aber sie haben sich ihre Territorien sorgfältig ausgesucht, die Nachfrage voll ausgeschöpft, die Preise niedrig gehalten und genug liquide Mittel angehäuft, um vorübergehende Preiskämpfe durchstehen zu können. Auf diese Weise konnten sie relativ uneinnehmbare Nischen aufbauen, von denen aus sie die weitere Expansion in Angriff nehmen. Ob sie letztlich erfolgreich bleiben, hängt davon ab, inwieweit sie, auf einem gewissen Erfolgslevel angelangt, herausfinden können, wie sie diese Positionen zu einem System mit Größenvorteilen vereinigen und sich gleichwohl noch gegen große Gesellschaften abschirmen können. In diesem Punkt wäre es nicht das schlechteste, bei Wal-Mart in die Lehre zu gehen.

Erfolgsgeschichte einer Expansion

Das vielleicht schlagendste Beispiel dafür, daß das Errichten von Grenzen die nachhaltige Expansion in einem heiß umkämpften Chancenumfeld sichern kann, ist die Geschichte der Firma Wal-Mart, des legendären Discounters mit Sitz in Bentonville, Arkansas. Beim breiten Publikum ist sie auf großes Interesse gestoßen, zum einen wegen des seit der Firmengründung im Jahr 1962 angehäuften Reichtums, zum andern wegen der geschickt vermarkteten, an Romane von Horatio Alger erinnernden Lebensgeschichte von Sam Walton.[1] Bis zu seinem Tod war er der reichste Mann Amerikas, und das Gesamtvermögen seiner Familie übersteigt noch heute bei weitem das von Bill Gates.

Von der Wal-Mart-Geschichte gibt es zwei Versionen. Die erste berichtet ganz schlicht über besondere Kundenorientierung, in deren Zentrum der Einsatz von »Begrüßungspersonal« stehe, das dem Einkaufen eine persönlichere Note verleiht. Die zweite erzählt von einem Unternehmensmonstrum, unter dessen Füßen die schöne Umwelt vieler malerischer Städtchen zermalmt wurde. Nach meiner Ansicht lassen beide Darstellungen das Wichtigste vermissen: Wal-Mart ist weder ein Heiliger noch ein Raubtier. Das Unternehmen verfügt einfach über ein äußerst erfolgreiches Management auf Ökosystem-Ebene. Was es heute erntet, sind die Früchte des vor Jahren installierten Grenzschutzes.

Wal-Mart ist mittlerweile weit weg von seinem Anfangsslogan »Boots for good ol' boys«. Zwar können die meisten Menschen durchaus anerkennen, daß die Firma in den Vereinigten Staaten nahezu allgegenwärtig ist, aber nur wenige finden die Riesenausmaße des Gesamtunternehmens wirklich gut. Wal-Mart ist die größte Discountkette der USA. Im Jahr 1995 hatte es 2874 Geschäfte mit Umsätzen von annähernd 100 Milliarden Dollar vorzuweisen. Mit all diesen an eines der weltweit höchstentwickelten Marketing-Informationsnetze angeschlossenen Geschäften ist Wal-Mart vermutlich der größte Privatkäufer von Hochleistungsparallelrechnern in den Vereinigten Staaten. Nur noch die Regierung kauft mehr. Diese Computer benutzt die Firma zur Datenmustererkennung – das heißt zur Suche nach Patterns in den Kaufgewohnheiten der Millionen Wal-Mart-Kunden und zur direkten Anpassung an wechselnde Kundenwünsche über Preispolitik und Werbeaktionen. Tausende von Terminals in den Geschäften fressen sich täglich mit Verkaufsdaten voll und geben sie nachts weiter an den Firmensitz in Bentonville.

Auf der Angebotsseite verfügt Wal-Mart über ein integriertes, eigenständiges Logistiksystem. Seine Vertriebskosten zum Beispiel machen weniger als 3 Prozent des Umsatzes aus, während sie bei den Discountkonkurrenten 4,5 bis 5 Prozent betragen.[2] Die Firma erledigt annähernd 15 Prozent des gesamten US-Vertriebs für mehrere große Konsumgüter-Hersteller und ist damit einer der mächtigsten Großeinkäufer der Welt. Sie hat 1800 Anbieter zu einem integrierten System vernetzt, das dafür sorgt, daß der Warenbestand – sowohl auf Lager liegende wie im Vertriebsnetz umherreisende Ware – mit der Nachfrage in den Geschäften Schritt hält und die Produktion der Lieferfirmen stimuliert wird. Mit diesem System hat Wal-Mart eine einmalige Kontrolle über Fertigung, Bewegung und zielgenauen Einsatz der Produkte in den Verkaufsstellen.

Will man die Wal-Mart-Leistung jedoch wirklich würdigen, dann muß man eines seiner Geschäfte besuchen. Ich habe sowohl das Wal-Mart-Unternehmensmodell studiert als auch seinen Beitrag zum kleinstädtischen Amerika bewundern können. Ich bin ja selber in jenen mehr oder weniger kleinen Städten im Zentrum des Mittleren Westens aufgewachsen, wo die Firma ihre erste Hochburg hatte.

An einem 4.-Juli-Wochenende der letzten Jahre fuhr ich von Chicago zum Besuch meiner Großeltern in die kleine, mitten im Staat Illinois gelegene Stadt Mattoon. Beide Großeltern, 98 und 99 Jahre alt, lebten noch immer – wenn auch mit Schwierigkeiten – im eigenen Haus. An einem brütend heißen Tag kam ich in Mattoon an. Es herrschten fast 40 Grad im Schatten und fast 100 Prozent Luftfeuchtigkeit. In der Umgebung von Mattoon weist man gern darauf hin, wie wunderbar das Wetter für den Mais ist. Tatsächlich sieht man, soweit das Auge reicht, beinahe nichts als Maisfelder. Am Rande der Stadt bemerkte ich, als ich vom Interstate- in den kleineren State-Highway abbog, den riesigen Wal-Mart-Hypermarkt, der mitten auf einem Parkplatz hockte und mehrere Morgen Land einnahm – ein erstaunlicher Anblick in Mattoon mit seiner 12 000 Einwohner zählenden und immer noch schrumpfenden Bevölkerung.

Am nächsten Tag saßen meine Großeltern und ich zusammen und überlegten, was wir tun könnten. In Mattoon gibt es da keine Riesenauswahl, schon gar nicht für fast 100jährige Menschen. Jemand schlug vor, zu Wal-Mart zu gehen. Auch in Mattoon ist dieser Discountmarkt 24 Stunden täglich geöffnet. Zur heißen Jahreszeit ist er wunderbar klimatisiert.

Zu meiner großen Überraschung entpuppte sich der Wal-Mart in Mattoon als Offenbarung. Er war damals der größte in ganz Nordamerika. Mit seinen mehr als 20 000 Quadratmetern wirkte er wie ein überdachtes Fußballfeld. Aber seine Größe war weniger beeindruckend als seine erstklassige Ausstattung im Vergleich zu dem, was man normalerweise in einem Farmerstädtchen des Mittelwestens finden kann. Ich dachte an meine Kindheit mit dem Weißbrot und den Vorjahrsmoden, feilgeboten von Händlern der Main Street, die Quasimonopole hatten und keinen Unterschied zwischen den Kunden machten. Dieser Wal-Mart hingegen verkaufte lebende Hummer und mehrere Sorten Feinschmeckerkäse. Außerdem hatte er gut verarbeitete, modische Kleidung. Das Kinderspielzeug glänzte, war sauber und kreiste um Themen wie Landleben, Bauen und Autorennen, während es keine Spielzeugwaffen gab. Eine spezielle Rundumbeleuchtung tauchte das Ganze in mildes Licht. Und die Klimaanlage verbreitete, ganz wie versprochen, eine angenehme Kühle. Nur ein paar Autominuten von zu Hause weg waren wir in den seligen Zustand des Nirwana geraten.

Dasselbe Erlebnis hat man in vielen anderen Wal-Marts in vielen anderen Kleinstädten: ein Quasi-Luxus-Erlebnis zu Discountpreisen. Der Erfolg der Firma liegt nicht in erster Linie daran, daß sie die am Ort befindlichen Geschäfte auskonkurriert, sondern daß sie einen erheblich höheren Wert anbietet und die Kunden sie deswegen vorziehen. Gemessen an dem sonst zur Verfügung Stehenden und an den Kundenerwartungen, spielt Wal-Mart die Rolle des Höherwertigen, wie sie Nordstrom oder Bloomingdale's in einem reichen Vorort spielen mögen und die traditionellen Kaufhäuser in größeren Städten jahrelang gespielt haben. Das Wertangebot ist fast unwiderstehlich.

Die Ironie wollte es, daß direkt neben dem Wal-Mart in Mattoon ein kümmerlich aussehender Kmart lag, der kaum ein Sechstel so groß war. Er schien sich auf Reifen und Autoersatzteile spezialisiert zu haben. Warum sollte jemand lieber dorthin gehen als zu dem mit seinen massiven Wettbewerbsvorteilen wachsenden und gedeihenden Wal-Mart?

Am meisten verblüfft mich, daß das Wal-Mart-Ökosystem in den ersten Jahren den Marktführern anderer gleichartiger Ökosysteme wie etwa Kmart und Sears völlig aus dem Weg gehen konnte. Der Einzelhandel in den Vereinigten Staaten war immer einer der am wenigsten geschützten Wettbewerbssektoren. Überall wird gekämpft. Kmart und Sears begannen mit einem Vielfachen dessen, was Wal-Mart an Kapital, Fachkompetenz und Marktvolumen zur Verfügung hatte. Wie also konnte die Firma, in einem so gnadenlosen Umfeld, dem Schicksal von People Express entgehen? Ich behaupte, daß wir aus der Antwort auf diese Frage viel lernen. Wirklich würdigen können wir Wal-Marts grundlegende Leistung aber nur, wenn wir seinen Entwicklungsgang mit dem des Kmart-Ökosystems vergleichen.

Weg von der Main Street

Technologische und gesellschaftliche Veränderungen eröffnen häufig neue Chancenumfelder. Zu Beginn der 60er Jahre hat der Einzelhandel in den Vereinigten Staaten durch die Kombination von Autos, Straßen und Nachkriegswohlstand eine ganz neue Gestalt angenommen. Diese Umgestaltung führte zur Ausbreitung von Discountmärkten und schließlich auch zur Entstehung einer Vielzahl riesiger Verbrauchermärkte wie Wal-Mart und Spartenkillern à la Toys »R« Us und Staples. Solche Mega-Trends veränderten den Einzelhandel von Grund auf: Um ein großes Güterspektrum zu niedrigen Preisen zu bekommen, waren immer mehr Kunden bereit, in ihr Auto zu springen und eine nicht allzu lange Strecke zu Einkaufszentren oder anderen Standorten abseits der Main Street zurückzulegen. Als Autos und Straßen besser wurden, begannen die Menschen das Autofahren zu genießen und legten die »nicht allzu lange Strecke« großzügiger aus. So kam es, daß die Kunden nunmehr frohgemut zu einem Geschäft *fuhren*, zumal wenn dieses Geschäft ein breites Spektrum preisgünstiger Waren anzubieten hatte und einem viel Einkaufszeit ersparte.

Amerikas Autoliebe führte zu einem tiefgreifenden Wandel in der Wirtschaftsstruktur des Einzelhandels. Nicht mehr die Güter begaben sich zu kleinen Geschäften in unmittelbarer Nähe der Verbraucher – und auf Kosten des Groß- und Einzelhandels –, sondern die Menschen begaben sich zu den Gütern. Die für den Einzelhandel daraus resultierenden Einsparungen – weniger Transport und Aufteilung der Waren in kleine Mengen, rationalisierte Gemeinkosten für größere Geschäfte sowie Großeinkauf – konnten an die Kunden weitergegeben werden. Die Einzelhandelsfirmen erkannten, daß das Einheitspreisgeschäft der Main Street dem Supermarkt mit breitem Warensortiment weichen mußte. Und der wiederum wurde bedroht durch den großen Discountmarkt. Im Jahr 1960 lag der Gesamtumsatz solcher Discounter in den Vereinigten Staaten bei mehr als einer Milliarde Dollar. Aber noch hatte kein Einzelspieler diese Idee zur Basis eines großen Einzelhandels- und Vertriebs-Ökosystems gemacht.

Bahn frei für Kmart und Wal-Mart

Zu Beginn der 60er Jahre zogen sich viele Einzelhandelsfirmen aus dem Stadtzentrum in die immer wohlhabenderen Vororte zurück, um vom Discount-Konzept zu profitieren. Eines dieser Unternehmen war S. S. Kresge, eine große, erfolgreiche Firma mit breit gestreutem Aktienkapital, die auf dem Einheitspreis-Konzept basierte. Mit dem Werbespruch »Nichts über zehn Cent« eröffneten Sebastian Kresge und John McCrow 1899 ihr erstes Geschäft in Detroit. Im Jahr 1912 besaß Kresge bereits 85 solcher Geschäfte; er expandierte kontinuierlich weiter und wurde in den 50er Jahren zu einer der führenden amerikanischen Supermarktketten. Im Jahr 1958 ließ sich die Firma von einer von ihr in Auftrag gegebenen Marktstudie bewegen, es mit dem Discount-Geschäft zu versuchen.

Um das Konzept zu testen, ließ das Unternehmen drei seiner unrentablen Geschäfte umbauen und eröffnete dort einen Discountmarkt unter dem Namen Jupiter Discount Stores, gefolgt 1961 vom ersten offiziellen Kmart. Als diese neuen Märkte den entscheidenden Umsatzanteil zu erwirtschaften begannen, modelte Kresge seine Einheitspreis-Identität ganz und gar zur Discount-Gestalt um und baute seine Geschäfte entsprechend auf: riesige Verbrauchermärkte mit riesigen Parkflächen, die so plaziert waren, daß sie vom Verkehrsfluß profitierten und für den autofahrenden Verbraucher leicht erreichbar waren. Diese Märkte errichtete die Firma in strategisch günstiger Nähe zu vorhandenen Einkaufszentren und Städten mit mehr als 50 000 Einwohnern und verkaufte dort eine Vielzahl verschiedener Artikel für den bescheideneren Vorstadtgeschmack. Unterstützt durch großzügigen Kapitaleinsatz, Managementkompetenz und kollektive Anstrengung, konnte das

Kmart-Ökosystem in den ersten Jahren rasch expandieren. Eine ganze Zeitlang wirkte es wie ein riesiger Multimilliarden-Dollar-Gewinner, Marktführer bei den mobilen Kunden und Liebling der Wall Street, weil es eine starke Finanzleistung und Mitte der 60er Jahre bereits tausend Standorte vorzuweisen hatte.

Zur selben Zeit trat im ländlichen Arkansas ein zweiter, viel weniger aussichtsreicher Mitbewerber auf den Plan. Wal-Mart hat damals das Discount-Modell im wesentlichen kopiert; es machte ungeniert Anleihen bei Kmart und kreuzte sie mit allem, was andere Vorgänger an Bestem zu bieten hatten. Sam Waltons Genialität bestand nämlich sowohl in seiner Bereitschaft, sich höchstpersönlich zu seinen Konkurrenten (und in die eigenen Geschäfte) zu begeben, als auch in seinem scharfen Blick für die Funktion der von ihnen verwendeten Komponenten in einem Ökosystem. Mit diesen Elementen und Modellen experimentierte er dann in seinem abgeschiedenen Arkansas-Labor.

Ende der 60er Jahre hatte Wal-Mart die Grundstruktur seines eigenen unternehmerischen Ökosystems entwickelt: Die Wal-Mart-Geschäfte sollten eine Vielzahl bekannter Markenartikel führen und sie etwa 15 Prozent billiger verkaufen als in den kleineren, von der Besitzerfamilie selbst betriebenen Läden. Aber in einem wichtigen Punkt unterschied sich diese Struktur deutlich von Kmart oder anderen: Statt in die Vorstädte zu gehen, wo das Geld saß, blieb Wal-Mart auf ländlichen und kleinstädtischen Märkten, in Städtchen mit 5000 Einwohnern und zumal an Standorten, wo ein und dasselbe Geschäft mehrere solcher Ortschaften versorgen konnte. Auf diesen Märkten waren die Kunden oft mit den etablierten Wettbewerbern ziemlich schlecht bedient, so daß Wal-Mart ohne Schwierigkeiten in die Rolle des wichtigsten, bestbestückten und preiswertesten Geschäfts der ganzen Umgebung schlüpfen konnte – und nicht etwa als zweitklassige Einzelhandelsfirma auftrat. Aus geographischen Gründen entwickelte sich Wal-Mart ferner zu einem der regional bedeutendsten Arbeitgeber außerhalb der Landwirtschaft, wodurch es zu einer gesellschaftlich tragenden Säule wurde. In seiner Kundengruppe brachte es Wal-Mart zu einer extrem hohen Wertwahrnehmung und einem starken permanenten Vertrauens- und Abhängigkeitsverhältnis.

Die ländlichen Märkte boten dem Wal-Mart-Ökosystem einen weiteren, vielleicht geheimen, aber jedenfalls bedeutsamen Vorteil: nämlich die natürliche Grenze, die in der mangelnden Bereitschaft der Kunden bestand, mehr als zwanzig Kilometer zu einem Verbrauchermarkt zu fahren. Innerhalb dieser zwanzig Kilometer konnte Wal-Mart die Nachfrage nach vielen der gesuchten Waren voll ausschöpfen. Die daraus resultierende Marktdefinition der Firma war klein genug, um ihr die Herrschaft über den Markt zu sichern, nicht groß genug, um Konkurrenten wie Kmart anzulocken, aber umfassend genug, um die Konzentration der Kaufkraft aus mehreren Kleinstädten und die Aushandlung von Mengenrabatten zu ermöglichen.

Kmart hingegen sichtete den dickeren Fisch in den Großstädten. Statt den Markt voll auszuschöpfen, stimulierte die Firma die Nachfrage, und auf diese Weise lockte sie zusammen mit den Kunden auch die Konkurrenten an. Kmart baute mehr auf ein Expansions- als auf ein Sättigungssystem, so daß es in den ersten Jahren zwar rasch wuchs, sich aber zugleich die direkte Konkurrenz von Discountern wie Target und Venture einhandelte, deren Geschäftsmodell fast identisch mit seinem war und die in puncto Geschäftseröffnungen mit ihm Schritt hielten. Später dann begannen Spartenkiller wie Toys »R« Us und Home Depot, die einen Markt mit jedem nur denkbaren Produkt einer bestimmten Warensparte ausschöpfen, auf Kmart einzudreschen. Obgleich Kmarts Ende weniger dramatisch verlief als das von People Express, waren seine Ursachen doch von geradezu unheimlicher Ähnlichkeit: Expansion ohne Errichtung gesicherter Grenzen und Verdrängung des Konkurrenten-Unkrauts.

Unkraut muß ferngehalten werden

Die Erststandorte von Wal-Mart reichten zwar für ein einzelnes Geschäft, aber die Kundenpopulation war zu klein, um zwei konkurrierende Discounter zu ernähren. Hatte Wal-Mart daher erst einmal irgendwo einen Markt eröffnet und die jeweiligen schwächeren Einzelhändler verdrängt, sah es sich selten durch die Konkurrenz anderer Discounter (einschließlich Kmart) bedroht.

Zu den besten Möglichkeiten, Grenzen zu befestigen, gehört es, die gesamte Tragekapazität des umgrenzten Territoriums zu schlucken und keine Nahrung für potentielle Rivalen übrigzulassen. Die Ökonomen nennen das »space packing«. Das Gegenstück in der Biologie heißt »species packing«; es bedeutet, daß eine Gruppe vorhandener Arten die verfügbaren Nährstoffe ganz ausschöpft, so daß zusätzliche Arten nicht nachdrängen können. Es gibt einfach keinen Raum für sie. Jedes Jahr beobachte ich eine Miniaturausgabe dieser Verhältnisse auf einem kleinen Stück Land: in meinem Garten. Jedes Frühjahr ist es so: Gelingt es mir, das Rispengras genügend dicht zu ziehen, dann wird mit anbrechendem Sommerwetter kein Unkraut meinen Rasen verunzieren. Was ich mit dem Rasen mache, ist »space packing«. Wächst das Gras aber nicht dicht genug, dann kann das Unkraut Wurzeln schlagen, und ich habe ein ästhetisch unansprechendes Ökosystem vor mir.

Für Wal-Mart hatte das »space packing« eine wichtige, aber oft nicht gewürdigte Konsequenz: Es verringerte die Unsicherheit, der Wal-Mart in der Expansionsphase ausgesetzt war, und trug damit zur Senkung von Implementierungskosten und -risiko bei. In den Anfangsstadien konnte die Firma ihre Fähigkeiten aufbauen, ohne daß sie die zusätzlichen Kapitalkosten und Planungsschwierigkeiten zu fürchten hatte, die in einer Wettbewerbssituation unvermeidlich gewesen wären. Aufs ganze gesehen war die Expansion wenig gefährdet durch größere Wettbewerber, die Wal-Mart an irgendeinem empfindlichen Punkt hätten treffen können, etwa wenn das Unternehmen gerade an Kapitalknappheit leidet oder die Aufmerksamkeit der Geschäftsleitung von der Aufgabe in Anspruch genommen wird, in einer anderen Region neue Kapazitäten bereitzustellen.

Lernen Sie Fernmanagement

Als Wal-Marts Geschäftsstrategie erst einmal feststand und sich in einer Reihe von Discountmärkten im amerikanischen Süden und Mittelwesten bewährte, konzentrierte sich die Unternehmensleitung auf die Entwicklung der organisatorischen Mittel, mit denen sich die Strategie der festumgrenzten Märkte rasch auf viele Märkte übertragen ließe. Dabei hatte sie drei fixe Ideen, die auf den Plan hinausliefen, Sam Waltons persönliche Gegenwart durch Fernmanagement zu ersetzen. Die drei Ideen lauteten:

- Schaffung eines Ensembles von Anreizen und Maßnahmen, die das Engagement der Beschäftigten und Manager in den Einzelmärkten sicherstellen sollten; Ergebnis war ein komplexes System aus Schulung, Aufsicht, Prämien und Aktienbesitz für Beschäftigte.
- Sicherung von Kommunikation und Kontrolle in einem Netzwerk weit voneinander entfernter Geschäfte; erforderlich dafür war die strenge Überwachung sorgfältig abgestimmter Maßnahmen, die täglich an den Firmensitz in Bentonville übermittelt wurden.
- Aufbau eines effizienten Vertriebsnetzes, das die Rationalisierung bei Einkauf und Transportmitteln, die Systematisierung des Bestellwesens und die Belieferung der Einzelgeschäfte mit einer Vielzahl verschiedener Güter ermöglicht. (Diese dritte »fixe Idee« wurde zu dem für Wal-Mart charakteristischen Vertriebssystem nach dem Drehkreuzprinzip: Je ein Lager beliefert eine bestimmte Gruppe von Discountmärkten, von denen keiner weiter als eine Tagesfahrt vom Zentrum entfernt ist.)[3]

Im Grunde hat Wal-Mart nichts anderes getan, als seine lokalen Ökosysteme – die es immer in einem von ihm beherrschten, fest umgrenzten Markt errichtete – zu einem größeren Ökosystem mit Umfangs- und Größenvorteilen zu verflechten. Diese Strategie hat eine faszinierende Parallele in der Wiederaufforstung der Biowälder in Costa Rica. Seit 1971 gibt es den Santa-Rosa-Nationalpark, wo der Trockenwald wiederaufgeforstet werden konnte, seit 1989 den Guanacaste-Nationalpark, der den Trockenwald mit höhergelegenen, feuchteren Gebieten – auch den an den Vulkanen Orosi und Cacao gelegenen Nebelwäldern – verband. Das in jüngster Zeit entstandene Guanacaste-Naturschutzgebiet hat all diese Gebiete und ein paar andere zusammengeschlossen. Daraus ergibt sich ein einheitliches ökologisches System von erheblich größerer Diversität und potentieller Stabilität, als jede einzelne kleinere Lebensgemeinschaft sie aufweist.

Auch das aus lokalen Verbauchermärkten und regionalem Vertrieb geknüpfte Wal-Mart-Netzwerk schuf die Grundlage für ein umfangreicheres, vielfältigeres Ökosystem. Die Zahl der Märkte nahm schnell zu, von 32 im Jahr 1970 auf 195 im Jahr 1978, als das erste vollautomatische Vertriebszentrum eröffnet wurde, und dann auf 551 im Jahr 1983, als Wal-Mart seinen eigenen Satelliten in Betrieb nahm: Er war der Mittelpunkt eines Kommunikationsnetzes, das den Geschäftsführern der Firma täglichen Kontakt mit ihrem nunmehr ausgedehnten Imperium sicherte.[4]

Insgesamt brachten diese Anstrengungen Wal-Mart eine Reihe ökonomischer Vorteile. Dank seines Lagerhaltungs- und Kommunikationsnetzes konnte das Unternehmen expandieren, ohne daß es die laufenden Kosten übermäßig aufstocken mußte. Das Vertriebssystem verschaffte ihm Umfangs- und Größenvorteile, die um so beträchtlicher wurden, je mehr das Ökosystem wuchs.

Kmart hingegen verwendete seine Kaufkraft auf die Finanzierung interner Produktivitätsmängel und tätigte chaotische Investitionen, die zu unkalkulierbarem Lagerbestand und unzuverlässiger Leistung führten. Im Jahr 1980 zum Beispiel wählte Kmart als strategischen Schwerpunkt die Schaffung eines moderneren Image – indem es Flure reinigen, abgebrannte Glühbirnen auswechseln und jedem Geschäft einen neuen Farbanstrich verpassen ließ. Auffallenderweise sahen die neuen Kmart-Märkte ganz so aus wie die alten Jupiter Discounts. 1980 und 1983 richtete die Firma in ihren Geschäften Furr's-Cafeterien und Bishop-Selbstbedienungsrestaurants ein, nur um sie 1986 schon wieder zu verkaufen. Im Jahr 1984 endete der Versuch, sich als Haupt-Handelsfirma neu zu positionieren, in einer wahren Flut unzusammenhängender Artikel und einem prompten Rückgang der Erträge im vierten Quartal um 17,8 Prozent. Die Logistik war weniger integriert, es kam zu faktischen Größennachteilen, die Finanzierung wurde kostspieliger und das Ökosystem im Zuge seines Wachstums chaotischer und unhandlicher.[5]

Machen Sie die Marktbeherrschung des zweiten Stadiums zur Grundlage für den Erfolg im dritten Stadium

Anfang der 80er Jahre hielt das Wal-Mart-Ökosystem ein riesiges Territorium besetzt. Die Firma hätte nun versucht sein können, sich über höhere Preise und größere Gewinnspannen bessere Erträge zu sichern. Das aber hätte den Wettbewerb in Gang gebracht und daher eine Bedrohung für die Stabilität des Ökosystems bedeutet. Aus Angst davor widerstand Wal-Mart der Versuchung, auf den Märkten und in den Regionen, die es beherrschte, höhere Preise zu verlangen. Vielmehr betrachteten die Manager weiterhin jeden Markt als »angreifbar« – als potentiellen Einstiegsort für Konkurrenten, sobald die Firma aufhört, den Kunden das nur irgend mögliche Wertmaximum zu verschaffen. Die anhaltende Kundenführerschaft wiederum wertete die Marke Wal-Mart auf und gab dem Unternehmen einen noch festeren Platz im Bewußtsein und in den Kaufgewohnheiten der Verbraucher. Das Wal-Mart-System der »täglich niedrigen Preise«, bei dem sich wöchentlicher Ausverkauf oder Sonderangebote erübrigen, ist mittlerweile zum Standard im Einzelhandel geworden.

Wie schon erwähnt, besteht das Hauptwettbewerbsziel im zweiten Stadium darin, auf einem bestimmten Marktterritorium das bevorzugte Ökosystem zu werden. Dieses Ziel hat Wal-Mart voll und ganz erreicht. Daher war die Firma gut positioniert, um sich auch im dritten Stadium die Vorherrschaft zu sichern, das heißt *im Innern* der Tätigkeits- und Organisationsnetzwerke, die das Ökosystem ausmachen, Marktführerschaft und Verhandlungsmacht bewahren zu können.

Anfang der 80er Jahre war Wal-Mart strukturell ausgereift und steuerte auf das dritte Stadium zu. Die grundlegenden Angebots-, Prozeß- und Organisationsschemata waren fest etabliert. Im gesamten Ökosystem konzentrierte sich Wal-Mart auf den vom Kunden wahrgenommenen Wert und auf die engere Bindung an andere Mitglieder. Als Leiter eines äußerst erfolgreichen und omnipräsenten Unternehmenssystems bemühten sich die Wal-Mart-Manager, der Firmenvision auch weiterhin bei den anderen Mitgliedern der Gemeinschaft Geltung zu verschaffen.

Erstens verstärkte Wal-Mart seinen eigenen direkten Wertbeitrag zum Ökosystem: Kontinuierlich investierte es in die eigenen grundlegenden Größen- und Umfangsvorteile im Vertrieb und steigerte sie noch. Zu der Zeit, als die Firma sich als Marktführer bewährte, war kostengünstiger, hochautomatisierter und zielgenauer Vertrieb schon zur entscheidenden ökologischen Komponente des Wal-Mart-Ökosystems geworden.

Zweitens brachte Wal-Mart es zu einer nie dagewesenen Verquickung und Verflechtung mit der Geschäftstätigkeit seiner Anbieter.[6] Im Jahr 1984, als Wal-Mart schon einen riesigen und leistungsstarken Vertriebsweg zu den Kunden darstellte, begann es starken Druck auf die Anbieter auszuüben mit dem Ziel, ihre Preise niedrig zu halten. Außerdem zwang es seine Lieferanten zum Aufbau von Informationssystemen zwischen den Firmen, damit ein Maximum an Produktions- und Distributionseffizienz gesichert werden konnte. 1987 zum Beispiel schlossen Wal-Mart und Procter & Gamble eine Partnerschaft neuen Typs, zu der ein umfassendes elektronisches Bestellwesen und Daten-Sharing zwischen beiden Unternehmen gehörten. Derlei Beziehungen machen es fast unmöglich, daß große Anbieter sich mit Wal-Mart anlegen, weil Operationen und Prozesse so eng miteinander verflochten sind. Diese Anfälligkeit der Lieferfirmen verschafft Wal-Mart wiederum mehr Verhandlungsmacht, wenn es die Lieferkonditionen aushandeln muß. Im Gegenzug gibt die Firma große Bestellungen auf und gewährt günstigere Zahlungsfristen als der übrige Einzelhandel: Im Durchschnitt bezahlt sie ihre Lieferanten binnen 29 Tagen, während Kmart sich eine 45-Tage-Frist ausbedungen hat.[7]

Als Wal-Mart diese Größe und Verhandlungsmacht erreicht hatte, besaß es ökonomische Vorteile, die die aus der anfänglichen Grenzziehung gewonnenen bei weitem übertrafen. Die Firma war also so weit, daß sie behutsam in stärker umkämpfte Märkte einsteigen konnte, wo sie sich mit Hilfe ihrer anderen Vorteile durchzusetzen versprach. Zuerst in den 80er und immer schneller dann auch in den 90er Jahren dehnte Wal-Mart seinen Einfluß auf benachbarte Territorien und Ökosysteme aus. 1983 stieg Wal-Mart mit Sam's Club in das Mitglieder-Discountgeschäft ein; 1992 umfaßte Sam's Club 208 Kundenklubs, die mehr als 21 Milliarden Dollar einbrachten. Im Jahr 1990 konnte sich das Unternehmen durch den Kauf von McLane, des landesweit größten Lieferanten für kleinere Supermärkte, ein anderes Ökosystem einverleiben. Unter Wal-Marts Kontrolle beliefert McLane heute etwa 30 000 dieser Supermärkte. 1992 erwarb Wal-Mart ferner zwei Abteilungen (Vertrieb und Nahrungsmittelverarbeitung) der Southland Corporation. Southland betreibt eine große Kette von 7-Eleven-Supermärkten; der Kauf erweiterte die Kundenbasis von McLane und Wal-Mart um 6000 solcher Läden. 1995 addierten sich all diese Aktivitäten zum marktbeherrschenden amerikanischen Vertriebs- und Einzelhandels-Ökosystem.[8]

In krassem Gegensatz dazu gehörten der Kmart Corporation 1995 in den Vereinigten Staaten nur noch 2163 Kmart- und 171 Builders-Square-Märkte. Im Jahr 1994 verkaufte das Unternehmen die meisten seiner Zusatzgeschäfte. Schon 1986 hatte es sich von Cafeterien und Selbstbedienungsrestaurants getrennt; 1994 gab es seinen Kampf gegen die Sam's Clubs im Mittleren Westen auf und verkaufte die erst 1988 erworbenen Großhandelsmärkte eines Discount-Kundenklubs namens PACE Club an Wal-Mart. 1996 will Kmart zwar 60 neue

Geschäfte eröffnen, aber 1994 schloß es 121, 1995 weitere 207 Märkte, und 1996 kamen 70 auf die schwarze Liste.[9]

Immer noch stößt die Firma alten Warenbestand im Wert von Millionen Dollar ab (was bei Wal-Mart undenkbar wäre), und mit ihrer Selbstjustierung will sie lediglich verstärkte Haftung und mehr Disziplin und nicht etwa einen effizienten Verbund mit den Mitgliedern ihres Ökosystems erreichen. Nach Auskunft des letzten Generaldirektors Floyd Hall steht auf Kmarts Prioritätenliste für das Jahr 1996: besserer Warenmix, wettbewerbsfähigere Preise, große Verdienstspannen, bessere Lieferbereitschaft, ausgebauter Kundendienst – und saubere Geschäfte.

Die Scorekarte

Von Bedeutung ist die Wal-Mart-Geschichte einfach deshalb, weil sie vom Aufbau eines gut geführten Ökosystems und nicht bloß eines Einzelunternehmens erzählt. Sie steht in krassem Gegensatz zu der Geschichte von Kmart, bei der dasselbe Ausgangsparadigma – Discountgeschäft – zunächst unglaublichen Erfolg hatte, am Ende aber unter dem Druck unbewältigter Ökosystemeffekte zusammenbrach. Tabelle 8.1 zeigt die entscheidenden Vergleichspunkte, so daß Sie das strategische Wachstum und Ökosystem-Management von Wal-Mart im Gegensatz zu Kmart besser würdigen können.[10]

	Wal-Mart	Kmart
Ausgangs-komponenten	• 5 Ben-Franklin-Geschäfte • Standorte auf dem Land • Begrenzte Finanzmittel	• Viele Standorte, sowohl Neueröffnungen als auch umgebaute Einheitspreisgeschäfte • Unternehmen mit breit gestreutem Aktienkapital • Multimilliarden-Dollar-Firma

ZWEITES STADIUM		
Bevölkerungsumfeld des Einzelgeschäfts	• Weniger als 5000 Einwohner • Geographisch begrenzt	• Mehr als 50 000 • Angrenzend an andere dicht besiedelte Gebiete
Präsenz des Geschäfts auf dem Markt	• Schöpft die Nachfrage aus • Hält Konkurrenten fern	• Stimuliert die Nachfrage • Zieht Konkurrenten an
Gesamtsystem	• Verbindet die Einzelgeschäfte	• Vergrößert die Einzelgeschäfte
Ergebnisse	• Stabile Leistung der Einzelgeschäfte • Einfache Lagerhaltung und Logistik • Kostensparende Finanzierung • Gut geplantes und gesteuertes Wachstum	• Instabile Leistung der Einzelgeschäfte • Desintegrierte Logistik • Kostspieligere Finanzierung • Chaotischeres Wachstum
DRITTES STADIUM		
Kaufkraft	Dient dazu, die Preise niedrig zu halten und die Märkte zu beherrschen	Dient dazu, interne Produktivitätsmängel des Systems zu finanzieren
Ergebnisse	• Integrierte Logistik • Größen- und Umfangsvorteile im Vertrieb • Kalkulierbare Leistung	• Zersplitterte Logistik • Fehleinsatz der Betriebsgröße • Unkalkulierbare Leistung
HEUTIGER STAND	Einzelhandelsfirma mit Informationssystem, bei allen heutigen Wettbewerbsvorteilen an der Spitze und immer bereit, neue Chancen schnell zu ergreifen	Einzelhandelsfirma mit unvermeidlichen Schwierigkeiten wie etwa problematischer Finanzierung, Marktreputation, Leistung und Arbeitsmoral

Tabelle 8.1

Noch überzeugender ist vielleicht der anschauliche Vergleich der Finanzleistung beider Firmen, wie er in Abbildung 8.1 und 8.2 festgehalten ist.

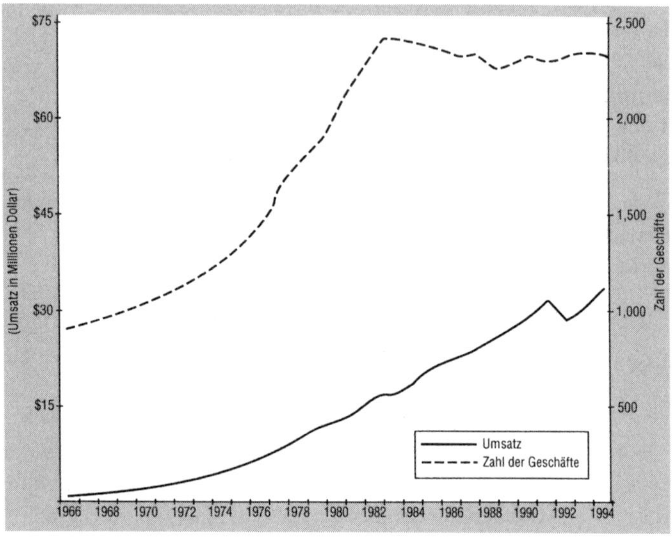

Abbildung 8.1 Kmart, Geschäfte und Einkünfte: Niedergang eines Ökosystems

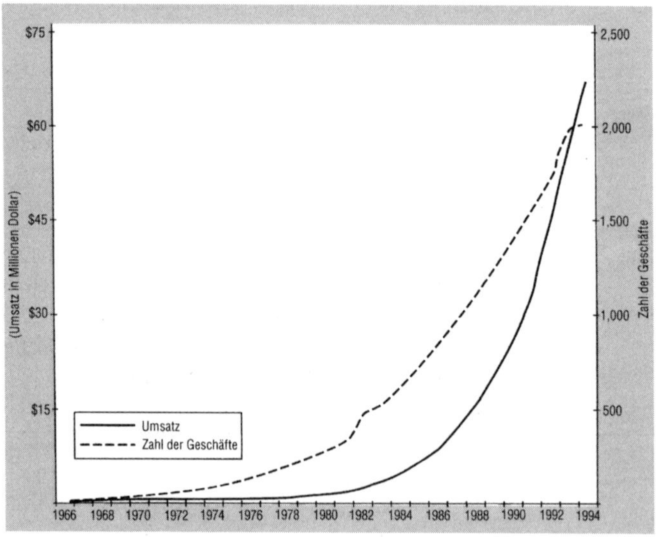

Abbildung 8.2 Wal-Mart, Geschäfte und Einkünfte: exponentielles Wachstum eines Ökosystems

Die Abbildungen zeigen die Zahl der Geschäfte und die Höhe des Gesamtumsatzes. Es fällt auf, daß Kmart mit stärkerer Basis beginnt und schnell wächst; in den 80er Jahren aber, als das Ökosystem schwerfällig und ineffizient wird, stagniert die Zahl der Geschäfte. Die Umsätze steigen weiter, allerdings langsam. Bei Wal-Mart hingegen steigt die auf die Geschäfte bezogene Wachstumskurve zuerst ganz allmählich an; in gleichbleibender geometrischer Progression folgt sie der Ausbreitung des Ökosystems über ein immer größeres Territorium. Auch die Umsatzkurve weist eine auffallend regelmäßige Progression auf. Wal-Mart braucht zwar mehr als zehn Jahre, um Kmart zu überholen; aber als es soweit ist, ruht der Vorsprung der Firma auf einem äußerst soliden Fundament.[11]

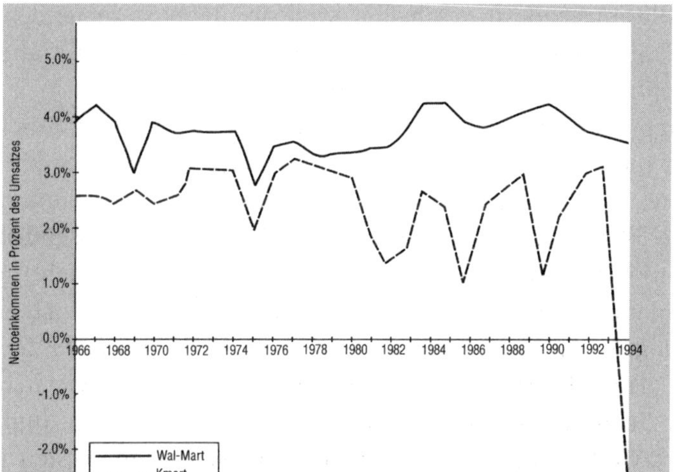

Abbildung 8.3 Nettoeinkommen in Prozent des Umsatzes bei Kmart und Wal-Mart: Je instabiler Kmart wird, desto stabiler wird Wal-Mart.

Besonders interessant ist der Vergleich der Nettoerträge in Prozent des Umsatzes. Abbildung 8.3 zeigt die Labilität der Kmart-Erträge; sie ist das Indiz für ein Unternehmen, und damit auch ein Ökosystem, das außer Kontrolle geraten ist. Wal-Mart hingegen bleibt mehr als 20 Jahre felsenfest bei etwa 4 Prozent des Umsatzes. Die Kombination von gleichbleibenden Nettoerträgen und regelmäßigem Wachstum ist beachtlich; sie kennzeichnet ein Unternehmen, das sein Schicksal – und sein Ökosystem – im Griff hat.

Das Nachdenken über Gesamtsysteme macht stark

Die generelle Stärke von Wal-Mart besteht darin, daß seine Führungskräfte über das ganze Ökosystem nachdenken, in das die Firma eingebettet ist. Mit der Zeit haben sie eine äußerst effektive Koevolutionsstruktur geschaffen, weil sie die expandierenden Beiträge einer Vielzahl von Unternehmensarten zu einer Gesamtchoreographie zusammenschließen konnten.

Interessanterweise gehen heute die meisten Investitionen der Firma nicht in die Expansion des Vermögensbestandes, sondern in die immer perfektere Führung des Ökosystems insgesamt: in das riesige Netzwerk aus Tausenden von Lieferanten, Tausenden von Verkaufsstellen und Millionen von Kunden. Wal-Mart sieht sich als Informations-Unternehmen. Es sitzt auf einer ständig sich verändernden Koevolutionsstruktur und hält seine führende Stellung heute dadurch, daß es besser als jeder andere weiß, wie man mit dieser Struktur und dem dazugehörigen Organisations- und Prozeßnetzwerk umgeht. Wal-Mart floriert, weil es am besten informiert ist, weil es weiß, wie die Kundenwünsche auf den vielen verschiedenen Märkten mit ihrem breiten Spektrum an Geschäften, die von einem riesigen Anbieter- und Logistiknetzwerk versorgt werden, tatsächlich befriedigt werden.[12] Zum Hauptwettbewerbsvorteil der Firma ist ihre Informationsmacht geworden, die Fähigkeit zu rationaler Entwicklung und Verwaltung neuer Elemente ihres Ökosystems, zur Nutzung wechselnder Chancen und zur Bewältigung der Konkurrenz, wo immer sie ihr entgegentritt. Wie in

Kapitel 10 noch ausführlich besprochen wird, verschafft die Informationsmacht die maximale Stärke, mit der man in der Welt unternehmerischer Ökosysteme zum Erfolg gelangen kann.

Wie man Grenzziehung auf das eigene Geschäft anwendet

Der Fall IBM, den wir im letzten Kapitel betrachtet haben, zeigt deutlich, was passieren kann, wenn ansonsten exzellente Manager sich nur auf das Wachstum der eigenen Firma konzentrieren und es zulassen, daß das Ökosystem ohne bewußt gewählte Richtung evoluiert. IBM hatte zwar die Macht, sein Ökosystem über das riesige Territorium des Marktes zu verbreiten, aber wie Kmart hat es nicht verhindert, daß eine Vielzahl von Marktteilnehmern sich in fester umgrenzten, verteidigungsfähigen Territorien ansiedelte. Außerdem hat IBM, ebenso wie Kmart, sich nicht darauf konzentriert, seine ersten Erträge in zusätzliche Vorteile zu verwandeln, entweder in die Beherrschung von Märkten oder in Größen- und Umfangsvorteile für die interne Verwaltung. Bei Kmart war es dann so, daß ein alternatives Ökosystem – letztlich auf seine Kosten – heranwachsen konnte. Bei IBM setzte sich, wie wir noch sehen werden, das Ökosystem durch, aber die Firma verlor ihre Führungsrolle in der Marktgemeinschaft.

Im Laufe seiner außerordentlich erfolgreichen Expansion machte Wal-Mart zwei richtige Schritte. Erstens konnte die Firma einen so extrem dichten Teppich aus eng verschränkten synergetischen Umweltbeziehungen flechten, daß partout kein Platz mehr für Unkraut da war. Zweitens geschah dies in der Isolation und hinter geographischen Schutzmauern, wenigstens so lange, bis sie in der Lage war, ihre diversen Anstrengungen miteinander zu verkoppeln und Einsparungen auf ganzer Linie zu erreichen, dank derer ihre fest umgrenzten Ökosysteme sich in offeneren Wettbewerbsumfeldern entfalten konnten.

Wie Tabelle 8.2 veranschaulicht, ist das Errichten von Grenzen eine Form des Wettbewerbsvorteils, für die Sie nach mindestens drei Seiten des unternehmerischen Ökosystems tätig werden müssen. Sie müssen enge Verbindungen zu Ihren Kunden aufbauen, damit sie immun werden gegen die möglichen Anreize, die Ihre Konkurrenten zu bieten haben. Sie müssen Submärkte ausfindig machen, die einen gewissen Grad an natürlichen Grenzen aufweisen, wo also nicht nur die Möglichkeit des Markteintritts, sondern auch die Bereitschaft der Kunden, sich über die Grenzen hinaus umzutun, deutlich reduziert ist. Für Wal-Mart hieß das beispielsweise, sich nicht auf Großstädte, sondern auf kleine Ortschaften zu konzentrieren. Auf diesen vergleichsweise kleinen Submärkten müssen Sie soviel Nachfrage befriedigen wie irgend möglich, nicht nur quantitativ, unter dem Blickpunkt des Marktanteils, sondern auch qualitativ, indem Sie den vom Kunden gewünschten Gesamtwert in denkbar großem Ausmaß liefern. Damit schaffen Sie einen Markt, der glücklicherweise für Neueinsteiger sehr unattraktiv ist und sie veranlaßt, anderswo zu expandieren. Währenddessen leiten Sie Prozesse ein, um die begrenzten Märkte miteinander zu verknüpfen, vergrößern auf diese Weise Ihr Gesamtterritorium und entwickeln Größen- und Umfangsvorteile, wo immer es zweckmäßig ist.

Dimension des Wettbewerbsvorteils	**Verteidigungsstrategie**	**Geeignetes Unternehmensziel**	**Auswirkungen auf konkurrierende Ökosysteme**
Kunden	Bindungen zu den Kunden schaffen, so daß sie nicht geneigt sind, zu den Angeboten anderer Ökosysteme überzuwechseln	Den Versuch machen, eine so vertrauenswürdige und unerschöpfliche Quelle zu werden, daß die Kunden Leben und Gewohnheiten auf die Firma umorientieren	Das konkurrierende Ökosystem ist gezwungen, ein Wertangebot zu präsentieren, das stark genug ist, um die hohen Kosten des Marktwechsels zu rechtfertigen. Das ist eine außerordentlich harte Aufgabe.

Märkte	Natürliche Marktgrenzen entdecken und versuchen, die Nachfrage auf diesem Markt zu beherrschen	Den Versuch machen, begrenzte Submärkte zu 100 Prozent – und nicht etwa einen kleineren Anteil am größeren Markt – zu bekommen	Das alternative Ökosystem wird entdecken, daß der Markteintritt hohe Kosten und eine lange Kapitalrückflußdauer mit sich bringt; denn das Geschäft, das Umsätze und Gewinnspannen bringen muß, um die Kosten des Markteintritts zu kompensieren, wird in den ersten Stadien eher knapp ausfallen.
Angebote	Angebote entwikkeln, die alle oder die wichtigsten der Zusatzbedürfnisse eines Kunden abdecken	Den Versuch machen, Produkte und Dienstleistungen, die der Kunde als komplementär und ähnlich empfindet, zu 100 Prozent zu liefern	Um zum glaubwürdigen Anbieter zu werden, müßte das neue Ökosystem sofort mit der gesamten Produktlinie mithalten können – und ein solcher Markteinstieg käme außerordentlich teuer zu stehen.
Gesamtziel	Ein variationsreiches Ökosystem aufbauen, mit dem die Kunden so eng verquickt sind, daß die verfügbare »Tragekapazität« des Marktes vom eigenen Ökosystem voll genutzt wird	Insgesamt den Versuch machen, Kosten und Risiken für den Marktzutritt potentieller Konkurrenten in die Höhe zu treiben, und die Kapitalrückflußdauer verlängern, auch wenn der Gegner erfolgreich ist	Die eigene Hoffnung besteht darin, daß diese Auswirkungen den Wettbewerber dazu bringen, sich andere Märkte zu suchen – und daß der eigene Markt relativ frei vom Konkurrenzdruck bleibt.

Tabelle 8.2

Insgesamt geht es also bei der Errichtung eines verteidigungsfähigen Ökosystems in der Expansionsphase um vier Aufgaben: Finden Sie Submärkte und halten Sie an Ihnen fest. Verbinden Sie die Ökosysteme, die Sie auf diesen Märkten errichten. Schaffen Sie Prozeß-, Organisations- und Stakeholdervorteile und nutzen Sie diese, um weitere Märkte zu besiedeln. Zielen Sie auf Kundenbindung, »space packing« in fest umgrenzten Märkten und Einsparungen für alle Kunden und Märkte. Diese vier Ansätze stützen und verstärken einander in einem leistungsfähigen Zyklus (siehe Abbildung 8.4).

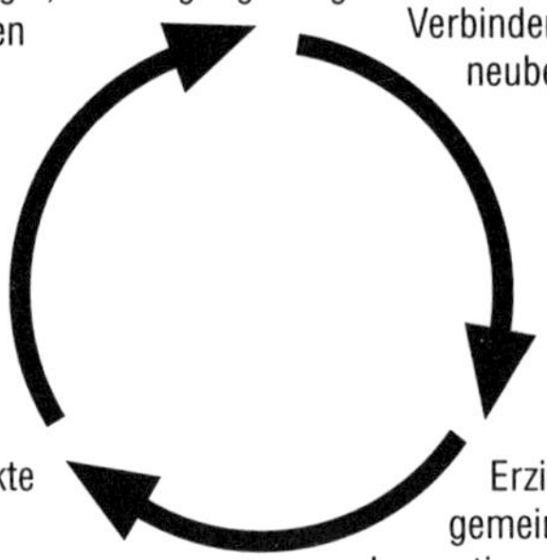

Abbildung 8.4

Für Manager ergeben sich aus all dem eine Reihe wichtiger Fragen:

- Wie definiere ich Submärkte, auf denen ich mein Ökosystem ansiedeln kann?
  Auf diesem Wege könnte ich meine Besiedlungsversuche vielleicht besser angehen und sie effektiver entwickeln und verteidigen.
- Welche Marktdefinition oder -wahl ermöglicht es uns, der direkten Konkurrenz aus dem Weg zu gehen, während wir gleichzeitig expandieren, einen einzigartigen Dienstleistungslevel anbieten und die verfügbare Nachfrage voll ausschöpfen.
  Diese Maßstäbe können mir helfen, Arbeitsprioritäten zu schaffen, die verhindern, daß ich das Schicksal von People Express teile.
- Was muß ich beim Aufbau meines Ökosystems auf diesen Märk-

ten tun, um sie zu beherrschen: Kundenbindung herstellen, Vertriebskanäle ausfüllen, Nachfrage ausschöpfen, Gesamtlösungen anbieten, so daß die Kunden sich nicht nach Alternativen umsehen?
Diese Überlegung kann mir helfen, das Projekt einer reichen Ausstattung des Ökosystems im Marktzusammenhang mit Inhalt zu füllen. Die Grundidee dabei ist nicht, daß ich um den gesamten verfügbaren Raum des größeren Marktes konkurrieren, sondern in kleineren Territorien den Konkurrenzkampf für mich entscheiden will.

- Was muß ich tun, um die effiziente Verknüpfung zwischen den von mir besiedelten Gebieten zu fördern?
  Diese Frage lenkt das Augenmerk auf das Problem der Systematisierung, Anreize und Methoden sowie der für die Reproduktion unerläßlichen Schulung.
- Was muß getan werden, um Einsparungen für sämtliche besiedelten Gebiete zu erreichen?
  Diese Zielsetzung kann mir helfen, einen Plan zu erstellen, um zu Größen-, Umfangs-, Lernkumulations- und Innovationsvorteilen zu kommen.
- Ein dauerhafter, schnell wachsender Vorteilskomplex vorausgesetzt-, welche Märkte kann ich mir der Reihe nach vornehmen, und nach welchem Programm will ich meine Gewinne einbringen, miteinander verkoppeln und letztlich konsolidieren?

Das Prachtvolle an den festen Grenzen ist, daß sie nicht nur denen nützen, die schon Stärken ausgebildet haben. Die Firma Wal-Mart startete ohne wirkliche Vorteile gegenüber Kmart. Aber sie bewies Geschick darin, sich mit Hilfe der strikten Grenzen ihre Wettbewerbsschlachten sorgfältig auszusuchen und Konfrontationen aus dem Weg zu gehen, in denen sie unterlegen war. In jedem Chancenumfeld gibt es zahlreiche Gelegenheiten, von bestimmten Mikroklimas zu profitieren. Silicon Graphics hatte Erfolg im Computersystemgeschäft, weil es sich auf große Nischen wie etwa Unterhaltungsgraphik spezialisierte. Und Finanzdienstleistungsfirmen reüssieren immer dann, wenn sie sich den Bedürfnissen ganz bestimmter Kunden anpassen und in besonderen Regionen marktbeherrschend zu werden suchen.

Noch wichtiger kann ein Mikroklima sogar dann werden, wenn ein neuer Markt boomt. In solchen Zeiten sind selbst große Unternehmen selten in der Lage, das verfügbare Territorium im Vorgriff auf die Nachfrage abzudecken; so bleibt fast immer genug Raum für ein Ökosystem, das sich darauf spezialisiert hat, die von den Spielern mit Erstvorteilen unbesetzt gelassenen Territorien zu besetzen. Der Kampf um Territorium läßt meistens Raum für ein basisnahes Ökosystem. Erfolgreich sind diejenigen Marktteilnehmer, die nicht hinter 10 Prozent eines großen Marktes herlaufen, obgleich sie 100 Prozent vieler nichttraditionell begrenzter Märkte haben können. Verstehen es diese Nischenspieler, die Kunden genügend an sich zu binden, dann können sie jedes gewonnene Territorium sichern und werden manchmal, wie Wal-Mart, zum glücklichen Sieger. Deshalb ist das Errichten von Grenzen ein entscheidender Beitrag zur Expansion, und kleine Wettbewerber mit großen Ambitionen können wirklich ihre Hoffnung darauf setzen.

Epilog zu Wal-Mart

In meinen Augen stellt Wal-Mart einen beachtlichen Unternehmenserfolg, eine ergiebige Fallstudie dar, aus der viel zu lernen ist. Wal-Mart bringt in vielen der Städte, die es beliefert, den Menschen eine Menge zusätzlichen Nutzwert, weil es ein großes Warenspektrum, Beschäftigung und Investitionschancen anzubieten hat. Andere aber nehmen das Unternehmen völlig anders wahr. Die Besitzer der konkurrierenden Main-Street-Geschäfte und die, die dort arbeiten, erleben Wal-Mart oft als ungerechten Tyrannen, der es darauf abgesehen hat, ihnen ihre Lebensgrundlage kaputtzumachen.

Zur Verteidigung von Wal-Mart wird oft angeführt, es gehe eben einem Geschäft nach wie andere auch und brauche keine besondere Verantwortung für die ökonomischen Folgen zu übernehmen. Diese Position würde ich in Frage stellen. Die Firma Wal-Mart nähert sich heute einem Umsatz von 100 Milliarden Dollar und erlebt eine Identitätskrise, die zur Katastrophe werden kann, wenn es ihr nicht gelingt, eine neue Rolle für sich zu finden. Sie steht vor einer wichtigen Herausforderung, wie alle Firmen, die sich mit Problemen des Unternehmenswerts und der Unternehmenspolitik herumschlagen müssen. Auf vielen Schauplätzen wird Wal-Mart zu einer Schlüsselspezies, zu einem ebenso festen Bestandteil der Gemeinschaft wie Elektrizitäts- und Gaswerke, Hauptbanken oder städtische Krankenhäuser. Die Führungsmannschaft von Wal-Mart muß sich klarmachen und zu würdigen wissen, in welchem Maße andere von der Firma abhängen oder sich ihr ausgeliefert fühlen, nicht anders als das bei jedem größeren Vertreter des Establishments der Fall ist.

Tatsächlich kann ein am Stadtrand eröffneter Wal-Mart-Discountmarkt der Main Street erheblichen Schaden zufügen, nicht bloß weil er einigen Geschäften die Verkaufsbasis entzieht, sondern weil er den Anstoß zum Niedergang ganzer Stadtzentren gibt. Einer Stadt, die bereits eine ökonomische Randexistenz führt, kann Wal-Mart den Todesstoß versetzen; in solchen Fällen ist es denkbar, daß Bürgerinitiativen sich gemeinsam mit den örtlichen Ladenbesitzern gegen die Eröffnung eines Wal-Mart zur Wehr setzen. Aber was, wenn die Firma – wie vor einiger Zeit geschehen und öffentlich diskutiert – sich in einem kleinen Ort in Oklahoma ansiedelt, nur um mehrere Jahre später ihre Tore wieder zu schließen, so daß sie ein gähnendes Loch in der kommunalen Wirtschaft hinterläßt?

Solche Situationen werfen eine grundsätzlichere Frage auf: Wenn ein unternehmerisches Ökosystem so mächtig ist, daß es die soziale Ökologie einer Kommune völlig verändern kann – welche Verantwortung trägt es dann? Für Führungskräfte in der Wirtschaft ist diese Frage keineswegs neu, aber sie wird besonders relevant, wenn Unternehmen eine Grenzziehungs-Strategie verfolgen. Wal-Mart ist zwar mittlerweile auch in die großen Städte und Vorstädte gezogen, aber sein traditionelles Geschäftsmodell beruht in großem Maße auf der Beherrschung ländlicher Bezirke, das heißt auf »space packing« (oder biologisch gesprochen: »species packing«) und dem wettbewerbsbedingten Ausschluß anderer Wettbewerber. Die in diesem Kapitel gerühmte Stabilität ist das Ergebnis der Tatsache, daß Wal-Marts Preise so niedrig und seine Leistungen so gut sind, daß seine Rivalen vor Ort ausgeschaltet oder doch entscheidend geschwächt werden.

Wal-Mart zielt bei all seinen geschäftlichen Unternehmungen letztlich immer darauf ab, zum einzigen bedeutsamen Einzelhändler vor Ort zu werden, und tatsächlich hat es die dafür erforderliche Größe und Effizienz. Unternehmen mit diesem Standpunkt werden im Endeffekt zum Chancenumfeld für viele andere, während sie gleichzeitig in ihrem eigenen Ökosystem tätig sind. Und wegen ihrer Position geraten sie unter den streng prüfenden Blick von Regierungen und politischen Aktivisten, die diese Firmen in aller Regel an weit höheren Verhaltensnormen messen. Wal-Marts Kundenkreis wird den Einzelhandelsriesen auffordern, mehr für die städtischen Wohlfahrtseinrichtungen zu tun, die kommunalen Dienstleistungsbetriebe zu unterstützen und zusammen mit der Stadtregierung dafür Sorge zu tragen, daß die Folgen aller Veränderungen in den lokalen Beschäftigungsstrukturen abgemildert werden.

Kurz, Wal-Mart ist in seinem Umfeld mehr als ein Unternehmen unter anderen, und es darf nicht darauf zählen, wie die anderen behandelt zu werden. Vielleicht besteht heute die größte Management-Aufgabe für die Firma darin herauszufinden, wie sie in Beziehungsaufbau, Öffentlichkeitsarbeit und in fundierte Studien zur Unternehmenspolitik investieren kann, um seiner Führungsrolle in den Kommunen gerecht zu werden. Aus der Sicht der Unternehmensökologie bleibt ihr keine andere Wahl, als sich auf diese Rolle einzulassen. Wal-Mart ist zu einer Schlüsselspezies geworden – und zum Mittelpunkt eines der bedeutendsten Ökosysteme auf dem amerikanischen Kontinent.[13]

9. Drittes Stadium: Der Red-Queen-Effekt

Ein biologisches Ökosystem hat seinen strukturellen Reifezustand erreicht, sobald seine Nischen sich konsolidiert und entsprechende Spezies sich festgesetzt haben. Die Verschmelzungsprozeß des Systems ist dann weitgehend abgeschlossen, und den Spezies bieten sich somit dauerhafte Voraussetzungen, in deren Rahmen sie leben und sich gemeinsam fortentwickeln können. Überlegene Spezies haben ihre Vorherrschaft unter Beweis gestellt, mindere Spezies haben ihr Los akzeptiert, fortan auf kleinerem Fuß zu leben. Mit den Scharen bereits seßhafter Siedler, mit den Beutetieren und den Räubern, die sich in den Verhältnissen gegenseitiger Abhängigkeit häuslich niedergelassen haben, zeigt das Ökosystem ein prächtiges Bild strotzender Fülle in der Landschaft. Nicht selten kündigt sich damit eine lange Periode relativer ökologischer Stabilität an.

Freilich geht dies nicht ohne Reibungen ab, denn die Spezies gönnen sich bei ihrem Geschäft wechselseitiger Anpassung und gemeinsamer Entwicklung keine Ruhepause. Beispielsweise können sich symbiotische Beziehungen entfalten oder zurückentwickeln. Die Räuber verfeinern ihre Angriffstechniken, worauf die Beutetiere mit neuen Verteidigungsstrategien antworten. Zugleich bahnt sich, unter Ausnutzung der fertig ausgebildeten Struktur, eine neue Welle von Mitspielern einen Weg in das vollständig ausgereifte Ökosystem und trägt auf diese Weise merklich zu dessen Komplexität bei. Um diesen Vorgang zu verstehen, brauchen wir uns lediglich die verwickelte Beziehung zwischen der winzigen Milbe und dem Kolibri anzuschauen.

In den Regenwäldern Costa Ricas hat sich zwischen Kolibris und Hameliablumen ein ausgeklügeltes symbiotisches Verhältnis entwickelt. Ihre Beziehung ist unkompliziert, man kann sie sich etwa als Analogon jener Beziehungen vorstellen, die sich im zweiten Stadium eines unternehmerischen Ökosystems geknüpft haben.

Die Kolibris landen auf dem roten Blütensaum der Blume und besorgen das Bestäuben des Pollens gegen einen Schluck Nektar. Erst nachdem dieses Ritual einigermaßen eingespielt war, konnte eine dritte Spezies hinzukommen, die Milbe. Da sie nicht größer als ein Stecknadelkopf ist, kann sie es mit ihren acht winzigen Füßchen nicht weit bringen, und so hat sie bei ihrer Suche nach Blumen, die ihr Nahrung bieten können, gelernt, auf den Schnäbeln der Kolibris mitzufliegen. Läßt sich ein Kolibri auf einer Blume nieder, so hüpft die Milbe in dessen Nasenlöcher und nimmt Reißaus, sobald der Vogel erneut auf einer Blume der gleichen Spezies gelandet ist. Das winzige Geschöpf labt sich am Blütenstaub in der Blüte, trinkt etwas Nektar und findet dabei noch die Energie zur gelegentlichen Paarung.

Da die Kolibris nicht wie fahrplanmäßige Linienmaschinen funktionieren, vielmehr ziemlich unvorhergesehen ankommen und wieder abfliegen, benötigen die Milben ein hervorragendes Zeitgefühl. Und ebenso einen vorzüglichen Geruchssinn. Jede Milbenspezies ist recht eigen, was die Blumen angeht, von denen sie sich zu ernähren pflegt. Unter anderem kann dies passieren, daß eine Milbe nach ihrer Landung auf der falschen Blume von anderen Milben getötet wird, die dort zu Hause sind. Allerdings machen die Milben nur selten einen Fehler, denn sie sind außerordentlich geübt, eine Pflanze am Aroma ihres Nektars zu erkennen.

Dieser Evolutionsverlauf hat nun aber einen merkwürdigen Ausgang. Jene winzige Milbe besitzt einen herzhaften Appetit. Sie verbraucht nahezu die Hälfte des Nektars einer Blume und ungefähr ein Drittel des Blütenstaubs. Die Dankbarkeit, die die Milbe mithin ihrem geflügelten Untersatz erweisen mag, ist also gleichbedeutend mit einer ziemlich ungehemmten und auch unwillkommenen Konkurrenz um die vorhandene Nahrung.

Im dritten Stadium entsteht eine Rivalität innerhalb des Ökosystems

Die gemeinsame Evolution, die in der Welt der Biologie ebenso wie in unternehmerischen Ökosystemen zu Veränderungen führt, wirkt, bestimmten Konventionen entsprechend, am Ende auch stabilisierend. Und diese Stabilität wiederum schafft für neue Mitspieler – sie stehen in der Ökonomie für die eben genannten Milben – reichlich Gelegenheiten, sich ins Ökosystem einzubringen. Dank ihrer Mitwirkung gewinnt das Ökosystem an Vielfalt und Kraft, freilich nimmt auch die interne Konkurrenz um Führung und Gewinnspannen unter den Mitgliedern zu. Ebendiese Periode wachsender Rivalität nenne ich das dritte Stadium.

Was im dritten Stadium Stabilität bekommt, das sind Anlage und Struktur des Ökosystems, aber nicht zwangsläufig auch dessen Umfang. In der Tat setzt sich das quantitative Wachstum im dritten Stadium unvermindert fort, ja es kann sich sogar beschleunigen. Lediglich der qualitative, strukturelle Wandel verlangsamt sich.

Dies geschieht in der Weise, daß eine ökonomische Gemeinschaft – wie ihr Pendant in einem biologischen Ökosystem – über einen mannigfach strukturierten Unterbau teils ausdrücklicher, teils stillschweigender Absprachen über die Art und Weise, wie das Wirtschaften vonstatten gehen soll, letztlich zur eigenen Organisationsform findet. Damit werden die Nischen des unternehmerischen Ökosystems eindeutig festgelegt. Produkte und Dienstleistungen, betriebliche Prozesse und organisatorische Vereinbarungen sind definiert. Und infolgedessen können auch die einzelnen Spezies und Populationen der Ökonomie in ihren jeweiligen Rollen und Tätigkeitsfeldern heimisch werden. Was ich die »Architektur« der Gemeinschaft nennen möchte, erweist sich nun als etwas, was sich von den eigentlichen Spezies und Interaktionen unterscheidet. Diese neue Stufe der Stabilität, die somit im Gewoge der Koevolution erreicht ist, hat weitreichende Konsequenzen für die Systemführerschaft sowie die Strategiediskussion.

In einem unternehmerischen Ökosystem kann, nachdem eine stabile Architektur errichtet ist, eine neue Welle von Teilnehmern, die alle nach einem Platz drängen, nicht ausbleiben. Zwischen biologischen und unternehmerischen Ökosystemen besteht ein auffälliger Unterschied allerdings darin, daß die Unruhe, die von Spätkömmlingen ausgeht, sich in der Ökonomie weitaus stärker bemerkbar macht. Das hat seinen Grund darin, daß Wirtschaftseinheiten bewußtseins- und nicht instinktgeleitet sind. Wirtschaftsgeschöpfe sind nämlich in der Lage, sich Umfeld und Ökosystem auszusuchen, bei denen sie mitmachen wollen.

Infolgedessen wägen viele Neuankömmlinge und Kunden, sobald die Struktur des Ökosystems gefestigt ist, ihre Möglichkeiten ab; zugleich sind sie in der Lage, ihre Kräfte zu sammeln, die sie so eifrig einer Bewährungsprobe unterziehen möchten. Was sie lockt, ist die Aussicht, in ein Ökosystem hineinzukommen, das Anreize, Expansionschancen und potentielle Gewinne in Hülle und Fülle bietet, und sie kosten es aus, die von einem anderen Firmenverbund aufgebaute strategische Architektur für sich auszunutzen; nicht selten finden sie überdies unter den Kunden eine überraschende Aufnahmebereitschaft. In dem Maße, wie Neuankömmlinge dem Ökosystem beitreten, können erbitterte Kämpfe um die Führerschaft ausbrechen, wenn nämlich die Interessen der traditionellen Führer und die der neuen Kämpfer auseinanderdriften. Sobald dieser Umbruch eintritt, wissen wir mit Bestimmtheit, daß wir in das dritte Stadium eingetreten sind.

Rollendifferenzierung im dritten Stadium

Um die Ausbrüche an Aktivität im dritten Stadium im Detail zu begreifen, ist es angebracht, sich eingehender mit den unterschiedlichen Perspektiven der Beteiligten zu befassen. Das dritte Stadium hat nämlich je nach der Rolle der jeweiligen Mitspieler ganz unterschiedliche Implikationen.

Vom Standpunkt der Systemführer beziehungsweise der potentiellen Führer wird der Wettbewerb innerhalb des Ökosystems nunmehr ebenso wichtig wie der Wettbewerb auf höherer Ebene. Die Beteiligten wetteifern miteinander um Marktführerschaft und Verhandlungsmacht. Zwei Faktoren sind allerdings geeignet, ihrem Eifer die Spitze zu nehmen: die zunehmende Stabilität der Architektur des Ökosystems und sein wachsender Widerstand gegen Veränderungen sowie der Druck auf die Gewinnspannen, der von Trittbrettfahrern und Neuankömmlingen ausgeht. So kribbelt es denn auch den Marktführern in den Fingerspitzen, und sie kehren sich in einem kompromißlosen Kampf mehr und mehr gegeneinander, um einen größeren Anteil der Gewinne des Ökosystems an sich zu bringen und sich das Vorrecht auf die Gestaltung der Zukunft zu sichern.

Kooperation wird zunehmend wichtiger in diesen internen Auseinandersetzungen. Also mühen sich die Konkurrenten, ihre Anhänger bei der Stange zu halten sowie die Rationalisierungs- und Innovationsaktivitäten innerhalb der Gemeinschaft nicht abreißen zu lassen, zugleich aber müssen sie ihr heimliches Kraftzentrum sichern, ihren hochtaxierten Innovationspfad.

Auf jene Unternehmen, die im zweiten Stadium noch unbeschwert das Heft der Marktführerschaft in der Hand hielten, kann der Wandel im dritten Stadium wie ein krasser Schock wirken. Im dritten Stadium unterscheiden sich nämlich die Konkurrenz- und Kooperationsregeln spürbar von denen früherer Stadien. Die unvermittelt einsetzende Konkurrenz innerhalb des Ökosystems wird zu einem Dauerbrenner unter Verbündeten, die bislang zusammengearbeitet haben und auch weiter zusammenarbeiten müssen, wenn denn das Ökosystem als Ganzes erfolgreich sein soll. Hört nämlich der Marktführer auf, innovationsstiftend für das Ökosystem zu sein, dann wird es mit der Machtstellung des letzteren bald aus sein.

Manche Teilnehmer des Ökosystems mögen, besonders wenn sie lange Zeit tonangebend waren, ihre Zeit mit dem Ableugnen dieser brutalen Fakten verbringen und sich dabei aufhalten, ihr kränkelndes Unternehmen wieder aufzumöbeln. Aber schließlich werden auch sie nach Wegen suchen, ihre Kostenstruktur zu verbessern, den

Überbau aus dem zweiten Stadium zurückzustutzen, einige Funktionen auszulagern und generell von vertikal integrierten auf deintegrierte Unternehmen überzugehen.

Die strategischen Erwägungen der Marktführer – auch der Marktführer in spe – müssen dem Problem gelten, Expansion und Innovation dadurch zu sichern, daß sie energisch gegen die Sklerosierung vorgehen, die sonst die Gemeinschaft lähmen würde. Zwar besteht keine Möglichkeit, das Ökosystem gänzlich vor Konflikten zu bewahren, aber es gibt Mittel und Wege, ihren Aufprall abzumildern. Aufgabe einer Führungskraft im dritten Stadium muß es sein, jedem Stillstand vorzubeugen. Die Marktführer müssen daher darauf achten, daß das gesamte Ökosystem innovativ bleibt, zugleich müssen sie ihre eigene Stellung innerhalb des Ökosystems absichern.

Vom Standpunkt der Mitbeteiligten aus gesehen, zeigt sich, daß ihr Einflußbereich an Wert verliert, falls sie nicht in der Lage sind, im Kielwasser eines Marktführers zu koevoluieren. Warum ist das so? Es liegt ganz einfach daran, daß neue Konkurrenten das Ökosystem überschwemmen, häufig ausspionieren, was die Mitspieler tun, und dies dann zu geringeren Kosten und manchmal auch in besserer Qualität nachmachen. Daher müssen alle Mitspieler äußerst wachsam sein, die Entwicklung der Marktführer nicht zu verpassen. Außerdem müssen sie sich Zugang zu Projekten zu verschaffen suchen, bei denen es um die Begründung von Informationsmacht geht, und hinter allem her sein, was ihnen eine Vorstellung vom Gesamtzusammenhang ermöglicht. Dies ist der einzig sichere Weg, um innerhalb der Gruppe der Marktführer Einfluß zu bekommen.

Was die Außenseiter betrifft, so sichern sie sich ihren Zutritt ins Ökosystem, indem sie sich zunächst mit schmaleren Gewinnspannen zufriedengeben. Dies machen sie dann dadurch wett, daß sie von Investitionen in Forschung und Entwicklung absehen können und sich nicht das Risiko für ein unternehmerisches Handeln aufbürden müssen, das seinerzeit überhaupt erst zur Entstehung des betreffenden Ökosystems geführt hatte.

Neu auf den Plan tretende Wettbewerber müssen zunächst das

gesamte Ökosystem akribisch auf Schwachstellen absuchen, auf Nischen also, in denen die jeweiligen Platzhirsche entweder nur wenig zustande bringen oder aber exorbitante Gewinne einfahren. Indem sie diese Breschen angreifen, können sie in das Ökosystem eindringen. In einigen Fällen wird es ihnen tatsächlich gelingen, die Platzherren zu vertreiben, in anderen können sie einen Anreiz zu höherer Leistung geben und damit eine Senkung der Preise und der Lieferantengewinne herbeiführen.

Schließlich gibt es noch die besondere Sicht der Endverbraucher. Über all diesen Gefechten, dem Parieren und Zustoßen, lernen die Endverbraucher beständig hinzu. Und mit der Vertiefung ihres Wissens haben sie ein zunehmend besseres Verständnis und auch Differenzierungsvermögen für die einzelnen Ingredienzien der Angebote, auf die sie doch so sehr angewiesen sind. So gelangen sie ganz allmählich dahin, dieses Gängelband zu lockern – und auch die Preise, die man von ihnen verlangt, nach unten zu drücken –, indem sie einige Funktionen in ihre eigenen vier Wände zurücknehmen, bei konkurrierenden Nicht-Markenherstellern kaufen und die wachsende Marktpräsenz von Alternativlieferanten nutzen, damit die Preise runtergehen.

Da zudem die Architektur der Gemeinschaft relativ festliegt und die Verbraucher gelernt haben, wie letztere funktioniert, sind sie häufig nicht gewillt, für einen Marktentwicklungsaufwand, der im zweiten Stadium noch eingeleuchtet hätte – wie etwa Kundenerziehung, Absatzförderung und ähnliches –, Geld hinzulegen.

Die Anforderungen, denen sich die einzelnen Marktteilnehmer im dritten Stadium gegenübersehen, sind in folgender Tabelle zusammengefaßt:

	Kooperative Aufgaben	**Kompetitive Aufgaben**
Marktführer	Offerieren Sie eine unwiderstehliche Zukunftsvision, mit der Sie Verbündete auf die Seite Ihrer Führerschaft ziehen und die Ihren innovativen Initiativen auf Dauer eine zentrale Stellung sichert.	Vereiteln Sie alle Versuche, Ihre Führerschaft aus dem Ökosystem heraus in Frage zu stellen; arbeiten Sie allen Zukunftsvisionen entgegen, die ihre Ziele auf anderen Wegen als den Ihren verfolgen und innovative Beiträge unterstützen, die den Wert Ihrer eigenen Innovationen schmälern könnten.
Mitspieler	Orientieren Sie sich in eine erfolgversprechende Richtung, so daß Sie zügig genug koevoluieren, um ein Klonen Ihres Beitrags zum Ökosystem und zugleich Fehlinvestitionen zu vermeiden, die daraus entstehen können, daß Sie sich in eine Richtung bewegen, in der es keine Zukunft für Sie gibt.	Unterbinden Sie die Versuche anderer Unternehmen, Ihre Beiträge zu klonen und/oder sich gegnerischen Marktführern oder auf das Ökosystem insgesamt gerichteten Zukunftsvisionen anzuschließen, durch die Ihr Beitrag an Wert verlieren könnte.
Außenseiter	Orientieren Sie sich in eine erfolgversprechende Richtung, die Ihnen Wert in dauerhaft beträchtlichem Umfang sichert, aus dem Ihnen eine Rendite zufließt, die die Kosten für den Eintritt ins Ökosystem mehr als aufwiegt.	Bekämpfen Sie Versuche von Mitbeteiligten, Sie aus dem Ökosystem herauszudrängen; bekämpfen Sie alle, die das Ökosystem mit einem gleichen oder ähnlichen Wert bedienen.
Kunde	Arbeiten Sie mit den tonangebenden Playern des Ökosystems zusammen, um dem vom Ökosystem geschaffenen Wert ein entsprechendes Gepräge zu geben.	Werden Sie ein kleverer Kunde, der eine übermäßige Abhängigkeit von anderen Systembeteiligten vermeidet und darauf achtet, daß die Gesamtstruktur des Ökosystems wesentliche Interessen der Konsumenten zum Ausdruck bringt.

Tabelle 9.1

Boom-Zeiten für die Gemeinschaft; geringere Gewinnspannen für die Mehrzahl der Marktteilnehmer

Sobald Ökosysteme erst einmal eine stabile Architektur aufweisen und dann ins dritte Stadium eintreten, erleben sie häufig Zeiten eines regelrechten Booms. Immerhin handelt es sich um ein bunt zusammengewürfeltes Gewirr von Unternehmen und Kapital, die, zuvor außerhalb des Ökosystems ansässig, ganz wild darauf sind hineinzukommen. Diese Unternehmen analysieren das Ökosystem und fahnden nach Handlungsfeldern, auf denen größere Leistungsfähigkeit und Wirkung eine angemessene Belohnung erwarten lassen. Sie verschaffen sich dann Zutritt zum Ökosystem, indem sie auf diesen Feldern entsprechende Leistungen erbringen. In großen und gewinnträchtigen Ökosystemen können buchstäblich Hunderte oder Tausende solcher Operationen in Gang gesetzt werden.

Die Marktführer sollten den Begriff einer stabilen Architektur des unternehmerischen Ökosystems nicht mit der »Marktreife« verwechseln, bei der ja das Wachstum eines Unternehmens seinen Höhepunkt erreicht und dementsprechend Überkapazitätsprobleme ins Haus stehen. Der Eintritt in das dritte Stadium hat damit nichts zu tun. In der Regel ist es eine Zeit sprunghaft zunehmender Kapitalinvestitionen, insoweit die neuen Konkurrenten sich aktiv in den Wettbewerb einschalten. Sobald sie dies tun, wird das gesamte Preis-Leistungs-Verhältnis von zahllosen Verbesserungen in Leistungsfähigkeit und Wirkung profitieren, was mit fallenden Preisen, höherer Leistung sowie der Feststellung seitens der Verbraucher, daß ihnen mehr Wahlmöglichkeiten offenstehen, zu einer weiteren Expansion des Marktes Anlaß gibt.

In dem Maße allerdings, wie die Rivalitäten angeheizt werden, brechen auch die Gewinnspannen ein. Dementsprechend hektisch stellen sich die Teilnehmer am Ökosystem die Frage, was denn nun aus dem Wert in der Wertschöpfungskette geworden sei. Am Ende wird aus marktentscheidenden Beiträgen zum Ökosystem austauschbare Standardware, bei deren Austausch der Preis den Ausschlag gibt, ohne irgendeine Originalitätsprämie. Nur eine echte Innovation, die die Leistung des Ökoystems substantiell verbessert, kann diesen Kreislauf umkehren, wobei dann der außergewöhnliche Leistungsbeitrag wieder anerkannt und die Vitalität des Ganzen wiederhergestellt wird.

Auch in biologischen Ökosystemen tobt unter den Mitgliedern ein fortwährender Kampf. Der Biologe Jim Wetterer, den ich für dieses Buch zu Rate gezogen habe, beschreibt diese Situation folgendermaßen: »Da alle natürlichen Feinde eines Lebewesens, seine Konkurrenten, seine räuberischen Widersacher und seine Parasiten, sich fortentwickeln, um besser konkurrieren, räubern und schmarotzen zu können, sind jene Lebewesen, die ihre Weiterentwicklung abbrechen oder abbremsen, unter Umständen zum Aussterben verurteilt.« Ausführlich hat sich der Biologe Leigh Van Valen zu der Frage geäußert, wie unabdingbar unaufhörliches Innovieren für alle Arten eines Ökosystems ist.[1] In diesem Zusammenhang stellte er seine »Red-Queen-Hypothese« auf, derzufolge zahlreiche, ganz entscheidende biologische Anpassungsvorgänge, wie etwa die Fortpflanzung, in Zeiten eines besonders starken koevolutionären Drucks vor sich gehen.

Die Red Queen – der Leser wird sich daran erinnern – ist eine Figur aus Lewis Carrolls Buch *Durch den Spiegel*, die Alice bei der Hand nimmt und mit ihr in den Wald rennt. Obwohl Alice wie die Königin sehr schnell rennen, kommen sie nie vom Fleck, verlassen den Ort nicht, auf dem sie stehen. Schließlich fragt Alice die Königin, warum sie niemals an einen anderen Ort kommen. Darauf sieht die Königin Alice sonderbar an und erklärt ihr, daß man »schon genug rennen muß, um überhaupt am selben Ort zu bleiben. Will man anderswohin kommen, muß man wenigstens doppelt so schnell rennen.« Auf die Biologie übertragen, kann man dementsprechend sagen, daß mit der Verschmelzung des genetischen Materials zweier unterschiedlicher Lebewesen bei der Fortpflanzung fundamentalere genetische Experimente möglich werden und Anpassungseigenschaften darum auch rascher zutage treten. Die betreffende Art »rennt doppelt so schnell«, weil sie sich Wege ausdenkt, wie sie ihre Feinde ausstechen kann.

Im Wirtschaftsleben wird einfaches Laufen häufig gleichgesetzt mit dem Senken der Preise, wobei dann darum gekämpft werden muß, die Kosten unter Kontrolle zu bekommen. Im dritten Stadium nun müssen sich die Unternehmen mit dem Problem ständig sinkender Preise auseinandersetzen. Wer Erfolg haben will, muß sich zumindest mit dem Trend zur billigen Massenware abfinden und im Vorgriff auf einen Preisverfall radikal seine Kosten senken. Hersteller mit großem Produktionsausstoß, die mit geringen Gewinnspannen zurechtkommen, werden dann häufig für einen gewissen Zeitraum zu den Stars des Ökosystems.

Wenn man es im dritten Stadium zu keiner Zeit schafft, mehr zu erreichen als das schnelle Laufen, dann ist für die Führer eines Ökosystems so etwas wie eine längere Denkpause angesagt. Große Unternehmen, die bei der Expansion des Ökosystems im zweiten Stadium federführend waren, wie etwa IBM oder Apple bei den PCs oder Sony bei der HiFi-Elektronik, werden auf diese Weise genötigt, einen frischen, unbefangenen Blick auf das Problem zu werfen, wie sie etwa die Last ihrer Kostenstruktur loswerden können, die sich aus der Entwicklung und Expansion des Marktes ergeben hat. Die Unternehmen müssen radikal ihre Verkaufsstrategien sowie ihre Verwaltungs- und Gemeinkosten auf Vordermann bringen. Die Überlegungen konzentrieren sich dabei auf Outsourcing und Rightsizing, also das Zurückstutzen der Betriebe auf eine marktangemessene Größe. So ziehen sich etwa die Unternehmen, sobald neue Wettbewerber die Marktführer bei bestimmten Funktionen und auf einigen Marktsegmenten auszuschalten beginnen, auf ihre ureigensten Kompetenzen zurück.

Wie noch zu zeigen sein wird, erfordert das »doppelt so schnelle Rennen« ein ganz neues Denken. Gewinner im dritten Stadium sind jene Firmen, die mehr tun, als nur ihre Kernaktivitäten zu rationalisieren, die vielmehr lernen, wie sie Struktur und Entwicklung ihres unternehmerischen Ökosystems und Chancenumfelds beeinflussen können.

Gewinner und Verlierer

Ohne Zweifel werden einige Arten sogar unter den Bedingungen eines stürmisch sich fortentwickelnden, weil durch modulare Verfahren gekennzeichneten dritten Stadiums mehr Gewinn aus dem Ökosystem herausziehen als andere, weil sie die Lehre der Red Queen besser begriffen haben. Die wichtigste Einzelerkenntnis für jeden, der sich mit dem Entwerfen von Strategien befaßt, dürfte wahrscheinlich ganz simpel die folgende sein: In einem Ökosystem wird es zwangsläufig eindeutige Gewinner und Verlierer geben. Einige Player werden erheblich größere Gewinnanteile aus dem Ökosystem herausschlagen als andere. Ob man dabei zu den Gewinnern oder Verlierern zählt, darüber entscheidet die Marktmacht, über die einer verfügt. Um ein Gewinner zu sein, müssen Sie von lebenswichtiger Bedeutung für die Gemeinschaft, zumal die Verbraucher sein. Ein Marktteilnehmer, dessen Produkte als unbedingt notwendig angesehen werden, kann von den Mitspielern seiner Gemeinschaft einen überdurchschnittlichen Anteil an den im Ökosystem anfallenden Gewinnen einheimsen. Kluge Marktteilnehmer sollten einen Teil der von ihnen erzielten Gewinne für eine weitere Stärkung ihrer Marktmacht und für den Ausbau einer starken Marktführerrolle innerhalb der Gemeinschaft nutzen.

Wie bereits erwähnt, kann uns die Computer-Industrie ein klares Bild vom Gang des Wirtschaftslebens im allgemeinen liefern. So wird etwa dieses Phänomen einer ungleichmäßigen Gewinnentwicklung besonders deutlich, wenn man – exakt zum Zeitpunkt, als die Computer-Branche in das dritte Stadium ihrer Entwicklung eintrat – dem Aufstieg von Intel und Microsoft den Niedergang von IBM gegenüberstellt. In der Mitte der 80er Jahre stand ja die technische Architektur der IBM-PCs für die Struktur des PC-Geschäfts schlechthin. Die Branche befand sich damit im dritten Stadium. Praktisch jedes Unternehmen konnte sich ausrechnen, wie seine Komponenten und Dienstleistungen auszusehen hatten, um organisch mit den übrigen Funktionselementen des PC-Ökosystems zusammenzustimmen. Compaq, Microsoft und andere Produzenten arbeiteten dabei zusammen, um Hard- und Software-Standards festzulegen, teils unter Beteiligung von IBM, teils ohne sie.

Die im dritten Stadium erzielten, vergleichsweise hohen Gewinne resultieren aus einer starken Marktstellung, die sich ihrerseits daraus ergibt, daß man zum einen über etwas verfügt, worauf das Ökosystem angewiesen ist, und zum anderen daraus, daß man faktisch die einzige Quelle dafür ist. Gelegentlich kann dieser Status eines Alleinlieferanten per Vertrag oder durch ein Patent festgeschrieben sein. In einer Welt allerdings, die in ständiger Bewegung ist, hängt ein solcher Status zumeist an der Fähigkeit zu ständiger Innovation, zur Schaffung eines Grenzwerts für die vom Ökosystem als Ganzem fortlaufend durchgesetzte Verbesserung des Preis-Leistungs-Verhältnisses. Dementsprechend könnte im dritten Stadium die Red Queen einem Managementteam folgenden Rat erteilen: »Wenn ihr so schnell rennt, wie ihr könnt, dann werdet ihr es vielleicht auf durchschnittliche Gewinnspannen bringen. Wollt ihr aber hohe Gewinne, dann müßt ihr doppelt so schnell laufen.« Mit anderen Worten, Sie kommen nicht umhin, über Ihren jeweiligen Beitrag zum Ökosystem hinaus die Systemführerschaft für eine permanente Verbesserung des unternehmerischen Ökosystems zu übernehmen.

IBM ließ sich kaum aufrütteln. Als das PC-Ökosystem des Unternehmens in das dritte Stadium überwechselte, fand man keinen Weg, weiterhin innovativ zu bleiben oder auch nur der eigenen Größe entsprechende Kosteneinsparungen zu erzielen. Über lange Zeit war IBM der größte PC-Hersteller und -Lieferant auf dem Globus gewesen und viele Jahre sogar das einzige Unternehmen mit Umsätzen in Höhe von mehreren Milliarden Dollar pro Jahr. Trotzdem blieben die Kosteneinsparungen im Vergleich zur kleineren Konkurrenz weit unter dem, was der Unternehmensgröße entsprochen hätte.

Statt dessen verwendete IBM sein Geld weiterhin für den Ausbau und die Entwicklung des Ökosystems als solchen, das heißt für

Maßnahmen, wie sie im zweiten Stadium sinnvoll gewesen waren, ganz einfach, weil man es sich leisten konnte, weil es gute alte IBM-Tradition war und weil man fälschlicherweise annahm, daß Maßnahmen wie diese den meisten Profit abwerfen würden. So ließ IBM zum Beispiel mit Millionen-Dollar-Aufwand Werbung im Fernsehen betreiben – bis hin zu der berühmten Reklamefigur des kleinen Landstreichers von Charlie Chaplin –, um den Usern die Anwendung zu erleichtern und die Nachfrage zu stimulieren. Diese Werbefeldzüge waren kaum geeignet, die Produkte des Herstellers IBM von denen anderer Hersteller zu unterscheiden oder die Marktmacht von IBM innerhalb des Ökosystems zu steigern. Nicht minder zum Fenster rausgeschmissen waren die Gelder, die für Symposien ausgegeben wurden, die man für bestimmte Zielgruppen wie etwa Leute aus dem Erziehungssektor, aus der Industrie oder dem Bankenbereich an teuren Ferienorten in Florida veranstaltete, um bestimmte Computeranwendungen zu fördern. Niemand sonst im Ökosystem konnte sich derlei Aufwand zu diesem Zeitpunkt überhaupt leisten. Andere zogen es statt dessen vor, ihre Investitionen in Kernaktivitäten, ihre Innovationspfade und Economies of Scale zu stecken.

Intel und Microsoft haben ihre zentrale Ausgangsstellung im Ökosystem weitestgehend dadurch erlangt, daß sie zur rechten Zeit am rechten Ort waren – mit anderen Worten, weil sie Zulieferer für IBM waren. Aber beide, Intel wie Microsoft, erwiesen sich als gelehrige Schüler der Red Queen, beide waren fest entschlossen, ihre zentralen Produktfelder zu verbessern, die Einsatzmöglichkeiten für ihre Produkte zu erweitern und die Zusammenarbeit mit Partnern der Computerbranche zu suchen, um Standards festzulegen, durch die ihre beherrschende Marktstellung gefestigt werden konnte. Intels Manager Andy Grove erlangte Berühmtheit, weil er den Mikroprozessor als »Schwarzes Loch« bezeichnete, das letzten Endes die Funktionen der übrigen Computer-Hardware übernehmen und damit den gesamten Wert auf sich ziehen werde. Ebenso legte sich Microsoft unter Bill Gates mächtig ins Zeug, immer mehr Software-Leistungen in das PC-Betriebssystem beziehungsweise in die vom Unternehmen hergestellten Software-Anwendungen einzubeziehen.

Während dieser Zeit konzentrierte sich zumal Microsoft darauf, in der Organisationsarchitektur des Ökosystems eine bestimmende Position zu erlangen und sein Wissen darüber zu erweitern, wie eine Zusammenarbeit mit Produzenten, zumeist Software-Entwicklern, aber auch Anwendern erreicht und gehandhabt werden konnte. Bill Gates Auftritte bei Produktpräsentationen oder vor Anwendervereinigungen waren spektakuläre Ereignisse im Vergleich zu den altmodischen Vorführungen von IBM und deren stocksteifen Rednern. Gleichzeitig hatten Microsoft und Intel ein von IBM bereitgestelltes Sicherheitsnetz zu ihrer Verfügung, das ihnen für den Fall Unterstützung bot, daß ihre Kapitalreserven oder ihr Sachverstand aufgebraucht sein würden.

Mit Beginn der 90er Jahre war aus der »IBM-PC-Marktgemeinschaft« das »Microsoft-Intel«-Ökosystem geworden. Bei einer großen Zahl von Playern, IBM eingeschlossen, kam es zu einem Gewinneinbruch. IBM mußte sich bei seinen PC-Umsätzen mit Gewinnspannen um die 30 Prozent abfinden, was etwas ganz anderes war als die 70 bis 90 Prozent aus seinem Mainframer-Geschäft. Bei IBM nahm man ganz einfach nicht die Herausforderung wahr, daß es im dritten Stadium darauf ankam, seinen Kompetenzvorsprung und seine Marktstellung zu wahren. Man hatte ganz einfach versäumt, die drei entscheidenden Stützen der Marktmacht im dritten Stadium auszubauen:

Innovation. Erforderlich wäre die Entwicklung eines »Innovationspfades« sowie die gezielte Nutzung von Größenvorteilen gewesen, die für das Ökosystem entscheidend sind. Statt dessen war IBM dem Chip-Hersteller Intel und dem Software-Produzenten Microsoft noch dabei behilflich, höchst wichtige und entscheidende Innovationspfade aufzubauen.

Criticality oder Kriterialität. Man muß sicherstellen, daß das eigene Produkt von den Endverbrauchern und sonstigen Beteiligten am Ökosystem als kriteriell entscheidend bewertet wird. Die von IBM auf den Markt gebrachten besonderen Produkte unterschieden sich im Laufe der Zeit immer weniger von anderen, und so machten die Kunden die Entdeckung, daß sie auch dann mit dem Ergebnis ihres Kaufs zufrieden sein konnten, wenn IBM an keinem der von ihnen erstandenen Produkte und Dienstleistungen unmittelbar beteiligt war.

Einbindung. Die eigenen Produkte, Unternehmensverfahren sowie formellen und informellen Organsiationsstrukturen müssen eng mit entsprechenden Elementen des übrigen Ökosystems verzahnt werden.[2] Dies wird über die Zusammenarbeit mit anderen, im gleichen Ökosystem tätigen Unternehmen erreicht, die dessen Strukturen und die in ihm geltenden Konventionen optimieren hilft und somit dazu beiträgt, die Rahmenbedingungen für Kooperation und Koevolution weiter zu verbessern. Statt aber eine solche Strategie zu fahren, zog sich IBM immer stärker auf sich selbst zurück und versuchte, die eigenen Produkte dem Ökosystem aufzuoktroyieren. Bekanntestes Beispiel dafür waren die gescheiterte MCA-Busarchitektur und das Betriebssystem OS/2. Infolgedessen koppelte sich der Elektronikriese allmählich vom restlichen Ökosystem ab und verlor auf diese Weise seine Stellung als Marktführer, seinen Einfluß und seine Marktmacht.

Entwickeln Sie einen Innovationspfad

Im dritten Stadium bauen die marktentscheidenden Unternehmen ihren Einfluß durch innovative Beiträge zur Leistungsfähigkeit des Ökosystems als ganzen aus. Dementsprechend erfolgreich sind jene Unternehmen, die auf Dauer einen »Innovationspfad« anlegen, durch den sich ihr Leistungsangebot mit der Zeit immer weiter verbessert. Es gibt viele Möglichkeiten, einen solchen Innovationspfad zur Leistungsverbesserung einzusetzen – das reicht vom Kundenservice und der Produktsegmentierung je nach angepeilter Kundschaft bis zu ganz harten technologischen Neuerungen. Ein auf Dauer angelegter Innovationspfad macht freilich eine Feinabstimmung zwischen den Fähigkeiten zahleicher Individuen und Organisationen erforderlich. Dabei mag es zwischen den Unternehmen eine große Bandbreite von Innovationspfaden geben, auf die sie jeweils ihre Energien verwenden.

Um ein Beispiel zu nennen: Intels fulminante Aufwertung zu dem, was mittlerweile das »Wintel«-PC-Ökosystem heißt – also dem Verbund von Microsoft, Windows und Intel –, hatte seinen Grund in der Fähigkeit des Unternehmens, die von ihr produzierten Mikrochips beständig zu verbessern, das heißt sie mit mehr Funktionen und schnelleren Operationen bei geringeren Kosten pro Recheneinheit auszustatten. Dieser Pfad ist in der folgenden Abbildung dargestellt.[3]

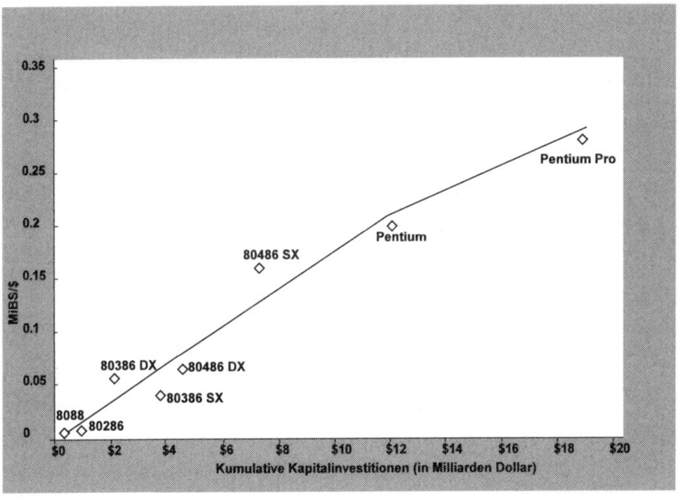

Abbildung 9.1
Der Mikroprozessoren-Innovationspfad von Intel (1980–1995), gemessen in Millionen von Befehlen/Sekunde (MiBS) pro Dollar.

Das bedeutet natürlich nicht, daß die Chips weniger Geld kosten. Im Gegenteil, Intels Mikroprozessoren sind teurer geworden. Der 386er-Chip kam noch für 299 Dollar auf den Markt. Die ersten Pentium-Prozessoren kosteten am Anfang um die 900 Dollar, allerdings muß man sagen, daß der Pentium annähernd 20 Mal mehr Rechenleistung brachte.

Intel steckt jährlich phantastische Summen in Investitionen und F&E-Mittel, um sich Aktionsmöglichkeiten zu erschließen und seinen Innovationskurs zu halten. Marktführerschaft hat eben ihren Preis. Die ständige Verbesserung der Aktionsmöglichkeiten reicht dabei von der Chipkonstruktion bis zur Fertigung, die von den amerikanischen Halbleiterherstellern mit dem Kurzwort »fab« (fabrication) bezeichnet wird. So betrug etwa im Jahr 1993 Intels Investitionsaufwand 2,9 Milliarden Dollar; und 1994 waren es noch einmal 3,5 Milliarden.[4] Dies war ein hoher Einsatz für ein Unternehmen, dessen Bruttoeinnahmen 1995 ungefähr 16 Milliarden Dollar betrugen. Aber gerade mit solchen Investitionen gelang es Intel als erstem Hersteller, die neueste Chip-Generation mit Schaltungen von 0,35 Mikron aufzulegen. Entscheidender ist aber vermutlich, daß Intel angesichts des nach wie vor boomenden Wintel-Ökosystems und einer weiterhin ansteigenden Nachfrage nach Personalcomputern der einzige ernstzunehmende Lieferant für Komplettsystemverkäufer und auch der einzige Chip-Produzent ist, der nicht nur völlig neukonstruierte Markenprodukte auf den Markt bringt, sondern auch über die Fertigungskapazitäten verfügt, die der Nachfrage auf dem Markt adäquat sind.

Ein Unternehmen, das in einem derart dynamischen, gewissermaßen costaricanischen und für das dritte Stadium typischen Ökosystem die Marktführerschaft übernehmen möchte, muß mit viel Bedacht für sich selbst vergleichbare Innovationsmöglichkeiten abstecken und, damit diese auch Wirklichkeit werden, entsprechende Investitionen tätigen. Wenn Newcomer in einem Ökosystem spezielle Funktionen mit Beschlag belegen können, dann besteht für alle übrigen am System beteiligten Organisationen, die keinen solchen zielstrebigen Innovationskurs fahren, die Gefahr, von anderen aus dem Feld geschlagen zu werden. Aufgabe der Führungskräfte ist es daher, sich über die Leistungsfähigkeit ihres Unternehmens Gedanken zu machen und ständig nach Investitionsmöglichkeiten in puncto Kapazitätsverbesserung zu forschen. Zugleich müssen sie sicherstellen, daß diese Investitionen eine möglichst durchschlagende Leistungsverbesserung bringen.

Um aber einen Innovationskurs auch erfolgreich durchhalten zu können, braucht es viel Managementarbeit sowie den Einsatz beträchtlicher Mittel. Dies freilich ist weniger von vertikal integrierten Unternehmen alten Stils als vielmehr von hochspezialisierten Organisationen zu leisten – mit dem zwangsläufigen Resultat, daß sich ein Ökosystem aus deintegrierten Mitspielern herausbildet, von denen manche nur ein einziges Tätigkeitsfeld haben, während andere ein Portfolio spezieller Aktivitäten vorweisen können. Die Organisation an sich ist allerdings nicht die entscheidende Bedingung für den Erfolg. Gefragt sind vielmehr Organisationsformen, Strategie und Managementkonzepte, die die Entschlossenheit bewirken, die nötig ist, um einer immer zahlreicher werdenden Meute von Rivalen Paroli zu bieten.

Entschlossenheit und Engagement reichen freilich nicht aus. Der alles entscheidende Innovationspfad muß durch die Fähigkeit abgesichert und geschützt werden, dem Ökosystem eine Form aufzuprägen, die macht, daß die eigenen Beiträge auch weiterhin als wertvoll taxiert werden. Wie Intel diese Augabe erfolgreich gelöst hat, soll im weiteren Verlauf dieses Kapitels gezeigt werde; fest steht jedenfalls, daß dieses Ziel enorme Investitionen zur Sicherung von Kriterialität und Einbindung erfordert.

Um eine Vorstellung von dem zu bekommen, was ich meine, ist es angebracht, die Situation einmal aus der Sicht der traditionellen Industrie zu betrachten. Für einen herkömmlichen Strategieplaner ist das, was Intel macht, ein wahrer Alptraum. In der Industrie galten Entwicklung und Fertigung von Halbleitern gemeinhin als kapitalintensives und konjunkturabhängiges Geschäft, das sich mit geringen Bruttogewinnen abfinden muß. Intel betreibt lediglich ein einziges, weitgehend ohne Diversifizierung auskommendes Kerngeschäft, nämlich die Herstellung vom Mikroprozessoren für Personal-Computer. Forschung und Kapitaleinsatz müssen im Vorgriff auf den Markt auf Jahre im voraus bestimmt werden, und ihr Verlauf, einmal festgelegt, ist relativ unflexibel. Schließlich ist auch das Chancenumfeld – der Informationsraum, den Computer, Kommunikationstechnik und Medien bilden – voller Risiken, die ein gewandeltes Verbraucherverhalten, veränderte Technologien und Geschäftsformen und einen Wandel bei den marktführenden Unternehmen mit sich bringen. Unter diesen Auspizien muß sich ein Unternehmensplaner Jahre im voraus auf eine Unternehmenspolitik festlegen, deren Aussichten höchst ungewiß sind.

In den ersten Jahren der Tätigkeit von Intel war es allgemeine Überzeugung, daß derartige Risiken durch Kapitalrücklagen und die Maximierung des Ertrags der Nettoaktiva abgemildert werden sollten. Intels Führungsriege erinnert sich noch an den Tag im Jahr 1989, als Craig Barrett, der Leiter des Geschäftsbereichs Mikroprozessoren, die Anwesenden mit der Voraussage schockte, daß die Firma bis zum Jahre 1991 wenigstens 2 Milliarden Dollar jährlich investieren müsse, um den Innovationskurs zu halten und den Vorsprung gegenüber den Chip-Klonern zu wahren. Zu diesem Zeitpunkt erwartete Intel für das Jahr 1989 Gesamteinnahmen in Höhe von 3 Milliarden Dollar; dementsprechend war ein jährlicher Kapitaleinsatz von 2 Milliarden Dollar eine Belastung, die das Aus bedeuten konnte. Die Alternative sah allerdings noch trüber aus: Sie hätte bedeutet, bei lebendigem Leibe von der gesammelten Innovations- und Investitionskraft einer zunehmend zielstrebigeren Schar von Konkurrenten aufgefressen zu werden. Mit anderen Worten: Ein klassisches Problem nach Stadium Nummer 3.

Um diese Risiken aufzufangen, mußte Intel Wege ausfindig machen, auf denen das PC-Ökosystem, das sich um das Unternehmen herum gruppierte, weiterhin wachsen konnte und der eigene Beitrag für die Marktgemeinschaft seine zentrale Bedeutung behielt. Das bringt uns zu unserem nächsten Thema. Tatsächlich hat sich Intel der Situation gestellt; allein die Zahlen sprechen für sich. Seit 1990 erzielte das Unternehmen weltweit stets höchste Bruttogewinne und Umsatzerlöse. Es ist daher lehrreich, sowohl die ökologischen Einflüsse, die auf das Unternehmen einwirkten, als auch die äußerst kreativen, strategischen und organisatorischen Einfälle, die es zum Erfolg führten, einmal näher zu betrachten. Mit anderen Worten: Wir möchten herausfinden, was der Clou von Intel, gewissermaßen das »Intel inside Intel« ist, und in dem Zusammenhang möchten wir auf zwei weitere Prinzipien für den Erfolg im dritten Stadium eingehen, nämlich Kriterialität und Einbindung.

Kriterialität: Erhöhen Sie Ihren Wert für den Endverbraucher

Es reicht nicht aus, den Innovationskurs zu halten, vielmehr muß dessen Wert von den übrigen Partnern des Ökosystems und vor allem den Endverbrauchern auch anerkannt werden. Ganz besonders traurig sind nämlich immer die dran, die sich mächtig ins Zeug legen, um ihre Fähigkeiten zu verbessern, dann aber feststellen müssen, daß das Resultat ihrer Bemühungen nicht gefragt ist. So war zum Beispiel die Sure Microphone Company Branchenführer in der Herstellung von magnetischen Tonabnehmern für Schallplatten. Jahr für Jahr wurden neue und verbesserte Produkte vorgestellt, aber leider liefen Tonbänder und CDs dem, was Sure auf den Markt brachte, sieht man einmal von dem kleinen Häuflein der Vinyl-Freaks ab, fast völlig den Rang ab. Wir werden allerdings noch sehen, daß auch Produkte wie die von Intel am Markt vorbeilaufen können, manchmal einfach deswegen, weil sie die Bedürfnisse des übrigen Ökosystems gänzlich außer acht lassen. Wie oft hat man nicht schon jenen allzu vertrauten Satz hören können: »Wozu braucht man denn einen schnelleren Computer? Meiner tut alles, was ich will.«

Sie müssen also dafür sorgen, daß Ihr Innovationskurs zu einem entscheidenden Motor für sämtliche von den Endverbrauchern und sonstigen Teilnehmern am Ökosystem gewünschten Produkt- und

Leistungsverbesserungen wird. Ebendies ist mit der Kriterialität gemeint, von der ich sprach. Intels Erfolg rührt nicht allein daher, daß dort schnellere Chips gebaut werden, sondern auch daher, daß man eine entsprechende Nachfrage im Ökosystem schafft und das Unternehmen zu ersten Lieferadresse werden läßt. Als die Kriterialität von Intels Marktbeitrag zu Beginn der 90er Jahre nachließ, war gezieltes Handeln gefragt, und zwar nicht eigentlich im Hinblick auf den Innovationskurs – der war völlig unumstritten –, sondern weil es darauf ankam, im übrigen Ökosystem die Nachfrage nach Intel-Produkten nachhaltig zu verbessern. Dazu gehörte unter anderem, daß man das Interesse für Multimedia-PCs, die auf leistungsstarke Mikroprozessoren angewiesen sind, generell stimulierte und die Zusammenarbeit mit anderen Unternehmen im Ökosystem suchte, um entsprechende Geräte auf den Markt zu bringen.

Sorgen Sie dafür, daß die im Ökosystem relevanten Produkte, Prozesse und Organisationen eingebunden werden

Investitionen, die von anderen vorgenommen werden, um Ihrer Produktschiene zu folgen oder sich mit Ihnen zu verbünden, festigen und erhalten Ihren Status als wichtigster Leistungserbringer. Dies nenne ich Einbindung, weil ich damit den Grad bezeichnen möchte, in dem der zentrale Leistungserbringer in die Marktgemeinschaft eingebunden und mit anderen verflochten ist. Einbindung beginnt damit, daß man die eigenen Produkte zu Markenartikeln macht. So konnte Intel allergrößten Nutzen aus einer Marketingkampagne ziehen, mit der die Hauptprodukte des Unternehmens bekanntgemacht wurden: heiße Chips, die schnellsten auf dem Markt, kompatibel mit den Vorläuferchips sowie mit der Software, für die der Verbraucher bereits Geld hingelegt hatte, eigenes

Design und technische Zuverlässigkeit. »Intel Inside« wurde zu einer Flagge, unter der diese Kampagne fortan lief.

Einbindung kann auch dadurch erreicht werden, daß Teile der Produktarchitektur zusammengebracht werden, etwa durch die Verknüpfung eines hochentwickelten Software-Produkts mit einer speziellen Mikroprozessorqualität.

So lassen sich auch Betriebsprozesse miteinander verbinden, indem zum Beispiel der elektronische Datenaustausch für den operativen Vergleich von Lagerbestand und Fertigung eingesetzt wird. Auch könnte man sich eine gemeinsame Entwicklung und ein gemeinsames Marketing vorstellen; überhaupt ist hier an sämtliche Maßnahmen zu denken, durch die der betriebliche Prozeß als ganzer, von A bis Z, optimiert werden kann. Darunter sind auch solche Maßnahmen gefaßt, an denen zwei oder mehrere Unternehmen beteiligt sind.

Schließlich ist auch über offizielle Absprachen wie Joint Venture und gegenseitige Anteilsübernahme ein enger Verbund zwischen zwei Organisationen möglich. Mehr noch, Organisationen können auch räumlich zusammengelegt werden, damit die informelle Unternehmenskultur der in den jeweiligen Organisationen tätigen Menschen sich austauschen und der Kommunikationsfluß zwischen ihnen sichergestellt werden kann.

Starten Sie eine Dauerkampagne zur Stärkung von Kriterialität und Einbindung

Die meisten Manager sehen durchaus, daß sie in einen permanenten Innovationskurs investieren müssen. Woran es zuweilen fehlt, das ist das Verständnis dafür, wie sehr auf seiten des Managements eine Kampagne zur Stärkung von Kriterialität und Einbindung nottut. In einem in der Manier der Red Queen strukturierten Umfeld, das hochgradig von Rivalitäten geprägt ist, kann es nicht als sicher gelten, daß Ihre Bedeutung von anderen am Ökosystem Beteiligten immer richtig gewürdigt wird, ein Sturz in die Bedeutungslosigkeit oder gar die Ersetzung durch einen anderen Mitspieler können sich darum mit erschreckender Plötzlichkeit ereignen.

Selbst so dominierende und in sicherer Position behaglich eingerichtete Unternehmen wie Intel und Microsoft sind vor dem heißen Atem der Konkurrenz durch Massenware nicht geschützt. Und dies einfach deswegen, weil im Grunde alle, die in dem gleichen Ökosystem wie Intel und Microsoft arbeiten, auf eine Ausweitung und Expansion ihres Marktwertes hinwirken, häufig natürlich auf Kosten der Zentralposition der beiden Großen. Wie schon Andy Grove sagte: »Nur Paranoiker überleben«. Das ist ein durchaus taugliches Motto für Ökosysteme im dritten Stadium, in welchem ja alle Mitglieder gleichzeitig, so rasch es nur irgend geht, koevoluieren.

Die Preisfrage ist also die, wie der Forderung der Red Queen entsprochen werden kann, wie Sie Ihre Position und Ihren Leistungsanteil in einem gegebenen Ökosystem systematisch und umfassend stärken können. Die im folgenden Schaubild dargestellte Formel faßt dieses globale Ziel kurz und bündig zusammen.

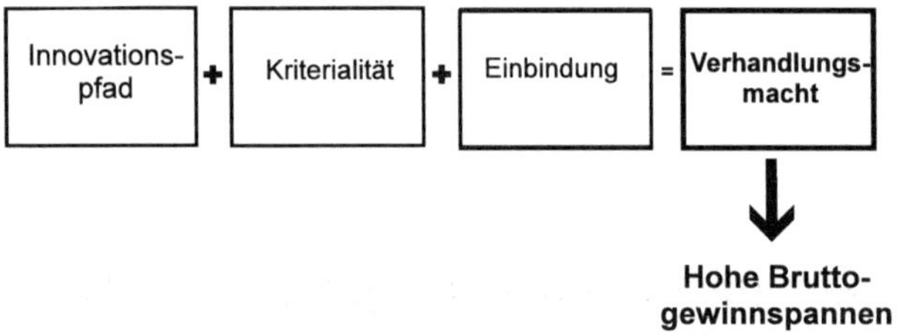

Abbildung 9.2

Will man sich eine Vorstellung von dieser Art von Initiative machen, so ist es sinnvoll, sie als eine »permanente Kampagne« zu begreifen, die alle sieben Dimensionen des Ökosystems erfaßt. Die Bestandteile dieser Kampagne, die man auch als eine Art Gesamtkomplex von Faktoren zur Produktion von Marktwert und Marktmacht auffassen kann, sind in Tabelle 9.2 aufgeführt.

Dauerkampagne zur Stärkung von Kriterialität und Einbindung

Dimension	**Gesamtkomplex der Faktoren**	**Dimensionen der Dauerkampagne**
Kunden	Erzielter Wert für Endverbraucher	Erhöhen Sie den Wert Ihres Beitrags in den Augen der Endverbraucher.
Märkte	Beherrschung des Marktes und der Vertriebskanäle	Steigern Sie Ihre Herrschaft über begrenzte Märkte und deren Vertriebskanäle.
Angebote	Kriterialität und Einbindung in das Gesamtangebot	Steigern Sie Ihre Kriterialität und Einbindung in das Gesamtangebot, wie es vom Endverbraucher wahrgenommen wird.
Prozesse	Kriterialität und Einbindung in die unternehmerische Prozeßarchitektur	Steigern Sie Ihre Kriterialität und Einbindung in die gesamte unternehmerische Prozeßarchitektur des Ökosystems.
Organisationen	Kriterialität und Einbindung in Organisationsnetzwerke	Steigern Sie Ihre Kriterialität und Einbindung in das für das Ökosystem entscheidende Organisationsnetzwerk.
Stakeholder	Verfügbarkeit von Ressourcen innerhalb der gewünschten Zeit	Vermehren Sie die verfügbaren Ressourcen, um Ihren Kernbeitrag und Ihre Führerschaft im Ökosystem zu erhalten.
Werte und Politik	Orientierung an der Gesellschaft	Erhöhen Sie die Ausrichtung Ihres Beitrags und Ihrer Führung und ebenso die der für Ihre Märkte relevanten gesellschaftlichen Einrichtungen und Behörden an den Belangen der Gesellschaft.

Tabelle 9.2

Sinn der permanenten Kampagne ist es, in der Weise Einfluß auf die Struktur des Ökosystems insgesamt zu nehmen, daß es Ihren entscheidenden Beiträgen zum Markt Geltung verschafft. Dazu bedarf es einer Verknüpfung zwischen Ihren Marktkompetenzen und dem auf seiten der Kunden gewünschten Marktwert und natürlich auch dem Pfad der Marktwertverbesserung. Die Kampagne setzt an bei den Kunden und dem Anpreisen Ihres Marktwertes, und sie beginnt mit dem Propagieren von Zukunftsvorstellungen, zu deren Realisierung Sie einen maximalen Beitrag leisten können. Die Kampagne sucht diese Vorstellungen – und die Bedeutung Ihres Beitrags – dadurch zu verstärken, daß ein beherrschender Einfluß über Märkte und Vertriebskanäle angestrebt wird.

Diese permanente Kampagne reicht allerdings noch weiter, weil sie auch auf die weitere Entwicklung der Produktarchitektur Einfluß zu nehmen sucht, d. h. darauf, wie das Produkt den Kunden angeboten wird, welche modularen Bestandteile und Komponenten verwendet werden und mit welchen Funktionen sie den Kunden versorgen. Weiterhin gehört dazu, wie Unternehmensprozesse betriebsorganisatorisch zu konzipieren und, soweit erforderlich, zu verändern sind. Auch das Binnenverhältnis der Organisationsstrukturen bleibt davon nicht unberührt, denn die Kampagne hilft bei der Entscheidung darüber, wo Outsourcing stattzufinden hat und wo etwas bewahrt werden soll. Sie soll mit darüber befinden, was in großem Umfang mit entsprechenden Einsparungseffekten herzustellen ist. Zudem kann mit ihrer Hilfe ermittelt werden, wie viele Anbieter welche Leistungen erbringen, wobei Unterschiede zwischen ihnen genutzt werden und eine Darwinsche Auswahl unter einer breit gestreuten Population getroffen wird. Schließlich ist es Ziel der Kampagne, einen günstigen Zugang zu allen möglichen Ressourcen und eine strikte Ausrichtung an den Werten und politischen Institutionen der Gesellschaft zu gewährleisten.

Kampagnen dieser Art stehen immer mehr im Zentrum der Unternehmensstrategie. Ihre Wirkung ist größer als die herkömmlicher Unternehmenspläne, und sie erfordern Fähigkeiten, die bislang nur selten in Unternehmen gebündelt wurden, vom Marketing und der Produktentwicklung bis zu den Aufgaben des Prozeß-Engineering, der Organisationskonzeption, der Finanzierung und der Kontaktpflege zu Regierungsstellen. Vielleicht bekommt man am besten eine Vorstellung von einer derartigen Kampagne, wenn wir sie uns einmal im einzelnen anschauen.

Durch die Lupe des Ökosystems: Intels Kampfansage

Wie bereits erwähnt, beruhte Intels unternehmerisches Programm in den frühen Jahren der Computer-Revolution auf einem erfolgreichen Expansionsmodell, an dem Endverbraucher, Systemhersteller und Intel selbst entscheidenden Anteil hatten. Die User verlangten von ihren PCs immer mehr Rechenleistung, und weil Intel die entsprechenden Mikroprozessoren lieferte, konnten Hersteller von Komplettsystemen wie IBM und Compaq diesem Kundenwunsch gerecht werden.

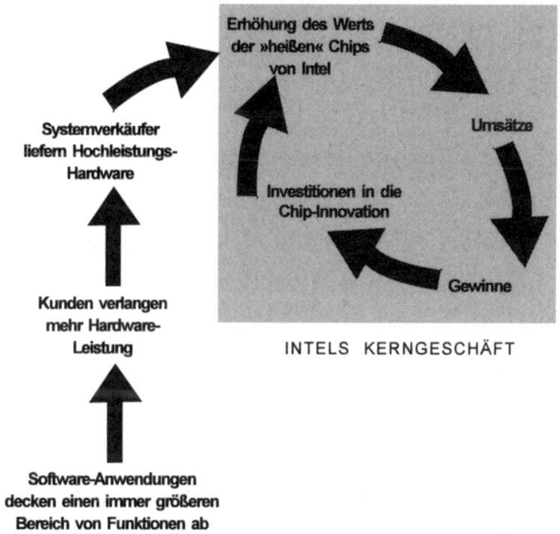

Abbildung 9.3

Der entscheidende Antrieb für dieses Modell rührte daher, daß viele Endverbraucher ein Aufgeld zu zahlen bereit waren, um schneller an Hochleistungsmaschinen heranzukommen. Intel konnte dieses Aufgeld für sich verbuchen, weil das Unternehmen nicht nur ständig mit mehr Rechenleistung bei seinen Chips aufwarten konnte – also seinen Innovationskurs hielt –, sondern dazu noch schneller und besser war als der Wettbewerb. Bis zu Beginn der 90er Jahre wirkten sich extrem rechenintensive Softwareprogramme wie Windows von Microsoft geradezu als ein Segen für Intel aus. Da immer mehr hochkomplizierte Programme auf den Markt kamen, waren die Endverbraucher gezwungen, ihre Geräte ständig mit den allerneuesten Intel-Chips nachzurüsten. Rückblickend ist festzustellen, daß Intel den Trend zu immer aufwendigeren Softwareprogrammen für sich zu nutzen verstand und es gar nicht nötig hatte, diesen eigens ins Leben zu rufen. Intels Kurs – und darin bestand seine Kriterialität – war haarscharf abgestimmt auf den Nutzwert, den der Endverbraucher haben wollte: schnellere Maschinen, die auch schneller auf den Markt kamen. Dementsprechend boomte Intels Kerngeschäft.

Zwischen 1990 und 1993 griffen im Dschungel des Computermarktes einige beunruhigende ökologische Tendenzen rasch um sich. Hauptgeschäftsführer Andy Grove, Unternehmensleitung und Management von Intel kamen alles in allem zu der Überzeugung, daß diese Tendenzen eine Bedrohung für Intels Marktführerschaft im Computer-Ökosystem darstellten und daß zu ihrer Abwehr eine konzertierte Aktion erforderlich sei. Im folgenden wollen wir einige dieser bedrohlichen Entwicklungen näher betrachten. Zum Zwecke eines besseren Verständnisses werden wir dies im Rahmen der sieben Dimensionen des Ökosystems tun.

Außer für Kommunikationstechnologie und Multimedia benötigte der Endverbraucher keine höhere Rechenleistung

Bereits zu Beginn der 90er Jahre war für aufmerksame Trendbeobachter absehbar, daß die Nachfrage nach immer mehr Prozessorleistung nachlassen würde. Für zahlreiche Anwendungen, etwa für die Textverarbeitung, brauchten die User gar keine leistungsstärkeren

Chips. Insbesondere sträubten sich aber die Geschäftskunden gegen den Gedanken, Hunderte, wenn nicht Tausende von Geräten aufrüsten oder austauschen zu sollen.

Und so deutete fast jede Anwendung, bei der sich die Intel-Manager einen gesteigerten Bedarf an Rechenleistung überhaupt nur vorstellen konnten, in Richtung Multimedia und Kommunikationstechnologie. Bedauerlicherweise legte der IBM-PC durch seine Architektur diesen Entwicklungsmöglichkeiten viele Steine in den Weg, und zwar mit und ohne moderne Mikroprozessoren. Letztlich war abzusehen, daß der Kunde seinen Computer zunehmend als Massenprodukt über Vertriebsketten wie den Discounter CompUSA kaufen und daß er sich bei seinem Kauf eher für leicht zu bedienende Geräte à la Apple/Macintosh (die ja ohne Intel-Prozessor liefen) als für den IBM-PC entscheiden würde. Jeder dieser Trends konnte zur Folge haben, daß dadurch nicht nur die Chips von Intel, sondern das gesamte IBM/Intel/Microsoft-Ökosystem in Gefahr standen, als überholt und bedeutungslos dazustehen.

Intel konnte sehen, wie seine marktbeherrschende Stellung ins Wanken geriet

Schon in den 80er Jahren waren Intels Konkurrenten theoretisch in der Lage, den gleichen Innovationskurs einzuschlagen. Aber Intel war durch seine einzigartige Fähigkeit, für die Mehrzahl der PC-Hersteller die Standards bei den Mikroprozessoren zu setzen, allerdings auch durch den geltenden Patent- und Copyright-Schutz, bei High-End-Produkten weitgehend vor jedem Wettbewerb sicher. Die Konkurrenten hatten keine andere Wahl, als jede neue Runde abzuwarten, in der Intel mit Leistungsverbesserungen aufwartete. Dann strampelten sie sich ab, um diese Verbesserungen eilig nachzubauen, mußten aber zugleich höllisch aufpassen, nicht in Intels Eigentumsrechte einzugreifen.

Zu Beginn der 90er Jahre war technisches Wissen so weit verbreitet, daß andere Chip-Hersteller die Prozessoren von Intel klonen konnten, ohne bestehende Patente zu verletzen. Firmen wie Advanced Micro Devices und Cyrix waren mittlerweile ziemlich versiert, wenn es darum ging, Intels Produkten umgehend nachzueifern, wenn sie auch nach wie vor in Intels Schatten operieren mußten. So war es denn ein bedeutsames Ereignis, als AMD Mitte 1992 einen Nachbau des weitverbreiteten 386er-Chips auf den Markt brachte. Sollte sich dieser Trend fortsetzen, so war absehbar, daß auch andere Unternehmen in der Lage sein würden, in atemberaubendem Ausmaß über Intels angestammte Geschäfte herzufallen, die Gewinnspannen in den Keller zu treiben und aus Intels Prozessoren ein Nullachtfünfzehn-Produkt zu machen.

Zudem verzeichnete der Weltmarkt für PCs sprunghaft ansteigende Wachstumsraten, die so hoch lagen, daß Intel die Nachfrage nach seinen Mikroprozessoren nicht mehr befriedigen konnte und die Großkunden mit unzumutbaren Lieferkontingenten abspeisen mußte, mit dem Ergebnis, daß jeder von ihnen nur eine begrenzte Menge von Chips zugeteilt bekam. Durch diese Kontingentierung kamen Verkäufer von Komplettsystemen wie Compaq und Dell ihrerseits in Lieferschwierigkeiten, weswegen sie nach anderen Lieferanten, die gewillt waren, auf diesem Markt mitzukonkurrieren, Ausschau hielten. Die Kontingentierungspraxis entzog überdies Intels Argument den Boden, daß Markentreue seinen Kunden Vorteile brächte.

Die Standard-Architektur der PCs war mittlerweile überholt

Und noch ein drittes Moment entwickelte sich sehr ungünstig: Einige Merkmale des PC-Architektur erwiesen sich als Schwachstelle für die Leistung des Gesamtsystems; ein typisches Problem, das ins dritte Stadium mitgeschleppt wurde. Die PC-Architektur war zum Organisationsprinzip für Tausende von Lieferanten avanciert, hatte aber auch den Nachteil, daß sie bestimmte feste Relationen mit sich brachte, die sich leistungsbegrenzend auswirkten. So war zum Beispiel der Pfad zwischen Mikroprozessor und Video Controller Card in seiner Leistung ganz einfach nicht schnell genug, um mit der modernen Prozessorgeneration beziehungsweise den gängigen Video Cards mithalten zu können. Intels Innovationen bei der Prozessorleistung schlugen sich nicht als Leistungssteigerung des Systems nieder und erreichten daher für den Kunden in ganz entscheidender Hinsicht nicht den angestrebten Maximalwert. Um es mit den Worten von Frank Gill zu sagen, der als einer der führenden Männer bei Intel einen guten Überblick darüber besitzt, wie das Unternehmen sein Ökosystem gestaltet: »Der Einbau unserer Mikroprozessoren in bestehende Systemauslegungen glich immer mehr dem Versuch, einen Hochleistungsmotor mit der Aufhängung eines VW-Käfers zu kombinieren.«

Probleme der Unternehmensentwicklung erwiesen sich als Hemmnis für die Innovation

Die Organisationsform von Unternehmensabläufen, die ein ganzes Ökosystem tangierten, erwies sich letztlich als Hemmnis für eine rasche Innovation. So zwingt zum Beispiel jede neue Mikroprozessorgeneration die Hersteller von Computersystemen zu einer Aufrüstung ihrer gesamten Rechnerkonzeption. Für die Hersteller wurde es zunehmend schwieriger und kostenintensiver, jede neue Systemkonzeption einwandfrei zum Laufen zu bringen. Daraufhin begannen einige von ihnen, sich gegen die Übernahme immer leistungsstärkerer Chips zur Wehr zu setzen, und hofften auf diese Weise, die Häufigkeit einer Neukonzeption ihrer Systeme reduzieren und ihre Entwicklungskosten senken zu können. Eine solche Unternehmenspolitik allerdings, wäre sie allgemein üblich geworden, hätte womöglich für Intel erhebliche Umsatzeinbußen bei den leistungs- und renditeintensiven Mikroprozessoren bedeutet. So war es natürlich naheliegend, daß Intel Konzeption und Entwicklung von Computersystemen selbst übernahm und den Herstellern fertige Lösungen anbot.

Organisation und Führung des Ökosystems waren nicht effektiv genug

Die bedrohlichsten Entwicklungen zeigten sich allerdings auf der Ebene der Organisation. Die Geschäftsführung von Intel mochte nicht glauben, daß es IBM gelingen könnte, nach wie vor die Marktführerschaft wahrzunehmen, deren es bedurfte, um weitere Fortschritte bei der PC-Architektur zu erzielen.

Dagegen übernahm Microsoft innerhalb der Marktgemeinschaft eine größere Führungsrolle, wenn auch mit einer anderen Zukunftsvorstellung als Intel. Microsoft tätigte Investitionen, um sich und andere unabhängiger von Intel zu machen. Das Unternehmen entwarf seine Software für Chips und Systeme mit einer besseren Auslegung als die Prozessoren von Intel oder die auf IBM zurückgehende Systemkonzeption. Die angemessenste Alternative war das MIPS-Konsortium, das zunächst Unternehmen wie Digital Equipment, Compaq und mehrere japanische Hersteller umfaßte. Diese Firmen hofften, ein alternatives Ökosystem auf die Beine stellen zu können, wobei Microsoft in beiden Ökosystemen die Rolle eines dominierenden Players zugedacht war und sich die Konkurrenzsituation bei der Hardware vorteilhaft für die neue Gruppe auswirken sollte.

Was die Marktführerschaft betraf, so ergaben sich einige höchst interessante, für Intel allerdings eher beunruhigende Zukunftsaspekte zum Teil aus dem Chancenumfeld außerhalb des IBM/Intel/Microsoft-Ökosystems. Ein Jahr zuvor hatte nämlich Steve Jobs seinen NeXT-Computer auf den Markt gebracht, eine leicht zu bedienende, mulitmediafähige Maschine mit modernster Technik, die mit Chips augerüstet war, die Motorola, Intels Rivale bei den Halbleitern, geliefert hatte.

Es war vor allem Andy Grove, der die Zukunftsträchtigkeit dieser neuen Maschine erkannte und dem nicht wohl war bei der Vorstellung, was geschehen würde, wenn ein alternatives Ökosystem Jobs Angebot zur Erlangung von Marktmacht nutzen würde. Es mußte also etwas geschehen, um sowohl die Kriterialität des PC-Ökosystems zurückzugewinnen, als auch Intels Stellung in ihm zurückzuerobern.

Intel mußte vor allem seine Führungsposition im Ökosystem festigen

Bei genauerer Analyse der Situation stellten sich weitere Schwächen – oder vielleicht auch Chancen – auf der Ebene der Stakeholder, der Wertvorstellungen und der Unternehmenspolitik heraus. Der Unternehmensführung wurde klar, daß man besser daran täte, die organisatorischen Verbindungen zu den anderen Mitgliedern der Marktgemeinschaft zu konsolidieren. Der rasche Erfolg des Microsoft/MIPS-Konsortiums lieferte in dieser Hinsicht ein unübersehbares Warnsignal. Im Unternehmen sah man ein, daß versäumt worden war, die vorhandenen kreativen Managementfähigkeiten beziehungsweise die riesigen liquiden Mittel gezielt dafür zu verwenden, in entscheidender Weise an der Gestaltung der Zukunft mitzuwirken, statt bloß ein potenter Mitspieler zu werden.

Schließlich kamen die Intel-Manager zu der Einsicht, daß es für das Unternehmen von Vorteil wäre, wenn es gelänge, das generell positive Wirken Intels für die Gesellschaft herauszustellen. Damit würde in allen Teilen der Welt Intels Geltung als Unternehmen anerkannt werden, der Markenname der Firma würde einen besseren und gesicherteren Klang bekommen und das Unternehmen hätte eine stärkere Position, um auf die Entwicklung der Regierungspolitik Einfluß zu nehmen.

Insgesamt kam man zu dem Schluß, daß mit diesen Zielsetzungen die Möglichkeit gegeben war, einen grundlegenden, allerdings auch alte Gewohnheiten aufstörenden Wandel in Intels Verhältnis zum gesamten Umfeld des Personalcomputers, zu dessen Ökosystem zu bewirken. In herkömmlicher, lediglich produkt- oder marktbezogener Perspektive war Intel ein außerordentlich hervorragend arbeitendes Unternehmen. Es expandierte, verdiente gutes

Geld, die Gewinnspannen waren beeindruckend hoch und der Marktanteil beträchtlich.

Auf der anderen Seite aber bestand die Gefahr, daß Intel, sollte es sich nicht zu einer aggressiveren Unternehmenspolitik bekehren, durchaus so enden könnte wie IBM, sich nämlich mit der marginalen Rolle würde zufrieden geben müssen, auf das von ihm selbst geschaffene Ökosystem nur noch geringen Einfluß nehmen zu können.

Diese Beobachtungen – also sowohl die offenkundigen Anzeichen einer Bedrohung wie die eher unauffälligen Chancen – sind in der nachstehenden Tabelle aufgeführt.

Dimensionen des Ökosystems	**Die Situation in den Jahren zwischen 1991 und 1993** (-) kennzeichnet Bedingungen, die auf eine Standardisierung der Intel-Produkte hinarbeiten (+) kennzeichnet Bedingungen, die Kriterialität und Einbindung stärken (o) kennzeichnet unveränderte Bedingungen
Kunden	(-) Wachsende Zufriedenheit mit der Prozessorleistung ihrer Maschinen; Geschäftskunden zögern mit dem Nachrüsten neuer Prozessoren.
Märkte	(-) Hersteller von geklonten Prozessoren – wie etwa AMD – erweisen sich als immer tüchtiger. Intel breitete einen großen Preisschirm aus, unter dem auch die Hersteller dieser Prozessoren leben konnten, und konnte dem mengenmäßigen Bedarf des Marktes nicht gerecht werden. Einige Hersteller von Komplettsystemen sträubten sich, Intel die verlangten Preise zu zahlen, und begannen, zu den Lieferanten der geklonten Prozessoren überzulaufen.
Angebote	(-) Die Standard-PC-Architektur veraltete zusehends.
Prozesse	(-) Hersteller von Komplettsystemen hatten zunehmend Schwierigkeiten, Geräte mit den neuesten und leistungsstärksten Prozessoren zu entwerfen. Die unternehmerischen Prozesse von Intel spielten sich weitgehend unabhängig von anderen ab.

Organisationen	(-) Die Marktführerschaft von IBM kam ins Schwanken. Microsoft erlangte eine starke Führungsposition, bedrängte dabei allerdings Intel. Microsoft NT wurde allmählich bei allen Prozessoren einsatzfähig, während die RISC-Chips zunehmend in Standardgeräten vertreten waren. Intel hatte höchst traditionelle Kunden-/Lieferanten-Beziehungen mit anderen Mitgliedern des Ökosystems.
Stakeholder	(-) Direktinvestoren sahen in Intel nach wie vor einen konjunkturabhängigen Nullachtfünfzehn-Lieferanten von Chips – entsprechend bewegten sich Intel-Aktien mit ihrem Kurs-Gewinn-Verhältnis in den unteren Zehnerpunkten.
Werte und Politik	(+/-) Intel hatte zwar gute Beziehungen zum US-Verteidigungsministerium und zu hochrangigen Politikern, war aber in breiteren Geschäftskreisen ein relativ unbeschriebenes Blatt. Im allgemeinen hatte Intel keinerlei kartellrechtliche Probleme. Aber sein Patentschutz wurde allmählich ausgehöhlt.

Tabelle 9.3

Diese Erkenntnisse bildeten für Intel die Grundlage einer äußerst kreativen und vielschichtig angelegten Kampagne, um für sich Kriterialität und Einbindung zurückzugewinnen. Ich kann jede Organisation nur ermuntern, ein ähnliches, die sieben Dimensionen umfassendes Audit der Standardisierungstrends auf ihren Märkten durchzuführen. Weiterhin sollte sie sich fragen, ob es besondere Bereiche in ihrem Ökosystem gibt, in denen die Konkurrenten, die Räuber wie die Parasiten, sich schneller zu entwickeln scheinen als sie selbst. Noch beunruhigender ist freilich die Frage, ob es Verbündete, Partner, Kunden oder Lieferanten gibt, die sich auf aggressivere Weise entwickeln und damit zu »Werträubern« werden, das heißt die Kriterialität oder Einbindung der eigenen Organisation schmälern.

Trends dieser Art sind Anzeichen für den Red-Queen-Effekt eines permanenten Wettrüstens der Koevolution unter den Mitgliedern eines Ökosystems. Da sie nicht selten unauffällig wirken und auch dann vorkommen, wenn das Kerngeschäft eines Unternehmens boomt, werden derartige Entwicklungen von den Managern häufig übersehen, bis sie dann so weit fortgeschritten sind, daß sie nur noch unter großen Schwierigkeiten gestoppt werden können. Je früher Sie sich mit diesen Problemen befassen, desto eher kann in vielen Fällen beizeiten vorgewarnt werden, so daß ausreichend Zeit bleibt, eine Vielzahl angemessener Vorschläge zu entwickeln und in die Tat umzusetzen, um Ihre Position zu festigen.

Wie zieht man eine permanente Kampagne durch? Die Antwort von Intel

Aus dieser mißlichen Lage suchte sich Intel zu befreien, indem es die eigenen Ressourcen mit dem Ziel umgruppierte, den genannten Negativtrends Paroli zu bieten. Die Unternehmensführung sah ein, daß ein gewisses Maß an Standardisierung der Produkte hingenommen werden mußte. Man schickte sich also ins Unvermeidliche und machte das Beste daraus, indem man, um den Marktanteil zu halten, die Preise für jene Chips senkte, die es inzwischen mit Konkurrenzprodukten zu tun hatten. Intels Billig-Chips, die 386er-Prozessoren, lagen auf einem Preisniveau unter 200 Dollar; 1992 wurden sie schon für ca. 100 Dollar verkauft. Intel setzte alles daran, die Kosten niedrig zu halten, um auf jeden Fall der Hauptlieferant von Chips zu werden, die bereits zu einem Standardprodukt geworden waren.

Der Preis für die ebenfalls 1992 auf den Markt gebrachten Pentium-Prozessoren lag bei 900 Dollar und unterschied sich damit eklatant von den Preisen der Chips, die direkter Konkurrenz und Standardisierung ausgesetzt waren. Man begriff bei Intel, daß man mit der heißen, schnellen und neuen Generation von Pentium-Prozessoren weitaus mehr tun konnte, als nur seine Preise und Gewinnspannen aufrechtzuerhalten. Man sah sich vor die Notwendigkeit gestellt, aktiv die Nachfrage der Kunden zu stimulieren und selbst die Zukunftsgestaltung des PC-Ökosystems in die Hand zu nehmen. Die Intel-Manager mußten also eine umfassende Kampagne starten, um Kriterialität und Einbindung ihrer heißen Prozessoren zu stärken.

Andy Grove wird weithin für Intels schärfsten Umfeldkundschafter und Trendbeobachter gehalten. Nach den Worten eines seiner Manager besitzt »Andy Sensoren, die er überall im Umfeld aufgestellt hat. Besser als wir alle kann er Trends im voraus erkennen und ihren potentiellen Einfluß auf unser Unternehmen abschätzen.« Ende der 80er Jahre befaßte sich Grove mit der Standardisierung der Intel-Mikroprozessoren. Andere hatten sich bereits Intels Produktionskompetenz zu eigen gemacht, und es war absehbar, daß Intels Patente nicht ewig bestehen würden. Mit kundenorientierten Werbekampagnen hatte das Unternehmen begonnen, um seine Kriterialität und Einbindung zu kämpfen. Die »Red X«-Kampagne von 1989 für den 386SX-Prozessor war ein erstes Experiment. Ihr Erfolg war ermutigend und führte schließlich zu der vielgerühmten »Intel Inside«-Kampagne.

Grove allerdings erkannte recht bald, daß dies nicht ausreichen würde. Im April 1991 ließ er auf einem der jährlich stattfindenden Strategieplanungstreffen des Unternehmens, den als SLRP – sprich: »Slurp« – bekannten Strategic Long Range Planning Meetings, eine Reihe von Vermarktungstrends für Standardprodukte Revue passieren und gab seinen Managern die Order: »Verschafft uns einen Computer, der mit Intel-Prozessor läuft, Ähnliches leistet wie der NeXT-Rechner und bei CompUSA zu einem Massenartikelpreis verkauft werden kann!« Was er im Auge hatte, war ein Rechner mit hoher Leistung und niedrigem Preis, der für Videoinformationen und Multimedia ausgerüstet und benutzerfreundlich ausgelegt ist. Er stellte fest, daß dies technisch gesehen kein Hardwareproblem war, sondern mit dem zu tun hatte, was wir mittlerweile als Aufgabe für ein Ökosystem bezeichnen. Intels Interesse mußte also darauf gerichtet sein, eine Vielzahl von Unternehmen auf so unterschiedlichen Gebieten wie Unterhaltung und Telekommunikation, Softwareanwendungen und Betriebssoftware, aber auch Hersteller und Vertriebsfirmen von Hardwaresystemen, elektronischen Komponenten und Peripheriegeräten wie Druckern und Videomonitoren, zu bestimmten Leistungen zu veranlassen und diese zu koordinieren.

Der Kern des Problems schien bei der Software zu liegen. Grove veranlaßte Ron Whittier, einen seiner Top-Manager, mehr über Software in Erfahrung zu bringen und dementsprechend auch über diejenigen Aspekte eines PCs, die Intel bislang nicht in sein Pflichtenheft aufgenommen hatte. Craig Kinnie, einem leitenden Ingenieur, wurde zudem die Aufgabe übertragen, eine neue PC-Architektur zu entwerfen, die den Anforderungen einer NeXT-Multimediamaschine zu einem Niedrigpreis gerecht würde.

Letztlich mündeten diese Initiativen in eine umfassende Strategie, mit der Intel eine breit angelegte Führungsposition gesichert und die enge Rollenzuschreibung als eines Halbleiterherstellers unter anderen aufgesprengt werden sollte. Ron Whittiers Aufgabengebiet dehnte sich aus, und alsbald arbeitete er in Kooperation mit anderen Unternehmen und Zukunftsgestaltern am Entwurf neuer Einsatz- und Anwendungsmöglichkeiten für den PC, die dem, was mittlerweile die »Basisplattform« oder grundlegende PC-Architektur genannt wurde, neue Fähigkeiten abverlangen würden. Neuerdings besteht Whittiers Arbeit darin, der Intel-Plattform neue Inhalte, speziell auf dem Entertainmentsektor, zu erschließen.

Aus Craig Kinnies Arbeitsgebiet bildete sich letztlich eine Organisation, die den Namen »Entwicklungslabor für PC-Architektur« erhielt.[5] Zu Kinnies Aufgaben gehörte die Entwicklung einer Basisplattformarchitektur, mit der sich die Leistung sowie die Kommunikations- und Multimediafähigkeit des PCs ebenso wie seine Benutzerfreundlichkeit verbessern ließen. Im Hinblick auf die Leistung fragte er sich: »Wo liegen die fünf entscheidenden Beschränkungen der PC-Architektur mit Rücksicht auf die mögliche Nutzung von Entwicklungsfortschritten bei den Intel-Mikroprozessoren?« Mit anderen Worten: In welcher Weise mußte die PC-Architektur umgemodelt werden, um eine möglichst große Aufnahmebereitschaft für Intels kontinuierlichen Innovationskurs zu zeigen? Und in gleichem Sinne stellten sich Kinnie und seine Ingenieure die Frage: An welchem Punkt und wieso ist der Basis-PC nicht in der Lage, Multimedia- und Kommunikationsfunktionen zu unterstützen? Wo liegen seine Grenzen im Vergleich mit der Benutzerfreundlichkeit einer Macintosh- oder NeXT-Maschine?

Diese Betonung der Suche nach Schwachstellen – und nach konstruktiven Wegen, die darüber hinausführen – wurde zu einem Markenzeichen für die Arbeitsweise des Entwicklungslabors. Die Art und Weise, wie dort über die Weiterentwicklung von Produkten und Dienstleistungen nachgedacht wird, ist geradezu eine Empfehlung für diejenigen Unternehmen, denen daran gelegen ist, Ökosystemen des dritten Stadiums zur Marktführerschaft zu verhelfen. Im Verlauf der letzten fünf Jahre haben sich Whittiers und Kinnies Arbeitsgebiete zu dem ausgewachsen, was mittlerweile unter dem Namen der »Intel Architektur Labors« firmiert. Deren Ziel ist, das gesamte Ökosystem mit Architektur-F&E zu versorgen, gleichermaßen aber auch mit allgemein zugänglichen Verfahren, mit deren Hilfe Standards festgesetzt werden können.

Im gleichen Zeitraum wurde Frank Gill an die Spitze der Intel Products Group berufen. Zu Beginn der 90er Jahre war diese Produktvertriebsgruppe eine ziemlich bunt zusammengewürfelte Gruppe von Geschäftsfeldern. Am lukrativsten schien dabei das Geschäft mit Systemkomponenten in Form des Großhandels mit Computersystemteilen in verschiedenen Stadien ihrer Fertigstellung über die eigentlichen Mikroprozessoren hinaus. So konnten zum Beispiel Unternehmen wie Compaq oder IBM neben Mikroprozessoren durchaus auch ganze Chipsätze kaufen. Oder eine Firma, die sich hauptsächlich auf den Vertrieb beschränken wollte, konnte komplette Motherboards oder sogar fertig montierte Computer einkaufen.

Das Verhältnis zwischen Systemgeschäft und Mikroprozessorenverkauf galt bei Intel üblicherweise als industrielles Problem, Erwägungen ökosystemischer Art spielten dabei keine Rolle. Da die Preise für Mikroprozessoren konjunkturell schwankten, betrachtete man das Systemgeschäft als kleines Korrektiv gegenüber diesen Schwankungen und sah darin eine Möglichkeit, im Falle eines Preissturzes bei den Chips einen Teil der Verluste aufzufangen. Denn immer wenn das Mikroprozessorengeschäft im Keller war, konnte das Systemgeschäft von preisgünstigen Zulieferungen profitieren. Allerdings ist anzumerken, daß die so hereinkommenden Gewinne nie erheblich waren. Zudem war Intels Systemgeschäft für die Verkäufer von Komplettsystemen eher unübersichtlich und bedrohlich, schien es doch einen ersten Schritt in Richtung auf eine vertikale Integration und mithin auf ihre Ausschaltung zu bedeuten.

Gill erkannte demgegenüber, welches Potential in dem Systemgeschäft steckte, wenn man es nur anders einsetzte, nämlich als Mittel, in das Ökosystem neue Ideen und Innovationsfortschritte hineinzutragen. So polte er das Geschäft auf unmittelbar marktfähige Systemkonzeptionen um, mit denen er die heißesten Intel-Chips und die wichtigsten Entwicklungen aus Intels Architekturlabor unter die Leute bringen konnte. Gill suchte die Zusammenarbeit mit Vertriebsgesellschaften – etwa mit Gateway 2000, dem in South Dakota ansässigen Marktführer unter den Versandfirmen –, um den Markt mit »hot boxes« (schnellen Rechnern) zu besetzen, durch die die Nachfrage nach einer neuen Prozessorgeneration stimuliert werden sollte. Mit dieser Marktbesetzung erreichte er, daß Benchmarktests gesetzt wurden, die von Computerzeitschriften und Großkunden übernommen wurden. Dadurch sahen sich auch die großen Hersteller genötigt, ihre Produkte diesen Leistungsstandards anzupassen, um nicht altmodisch und zurückgeblieben zu erscheinen.

Natürlich mußten die Hersteller, wenn sie Hochleistungsrechner auf dem Markt absetzen wollten, die allerneusten Intelprozessoren kaufen. In vielen Fällen entschieden sie sich auch für den Kauf von Chip-Sätzen, Motherboards oder fertigen Systemen aus Intels Produktion. Diese Praxis ist zumal in den ersten Monaten üblich, wenn eine neue Systemgeneration auf dem Markt präsent ist. Bei den ersten Geräten ist Intels Lieferanteil extrem hoch; sobald andere Unternehmen nachrücken, sinkt Intels Leistungsbeitrag auf einen geringeren Anteil an der Gesamtproduktion des Ökosystems. Mit dieser neuen Zielsetzung leistet Intels Systemgeschäft einen entscheidenden Beitrag zum Ökosystem und verzeichnet enorme Zuwächse mit einem Ertrag von mehreren Milliarden Dollar.

Auch andere Produktfelder tun das Ihre, um neue Ideen auf den Markt und ins Ökosystem zu bringen. So etwa in der Person von Pat Gelsinger, der die Entwicklung von Personalkommunikationsprodukten unter sich hat. Dazu gehören die interaktive Software von ProShare und rechnergestützte Videokonferenzen. Wie ernst es einem Unternehmen mit seinen Bemühungen um die Gestaltung des jeweiligen Ökosystems ist, läßt sich häufig an der zu diesem Zweck eingesetzten Person ablesen. Im Falle Intels spricht die Stellenbesetzung für sich selbst. In der Welt der Chip-Konstruktion sind die Entwickler gleichsam die Herren der Schöpfung. Gelsinger etwa war der Entwickler des 386er-Chips und leitete das Entwicklungsteam für den 486er-Chip. Neuerdings entwickelt Gelsinger nicht mehr Chips, sondern Technologien für neue PC-Anwendungen und arbeitet mit anderen Partnern des Ökosystems an Beteiligungsformen, die möglichst vielen eine gedeihliche Entwicklung sichern. In Gelsingers Worten: »Früher habe ich Schaltkreise entworfen. Jetzt kümmere ich mich mehr um das Problem der ›Industriedemokratie‹ und um die Ausarbeitung von Interaktionskonzepten für all jene, die an der Gestaltung neuer Märkte mitwirken: Unternehmen, Organisationen und Einzelpersonen.«

Intel hat also ein umfassendes System entwickelt, um in sein Ökosystem neue Ideen einzubringen, um den eigenen Innovationskurs zu sichern und seine Kriterialität und Einbindung zu stärken. Um es ganz einfach zu sagen: Aus der Zusammenarbeit Ron Whittiers mit seinen Partnern, bei der neuartige PC-Anwendungen gefördert werden sollten, erwuchsen neue Ideen und Anforderungen. Dabei flossen Erkenntisse, die auf dem Boden seines Programms sowie aus anderen Quellen entstanden, in die Arbeit des Intel Architekturlabors ein. Im Gegenzug entwickelte das Labor Konzepte für die Architektur einer neuen PC-Generation. Diese Konzepte werden immerfort weiterentwickelt und, nachdem sie vom Labor approbierte Standardisierungsverfahren durchlaufen haben, schließlich angenommen. Eine erste Ausführung solcher Konzepte wird dann von Intels Systemvertrieb beziehungsweise anderen Produktabteilungen auf den Markt gebracht.

Ergebnis dieser Entwicklungsarbeit bei Intel ist also ein neuartiger Organisationszusammenhang, mit dem wirkungsvoll im gesamten Ökosystem Innovationen eingeleitet werden und zugleich Intels Vorrangstellung gewahrt bleibt. Diesen Zusammenhang kann man als Red-Queen-Ansatz auf Unternehmensebene bezeichnen: Starker Druck innerhalb eines Ökosystems fördert das Entstehen neuer Organisationsformen, aufgrund deren die Mitglieder des Ökosystems ihre Führungspositionen erhalten können. Intels Ansatz zeichnet sich zudem dadurch aus, daß er auf die immensen Koevolutionsanforderungen aus dem Informationsraum, den Computer, Kommunikationstechnik und Medien bilden, antwortet. Er mag zwar für die Zukunft der Unternehmen nicht in gleichem Maße revolutionär sein, wie es die Fortpflanzung für die Lebewesen gewesen ist; gleichwohl ist er wichtig und interessant genug, um ihn all jenen Unternehmen zur näheren Kenntnisnahme anzuempfehlen, die sich Pressionen gegenübersehen, wie sie für das dritte Stadium typisch sind.

Intel investiert jährlich an die 100 Millionen Dollar allein in sein Architekturlabor. Die hier geleistete Forschungsarbeit wiederum kommt Intels Systemgeschäft – mit einem Volumen von mehreren Milliarden Dollar –, aber auch den übrigen Produktlinien des Unternehmens zugute. Die stärkste Wirkung auf die Zukunft ereignete sich allerdings, als die vom Architekturlabor erarbeiteten Standards fast durchgängig vom gesamten Wintel-Ökosystem übernommen wurden; damit wurden Milliarden von Dollars an Geldern für gemeinsame F&E-Aktivitäten in Bewegung gesetzt sowie allein 1995 Produkte und Dienstleistungen im Werte von über 100 Milliarden Dollar vom Markt abgenommen. Craig Kinnie drückt das folgendermaßen aus: »Das Architekturlabor setzt sich für ein offenes Investitionsmodell ein, bei dem jeder aufgefordert ist, seinen Innovationsbeitrag zur PC-Plattform einzubringen. Das Modell eignet sich ganz besonders für kleinere, in hohem Maße kreative Unternehmen. Unser Ziel ist es, bei der Koordinierung der Investitionen anderer Mitspieler unterstützend einzugreifen, statt solche Investitionen selbst zu tätigen.« Auf diese Weise hat Intel eine bemerkenswerte Kampagne zur Gestaltung der Zukunft auf die Beine gestellt.

Vor allem aber hat Intel, wie aus nachstehender Abbildung deutlich wird, seine Systemführerschaft in überzeugender Weise auf das Ökosystem als ganzes ausdehnen können.

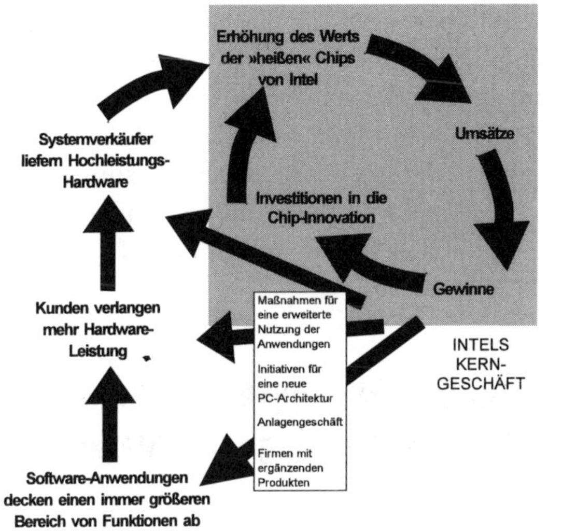

Abbildung 9.4
Intels Kampagne zur Schaffung eines Ökosystems

Im folgenden wollen wir die Haupt-Elemente dieser Kampagne, wieder mit Hilfe der sieben Dimensionen, noch einmal benennen.

Bringen Sie dem Kunden Ihren Marktbeitrag zur Kenntnis und unterstützen Sie alle Aktivitäten, die Ihren Beitrag erfordern

Zunächst hat Intel im Hinblick auf die Kunden jährlich zweistellige Millionenbeträge in Kampagnen investiert, durch die der Slogan »Intel Inside« propagiert und das Intel Technology Briefing unterstützt wurde. Mit diesen Programmen sollte dem Kunden verdeutlicht werden, daß Intels Mikroprozessoren tatsächlich besser sind als die der Konkurrenz; zugleich sollte er begreifen, daß sich der Wert, der in einem Mikroprozessor steckt, unmittelbar in einen Wert für den Kunden selbst übersetzen läßt. Zweitens unterstützte das Unternehmen die Entwicklung neuer PC-Anwendungen – wie zum Beispiel Videokonferenzen, Sprachverarbeitung und ähnliche Anwendungen – für Rechner mit hoher Taktrate und viel Rechenleistung. Auch hierbei ging es darum, dem Kunden klarzumachen, daß er mit einem PC noch viel mehr machen kann als Grafiken oder Textverarbeitung, daß er dafür aber Geräte mit größerer Leistung benötigt.

Investieren Sie in Fertigungskapazitäten, befriedigen Sie die Nachfrage des Marktes

Im Hinblick auf die Märkte hat Intel nicht nur die Preise für seine Standard-Chips heruntergesetzt, so daß es nunmehr dieses Marktsegment dominiert, sondern es hat zudem seine Investitionstätigkeit bei den Fertigungskapazitäten beständig erweitert. Mit diesen Investitionen ist man in zweierlei Hinsicht für die Zukunft gerüstet: Die Nachfrage nach heißen Chips kann ebenso befriedigt werden wie die nach Standardchips. Intels Zielplanung bei der Ausweitung der Fertigungskapazitäten ist so angelegt, daß man praktisch jedem Bedarf am Markt gerecht werden kann. Der Umfang seiner Investitionen hat Intel in die Lage versetzt, mit seinen knappen Kapazitäten nicht mehr nur – wie früher – Systemlieferanten, sondern nunmehr fast das gesamte Ökosystem bedienen zu können.

Die Zielvorstellung dabei ist recht einfach: Letztlich kann nur Intel in ausreichendem Umfang in eine Ausweitung der Fertigungskapazitäten investieren, um dem immensen Wachstum der Branche Rechnung zu tragen. Angesichts dieses Wachstums und der Fähigkeit von Intel, sich diesem zu stellen, ist es kleineren Herstellern wie etwa AMD – ungeachtet beträchtlicher Investitionen in seine Fertigungsstraßen – von vornherein verwehrt, in die Größenordnung von Intel vorzustoßen. In absehbarer Zeit werden auch die übrigen Wettbewerber, die Intel aus seiner Nische im Ökosystem verdrängen möchten, ihren Marktanteil immer weiter zurückfallen sehen. Der eklatante Unterschied zwischen Intel und AMD bei den absoluten Investitionen geht aus Abbildung 9.5 hervor:

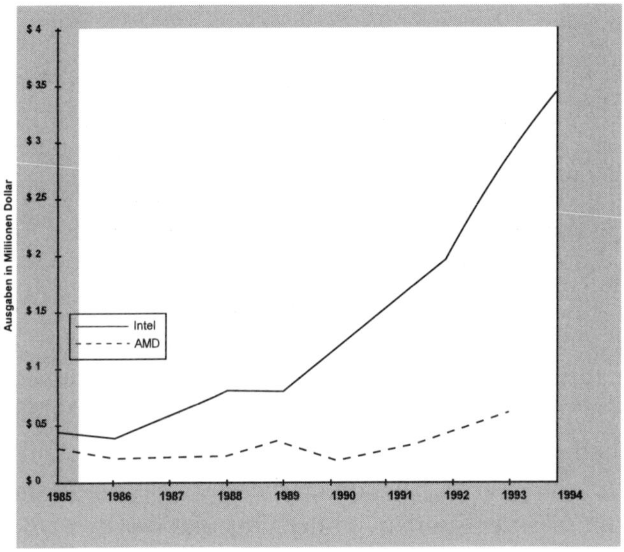

Abbildung 9.5 Vergleich der jährlichen Kapitalaufwendungen von Intel und AMD: Die Kosten der Innovation

Die Investitionsstrategie des Unternehmens beruht auf der starken Erwartung eines bestimmten Zukunftsszenarios: des kontinuierlichen Wachstums der Nachfrage nach Mikroprozessoren. Wie unerschütterlich diese Überzeugung ist, läßt sich aus der Kontinuität ersehen, mit der Intel in neue Fertigungsstätten und Anlagen investiert: Über Jahre hin lagen diese Investitionen stets bei 30 Prozent des Umsatzes. Bislang scheint also Intel mit seiner Erwartung richtig zu liegen: der Markt scheint weiter kontinuierlich zu wachsen. Das

Wintel-Ökosystem ist eindeutig dominant und wird weltweit von den Kunden angenommen. Intels finanzielle Ressourcen reichen aus, gelegentliche massive Einbrüche unbeschadet zu überstehen.

Unterstützen Sie Produkte, Prozesse und Organisationsformen, die Erfolg versprechen

Auf der Ebene der Produktarchitektur richtete Intel sein Architekturlabor ein, um komplementäre Standards zu unterstützen, die entweder der Intel-Architekur entgegenkommen oder aber den von Intel erzielten Fortschritten der Prozessorleistung Rechnung tragen. Dadurch erweiterte sich Intels unmittelbarer Einfluß auf den Anlagenteil des Computergeschäfts, was letztlich zu Computersystemen führte, die eindeutig auf Intels Technikvorsprung hin optimiert wurden.

Auch auf der Ebene der Unternehmensabläufe setzte Intel sein Architekturlabor und diesem zuarbeitende Organisationen ein, um die Arbeit anderer Lieferanten bei der Produktentwicklung auf den kontinuierlich gehaltenen, eigenen Innovationskurs auszurichten.

Der revolutionäre Charakter des bei Intel eingetretenen Wandels wurde am stärksten spürbar auf der Organisationsebene des Unternehmens. Etliche Manager entdeckten auf einmal Möglichkeiten der Zusammenarbeit mit Partnern außerhalb der Firma, mit denen sie das PC-Ökosystem ausbauen und ein Beteiligungsnetz errichten konnten, in das auch Intel einbezogen war. Oder in Frank Gills Worten: »Sobald das Konzept als solches begriffen war, tauchten überall neue Ideen auf. Wir bezeichneten uns als ›Chip-Heinis, die was lernen möchten‹, das heißt als Manager, die, zunächst mit nichts als der Halbleiterindustrie befaßt, sich allmählich als Botschafter für eine größere und buntere Gemeinschaft von Unternehmen um uns herum verstanden.«

Gestalt bekam diese Ansicht in einem ausgedehnten Beziehungsgeflecht zwischen Intel und anderen Unternehmen. Dabei trat recht bald ein zentrales Paradox zutage. Es setzten sich nämlich jene Standards durch, die von anderen als die günstigsten, am leichtesten zugänglichen und am wenigsten auf Intel zugeschnittenen angesehen wurden. Daher dienten die Standards an sich nur in geringem Maße dazu, Intels Einbindung in die Produktarchitektur zu erhöhen. Um andererseits Standards festlegen und durchsetzen zu können, war es unumgänglich, Beziehungen zwischen den Prozessen und Organisationen herzustellen, die wiederum die enge Zusammenarbeit von zahlreichen Mitwirkenden in Dutzenden von Unternehmen erforderten. Und im Mittelpunkt dieser Aktivitäten stand eben Intel. Aus diesem Grund wurde Intel zu einem fest eingebundenen und kriteriell entscheidenden Bestandteil der das Ökosystem konstituierenden Prozesse und Organisationen, und dies auch dann noch, als das Unternehmen frei zugängliche Produktarchitekturen vertrieb. In Tabelle 9.4 werden einige dieser Maßnahmen beschrieben; zugleich wird ersichtlich, wie umfassend und vielgestaltig diese Arbeit insgesamt war.

Investieren Sie in Maßnahmen, durch die Verständnis und Achtung unter den Mitgliedern des größeren Umfeldes in Wirtschaft und Politik gefördert werden

Des weiteren investierte Intel in die Beziehungen seiner leitenden Angestellten zu anderen Führungspersonen seiner Industriesparte, um die Verbundenheit zwischen den Intel-Organisationen und anderen Gruppen zu festigen. Dabei wurden nicht nur Systemhersteller angesprochen, sondern auch Software-Entwickler, Telefongesellschaften, Entertainment-Firmen: alle diejenigen also, die mit Kommunikation und Information zu tun hatten.

An der Wall Street sorgten Experten, die sich um die Pflege der Beziehungen zu potentiellen Anlegern kümmern, dafür, daß Intel nicht mehr nur als kapitalintensiver Hersteller einer Massenware, sondern als ein entscheidendes Glied im Gefüge der Informationsindustrie angesehen wurde. Sie kennzeichneten Intel als eine tragende Säule der Marktgemeinschaft, als ein Unternehmen, von dem erwartet wurde, daß es die Wachstumsraten des Informationsgeschäfts erreichen oder übertreffen werde und für das nicht leicht Ersatz zu finden sei. Wall Street sollte in Intel einen Systemhersteller sehen, der entscheidenden Einfluß auf die Zukunft der ganze Branche haben und ein Garant für höchste Gewinnspannen sein werde. Ich behaupte, daß angesichts der beherrschenden Stellung des Unternehmens auf diesem Markt noch zum jetzigen Zeitpunkt das Zwanzigfache die Gewinnerwartungen nur unzureichend charakterisiert.

Aspekte der Produktarchitektur, die verbessert wurden	**Bezeichnung des Standardprototyps oder -produkts**	**Vorteil**
Leistung	PCI Bus-Standard	Schnellere Verbindung zwischen Mikroprozessor und Videokarten sowie Peripheriegeräten
Multimedia und Kommunikation	TAPI-Standard	Ermöglicht die Zusammenarbeit von PC und Telefon
	CablePort Produkt-Prototyp	Eine Standard-Hardwarearchitektur, für die Service- und Content-Provider Modemanwendungen schreiben können, um Internet und Online-Dienste über Telefonleitungen beliefern zu können
	Spezifikation für Videokonferenzen/ Proshare Produktlinie	Eine Standardschnittstelle für Daten- sowie für Videokooperation und Konferenzen/eine Produktlinie, die auf dem Markt im Kommen ist
	3D-Bibliothek	Eine Software-Bibliothek zum Schreiben von 3D-Grafikanwendungen für PCs

	Intercast-Standard	Ein erster Versuch, Daten zusammen mit Signalen im öffentlichen Fernsehnetz zu versenden
	Winsock II-Standard	Ermöglicht den Anwendungen, hochmoderne Kommunikationskapazitäten unabhängig von der tatsächlichen Methode des Datentransports im Netz abzurufen.
Komfortable Bedienung	Plug-and-Play-Standard	PC-Komponenten können sich gegenseitig auf elektronischem Wege identifizieren und ihre Interaktionen entsprechend konfigurieren.
	Desktop Management Inter-face-Standard	Schnittstellen-Standard zur Unterstützung des lokalen oder fernbedienten Managements von PC-Software- und Hardware-Elementen
	Universeller serieller Bus-Standard	Eine einzige Verbindung für ein breites Spektrum von PC-Peripherie-Komponenten vom digitalen Joystick bis zur ISDN-Kommunikation
Gesamtsystem-paket	Neue Baseline Target-Plattform	Mindestangebot von Kombinationen für Mulitmediamöglickeiten, die bereits in den für den Endkunden fertig gelieferten Basis-PC eingebaut sind und auf programmeigener Signalverarbeitung beruhen

Tabelle 9.4

Zu guter Letzt gaben sich Andy Grove und andere Führungskräfte des Unternehmens große Mühe, die komplette Intel-Story unter die Leute zu bringen. Grove zum Beispiel hielt auf der Telecom, einem im Vierjahresrhythmus abgehaltenen internationalen Kongreß von Telephongesellschaften und Telekommunikationsfachleuten, ein Grundsatzreferat. Dieser Kongreß fand im Oktober 1995 in Genf statt, und Intel präsentierte sich dort als eines der führenden Unternehmen des sich zusammenschließenden, neuen Informationsraums aus Computer, Kommunikationstechnik und Medien. Mit dieser und anderen Maßnahmen sucht Intel seine Position als weltweiter Marktführer eines weitgefächerten Spektrums von maßgeblich die Welt verändernden Geschäftsaktivitäten zur Geltung zu bringen. Zu dieser von Intel initiierten Kampagne gehören folgende Elemente:

Dimensionen des Ökosystems	Elemente der Dauerkampagne von Intel
Kunden	1. Die »Heiße Geräte«-Kampagne: »Intel Inside« und »Intel Technology Briefing« 2. Ankurbelung der Anwendungssoftware: »ProShare« 3. Einsatz von Gateway zur Stimulierung des Wettbewerbs bei den heißen Geräten
Märkte	1. Größere Preisnachlässe bei Auslauf-Prozessoren, sobald geklonte Produkte auf dem Markt sind 2. Investitionen in die Fertigungskapazitäten, um sämtliche Hochgewinn-Erwartungen erfüllen zu können 3. »Intel Inside« wird als zweites Markenzeichen überlassen.
Angebote	1. Einsatz der Intel Architecture Labs zur Unterstützung komplementärer Standards, um auf diese Weise Intels Prozessor-Innovationspfad zu stärken. F&E-Unterstützung für komplementäre Lieferanten 2. Organisierung weiterer Forschungsarbeit auf dem Level der Intel-Systeme, um die X86-Architektur (und nicht die 1860) zu unterstützen
Prozesse	1. Einsatz der Intel Architecture Labs zur Unterstützung der – und Einbindung in die – Produktentwicklungsprozesse bei anderen Unternehmen 2. Ersetzung dieser Entwicklungsprozesse bei Gateway und anderen 3. Bereitstellung von Chip-Sätzen, Motherboards und Komplettsystemen, die in Auslegung und Prozessorkapazität Spitzentechnologie verkörpern 4. Einsatz der Intel-Vertriebsvertreter beim Vertrieb von Komplementärprodukten

	Maßnahmen, durch die Verständnis und Achtung gefördert werden
Organisationen	1. Schaffung von Firmenverbünden unter den Lieferanten von Komplementärprodukten, die in der Lage sind, Standards zu setzen 2. Schaffung einer geistigen Einstellung zugunsten einer offenen Produktarchitektur und zur Förderung von Einbindung und Kriterialität in Form einer Verflechtung der Prozesse und Organisationen
Stakeholder	1. Entwicklung von Beziehungen – auf der Ebene der höheren Angestellten – zu den wichtigen Unternehmen des Ökosystems sowie zu kundenspezifischen Ökosystemen 2. Unterstützung der Überzeugung, daß die Intel-Chips kein konjunkturabhängiges Billigprodukt, sondern das entscheidende Element der Informationsrevolution sind
Werte und Politik	1. Propagierung eines Image, das Intel als einen Motor der Informationsrevolution und der globalen Ökonomie zeigt 2. Kontinuierliche Absicherung des eigenen Patentschutzes

Tabelle 9.5

Mit seiner Kampagne brachte sich Intel als entscheidender Marktführer in das Ökosystem ein, und das war gleichermaßen nützlich wie notwendig. Im dritten Stadium besteht nämlich eines der Hauptprobleme darin, daß die Ökosysteme durch eine Vielzahl von Produktarchitekturen, Unternehmensprozessen und in sich geschlossenen, aber keineswegs optimalen Arrangements zwischen Organisationen gelähmt werden. An diesem Punkt war Intel von großer Hilfe, weil dank seines Einflusses gegenüber den anderen Playern die Marktgemeinschaft insgesamt Fortschritte bei der Produkt-, Prozeß- und in gewissem Rahmen auch bei der Organisationsgestaltung verzeichnen konnte.

Andererseits war Intels führende Rolle nie unumstritten. Andere Unternehmen brennen geradezu darauf, eine Zukunft zu bauen, die ganz anders aussieht als die von Intel. Die Bedrängnis ist groß, und die Zeit drängt!

Konkurrierende Zukunftsvisionen

Einer der Höhepunkte des Sommers ist für mich die Feier zum Unabhängigkeitstag an jedem 4. Juli. Besonders das abschließende Feuerwerk war für mich immer ein Erlebnis, mit den in rascher Folge hoch aufschießenden und gleißend abbrennenden, am Himmel dahintreibenden roten, weißen und blauen Sternen. Ich mag sogar die Rauchschwaden, die über die Zuschauer hinwegziehen, während sie sich den Hals verrenken. In Boston findet das jährliche Feuerwerksspektakel von einem Kahn aus statt, der auf dem Charles River schaukelt, und zieht mit seinem Lärm jedes Jahr eine halbe Million Menschen an.

Das Bostoner Feuerwerk ist eine recht gute Metapher für die Geschehnisse in jenem Chancenumfeld, das wir weiter oben als »Informationsraum« bezeichnet haben. Intel ist gerade eines von Tausenden von Unternehmen, die in dieser Dschungelwelt aktiv sind. Die meisten Mitspieler versuchen – mit unterschiedlichem Erfolg –, sich selbst zu einem Zentrum von Kriterialität und Einbindung zu machen und zur Absicherung ihrer Position die allgemeine Entwicklung der Gemeinschaft zu gestalten.

Der Wettbewerb in offenen, quasi costaricanischen und für das dritte Stadium typischen Ökosystemen, die über den Red-Queen-Effekt im Bilde sind, spielt sich in mehreren Dimensionen ab: um Produkte und Dienstleistungen, um Nutzwert und Gewinnspannen und schließlich auch darum, welche Zukunftsvision sich durchsetzen wird. Zuweilen ereignen sich Kollisionen mit alternativen Zukunftsvisionen, und es entbrennen heftige Auseinandersetzungen um die Führerschaft. Zum Beispiel haben wir miterlebt, wie Intel »hot boxes« auf den Markt bringen wollte. Compaq hatte demgegenüber für sich und das Wintel-PC-Ökosystem Mitte der 90er Jahre ganz andere Vorstellungen entwickelt.

Bei Compaq hatte man keine Neigung, in jeden Computer einen schnellen Top-Mikroprozessor einzubauen, für den man zwischen 600 und 800 Dollar hinlegen sollte. Die Compaq-Leute waren der Überzeugung, daß viele Anwender auch mit der Leistung von Prozessoren zufrieden wären, die weniger als 200 Dollar kosten. Es sei denn, Intel wäre es eingefallen, diese Kunden aufzuschrecken und davon zu überzeugen, daß für sie heiße Chips ein unbedingtes Muß seien. Compaq dagegen wollte Rechner verkaufen, die nicht ganz so schnell waren, also mit billigeren Mikroprozessoren liefen und sich vor allem durch die Art und Weise ihres Verkaufs (Vertriebskanäle und Promotion), durch ihr Aussehen, die dazugehörigen Peripheriegeräte und die mitgelieferte Software von anderen unterscheiden sollten. Sogar in den oberen Marktsegmenten – von Geschäfts- wie Privatkunden – setzte Compaq eher darauf, seine Gewinnspannen durch Einsparungen bei den Kosten für die Mikroprozessoren zu erhöhen. Compaqs Innovationskurs bestand darin, Veränderungen beim Kundenstamm zu erkennen, am Markt Subsegmente ausfindig zu machen sowie den Vertrieb und die Konfiguration der Rechner auf kleine Anwendergruppen auszurichten.

Den Konflikthöhepunkt erreichten diese beiden alternativen Visionen im Weihnachtsgeschäft des Jahres 1994, als Compaq über den Äther potentiellen Käufern in die Ohren brüllte: »Halten Sie ihn keinesfalls für einen Rechner.« Intel konterte mit einer »Technische Information« genannten Kampagne zur Unterstützung seines Pentium-Prozessors. Im Herbst und Winter jenes Jahres konnten sich beide Unternehmen mit ihrer Vision behaupten, da der Computermarkt expandierte und somit schnelle und billige Rechner gleichermaßen aufnehmen konnte.

Im Herbst 1995 brach dieser Konflikt allerdings erneut aus. Multimedia- und videofähige Rechner für Privatkunden waren neuerdings groß in Mode. Compaq brachte zusammen mit IBM preiswerte Computer mit besonderen, leistungsfähigen Chips auf den Markt, die Bewegtbild- und Vollbildvideos lieferten. Compaq stellte Monitore in Läden, brachte auf diese Weise seinen Rechner – er trug den Namen Presario – groß heraus und ließ auf ihm von einer CD den Spielfilm *Top Gun* laufen. Möglich war diese hohe Videoqualität durch »Digitalsignal-Prozessoren«. Dementsprechend konnten Compaq und IBM in ihre Rechner die Billigversion des Pentium-Prozessors einbauen. IBM ließ in der Werbung für seinen Aptiva-Rechner sogar verkünden, er besitze zwei Prozessoren, einen Intel Pentium und einen »IBM Multimedia Prozessor«. Diese Werbekampagnen kollidierten mit einem von Intel finanzierten Versuch, einen neuen Standard für Multimedia-PCs zu kreieren, deren Rechenkapazität auf »programmeigener Signalverarbeitung« beruhte, was natürlich bedeuten sollte, Videobilder auf »programmeigene« Weise, das heißt nur mit einem einzigen Pentium-Hochleistungsprozessor, zu liefern.

Diese Art von Konflikten gehört nun einmal als ständige Begleiterscheinung zum Leben der Unternehmensökosysteme hinzu, und es ist nicht unwahrscheinlich, daß sie an Zahl eher noch zunehmen, insoweit den Unternehmensführungen immer deutlicher bewußt wird, was Zukunftsgestaltung letztlich bedeutet. Im »Informationsraum« – wie in jedem anderen Chancenumfeld – gibt es eine Vielzahl von Mitwirkenden, die auf bestimmte Dinge Einfluß gewinnen möchten, um für sich selbst und den eigenen Innovationskurs daraus Nutzen zu ziehen. Microsoft etwa möchte, daß Computernetze von leistungsfähigen Servern und PCs überwacht werden und daß die Rolle der Telefongesellschaften auf das Anbieten von elektronischen Bandbreitenleitungen beschränkt wird. Demgegenüber möchten IBM und AT&T Software und Dienstleistungen in ihre Netze einspeisen und folglich den Anteil der Microsoft-gestützten Server schrumpfen lassen. Larry Ellison von Oracle unterstützt Internet-Zugangsgeräte für 500 Dollar als Ersatz für PCs und hofft damit, Intel und Microsoft die Zukunft wegnehmen zu können.

Wie immer diese oder ähnliche Konflikte ausgehen, jedenfalls sind Kampagnen, bei denen es um die Gestaltung der Zukunft geht, neuerdings das Zentrum aller Unternehmungen im Wirtschaftsleben, also keineswegs nur im Computergeschäft. In gewisser Hinsicht kann man diesen Konkurrenzkampf von Vision gegen Vision auf allen Entwicklungsstufen des unternehmerischen Ökosystems antreffen; im dritten Stadium allerdings ist es für jede Unternehmensführung eine ebenso entscheidende wie dringliche Herausforderung, diesen Wettbewerb aufzunehmen. Häufig spitzen sich die Konflikte zwischen den Kampagnen zu, sobald das Ökosystem zum vierten Stadium übergeht und sich mit alternativen Modernisierungsvorstellungen herumzuschlagen hat. Im folgenden Kapitel wollen wir eine Reihe konkurrierender Zukunftsvisionen auf dem Gebiet der Krankenpflege vorstellen, bei denen im übrigen dramatische Konsequenzen für die Ertragsaussichten und die Machtstellung der betreffenden Player absehbar sind.

Für jeden von uns gilt: Intel Inside

Sie mögen sich jetzt vielleicht die Frage stellen, ob denn nun diese Darstellung nur auf große und einflußreiche Unternehmen zutrifft. Was ist mit jenen Unternehmen, denen nichts bleibt, als nachzuziehen? Gleich ob wir führen oder folgen, das Chancenumfeld, in dem die meisten von uns aktiv sind, ist durchsetzt von Zentren intensiver Koevolution. Unternehmerische Ökosysteme sind ja in allen Wirtschaftsbereichen eine Realität – nicht etwa nur im Informationsraum von Intel und Microsoft. Für die Führungskräfte ergibt sich daraus eine Reihe von Konsequenzen. Zunächst müssen wir uns einen Begriff von der Dynamik der Entwicklung machen. Für jeden einzelnen Bereich des Umfeldes müssen wir also folgende Fragen stellen: Welches sind die Organisationsparadigmen für Produkte und Dienstleistungen in diesem Bereich? Wie sieht das »Totalangebot« aus? Welche Rollen spielen die einzelnen Unternehmen und Personen? Wer sind die Vordenker, und welches Interesse haben sie? Über welche Aktivposten und Fähigkeiten verfügen diese Führungskräfte, und was sagen mir diese Eigenschaften über die Art und Weise, wie sie in diesem Umfeld aller Voraussicht nach die zukünftigen Produkte, Dienstleistungen, Prozesse und das Zusammenleben der Organisationen gestalten werden?

Unsere eigene Rolle finden wir dabei nur, wenn wie uns auf die

Fähigkeit besinnen, was wir selbst an Beitrag leisten können. Über welche entscheidenden Fähigkeiten zur ständigen Innovation verfügen wir, mit denen wir diesem bestimmten Ökosystem und denen, die an ihm teilhaben, helfen können, ihre jeweiligen Ziele zu erreichen? In welcher Hinsicht ist mein Beitragspotential einzigartig? In welchem Tempo kann ich es mit der Zeit verbessern? Mit welchen Konkurrenten und Anwärtern habe ich es zu tun, die auf dem Sprung stehen, meine Rolle zu übernehmen? Anhand der Antworten auf diese Fragen können wir für uns selbst eine Rolle konzipieren, entweder als Mitglied oder als führender Player einer bestimmten Marktgemeinschaft. Und das bedeutet, daß wir in einem bestimmten Ökosystem eine Rolle als Spezies übernehmen.

Wir müssen nicht unbedingt die Zukunft für die Unternehmensgemeinschaft in dem Ökosystem, dem wir nun angehören, gestalten wollen, zumal wenn wir die bestehende Führungsrolle anerkennen und respektieren. Aber wir müssen eine als wertvoll erachtete Leistung beisteuern können, durch die wir die Möglichkeit haben, unseren Innovationskurs auszubauen. Vor allem aber müssen wir dafür sorgen, daß unsere Leistung dauerhaft entscheidend ist für das Ökosystem, und sie in das Gesamtgefüge der Marktgemeinschaft einbauen. Gelingt uns das, so werden wir vielleicht in der Lage sein, ein eigenes nachhaltiges Subökosystem auf die Beine zu stellen, etwas wie ein geschütztes Mikroterritorium. Wir werden dann auch in der Lage sein, uns selbst und unseren Nachbarn wirklichen Nutzen zu bringen und aus unseren Investitionen in kontinuierliche Innovationstätigkeit einen ordentlichen Erlös zu erzielen.

10. Viertes Stadium: Erneuerung oder Tod

Ich habe schon an früherer Stelle darauf hingewiesen, daß biologische Lebensgemeinschaften gewissermaßen stoßweise entstehen und sich nicht gleichmäßig und in stetigem Wachstum entwickeln. Nach langanhaltenden Perioden der Stabilität, in denen die Spezies und ihre jeweiligen Populationen im wesentlichen gleich bleiben, können plötzliche Ausbrüche eines massiven biologischen Wandels in eine radikale Veränderung oder gar den völligen Zusammenbruch eines Ökosystems ausarten. Häufig sind physikalische Ereignisse wie Erdbeben, Feuersbrünste, Dürreperioden oder Vulkanausbrüche der Auslöser für solche Veränderungen. Ebenso können das Eindringen exotischer Spezies oder der abrupte Niedergang einer oder mehrerer für die Gemeinschaft essentieller Spezies einen Zusammenbruch bewirken.

Beispiele für derlei Veränderungen in der Natur gibt es in Hülle und Fülle. Im Bundesstaat Nevada etwa haben sich Guppies, die von Aquaristen in den Thermalquellen nahe dem Elko River ausgesetzt worden waren, prächtig entwickelt, dafür aber gerieten einheimische Spezies wie der weiße Springfisch an den Rand des Aussterbens. Derlei Zerrüttungen des Ökosystems rufen unweigerlich einen Dominoeffekt hervor. Die Montana-Garnele ist dafür ein beredtes Beispiel. In den 60er und 70er Jahren wurden vom Bundesstaat Montana in den Nebenflüssen des Flathead Lake Süßwassergarnelen ausgesetzt, um das Nahrungsmittelangebot für die Fische, die man den Sportanglern zugedachte, zu erhöhen. Die Garnele drang leider Gottes in den See selbst vor und rottete das dort heimische Zooplankton aus. Folgerichtig verschwand der Kokanee-Lachs, dem das Zooplankton als Nahrung diente, fast völlig aus dem See. Daraufhin gingen auch die Bestände des Weißkopfseeadlers, der den Lachs gejagt hatte, zusehends zurück. Und mit einem Mal hatte sich eine ganz neue Ordnung durchgesetzt.

Andereseits gibt es bei biologischen Ökosystemen häufig auch Fälle von Selbstheilung, oder sie können durch die Hilfe von Naturschützern widerhergestellt werden. So ist an der gesamten Pazifikküste Nordamerikas die Jagd auf Seeotter weitgehend zum Erliegen gekommen. Seeotter fressen Seeigel. Damit schrumpften aber die Seeigelbestände, und so hat sich auf dem Meeresboden erneut eine Vielzahl von Spezies ansiedeln können. Ganz ähnlich verzeichnen auch die Trockenwälder Costa Ricas erneut eine erstaunliche Erholung, unterstützt von Initiativen zum Erwerb von Land, das für den Naturschutz umgewidmet und zu größeren Waldstücken zusammengelegt wird, um so regionale Forstökosysteme von kritischer Größe und Vielfalt zu bilden.

Schließlich werden biologische Ökosysteme kontinuierlich im positiven Sinne verändert, indem nämlich ihre Fähigkeit und/oder Artenvielfalt erhöht wird. Das geschieht etwa durch die Koevolution unter den Mitgliedern, durch das Auftreten neuer Spezies und durch die geographische Verteilung oder die Entwicklung in parallele, aber unterschiedliche Richtungen. Entscheidend dabei ist, daß die neuen biologischen Spezies sich weiterentwickeln und durch ihre eigenen Fähigkeiten im Gegenzug eine Umorientierung der Ökosysteme einleiten können.

Die gleiche Sorte von Veränderung, nämlich Niedergang und Wiederaufleben, setzt auch den Ökosystemen der Wirtschaft zu. Ein unternehmerisches Ökosystem, dem der Verfall droht, rutscht ins vierte Stadium. Gleichwohl ist sein Schicksal noch nicht besiegelt. Es steht vor der Alternative: Erneuerung oder Tod, aber eben nicht einfach nur Tod. Aber selbst wenn es unrettbar dem Untergang verfällt, wird es seine Nachfolger doch mit einigen Spezies und einem Nahrungsvorrat ausstatten.

Einfach ausgedrückt: Das vierte Stadium eines Ökosystems tritt zumeist dann ein, wenn aufstrebende neue Ökosysteme und Innovationen jene ökonomischen Lebensgemeinschaften bedrohen, die ihren Reifezustand erreicht haben. Eine Gemeinschaft kann ebenso durch das ökonomische Äquivalent für ein Erdbeben ins Wanken kommen wie durch abrupt auftretende neue Umweltbedingungen wie etwa

Änderungen in der offiziellen Politik, bei den Kaufgewohnheiten der Kunden oder in den makroökonomischen Bedingungen. So äußert sich zum Beispiel die Deregulierung des Telefongeschäfts in einem hohen Ausschlag auf der Richterskala der ökonomischen Ereignisse.

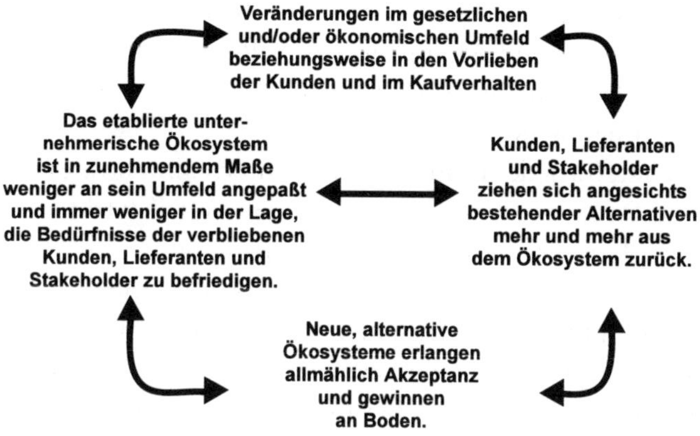

Abbildung 10.1

Diese Abbildung zeigt, wie die genannten Faktoren sich wechselseitig verstärken. Eine veränderte Umwelt, zumal wenn sie von einem Erdbeben zertrümmert wurde, ist aufgeschlossener für neue oder zuvor marginale Wirtschaftsökosysteme. Und sobald die neuen Ökosysteme etabliert sind, ziehen sie Handel und andere Formen der Unterstützung aus dem bestehenden Ökosystem ab, wodurch dessen Wettbewerbsfähigkeit weiter geschwächt wird.

Die letzte Herausforderung

Vermutlich ist das vierte Stadium dasjenige, das von allen vier Stadien am stärksten unterbewertet wird. Es fehlt ihm der Glanz der ersten Anfänge des ersten Stadiums, der Wettkampf um die Märkte im zweiten Stadium und der Kampf um die Macht im dritten Stadium. Wer sollte sich schon groß für etwas interessieren, das mit dem Tod enden kann? Indessen geht es beim vierten Stadium häufig darum, die Lebensdauer von riesigen Wirtschaftsökosystemen zu vergrößern, die manchmal über Milliardensummen an Anlagevermögen verfügen, ein Millionenheer von Kunden bedienen und etliche Hunderttausend Menschen beschäftigen. Dies ist ein wichtiger und zugleich unabweisbarer Grund, sich näher mit dem vierten Stadium zu befassen.

In der Tat, für jedes dominierende Unternehmen ist es die höchste Herausforderung, mit dem drohenden Verfall fertig zu werden. Nur weil Microsoft und Intel derzeit unangreifbar die Marktführer zu sein scheinen, sichert dies ihrem Ökosystem noch längst nicht die Unsterblichkeit. Für den langfristigen Erfolg eines Ökosystems und seine Fähigkeit zu Selbsterneuerung ist vielmehr entscheidend, daß ein Unternehmen auch bei immer neuen Anstößen zur Innovation das Heft in der Hand behält.

Wenn das Tempo der Wirtschaftsveränderungen zunimmt – und wir alle fühlen uns dann wie Alice, die mit der Red Queen um die Wette läuft –, neigen wir dazu, die großen Unternehmer und Industriebegründer, die unkomplizierten Denker, die die Erstbesiedlung in einer auf keiner Karte verzeichneten Gegend bewerkstelligen, über den grünen Klee zu loben. Aber wir unterbewerten häufig das Tun von Leuten, die eine Industrie ummodeln, jene einfachen Soldaten, die die Ärmel aufkrempeln und in ein kompliziertes, vor dem Niedergang stehendes Wirtschaftsökosystem einmarschieren und es mit Geschick aus dem Sumpf ziehen. In der Natur ist allerdings stetige Erneuerung das A und O der Entwicklung und Erstbesiedlung eine Seltenheit.

Zweifellos haben Einzelfälle die Fantasie der Öffentlichkeit gefesselt. Das verblüffende Comeback der schon todgeweihten Automobilökosysteme von Ford und Chrysler in den späten 70er und frühen 80er Jahren wurde von Industrieanalysten wie von der Massenpresse gleichermaßen in romantischem Licht gesehen. Im allgemeinen jedoch wird die Umorientierung von Anlagevermögen, gleich in welcher Größenordnung, nur in seltenen Fällen angezeigt. Angesichts des Entwicklungstempos neuer Wirtschaftsökosysteme – und weil dementsprechend die bestehenden Wirtschaftsformen immer schneller veralten –, wird die Fähigkeit, das, was an Aktiva in einem untergehenden Ökosystem steckt, zu erkennen und unter veränderten Auspizien erneut einsetzen zu können, im 21. Jahrhundert zu einer Qualifikation von immer größerer Bedeutung.

Manche Wirtschaftsökosysteme werfen besonders beängstigende Recycling- und Wiederverwendungsprobleme auf, weil sie zukünftige Generationen mit schwer zu bewältigenden oder giftigen Hinterlassenschaften belasten. So zum Beispiel werden viele der in den 50er und 60er Jahren, der Hochzeit der Atomenergie, fertiggestellten Kernkraftwerke im Laufe des kommenden Jahrzehnts an das Ende ihrer Nutzungsdauer kommen. Und die riesigen Bohrplattformen in der Nordsee, jene fast fünfzehn Meter hohen, spinnenartigen Stahlkonstruktionen, rosten im eiskalten Wind vor sich hin, belastet mit toxischen Abfällen und Dingen, die niemand mehr haben will. Überall in der Welt werden, wenn alle Erze abgebaut sind, die Bergwerke geschlossen; zurück bleiben Reste und Schadstoffe.

In Computer- und Kommunikationsökosystemen, bei denen sich der Stand der Technik rascher ändert, findet man häufig mehrere Generationen älterer Produkte, die immer noch passabel funktionieren, aber den höchsten Leistungsanforderungen nicht mehr entsprechen. Nicht selten lassen sich aus diesen kampferprobten Kisten durchaus leistungsstarke Mikroökosysteme zurechtbauen, die zumindest für einige Kunden echten Nutzwert besitzen. Und selbst dort, wo die Telefongesellschaften Glasfasernetze einrichten, können über die alten Kupferleitungen nach wie vor überzeugende Denkanstöße laufen.

Manchmal können, noch bevor alles verloren ist, die Führungsunternehmen den Niedergang eines Ökosystems aufhalten und zum Stillstand bringen. Das Ökosystem zieht sich dann auf jenes wirtschaftliche Mikroklima und auch Territorium zurück, denen es immer noch hervorragend gewachsen ist. So haben etwa technische Experten immer wieder den Niedergang der Großrechner vorhergesagt, aber sie laufen immer noch, und zwar, wenn es um die Speicherung und Bearbeitung extrem großer Datensätze geht, auf die an einem zentralen Standort, der sich durch eine große Datensicherheit und Zuverlässigkeit auszeichnet, zugegriffen werden kann. Dementsprechend sind in den USA Großrechner nach wie vor in bestimmten Mikroumwelten zu finden, zu denen Banken, Regierungsinstitutionen und landesweit vertretene Einzelhandelsketten gehören.

Ein Zusammenbruch, wie er für das vierte Stadium typisch ist, ist nur durch rasches und aggressives Handeln zu vermeiden, mit dem Ziel, eine Organisation auf die Märkte und in die Mikroumwelt zurückzubringen, auf die sie zugeschnitten ist. In der Regel erfordern diese Maßnahmen eine Verlagerung von Ressourcen in neue Ökosysteme, die Einrichtung von funktionstüchtigen Formen der Zusammenarbeit und stabilere ökonomische Zustände, die auch Aussichten haben, in der Zukunft auf größeren Märkten erfolgreich zu bestehen. Durch den Abbau von Gemeinkosten, die Konzentration der Ressourcen und durch die Besetzung geeigneter Marktnischen haben Ökosysteme, die für weite Bereiche des Chancenumfelds vielleicht nicht mehr erste Wahl sind, durchaus noch eine Überlebenschance, ja sie können sogar in entsprechenden Subsegmenten des Gesamtumfeldes für einen langen Zeitraum überaus gut gedeihen.

Wer sich den Umbau eines im vierten Stadium befindlichen Ökosystems vorgenommen hat, der muß seine Kräfte und seine Kreativität zielstrebig konzentrieren. Bevor ich das weiter ausführe, will ich einige Erwartungen kenntlich machen. In diesem Kapitel möchte ich zeigen, daß die im vierten Stadium auftretenden Management- und Strategieerfordernisse von ganz besonderer Art sind und daher eine genauere Betrachtung verdienen. Ich werde einige Prinzipien und Begriffe anführen, die sich unter den Bedingungen des vierten Stadiums als hilfreich erwiesen haben; es steht Ihnen frei, diese und damit zusammenhängende Gedanken zu prüfen, anzuwenden und, wie ich hoffe, auf andere Gegenstände anzuwenden.

Am besten kann man sich auf die für das vierte Stadium typischen Managementprobleme einstimmen, wenn man einen besonderen Fall im Detail untersucht. Ich schlage darum vor, sie im Rahmen eines Chancenumfeldes zu diskutieren, das als eines der chaotischsten und zugleich eindrucksvollsten gelten kann, nämlich des Bereichs der Gesundheitsversorgung und Krankenpflege. Für unseren begrenzten Untersuchungszweck und angesichts der Komplexität der Gesundheitsversorgungsprobleme befasse ich mich ausschließlich mit den Veränderungen, die sich gegenwärtig im Gesundheitssystem der USA vollziehen. Ganz ohne Zweifel müßten in einer umfassenden Untersuchung der Probleme der Gesundheitsversorgung auch die in anderen Ländern anzutreffenden Schwierigkeiten und Lösungsvorschläge angesprochen werden. Allerdings würde eine schlüssige Analyse der Globalproblematik eine ohnehin schon gedrängte Darstellung noch mehr überladen.

Ich habe mich für das lohnende Beispiel des amerikanischen Gesundheitswesens entschieden, weil dort eine der für das vierte Stadium kritischsten Situationen anzutreffen ist, eine Situation, die Fragen von Leben und Tod aller US-Bürger berührt. Die Problematik des Gesundheitswesens enthält viel Sprengstoff, und Lösungen bieten sich nicht gerade an. Weder kann in diesem Kapitel Erschöpfendes über das vierte Entwicklungsstadium gesagt werden, noch lassen sich alle Einzelfragen an der Problematik des Gesundheitswesens klären. Ich werde, hoffentlich, einige Gedanken entwickeln, die für Sie von Belang sein können, und einige Möglichkeiten aufzeigen, wie die für das vierte Entwicklungsstadium typischen Situationen angegangen werden können.

Gesundheitsversorgung: Ein Chancenumfeld in der Krise

Die Gesundheitsversorgung ist nicht an sich ein Ökosystem, sondern – ähnlich dem »Informationsraum« – ein Chancenumfeld, in dem Tausende von Ökosystemen als Player auftreten, miteinander wetteifern und sich aneinander reiben. Ungeachtet aller Probleme würden Beobachter doch geltend machen, daß wichtige Subsysteme der Gesundheitsversorgung immer noch recht effektiv arbeiten, und dem würde ich ganz entschieden beipflichten. Das Personal in den medizinischen Berufen ist außerordentlich einsatzbereit, fürsorglich und gut ausgebildet. Überall in der Welt wurden in diesem Jahrhundert gewaltige Forschritte bei der ärztlichen Behandlung wie in der öffentlichen Gesundheitsversorgung erzielt. Zahllose Heilverfahren entsprechen ohne Frage dem Stand der Technik. Das ärztliche Wissen, die Medizintechnik und die medizinische Infrastruktur stellen wesentliche Aktivposten dar. Und dennoch ist der ganze Sektor randvoll mit Wirtschaftsökosystemen, die nur auf ihre Ablösung warten.[1]

Die vielleicht am meisten in die Irre führende Annahme über Ökosysteme in ihrem vierten Entwicklungsstadium ist die, daß die Individuen in der Regel zumeist kompetent sind und sich für ihre jeweiligen Aufgaben engagieren. Nicht das Individuum mit dem, was es leistet, droht, hinter der Zeit zurückzubleiben, sondern jene Form der Zusammenarbeit, durch die die Kräfte der einzelnen gebündelt werden. Das Problem des Gesundheitswesens liegt nicht bei den Patienten oder den Ärzten oder den Krankenschwestern. Es liegt nicht bei den Bossen der Pharmaindustrie oder bei den Krankenhausverwaltern. Es liegt nicht einmal bei den politischen Entscheidungsträgern, sondern bei den Grundvoraussetzungen, unter denen die Arbeit der einzelnen zusammengeführt wird. Das Ökosystem als Ganzes bleibt hinter seinen Leistungsmöglichkeiten zurück. Die beste Parallele in der Natur könnte man in einer Eiszeit sehen, bei der die Temperaturveränderungen die Anpassungsfähigkeit ganzer Ökosysteme außer Kraft setzen.

Es ist vermutlich nicht nötig, des längeren und breiteren darzulegen, daß das Gesundheitswesen ein Ökosystem im vierten Stadium ist. Zu offensichtlich ist, daß sich die gängigen Paradigmen medizinischer Praxis allerorten auflösen. Die Patienten wissen nicht mehr, woran sie sind, und reagieren verängstigt. Viele Menschen, zumal die Angestellten größerer Unternehmen mit mittlerem Einkommen, stehen vor der realen Aussicht, ihre Krankenversicherungsleistungen in jedem nur denkbaren Zukunftsszenario gegen Null schwinden zu sehen.

Überall in den USA geht den Krankenhäusern und sonstigen Gesundheitsdiensten das Geld aus, und sie müssen schließen. In San Diego hat sich der Konkurrenzkampf unter den offiziellen Gesundheitdiensten so zugespitzt, daß der derzeitige Mitgliedsbeitrag pro Person weniger als 100 Dollar im Monat beträgt, obleich zu einem solchen Niedrigpreis niemand eine qualitativ wertvolle therapeutische Leistung liefern kann. In New York hat das Verfahren, Patienten des Medicaid, des staatlichen Gesundheitsdienstes für Bedürftige, an Health Maintenance Organizations (HMO), jene privaten Einrichtungen für Präventivmedizin, zu überstellen, zu einer starken Zunahme von Mitläuferorganisationen geführt; die HMOs aber geben gewaltige Summen für Hochglanzbroschüren und Propagandamaterial aus und knausern, wenn es darum geht, Patienten wieder gesund zu machen. Nun müssen sie erst einmal an die Kandare gelegt werden und unter gesetzliche Regelung kommen, bevor sie buchstäblich die Gesundheit ihrer Mitglieder ruinieren.

Viele Ärzte geben, enttäuscht von der vielen Schreibtischarbeit und dem, was sie als unsinnige Sparmaßnahmen bezeichnen, ihren Beruf auf. Das System kann einen größeren Überschuß an ausgebildeten Fachkräften nicht aufnehmen. Von den etwa 650 000 Ärzten in den USA werden nach Schätzungen zwischen 100 000 und 200 000 innerhalb weniger Jahre in ihrem Beruf überflüssig sein.[2] Einmalige Ausbildungsprogramme müssen schließen, weil die Absolventen keine Aussicht auf einen Arbeitsplatz haben. So nahm zum Beispiel die Stanford University 1995 keinen einzigen neuen Studenten in ihr renommiertes Ausbildungsprogramm zum Narkoseassistenzarzt auf. Auch im großen sieht das Bild nicht freundlicher aus. Die Pro-Kopf-Behandlungskosten zählen in den Vereinigten Staaten zu den höchsten der Welt – was aber die Maßnahmen im Gesundheitswesen, etwa bei der Bekämpfung der Kindersterblichkeit, angeht, schneidet unser Land, im Vergleich zu anderen Industrienationen, relativ schlecht ab.

Kurzfristig betrachtet, sind die Gärtner des Ökosystems enttäuscht und sperren die Gelder. Man stelle sich einmal vor, die Stadt Phoenix in Arizona – jene blühende tropische Oase in der Wüste, die künstlich durch ein Bewässerungssystem am Leben erhalten wird, das von den Wassern des Colorado River gespeist wird – müßte sich nur aus ihren eigenen Wasservorkommen versorgen. Die Wüstenblumen würden verdorren. Die Rasenflächen in den Randbezirken würden wieder versanden und mit Beifußsträuchern zuwachsen. Verzweifelt nach Wasser suchende Anwohner würden übereinander herfallen. Das Gesundheitswesen der Vereinigten Staaten befand sich mehr als vier Jahrzehnte in einem blühenden Zustand, weil es von den reichlich fließenden Zuwendungen der von den großen Unternehmen und den Gewerkschaften gleichermaßen getragenen Sozialversicherungen, der privaten und staatlichen Sozialversicherungssysteme wie Blue Cross/Blue Shield und der Medicare- und Medicaid-Programme zur Absicherung älterer und bedürftiger Amerikaner zehren konnte.

Nun aber sind mittlerweile alle diese Stakeholder, die dem Ökosystem das Wasser liefern, zutiefst enttäuscht über dieses System und haben sich zusammengetan, um diesen Hahn ein für allemal zuzudrehen. Unter Kostengesichtspunkten hat das Ökosystem einen Punkt erreicht, an dem die Regierung und in gewisser Hinsicht auch die Gesellschaft seiner weiteren, unkontrollierten Ausdehnung nicht einfach zusehen kann. Zudem sind alle, von den großen Gesellschaften bis zu den kleinen Firmen, der Ansicht, daß die Kosten des Gesundheitssystems eine nicht länger zu tragende Last darstellen, und suchen dementsprechend eifrig nach Möglichkeiten, diese Kosten einzudämmen.

Folgerecht finden sich die Spezies dieses Ökosystems in einen Konkurrenzkampf um abnehmende Ressourcen hineingedrängt. Leider ist kein weiser Salomo zu Stelle, der über die Verteilung der Ressourcen verbindlich entscheiden könnte. Vielmehr bewegen sich die Mitglieder des Ökosystems lediglich auf eine Unzahl von Teillösungen zu. Die Ärzte, Versicherungsgesellschaften und sonstigen Zahlungsleistenden, die Pharmaunternehmen und Lieferanten von medizinischen Apparaten, die Krankenhausverwaltungen und die Leitungsgremien des Gesundheitswesens, sie alle gehen mit ihren Alternativvorstellungen hausieren. Im ärgsten Fall sucht jeder dieser Ansätze zwar auf bestimmte Erfordernisse des Gesamtsystems einzugehen, aber nur, um den jeweiligen Urhebern nach wie vor eine Kommandofunktion zu sichern. Bestenfalls verheißen jene Alternativvorstellungen zwar einen gewissen Fortschritt, die Erfüllung dieser Versprechen indessen ist voller Imponderabilien und unkontrollierbarer Risiken.

All diese Einseitigkeiten und Teillösungen verdunkeln denn auch eher wichtige Fragen nach dem Nutzwert und der Möglichkeit ausgewogener gesellschaftlicher Kompromisse. Was wollen wir uns die allgemeine Zugänglichkeit der Krankenversorgung kosten lassen? Wenn die Kosten leicht zu messen sind, die Qualität aber nur schwer zu bestimmen ist, wie lassen sich dann die Kosten kontrollieren, ohne daß die Qualität untergraben wird? Müssen wir Innovationen in der Therapie zurückstellen, um zu systemweiten Kostendämpfungen zu gelangen? In welchem Maße wird die Gesundheitsversorgung rationiert werden müssen, und wie werden wir das anstellen?

Was das Gesundheitssystem der USA zu einem Problemfall entsprechend dem vierten Entwicklungsstadium hat werden lassen, das ist weniger seine mangelnde Leistungsfähigkeit bei bestimmten Aufgaben als vielmehr sein Unvermögen, als Ökosystem insgesamt den generellen Problemen, mit denen es zu tun hat, wirksam zu begegnen. Die Regelungsmechanismen des Ökosystems sind alles andere als funktional, nicht aber die Leistung der Mitglieder. Unter diesen Auspizien – wenn nämlich der Zusammenhang der kooperativen Beziehungen, auf den ein Ökosystem angewiesen ist, sich als untauglich erweist – droht dem Ökosystem das Ende, und es fordert zur Erneuerung auf.

Schaffen Sie die Voraussetzungen zum Handeln

Meine eigene Erfahrung mit Unternehmensökosystemen, die sich im vierten Stadium ihrer Entwicklung befanden, beruht auf meiner Tätigkeit in Bereichen der Hochtechnologie und der Schwerindustrie und einer begrenzten eigenen Anschauung vom Gesundheitswesen. Ich habe es immer wieder bestätigt gefunden, daß Situationen, wie sie charakteristisch für das vierte Stadium sind, am schwersten zu beeinflussen sind. Ökosysteme dieser Art haben gegenüber ihren Kunden eine ganz entscheidende Verantwortung, die auch nach wie vor bestehen bleibt. Was das Gesundheitssystem angeht, so sind dessen Kunden die Patienten, deren physisches Wohlbefinden vom Funktionieren des Ökosystems abhängt. Man kann nicht einfach Operationen einstellen – Herz- oder Krebskranken wird man schwerlich sagen können, daß sie in einem oder zwei Jahren wiederkommen sollen –, während ringsumher alles umorganisiert wird. Zudem sind diese Ökosysteme gerappelt voll mit Leistungslieferanten und nachgeordneten Organisationen, die alle ihre eigenen, vitalen Interessen und ihre eigene Sicht von der Zukunft haben, so wie sie sie sich vorstellen.

Eine für dieses Stadium typische Gemeinschaft befindet sich als ganze nicht selten – zumal, wenn es sich um eine größere Organisation handelt – in einer ausgesprochen instabilen finanziellen Situation. Oder, wie es ein Manager einmal ausgedrückt hat: »Großorganisationen können sich nur erhalten, wenn das Verhältnis von zwei wichtigen Größen stimmt: Einnahmen und Kosten. Es braucht nur eine geringe Veränderung bei einer dieser beiden Größen, und schon ist man hoffnungslos in den roten Zahlen, in Verlustzonen, aus denen man nicht mehr herauskommt und die die Stakeholder nicht lange mit ansehen werden. Wenn die Stakeholder sich erst einmal abwenden, dann ist der Zusammenbruch nicht mehr weit.«

Nach meiner Erfahrung müssen Manager für eine Reform und Erneuerung mehreres zugleich fertigbringen, um ihre Organisation noch zu retten:

- Sie müssen das Chancenumfeld um Sie herum sorgfältig beobachten und einen Blick für die maßgeblichen Machtplayer sowie ihre Interessen und Stärken bekommen. Sie müssen deren alternative Zukunftsvorstellungen einschätzen und beurteilen können, ob sie eventuell in der Lage sind, ihre Vorstellungen in ein sinnvolles Gesamtkonzept einzubinden. Weiter müssen Sie abschätzen können, welche Vorstellungen möglicherweise zu unverantwortlichen Ergebnissen und Risiken führen, und entsprechend darauf vorbereitet sein, diese Entwicklungen zu unterbinden oder in eine andere Richtung zu lenken.
- Sie müssen verbindliche Informationen über die jeweilige Leistungsfähigkeit des Unternehmensökosystems insgesamt zusammenstellen. So müssen Sie etwa auf folgende Fragen eine Antwort geben: Was heißt Erfolg für das betreffende Ökosystem? Woran läßt er sich messen? Welches sind die Voraussetzungen für den Erfolg? Wie sind sie zu beeinflussen, um die Leistungsfähigkeit zu erhöhen? Entsprechende Kenntnisse sind häufig kaum zugänglich. Im Gesundheitswesen beispielshalber wären Vergleichsdaten über die Gesamtleistung alternativer Paradigmen zur Organisation und Bereitstellung von Pflegemaßnahmen wünschenswert. Aber derlei Daten liegen einfach nicht vor, außer der Bruttoberechnung der Pro-Kopf-Kosten. So war denn auch ein Ergebnis der angesehenen Jackson Hole Group auf ihrer Konferenz im Jahre 1995 der Ruf nach einer Verbesserung des Informationsstandes insbesondere bezüglich der Qualität der Pflegeleistungen und der »funktionalen« Ergebnisse, etwa wie es um das Wohlbefinden der Patienten bestellt ist, damit Vergleiche wie der oben genannte überhaupt angestellt werden können. Ohne umfassende Maßnahmen ist es praktisch unmöglich festzustellen, ob denn tatsächlich eine Umstrukturierung stattfindet oder nicht, und das gilt für das Gesundheitswesen ebenso wie für andere Ökosysteme im vierten Entwicklungsstadium.
- Sie müssen sich selbst und Ihre Kampagne in der Weise organisieren, daß auf die veränderungsbedürftigen Aspekte des Unternehmensökosystems Einfluß genommen werden kann. Wenn Sie nur

einen Teil des Problems ansprechen, werden Sie mit großen Schwierigkeiten zu rechnen haben. Sie benötigen ein Regelwerk, auf dessen Grundlage im Hinblick auf die Gruppen von Faktoren und Akteuren verantwortlich gehandelt werden kann. Daß es ein solches Regelwerk nicht gibt und ebensowenig eine ausreichend effektive Aktionsplattform, ist natürlich eine Hauptschwierigkeit für eine Reform des Gesundheitswesens. Man findet viele Organisationen, von denen Reformschritte versucht werden, aber von keiner wird allgemein angenommen, daß sie ein hohes Maß an öffentlicher Verantwortung mit einem umfassenden medizinischen Wissensstand und einer tragfähigen Plattform für erfolgreiches Handeln verbinden könne.

In Situationen, die dem vierten Entwicklungsstadium entsprechen, ist es ein absolutes Muß, sich eine angemessene organisatorische Plattform zu verschaffen, von der aus ein Wandel herbeigeführt werden kann. An dieser Stelle mag der Hinweis genügen, daß die meisten Behörden – und freilich auch viele Unternehmen – nur über veraltete Regelwerke verfügen, die auf frühere Perioden zutrafen. Nur selten sind sie auf Koevolutionszentren eingestellt, denen man sich vorrangig widmen müßte.

Beobachten Sie das Umfeld

In jedem unternehmerischen Ökosystem, so läßt sich behaupten, kommt eine Reihe von Voraussetzungen zum Tragen, zu denen unter anderem auch die Umfeldbedingungen, zum Beispiel die bestehenden gesetzlichen Regelungen oder auch die allgemeinen Wirtschaftsbedingungen gehören. Auch Annahmen über das Kundenpotential sind hier zu nennen, über die besondere Form des Angebots und darüber, auf welchem Wege für die Leistungen aufzukommen ist, über den Anbieter der Leistung und darüber, wie er sie anbietet. In lange bestehenden und gut etablierten unternehmerischen Ökosystemen halten die Manager viele dieser Voraussetzungen so sehr für eine Selbstverständlichkeit, daß sie sie nur selten ernsthaft hinterfragen. Manche Beteiligte sehen darin vielleicht sogar etwas buchstäblich »Undenkbares«.

In neuen Ökosystemen dagegen – und auch in Chancenumfeldern, die sich in Bewegung befinden – werden diese Voraussetzungen zu entscheidenden Gesichtspunkten der Strategiebildung. Die hier tätigen Führungskräfte erstellen alternative Szenarios, um unterschiedliche Voraussetzungen durchzuspielen, und verwenden ungeheuer viel Zeit darauf herauszufinden, welcher Geschäftspolitik in der Zukunft Erfolg beschieden sein könnte. Genau in dieser Lage befindet sich eben auch das Gesundheitswesen.

Manche bezeichnen die Reihe von Voraussetzungen, die in einem Ökosystem zur Geltung kommen, als Geschäftsmodell oder als Paradigma oder einfach als »Ansatz«, mit dessen Hilfe Tätigkeiten erfaßt und organisiert werden. Welchen Ausdruck Sie auch immer benutzen, in jedem Fall setzt Ihre Einschätzung eines Wirtschaftsökosystems mit der Bestimmung dieser Grundvoraussetzungen ein.

Der Überblick über ein Chancenumfeld hat von einer genauen Untersuchung derjenigen Ansätze auszugehen, die versagt haben. Um das Gesundheitswesen als Beispiel einleuchtender zu machen, werde ich das bestehende amerikanische Krankenversorgungssystem als ein einziges Ökosystem behandeln, das auf einer Reihe entscheidender Voraussetzungen beruht. Ich halte dies für den besten Weg, sowohl das Gesundheitssystem als auch die für das vierte Entwicklungsstadium typischen allgemeinen Situationen näher zu untersuchen, möchte aber anmerken, daß es sogar innerhalb des bestehenden Systems bedeutsame Unterschiede gibt – etwa zwischen verschiedenen Regionen des Landes –, und ebenso zwischen verschiedenen Organisationsansätzen bei der Krankenversorgung. Es versteht sich, daß eine ausführlichere Darstellung, die natürlich im Rahmen des vorliegenden Buches nicht zu leisten ist, im einzelnen auf diese Unterschiede und die sich daraus ergebenden Konsequenzen einzugehen hätte.

»Fee-for-Service«: Das etablierte Ökosystem im amerikanischen Gesundheitswesen

Jahrzehntelang sind die Voraussetzungen, unter denen das Krankenversorgungsökosystem in den USA arbeitete, im wesentlichen gleich geblieben. Eines der herausragenden Kennzeichen dieses Systems war die Vorrangstellung des einzelnen Arztes, wenn es um medizinische Entscheidungen ging. Ärzte nahmen Patienten an, kümmerten sich in bestimmten Lebensabschnitten um deren Versorgung und waren zugleich Vermittler für weitere Dienstleistungen. Ihr Urteil war nahezu unumstößlich.

Ärzte wurden von den Einrichtungen bezahlt, in denen sie tätig waren, das heißt sie wurden bezahlt für ihren Zeitaufwand, für ihr Vorgehen, ihren Eingriff oder ihre Behandlung. Aus diesem Grund sehen viele Beobachter im herkömmlichen Ökosystem vor allem einen »Fee-for-Service«-Betrieb, ein System der Einzelleistungshonorierung. In den fünfziger Jahren gab es in den USA zwei Rangstufen der ärztlichen Dienstleistung. Die ärztlichen Entscheidungen für wohlhabende oder privatversicherte Patienten waren getragen von dem Bemühen, das Wohlbefinden des einzelnen Kranken ohne weitere Rücksicht auf die Kosten der jeweiligen Behandlung bis zu einem Optimum zu steigern. Bei allen anderen Patienten taten die Ärzte, was sie eben konnten angesichts der Grenzen dessen, was sich der Kranke jeweils leisten oder was durch einen zumutbaren Anteil an öffentlich und durch Wohltätigkeitseinrichtungen subventionierter Krankenversorgung abgedeckt werden konnte.

Innerhalb der letzten zwanzig Jahre ist der Zugang zu einer medizinischen Rundumversorgung drastisch ausgeweitet worden. So war im Jahre 1950 ungefähr die Hälfte der amerikanischen Bevölkerung durch eine Versicherung gegen die einfachsten Krankenhauskosten geschützt, während nur 15 Prozent einen – wie man heute sagen würde – weitergehenden Versicherungsschutz hatten. Durch Einrichtungen wie Medicare und Medicaid wurde in den

60er Jahren der Staat zu Beitragsleistungen herangezogen, wodurch die medizinische Versorgung auf ältere und einkommensschwache Personen ausgedehnt wurde. Zudem breitete sich die Versorgung im Krankheitsfall als eine aus dem Arbeitsverhältnis resultierende Versicherungsleistung rasch aus, so daß um 1995 ungefähr 85 Prozent der Bevölkerung krankenversichert waren und so etwas wie ein Konsens in der Gesellschaft bestand, daß jeder Amerikaner gegen Krankheit versichert zu sein habe.[3] Die »Wasser«, die jene Landschaft des Gesundheitssystems speisten, waren mithin tief und flossen ausgiebig.

Bis in die 80er Jahre vollzog sich die Evolution der diversen Teilnehmer am medizinischen Ökosystem mit geringer Einsicht in den Gesamtzusammenhang sowie kaum nennenswerter Beeinflussung von seiten der Politiker. Das hatte zwei Konsequenzen. Zum einen waren auf einzelnen medizinischen Fachgebieten zahlreiche Innovationen bei relevanten Behandlungsmethoden und Technologien zu verzeichnen, die sich trugen, weil eine stetig steigende Zahl krankenversicherter Patienten dahinter stand, die für sie aufkamen. Zweitens wurde es vielfach zunehmend komplizierter, die einzelnen Fachgebiete erfolgreich zusammenzuführen und zu managen, mit der Konseqenz, daß die Forderung nach »Versorgungskontinuität« zu einem häufig wiederholten Schlagwort und zu einem Riesenproblem für die Leistungsanbieter wurde.

Im allgemeinen beschränkte sich der Staat in diesem Zusammenhang auf eine neutrale Kontrollfunktion und konzentrierte seine Aktivitäten statt dessen auf seine ihm inzwischen zugewachsene Rolle als größter Beitragszahler. Allerdings gab es einige Ausnahmen von dieser Regel. So betrieb die Regierung die gesetzliche Regelung von sehr eng definierten Qualitätsanforderungen, wie etwa bei der Prüfung der Wirksamkeit von Medikamenten durch die Food and Drug Administration als oberste Aufsichtsbehörde. Daneben suchte sie die Mitarbeit von Verantwortlichen aus den diversen medizinischen Berufssparten, um einheitliche Kriterien für berufliche Qualifikationen festzulegen, aber auch um den Zugang zum Berufsfeld zu begrenzen und den Konkurrenzkampf unter den

Beteiligten einzuschränken. Der Staat bemühte sich allerdings nicht um ein umfassendes Verständnis der Leistungsfähigkeit des Gesundheitsökosystems als Ganzen. Auch tat er nichts für die gezielte Erarbeitung wirksamer Steuerungsmechanismen hinsichtlich der weiteren Entwicklung des Systems.

Das herkömmliche Gesundheitssystem ist unübersehbar in einem abrupten Niedergang. Da umfassende Daten nicht vorliegen und da es an wirksamer Kontrolle der weiteren Evolution fehlt, kommt es im Ökosystem zu zahllosen, weitgehend unkontrollierten Mutationen. Nicht selten ziehen sich veraltete Ökosysteme, wie ich schon sagte, in kleinere Nischen zurück, statt völlig zu verschwinden. So ist es auch mit unserem auf dem Prinzip »Honorar-gegen-Dienstleistung« beruhenden Gesundheitssystem: Es befindet sich zwar in einem abrupten Niedergang, aber daß es ganz und gar verschwindet, ist eher unwahrscheinlich. Wohlhabende Kunden mögen ihm noch immer etwas abgewinnen und dementsprechend noch etliche Jahre in der Lage sein, überlebensfähige Nischeneinrichtungen mitzutragen. Auch in den meisten ländlichen Gebieten des Landes mag dieses System durchaus noch fortbestehen, weil die Bewohner dieser in aller Regel dünn besiedelten Landstriche kaum mehr als einen Arzt am Ort finanziell absichern können. Soweit rechtlich zulässig, werden diese Modelle von Krankheitsversorgung auch in anderen Teilen der Welt weiterbestehen, wo staatliche Gesundheitsprogramme ohnehin dominieren.

Mit größter Wahrscheinlichkeit wird sich ein Szenario durchsetzen, bei dem das Versorgungssystem nach dem Prinzip Honorar-gegen-Dienstleistung um eine gewisse Anzahl zusätzlicher Ökosysteme erweitert wird, die allesamt mit attraktiven Leistungen locken, allerdings auch entscheidende Zugangsbeschränkungen aufweisen. Kein besonderes Ökosystem wird sich vermutlich ganz und gar durchsetzen können, es sei denn, es erfährt gesetzliche Rückendeckung, was allerdings im derzeit belasteten politischen Klima der Vereinigten Staaten eher unwahrscheinlich ist. Auf den folgenden Seiten werde ich einige prototypische Ökosysteme untersuchen, die sich in der medizinischen Landschaft heraugebildet haben, mit der

Absicht, eine Vorstellung von der möglichen Zukunftsentwicklung zu erarbeiten und eine genauere Kenntnis von den Problemen zu bekommen, die durch die für das vierte Stadium typischen Bedingungen aufgeworfen werden.

Drei Ansätze, viele Ökosysteme

Wir wollen einmal die drei neu entstandenen Modelle durchgehen, die zur Zeit, als dieses Buch geschrieben wurde, das Chancenumfeld im Gesundheitsdienst beherrschten. Ganz offensichtlich trifft auf jedes rasch evoluierende Ökosystem zu, daß die darin gültigen Paradigmen fortlaufend ihre Gestalt ändern, sich miteinander verbinden und neu konstituieren, entsprechend dem Maße, wie das umgebende Ökosystem wächst oder schrumpft. Was folgt, ist also mein Schnappschuß von der Wirklichkeit, der uns einige interessante Vergleichsmöglichkeiten eröffnet.

1. Selbsthilfe, Selbstheilung

Die tiefgreifendste Veränderung zielt auf den Patienten. Gedacht ist dabei an eine Funktionsverschlankung bei den größeren Krankenversorgungseinrichtungen und an eine Aufwertung der Verantwortung des einzelnen, dem Hilfe in Form von Instrumenten und Techniken, durch Aufklärung sowie durch gesundheitsförderliche Investitionen an Zeit und Energie von Menschen wie Sie und ich zur Verfügung gestellt werden soll.[4] Neu entstandene Ökosysteme, die auf diesen Vorstellungen beruhen, streben eine nahezu völlige Umgehung des herkömmlichen Systems und die Stärkung der Eigenverantwortung des Patienten an. Man kann dies am Aufkommen der Wellness-Bewegungen, an der raschen Zunahme »alternativer Heilverfahren« und am breiteren

Angebot von medizinischen Artikeln und Hilfsmitteln für den Konsumenten ablesen.

Um Ihnen eine Vorstellung von der Bedeutung dieses Paradigmas zu geben, möchte ich von einem Erlebnis aus meiner eigenen Familie berichten. Meine Frau und ich haben zwei kleine Jungen. Als der jüngere etwas über ein Jahr alt war, bekam er Probleme mit den Atemwegen, mit nächtlichem Fieber von mehr als 40,5 Grad. Beim ersten Fieberanfall riefen wir unseren Hausarzt, der der Messung oder dem Thermometer, einem neuen Infrarot-Gerät, das die Temperatur im Ohr maß, nicht trauen wollte. Er traute weder der Technologie noch unserer Fähigkeit, sich ihrer zu bedienen.

Nach einigem Hin-und-Her und einer zweiten Messung mit einem Quecksilberthermometer – und glauben Sie mir, drei Minuten Fiebermessen mit einem Glasthermometer und ein krankes Kind mitten in der Nacht sind ein brisantes Gemisch! – verständigten wir uns darauf, daß wir zwei Möglichkeiten hatten: (1) unseren Sohn ins Bezirkskrankenhaus zu bringen und dort das Fieber bestätigen zu lassen, von wo aus man uns vermutlich in die Bostoner Kinderklinik schicken würde (»Das Bezirkskrankenhaus hat keinen eigenen Kinderarzt«, wurde uns gesagt); (2) direkt zur Kinderklinik zu fahren. Da die Kinderklinik kaum weiter entfernt war als das Bezirkskrankenhaus, packten wir unseren Sohn ins Auto und fuhren nach Boston rein.

Mitten in der Nacht die Kinderklinik aufsuchen zu müssen ist eine Erfahrung, die man nicht ein zweites Mal machen möchte. Aus dem ganzen Stadtgebiet finden sich hier Eltern mit ihren Kindern ein, ringsum ein einziges Husten und Niesen, Knochenbrüche und Beschwerden, alles nichts für schwache Nerven. Dann begann die langwierige Prozedur. Zuerst kam der Verwaltungskram mit der Aufnahmeschwester. Dann Fiebermessen bei unserem Sohn, das tat eine normale Krankenschwester – natürlich mit einem Ziffernthermometer –, die uns auch die Richtigkeit unserer eigenen Messung bestätigte (»Hm«, meinte sie und nickte mit dem Kopf, »das ist ja ganz schön hoch«). Dann die Blutsenkung (»Wir wollen nur sicher gehen, daß es nichts Ernstes ist!«), anschließend eine starke Dosis

Tylenol und Advil, um das Fieber zu senken. Darauf begann das Warten. Wir blätterten in zehn Jahre alten Nummern der *National Geographics*. Wir warteten auf das Ergebnis der Blutsenkung, dann auf einen Internisten, der uns das Ergebnis erläutern sollte. Wir sahen, wie langsam der Tag anbrach, und hofften, daß unser Hausarzt bald hereinschauen würde, um seine regelmäßige Morgenvisite zu machen. Schließlich ging das Fieber langsam runter. Natürlich mußten wir auch darauf warten, entlassen zu werden, also noch mehr Papierkram. Schließlich entließ man uns nach sechs Stunden nach Hause.

Vergleichen Sie einmal diese Episode mit dem, wie es sein könnte: Schon bei unseren ersten Gesprächen mit unserem Arzt hätte dieser ein Heimüberwachungssystem – Temperaturerfassung, Herz- und Blutdruckmonitor und Videotelefon – verschreiben können, das wir im Falle einer notärztlichen Beratung hätten benutzen können. Meine Frau und ich würden einen Kurs besuchen, durch den wir die amtliche Bestätigung erhalten, diese Technologie benutzen zu dürfen, die uns selbst womöglich ausreichend Kenntnisse vermittelt, um noch ganz andere medizinische Fragen anpacken zu können.

In einem Notfall würden unsere telefonischen Konsultationen einen ganz anderen Informationsstand erreichen, jedenfalls wäre schnellstens Übereinstimmung darüber erzielt, ob denn nun Fieber vorliegt oder nicht, denn meine Frau und ich wären offiziell zum Fiebermessen berechtigt und würden damit Krankenhaus- und Arztbesuche einsparen. Die Ausrüstung könnte aber auch einen kleinen Arztkoffer umfassen, mit Schubladen, die per Fernbedienung, über Telefon, vom Arzt – und nur vom Arzt – aufgeschlossen werden können, so daß wir nicht gezwungen wären, uns nachts um zwei Uhr irgendwo eine Allerweltsmedizin besorgen zu müssen. Da sich die Diagnose in vielen Fällen per Telefon klären ließe, könnte der Arzt sofort die richtige Medizin freigeben.

Eine Menge von Unternehmen arbeitet mit solchen Systemen, insbesondere bei der Versorgung von Diabetikern und Bettlägerigen sowie bei der Altenpflege. Mittel wie diese, zusätzlich aber auch

Bücher und Workshops sowie Selbsthilfegruppen in der Nachbarschaft – bis hin zu virtuellen Internet-Gemeinschaften – entsprechen dem starken Bedürfnis der Menschen nach Eigenverantwortung für ihre Gesundheit. Generell kann man sagen, daß sich diese Ökosysteme in einer Pionierphase befinden, und längst schon wird eifrig herumexperimentiert. Natürlich beruhen sie auf einer langen Tradition der Selbsthilfe – die in gewissem Maße zugleich verstärkend wirkt –, wie wir sie aus der abendländischen Medizin, aber auch aus anderen alten Heilverfahren kennen.

Gewiß besteht die Gefahr, daß dieses Systeme zu einem extrem aufgesplitterten Ansatz bei der Gesundheitsversorgung führen, bei dem dann niemand mehr dem Klienten hilft, seine Behandlung zu koordinieren und zu einem Ganzen zusammenzufügen. Andererseits sind viele Leute – darunter höchst angesehene Anhänger der Bürgerrechtsbewegung – der Überzeugung, daß wir mehr von dieser Entscheidungsfreiheit in unserem Gesundheitssystem brauchen und daß es mehr direkten Zugang zu Behandlungsmethoden geben müsse. Tatsächlich kann der Verweis auf Selbsthilfe der Tendenz Nachdruck verleihen, rezeptpflichtige Arzneimittel für den Handel freizugeben. Im wesentlichen machen die Befürworter geltend, daß aufgeklärte Konsumenten letztlich ihre eigene Gesundung bewerkstelligen können.

Die Aussichten für dieses Paradigma scheinen ausgezeichnet. Es wird propagiert von einer ständig wachsenden Ressource, dem aufgeklärten Konsumenten. Wenn es richtig funktioniert, werden damit Zeit und Geld gespart. Es gibt Unmengen verschiedenster Unternehmen, die sich glücklich schätzen würden, wenn sie sich durch die Bereitstellung von Büchern, Kassetten und sonstigen Instrumenten der Befreiung an dieser Bewegung beteiligen könnten. Direkt an die Konsumenten verkaufte Meß- und Diagnosegeräte lassen eine besonders befreiende Wirkung erwarten.

Ein besonders interessanter Ansatz kommt aus einem Bereich, von dem man es an sich nicht erwartet hätte. In den USA kosten Aids-Tests, und zwar die sogenannten Bestätigungstests, um die 125 Dollar. Den größten Teil dieses Geldes beanspruchen die Arbeits-

und Verwaltungskosten für Testlabors und Dokumentation. In Westafrika sind Kosten in dieser Höhe unerschwinglich. Den in der internationalen Aids-Hilfebewegung tätigen Helfern wurde recht bald klar, daß die eigentlichen Substanzen, die bei diesem Test verwendet werden, letzlich nur ein paar Pfennige kosten. So stellten sie Testausrüstungen zusammen, die den Afrikanern vor Ort die Möglichkeit gaben, unter Zuhilfenahme lokaler Laboreinrichtungen, die häufig kostenlos oder gegen ein geringes Entgelt genutzt werden konnten, eigene Tests zusammenzustellen und durchzuführen.

Es wird viel und ermüdend über die Notwendigkeit diskutiert, in den Jahren 1996/1997, wenn das traditionelle Arbeitsfeld für Ärzte schrumpft, in den Vereinigten Staaten einen »Überschuß« von mehr als 150.000 Ärzten unterzubringen. Unter ökologischem Aspekt kommt einem sofort der Gedanke: Wohin werden diese Ärzte sich wenden, und was werden sie machen?[5]

Bei der Erörterung des ersten Stadiums habe ich dargestellt, wie neue Ökosysteme durch Wertkettenbildung zustandekommen, das heißt durch die Verknüpfung zuvor fragmentierter Ressourcen mit nicht befriedigten Bedürfnissen. Es ist faszinierend sich vorzustellen, was passieren mag, wenn Tausende unterbeschäftigter, aber weiterhin approbierter und ausgebildeter Ärzte in der Landschaft freigesetzt werden. Aus dem Konnex von radikalisierten, kostengünstigen Medizinern mit einer befreiten Technologie und mit Konsumenten, die bereit sind, eine breitere Verantwortung für ihre Gesundheit zu übernehmen, mögen sich recht interessante Ökosysteme entwickeln. Dies ist ein weiterer Grund, warum jenes Paradigma so sehr voller spannender Möglichkeiten steckt.

2. »Managed Care«

Der vorherrschende neue Ansatz im Gesundheitswesen, der gleichermaßen entscheidend zu den Expansionen des zweiten Stadiums beigetragen hat wie zu den Auflösungserscheinungen im dritten Stadium, ist die sogenannte »Managed Care«, die organisierte

Krankenversorgung, bekannt als das Health-Maintenance-Organization-Modell. Organisierte Krankenversorgung wird abgerechnet nach einem Pro-Kopf-Ansatz mit Kostenrückerstattung auf statistischer Grundlage. In diesem System erweisen sich Ziegelsteine und Mörtel als zwei unterschiedliche Hindernisse. Fachärzte werden nur herangezogen, wenn ihr Beitrag sich kurzfristig eindeutig rechnet. Der Ort der Behandlung ist dabei nicht das Krankenhaus, sondern eine ambulante Klinik, die ihre Dienstleistungen im Rahmen eines integrierten Systems bereitstellt, zu dem die Krankenversicherung ebenso gehört wie die Leitung der Verwaltung und die Erste-Hilfe-Station. Zumindest in seinem Anfangsstadium ist dieses Modell ein ausgesprochen kostenorientiertes Paradigma. Erwartet werden letztlich auch qualitative Verbesserungen des Versorgungsablaufs, aber dies braucht mehr Zeit und erfordert die quantitative Erfassung und Kontrolle des Verhaltens der Systembeteiligten, also der Patienten wie der Leistungserbringer, was allerdings mit Schwierigkeiten verbunden ist.

Es ist kaum strittig, daß die organisierte Gesundheitsversorgung eine ganz entscheidende Veränderung des Gesundheitssystems der Vereinigten Staaten bedeutet, kündigt sich doch darin eine regelrechte Zusammenführung von Ärzteschaft, Krankenkassen und Krankenhäusern in vertikal integrierten Einheiten an. Positiv daran ist, daß die Akteure in allen drei Bereichen an der Erarbeitung neuer Systeme organisierter Gesundheitsversorgung mitarbeiten. Durch diese Form der Zusammenarbeit wird eine weitreichende Umstrukturierung der Gesundheitsversorgung in Gang gebracht. Zugleich bilden sich integrierte Prozeßeinheiten heraus, die möglicherweise Fortschritten in der Ersten Hilfe den Boden bereiten. Bringt man all diese Interessen – Zugänglichkeit, Kosten und Qualität – in einen Zusammenhang, dann haben diese Komplettsysteme eine reelle Chance, zu einer Verbesserung des medizinischen Prozesses beizutragen.

Auf der anderen Seite hat organisierte Versorgung, auch wenn sie den Forderungen der Beitragszahler und der Gesellschaft nach einer Senkung der Ausgaben entgegenkommt, den Nachteil, daß sie die

Patienten zur Rationierung ihrer Arztbesuche und zur Kostenkontrolle zwingt, was ihren eigenen wohlverstandenen Interessen entgegenwirkt. Aus der Sicht des Patienten gibt es kaum eine zuverlässige Möglichkeit, bei der Gesundheitsversorgung einen Vergleich zwischen verschiedenen Ökosystemen durchzuführen. Bislang gibt es noch keine Verbraucherschutzorganisation, die die vorhandenen Programme hätte prüfen können, und nur die wenigsten Konsumenten sind in der Lage, sich ein eigenes Urteil zu bilden. Ohne geeignete Meßmethoden werden wir nicht erfahren, in welchem Umfang in der organisierten Krankenversorgung die Qualität auf Kosten der Einsparungen geht.

Eine andere möglicherweise verheerende Konsequenz besteht darin, daß die Zahl der Krankenversicherten, für die kleinere HMOs einzustehen haben, sich als unzureichend erweisen könnte, um das System vor einer katastrophischen Zuspitzung der Krankheitsfälle zu bewahren. Noch gibt es keine umfassende Regelung der Risikohaftung bei diesen neuen Einheiten, und auch das Eintreten einer Rückversicherung für den Fall existenzvernichtender Zukunftsszenarios, in die sie hineingeraten könnten, ist noch nicht vorbereitet.

Gegen Ende des Jahres 1995 waren zahlreiche Märkte von Überkapazitäten sowohl bei der organisierten Gesundheitsversorgung wie in vielen Sparten der Ärzteschaft und bei sonstigen Fachkräften gekennzeichnet. An Orten wie dem Stadtbezirk von San Diego führte ein mörderischer Wettbewerb unter den Krankenversorgungsunternehmen zu einer drastischen Preissenkung – am stärksten für Arbeitgeber – nicht nur beträchtlich unter die laufenden Kosten, sondern auch unter jeden soliden Kostenansatz. Abgesehen von der Effizienz einer solchen Organisation, erzwingen derartige Preise geradezu, daß viele Leute gesund bleiben.

Ein derart abenteuerlich unorganisierter und haltloser Konkurrenzkampf zwischen den Ökosystemen der Krankenversorgung kann im Grunde nur in einer ökonomischen Implosion einiger Netzwerke oder in ansonsten bedauerlichen Abstrichen bei der Krankenversorgung enden. Wie schon gesagt, hat der Patient kaum eine Chance, Einsparungen überhaupt festzustellen, wenn er nicht über detaillierte Kenntnisse für eine objektive Ergebnis- und Leistungsmessung verfügt. Das Fehlen eines Maßstabs zur Beurteilung eines Systems ist einer der krassen Mängel des Gesundheitssystems. So aber könnte ein losgelassener Wettbewerb in der organisierten Krankenversorgung zumindest kurzfristig verheerende Folgen haben.

Im Lichte der bisherigen Ausführungen denke ich, daß ich die organisierte Krankenversorgung unvoreingenommen und mit Anteilnahme dargestellt habe. Nicht wenige, die in ihr Verantwortung tragen, setzen sich tatkräftig für eine Verbesserung des Qualitätsprozesses im Gesundheitswesen ein. Wenn es indessen an sinnvoller Regelung und an Kontrollmaßnahmen hinsichtlich der Evolution dieser Ökosysteme fehlt, dann scheint das Potential an ungewollt negativen Folgen recht hoch. Weil die Menschen unter dem Druck standen, Mitglied in einer HMO zu werden, ergibt sich für viele heute die Situation, daß sie ihren kostbarsten Schatz – die Gesundheit ihrer Familie – einem Vormund anvertraut haben, der zu chaotisch und auch zu sorglos ist, als daß man ihm trauen könnte.

Woher sollen denn nun die Mittel für die weitere Schaffung von Ökosystemen der Krankenversorgung und für eine Veränderung des Verhaltens innerhalb dieser Ökosysteme herkommen? An den früheren Stadien haben wir sehen können, daß die Führung eines Ökosystems kostenaufwendig ist. Erfolgreiche Systemführer setzen auf Einsparungen aus Größenvorteilen, um ihre Kampagnen zu finanzieren, um den mittlerweile vertrauten Doppelschleifenzyklus von Investitionen in Kerninnovationsbereiche und in das Ökosystem zu etablieren. Die in der organisierten Krankenversorgung tätigen Unternehmen haben bislang noch keine ausreichenden Economies of Scale erwirtschaftet, um die für echte Prozeßverbesserungen erforderlichen umfassenden, nachhaltigen Kampagnen finanzieren zu können. Vielmehr scheint es so, als würden viele dieser Unternehmen zur Unterfinanzierung verurteilt sein und sich mit Niedrigmargen dahinschleppen müssen.

3. Ökosysteme, die sich am Krankheitszustand orientieren

Eine weitere Möglichkeit für starke Akteure, die zuvor am Rande des Systems tätig waren, besteht darin, selbst neue Wertsysteme zu schaffen, etwa in der Art des Telekommunikationssystems. Nun sehen einige Akteure – insbesondere der Staat und die Versicherungsgesellschaften, die die Arztrechnungen zu begleichen haben – in bestimmten Unternehmen wie den Arzneimittel- und Apparateherstellern fragwürdige, weil hohe Kosten verursachende Leistungslieferanten, die für sie nicht gerade zu den Fortschrittsgaranten zählen, wie noch im alten System. Player wie diese, zumal die Pharmaunternehmen, waren am stärksten bedroht, und doch gehörten sie zu den besonders findigen Unternehmen, als es darum ging, eine neue Firmenstruktur aufzubauen und neue unternehmerische Paradigmen zu prägen. Ihr Beispiel ist besonders erhellend im Hinblick auf die Frage, wie man sich gegenüber einem Ökosystem positioniert, das in seinem vierten Stadium gerade einen grundlegenden Wandel durchmacht. Sie liefern gutes Anschauungsmaterial für die generelle Vorgehensweise sowohl beim Selbstschutz (wenn man etwa versucht, den bevorstehenden Wandel hinauszuzögern) wie bei der Selbsterneuerung.

In den letzten Jahrzehnten haben die pharmazeutischen Betriebe ihre Geschäfte im Rahmen eines in sich relativ schlüssigen, wenn auch nur unausgesprochen gültigen sozialen Agreements mit dem staatlichen Regelungsanspruch betreiben können. Als Gegenleistung für ihre umfangreichen Investitionen in die Innovation von Produkten und Prozessen konnten die Pharmaunternehmen vergleichsweise hohe Gewinnspannen für sich verbuchen und wußten sich geschützt durch Patentrechte und relativ langwierige Genehmigungsverfahren. Dieses Agreement allerdings ist inzwischen brüchig. Die Öffentlichkeit, der Staat und die Unternehmen fordern eine Senkung der Kosten im Gesundheitswesen. Den Pharmabossen drohen magere Zeiten, da sie mit der Möglichkeit von Preis- und Gewinnbegrenzungen sowie mit dem Sammelkauf von Arzneimitteln von seiten einiger HMOs und von staatlichen Stellen zu rechnen haben.

Eine angemessene Antwort auf diesen Wandel des Umfelds setzt mit Sicherheit in allen wichtigen Funktionen Veränderungen frei. Kurzfristig werden die Pharmaunternehmen vom Absatz ihrer Präparate über den behandelnden Arzt (in der Regel durch eine Vielzahl von »Verteilern«, die den Ärzten Aufklärungsmaterial und Verkaufstechniken anbieten) auf eine Situation umschalten müssen, in der sie viele verschreibungspflichtige Mittel direkt an die HMOs oder ähnlicher Großverbände verkaufen werden. In diesen Organisationen ist das jeweilige Leitungsgremium von zentraler Bedeutung, weil bei ihm die Entscheidung darüber liegt, ob die betreffenden Arzneimittel zugelassen werden können; damit komplizieren sich notwendigerweise die Vetriebswege der Pharmaunternehmen, denen erheblich mehr strategisches Denken abverlangt wird.[6]

Auf verschiedenen Wegen versuchen die Leistungslieferanten, der Wertkette bis hinunter zum Endverbraucher zu folgen, um innovative Leistungen anzubieten und um eine engere Bindung zum Kunden herzustellen. Zu diesem Zweck wenden sie jeweils gegenüber dem Endverbraucher und den HMOs sowie den Apotheken unterschiedliche Verfahren an. Im Hinblick auf den Endverbraucher zielen die Verkaufstechniken des Lieferanten auf eine aggressive Ansprache über diverse Marktvermittler: Ärzte, Krankenhäuser, HMOs und sonstige Einkäufer von Arzneimitteln, die es direkt mit dem Endverbraucher zu tun haben. Ansonsten suchen die Pharmaunternehmen die Zusammenarbeit mit der Food and Drug Administration, also dem obersten Gesundheitsamt, um zu erreichen, daß bislang verschreibungspflichtige Arzneimittel in den freien Handel kommen, indem sie als Konsumartikel qualifiziert werden. Weiter geben die Unternehmen viel Geld für eine verbraucherorientierte Werbung aus, wobei Zeitungen, Zeitschriften und das Fernsehen genutzt werden, um die Nachfrage nach neu geschaffenen, patentgeschützten Mitteln zu stimulieren. Vielfach tun sich Unternehmen auch zusammen, damit bisher hauptsächlich mit der Herstellung verschreibungspflichtiger Präparate beschäftigte

Firmen sich auch auf dem Markt der nicht rezeptpflichtigen Mittel behaupten können.

Was die Veränderung der Beziehungen zu größeren Organisationen betrifft, so haben die Pharmahersteller etliche Managementfirmen für Apothekenleistungen aufgekauft und damit die Kundenpflege, das Verwaltungsmanagement und manchmal auch die Erstattung der Auslagen für die Apotheke übernommen. Gelegentlich verkaufen Hersteller auch besondere Pharmazeutika an einen Zwischenvertrieb wie etwa eine HMO, zuzüglich einer Behandlungsberatung und eines telefonischen Nachsorgedienstes, die im Preis des Arzneimittels eingeschlossen sind. Das Management von Diabeteserkrankungen ist dafür ein ausgezeichnetes Beispiel. Das medizinische Betreuungspersonal des Pharmaunternehmens setzt sich mit den Patienten direkt in Verbindung, stellt eine feste Beziehung zu ihnen her, sorgt für die Einhaltung des Behandlungsplans und erhält umgehend Informationen über Nebenwirkungen und die allgemeine Reaktion des jeweiligen Patienten auf Präparat und Behandlung. Dadurch ist ein Informationsfeedback für Forschung und Entwicklung des Unternehmens gewährleistet. Auf diese Weise entsteht zwischen dem Unternehmen und seinen Kunden eine enge Beziehung.

Diese Bindungen sind allerdings nur ein Anfang. Auf längere Sicht investieren die Pharmaunternehmen beträchtliche Summen in die Schaffung von kompletten Mikrosystemen, mit deren Hilfe sie Märkte beherrschen und eine zentrale Stellung einnehmen können. Letztlich arbeiten sie daran, ihre Kriterialität und Einbindung zu stärken. Ihre Methode, das Gesundheistsystem neu zu ordnen, verläuft in zweifacher Richtung: Zum einen versuchen sie, auf die organisierte Krankenversorgung sowie auf die staatliche Gesundheitspolitik Einfluß zu nehmen, zum andern bemühen sie sich, ihrer eigenen Vorstellung von einer nach ihren Wünschen gestalteten Zukunft zum Durchbruch zu verhelfen.

Die Firma Eli Lilly & Company mag uns hier als Beispiel dienen. Sie verbindet ihre Zukunft mit einem Programm, das »Krankheitsmanagement« heißt. Dabei richten sich ihre Aktivitäten auf fünf zentrale Krankheitsformen: Diabetes, Herzerkrankungen, Störungen des zentralen Nervensystems, Krebs und Infektionskrankheiten. Das Unternehmen sucht nach Möglichkeiten, (1) eine Rundumbehandlung des Krankheitszustandes zu übernehmen, das heißt nicht nur die Seite der Arzneimittel, sondern auch die übrigen Aspekte der Versorgung; (2) das Krankheitsmanagement innerhalb einer bestimmten Bevölkerungsschicht zu gewährleisten, zum Beispiel durch Prävention, Eindämmung der Ansteckungsgefahren und gezielte Minderung der Nebenwirkungen.[7]

Für das Unternehmen bedeutet dies ein ganz anderes Geschäftskonzept. Seine Haupttätigkeit besteht nicht mehr nur in der Bereitstellung eines einzigen Elements in der Gesamtversorgung des Patienten. Vielmehr übernimmt es die Gesamtverantwortung für die Versorgung bestimmter Krankheiten.

In der Firma Lilly ist man der Überzeugung, daß die Versorgung von Krankheiten am ehesten davor bewahrt, ans Ende der Wertkette abgedrängt und als Hersteller von Massenartikeln behandelt zu werden. Lilly wie andere Lieferanten können den Einrichtungen für organisierte Krankenversorgung ihr neues Wertangebot mit dem Argument plausibel machen, daß der Lieferant durch seine Gesamtverantwortung für den erkrankten Patienten bei diesem die Einhaltung des medizinisch Gebotenen fördere, Komplikationen verringere und schließlich der HMO Geld spare und zufriedene Kunden schaffe.

Für das Unternehmen wirkt sich positiv aus, daß man gewiß ist, in einem kleinen Ökosystem wie diesem eine für den eigenen Innovationskurs kriteriell entscheidende und polyvalent eingebundene Funktion zu übernehmen. Zudem verbucht Lilly erhebliche Economies of Scale, sobald eines seiner Präparate auf dem Markt so gut ankommt, daß es ein »Hit« wird. Diese Gewinne kann das Unternehmen dann in zusätzliche Kerninvestitionen und in die Entwicklung des Ökosystems stecken. Unter dem Gesichtspunkt unseres doppelten Investitionszyklus ist im vierten Stadium von entscheidender Bedeutung, sich jene Informationen und Einblicke zu verschaffen, die nötig sind, um den Wandel herbeizuführen. Die

Pharmaunternehmen sind in einer idealen Position, um solche Versuche finanziell abzusichern und aus ihnen Vorteile zu ziehen.

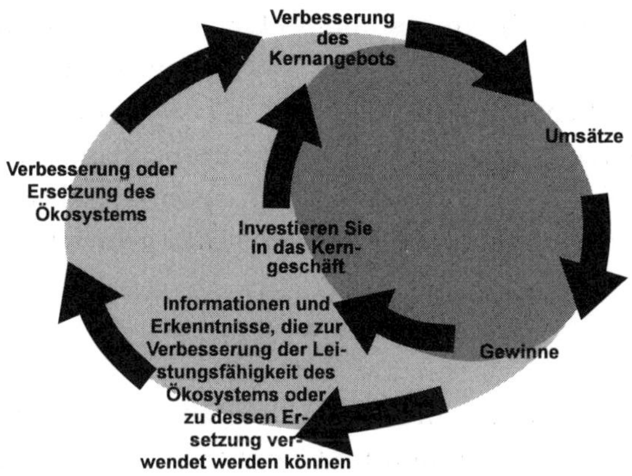

Abbildung 10.2

Diese Beobachtungen führen zu der Annahme, daß die Verantwortlichen in den Pharmaunternehmen sowie anderen Firmen, die Economies of Scale zu verzeichnen haben, viel entschiedener den Standard bestimmen können als die meisten Betriebe in der integrierten (organisierten) Krankenversorgung. Wie IBM vor der Wintel-Ära können die Pharmaunternehmen dem Problem mit mehr Geld und mehr Menschen zu Leibe rücken.

Wenn Sie einen Blick auf die Landschaft der Gesundheitsversorgung werfen, entdecken Sie noch andere Akteure, die zahlreiche ökonomische Kleinstsysteme ähnlich den Pharmaunternehmen haben entstehen lassen. Sie stoßen etwa auf chirurgische Zentren, die sich in speziellen Bereichen, so zum Beispiel in der Schönheitschirurgie, um Kunden bemühen. Sie stoßen auf Spezialkliniken, die bestimmte Dienstleistungen, etwa die sogenannte »Lebensverlängerung«, anbieten, im wesentlichen also Kontrollen der körperlichen Verfassung und Gesundheitschecks für Patienten mittleren Alters mit Herzerkrankungen und Stressbelastungen. Weiter finden Sie Fitness-Zentren und Gesundheitsfarmen verschiedenster Ausprägung, bei denen Fitness-Spezialisten mit Rat und Tat bereitstehen. Man findet Hersteller von medizinischen Hilfsmitteln, die nicht nur Geräte für Ärzte entwickeln, sondern sich umfassend mit der Frage beschäftigen, wie für ein bestimmtes Gerät der entsprechende Endverbrauchermarkt auszusehen hat und wie mit Blick auf eine innovationsfreundliche Kundschaft ganze Wertsysteme zu verknüpfen sind. Ein gutes Beispiel in diesem Zusammenhang ist die Augenchirurgie bei Kurzsichtigkeit, die von einem Geschäftsbereich der Firma Lenscrafters umfassend auf den Markt gebracht wurde.

• • •

Gewiß habe ich in meiner Darstellung alternativer Methoden für eine Gestaltung der Zukunft im Gesundheitswesen einige Sachverhalte vereinfacht, die in Wirklichkeit komplizierter sind. An dieser Stelle mag es daher angebracht sein, Ihnen einige vielleicht bedenkenswerte Überlegungen vorzustellen.

Zunächst möchten Sie vielleicht diese drei neu entstehenden Paradigmen und das Modell der Einzelleistungshonorierung noch einmal durchgehen und miteinander vergleichen; die eigene Erfahrung mit dem Krankenversorgungssystem mag Ihnen dabei hilfreich sein. Wie sieht etwa Ihre persönliche Werteskala bei der Krankenversorgung aus, die Sie und Ihre Familie erhalten? Welche der angeführten Methoden – beziehungsweise welche Kombination aus diesen Ansätzen – scheint am ehesten Ihren Wertvorstellungen zu entsprechen? Wir alle haben natürlich ein riesiges Interesse an einer Erneuerung speziell auf diesem Gebiet, geht es doch um unsere Gesundheit und um die unserer Lieben.

Zweitens könnten Sie sich womöglich die Frage stellen: Welches Vertrauen habe ich in die derzeitigen Entwicklungen im Gesundheitswesen? Was möchte ich – oder was möchten die politischen Entscheidungsträger – wissen, um sicher sein zu können, daß eine Veränderung auch einen wirklichen Fortschritt bringt?[8]

Schließlich mögen Sie sich fragen: Was kann ich vom Gesundheitswesen lernen, das auch auf meine geschäftliche Situation zutrifft? Einige von uns sind vielleicht in einer Lage, wie sie für das vierte Stadium typisch ist. Viele mögen zwar tatsächlich in einer für Stadium 1, 2 oder 3 charakteristischen Situation sein, die vielleicht aber schon Anzeichen dessen trägt, was wir im vierten Stadium vorfinden. Welches sind mithin die Momente in meiner unternehmerischen Situation, die sich überlebt haben und bereits auf das vierte Stadium verweisen und somit veränderungsbedürftig sind? Welches der derzeit gängigen Modelle scheint das erfolgversprechendste, und welches sind die wesentlichen Kennzeichen einer solchen Alternative?

Wenn man sich näher auf Alternativen einläßt, so hat man einen vorzüglichen Ansatz für eine Analyse. Im folgenden Abschnitt wollen wir uns kurz mit einer Methode befassen, die dem Vergleich und der Gegenüberstellung von Perspektiven dient und dazu verhelfen mag, diese oder jene Perspektive Wirklichkeit werden zu lassen.[9]

Erarbeiten Sie sich einen Kenntnisstand, der Sie weiterbringt

Ein richtiger Unternehmensführer weiß grundsätzlich, daß jeder Ansatz unvollständig ist und daß kein einziger den vollständigen Triumph bringt. In einem Umfeld, wie es für das vierte Stadium typisch ist, dürfen wir uns nicht erst angewöhnen, uns nur auf eine einzige Lösung zu verlassen. Statt dessen müssen wir uns ein wenig über das Gelände erheben und nach Werkzeugen und Einsichten Ausschau halten, um in unternehmerischen Belangen so etwas wie ein Gärtner, Landschaftsgestalter oder Förster zu werden.

Zwar müssen Unternehmensführer jederzeit das Verhalten der Mitspieler um die Marktmacht einschätzen können und die gängigen Paradigmen kennen, aber darin allein liegt nur selten der Schlüssel zum Erfolg. Einen echten Durchbruch erreicht man vielmehr erst, wenn man in das Sammeln von Informationen und die

Erarbeitung von Kenntnissen und Einsichten investiert, die begrifflich mit jedem Paradigma verknüpft sind. Sie müssen eine präzise Analyse erarbeiten, die Ihnen das Verständnis für die vorhandenen alternativen Ökosysteme und deren relative Stärken und Schwächen erleichtert. Auf der Grundlage dieser Informationen werden Sie in der Lage sein, Wege aufzuspüren, auf denen Ihre Investitionen den Kunden Verbesserungen bringen und die Bedingungen für eine Erneuerung optimieren.

Bei der Beurteilung der alternativen Ansätze und Ökosysteme – zum Beispiel der Modelle für das Gesundheitswesen – stoßen wir auf vier Probleme:

1. Wie können Sie den Erfolg messen?
2. Wie können Sie den Umfang beziehungsweise die Grenzen des zu verändernden Systems angemessen bestimmen?
3. Wie können Sie die tatsächliche Wertschöpfung in jedem Ökosystem feststellen, beurteilen und beeinflussen?
4. Wie können Sie die Palette möglicher Investitionen in Ökosysteme aus dem betreffenden Umfeld abschätzen?

Je genauer Ihre Antwort auf diese Fragen ausfällt, desto besser können Sie alternative Interessen und Reformvorstellungen miteinander verknüpfen und desto früher einen konsequenten und anhaltenden Wandel bewirken. Als dieses Körnchen Klugheit kann in der industriellen Fertigung die zukunftsträchtige Entdeckung des »Total Quality«-Konzepts gelten. Kenntnisse dieser Art bringen Ihnen Kostensenkungen und Qualitätsverbesserungen. Zwar sind unternehmerische Ökosysteme weitaus komplexer als Fertigungsverfahren, aber zumindest in dieser Hinsicht gelten die gleichen Voraussetzungen.

1. Wie messe ich den Erfolg?

Bei allen Fragen der Erneuerung in einer für das vierte Stadium typischen Situation ist das exakte Messen der Leistungsfähigkeit des betreffenden Ökosystems das entscheidende Problem. Zwar verfügen wir als diagnostisches Instrument über statistisches Material, aber die Statistiken geben eher Auskunft über einzelne Aktivitäten als über den Wert des Ganzen. Demgegenüber setzt sich der Kunde mit dem »Gesamtangebot« auseinander und entscheidet entsprechend seiner Gesamterfahrung mit dem unternehmerischen Ökosystem. Um überhaupt eine berechtigte Chance für die erfolgreiche Durchsetzung einer Reform zu haben, müssen wir alles nur Erdenkliche tun, um die Leistung in der Weise zu messen, wie der Kunde sie erfährt.

Im Gesundheitswesen tritt dieses Problem potenziert auf. Ergebnisse auf seiten des Patienten sind schwer nachzuweisen und im einzelnen noch schwerer zu messen. Der letztliche Erfolg einer Behandlung – zum Beispiel bei einer Krebstherapie oder im Rahmen der Herzchirurgie – bleibt vielfach lange Jahre ungewiß. Am greifbarsten sind noch die Daten zu den jeweils entstandenen Kosten, allerdings werden dabei in erster Linie die laufenden Kosten und nicht die Kapitalkosten oder sonstige weiterreichende Meßwerte erfaßt. Da das Interesse der Stakeholder grundsätzlich der Kostenkontrolle gilt, orientieren sich denn auch die meisten Auseinandersetzungen um das adäquate Paradigma ausdrücklich am Ziel der Kostendämpfung; um das Erreichen einer hohen Qualität oder gar um das Festlegen entsprechender Maßstäbe geht es dabei nicht.

Die Zufriedenheit des Patienten ist der am leichtesten zu messende »Qualitätsfaktor«; eine Reihe von Untersuchungen legt nahe, daß die Zufriedenheit des Patienten in Relation steht zu kurz- und langfristigen Qualitätsergebnissen. Andererseits läßt sich eine Reihe von Situationen denken, bei denen fehllaufende Anreize den Patienten und die Versorgungsperson dazu bringen, im Zusammenwirken statt des langfristigen Wohlbefindens des Patienten unabsichtlich eine kurzfristig positive Erfahrung zu fördern.

Im Grunde hat niemand bislang versucht, den Innovationsfortschritt des Ökosystems der Gesundheitsversorgung als Ganzen einer Bemessung zu unterziehen. Wenn Sie aber einmal das, was sich im Gesundheitswesen vollzieht, mit dem vergleichen, was in den fortgeschrittensten Industrien abläuft, dann werden Sie feststellen, daß überall nach einer Kombination aus kosten-, qualitäts- und innovationsorientierten Verbesserungsmaßnahmen verfahren wurde und diese drei Größen auch weiterhin methodisch gemessen werden.

2. Systemgrenzen: Welches sind die Kostenverursacher?

Der zweite wichtige Punkt bei der Transformation von größeren Systemen ist der, daß Sie sicher sein müssen, daß Ihr Modell des Gesamtsystems auch wirklich alle entscheidenden Elemente und Verhaltensweisen enthält, die die Gesamtleistung bestimmen. Was das Gesundheitswesen angeht, so ist nur allzu deutlich, daß das kostenverursachende Verhalten keineswegs systemimmanent begründet ist. Der Gebrauch von Drogen und Alkohol treibt die Krankheitskosten in der USA auf etwa 20 Prozent. Der legale und illegale Schußwaffengebrauch wirken als ein weiterer großer Kostenfaktor, zumal in den Städten. Fettleibigkeit, unkontrolliert hoher Blutdruck, Seßhaftigkeit und Rauchen, all das trägt erheblich zu den Kosten bei, aber noch durch kein System – weder im staatlich oder halbstaatlich, noch bei dem in privater Trägerschaft organisierten Gesundheitswesen, noch bei der Direktliquidierung medizinischer Leistungen – konnte bislang ein Weg gefunden werden, diese Verhaltensweisen wirksam anzugehen.

Lange Jahre behaupteten die HMOs, über einen solchen Anreiz zur Verhaltensänderung zu verfügen, aber die meisten Untersuchungen zeigen, daß eine nennenswerte Einwirkung auf das Verhalten der Mitglieder nicht zu verzeichnen ist. Vielleicht brauchen wir ein Gesundheitssystem, das alle Kostenverursacher, möglicherweise über starke Anreize, zu Verhaltensänderungen veranlaßt. Unter Umständen könnte man durch erhöhte Versicherungsprämien, wie es derzeit bei Rauchern praktiziert wird, erreichen, daß die Kosten auch wirklich von denen getragen werden, die sie verursachen (und zugleich dazu beitragen, daß die Betreffenden vom Rauchen abgebracht werden). Die Frage aber bleibt: Wie können wir die Vielzahl von kostenverursachenden Verhaltensweisen angehen, und wie können wir die Leute durch Belohnung dahin bekommen, daß sie im langfristigen Interesse nicht nur ihrer selbst, sondern der Gesellschaft handeln?

Das Problem der Abgrenzung entsteht im vierten Stadium in nahezu jeder Situation. Vielfach wurden die von spezifischen Ökosystemen heraufbeschworenen Probleme in den frühen Entwicklungsstadien als managementextern behandelt, fielen aber dann auf die Urheber zurück. Bohrinseln, Atomkraftwerke und Metall- oder Erzabbau verweisen darauf, daß zu den im vierten Stadium anfallenden Maßnahmen auch die Lösung der sogenannten externen Probleme gehört – massive oder gefährliche Bauwerke, Atommüll, Auffangbecken für Giftstoffe – sowie deren Rückgewinnung oder zumindest ihre weitgehende Unschädlichmachung.

In einigen Fällen wäre das ursprüngliche Wertangebot aus dem ersten und zweiten Stadium nicht positiv gewesen, wenn in das Wertmodell diese externen Faktoren einbezogen worden wären. Im Endergebnis erweist sich bei einigen dieser betriebswirtschaftlichen Ökosysteme der Nettowert als ein Negativfaktor mit schädlichem Einfluß auf die Gesellschaft. In dieser Hinsicht ist eine positive Entwicklung in der Forderung zu sehen, daß Industrieverfahren und auch Konsumartikel von Anfang an so zu definieren sind, daß sie über sämtliche Nebenprodukte und Umwelteinflüsse Aufschluß geben. In Europa wird die Industrie durch staatliche Verordnungen auf bestimmte Normen verpflichtet, die eine umweltfreundliche Fertigung und eine vollständige Wiederverwertung der Produkte vorschreiben. Dank dieser Normen orientiert sich betriebswirtschaftliches Handeln an Aktivitäten, die wirklich Reichtum schaffen und nicht, zumal in den ersten Entwicklungsjahren von Ökosystemen, nur so tun.

3. Orte der Wertschöpfung

An dieser Stelle müssen wir auf einige grundlegende Gedanken zurückkommen, die wir im vorliegenden Buch immer wieder hervorgehoben haben.

Sie schaffen ein unternehmerisches Ökosystem, und zwar eines, das erneuert werden muß. Neue Voraussetzungen der Innovation und Wertschöpfung müssen gefunden werden, die das Ökosystem befähigen, die Leistung alternativer Ökosysteme, zu denen es in Konkurrenz steht, zu übertreffen. So geht etwa das Modell des Krankheitsmanagements bei Diabetes davon aus, daß infolge der Innovationen bei den Arzneimitteln sowie beim Gebrauch dieser Mittel durch den Patienten (Befolgung des Behandlungsplans) die Komplikationen deutlich zurückgehen. Das wiederum sollte sich in einer größeren Lebensqualität für die Patienten und in geringeren Gesamtkosten für das Gesundheitssystem niederschlagen. Um diesen durchaus faszinierenden Gedanken Wirklichkeit werden zu lassen, müssen seine Befürworter so präzise wie möglich angeben können, wie die einschlägigen Präparate und Verabreichungsformen funktionieren und mit welchen Folgen.

Auf diese Weise lernen die Führungskräfte eines Ökosystems, wie ein kontinuierlicher Innovationskurs Veränderung und Erneuerung des betreffenden Ökosystems bewirkt. Wie sehen die entscheidenden Innovationsformen aus – wie etwa Verbesserungen der pharmazeutischen Therapie –, auf die sich dieses Reformmodell stützen kann? Welche Leistungsverbesserungen sind theoretisch erreichbar? Die Antwort auf diese Fragen wird erweisen, ob das reformierte Ökosystem gegenüber Alternativen bestehen kann. Was unser Beispiel mit den Arzneimitteln betrifft, so müssen die Verbesserungen auffällig genug sein, um den immensen Aufwand zu rechtfertigen, der erforderlich ist, um ihnen Akzeptanz zu sichern.

Sobald die Gewinne theoretisch feststehen, kann von der Theorie zur Praxis übergangen werden. Wie lange werden wir brauchen, um diese Gewinne auch tatsächlich zu erzielen? Sind entscheidende Unwägbarkeiten vorhanden, die wir zu klären haben, wenn wir die erhofften Fortschritte erreichen wollen? Sind im Verhalten der Konsumenten oder Lieferanten größere Veränderungen erforderlich – beides eine sehr heikle Angelegenheit? In einigen Fällen ist vielleicht eine anspruchsvolle Technologie noch nicht ausgereift, beziehungsweise die Kosten einer breiten Anwendung könnten noch zu hoch sein. Wir müssen uns derartiger Einschränkungen bewußt sein und zugleich überlegen, wie sie zu überwinden sind. Wann und auf welche Weise können wir sicher sein, daß unser Ansatz aller Wahrscheinlichkeit nach erfolgreich sein wird? Auf diese Weise können Sie Prioritäten Ihres Handelns festlegen und herausfinden, welche Probleme besonders vorsichtig angegangen werden müssen.

4. Wie bewertet man alternative Investitionen?

Eine ganz wichtige Frage ist natürlich die, ob das Ökosystem diese Mühen überhaupt wert ist oder ob das gleiche Geld und dieselbe Kreativität nicht viel eher in ein neues und alternatives unternehmerisches Ökosystem gesteckt werden sollten. Diese Frage wird häufig in die Form der bekannten S-Kurve gekleidet, die ursprünglich dazu diente, das Problem zu veranschaulichen, wie Technologien in einem gegebenen Zeitraum Wert schaffen.[10] Die S-Kurve macht deutlich, daß die kontinuierliche Investition in ein bestimmtes Konzept in einer ersten Phase, solange es verfeinert und ausgeweitet wird, rasche Rendite abwirft, in einer späteren Phase dagegen, wenn das Konzept und seine Nutzanwendungen voll ausgewertet werden, immer weniger Rendite einbringt. Das gleiche Muster der Wertschöpfung in einem gegebenen Zeitraum gilt auch für unternehmerische Ökosysteme sowie für die Formen der Kooperation, die ihnen zugrunde liegen. Dieses Muster sieht in allen vier Stadien ähnlich aus, wie aus nachstehender Abbildung hervorgeht:

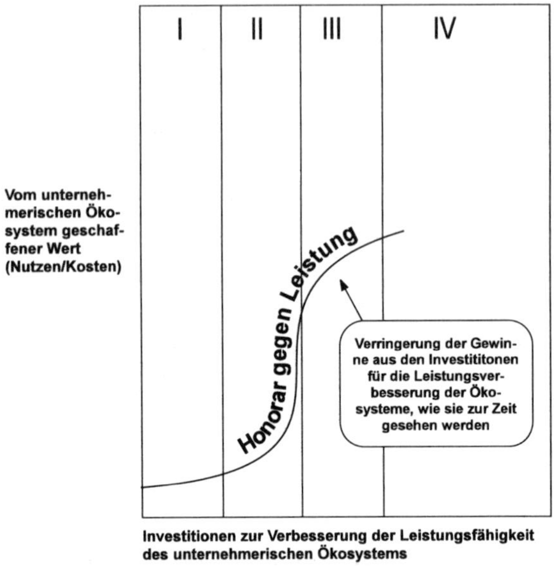

Abbildung 10.3

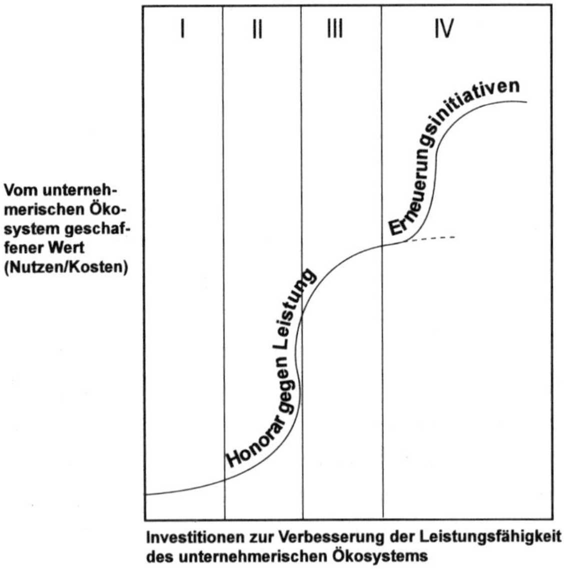

Abbildung 10.4

Bei der Analyse einer Situation im vierten Stadium muß zunächst herausgefunden werden, ob wir den Verlauf der Wertverbesserungskurve des unternehmerischen Ökosystems durch eine selektive oder pauschale Einbringung neuer Gedanken und Modelle im Verein mit den augenblicklichen Spezies erneut nach oben umbiegen können. Veranschaulicht wird das in Abbildung 10.4.

Wir könnten zum Beispiel, wenngleich dies zum jetzigen Zeitpunkt politisch nicht wahrscheinlich ist, die Krankenversorgung nach dem Modell »Honorar-gegen-Leistung« durch die Einführung gewisser Reform- und Erneuerungsmaßnahmen auf einer breiteren Basis beibehalten. Die sogenannten »Preferred Provider Networks«, ein Versicherungsmodell teils mit Vollbehandlung durch vorbezeichnete Krankenhäuser und Ärzte, teils mit eingeschränkter Leistung bei freier Arztwahl, können als eine solche Maßnahme gesehen werden. Auch das sogenannte Krankheitsmanagement könnte einige Auswirkung auf das Fortbestehen des Modells der Direktliquidierung bei der Krankenversorgung haben.

Als zweites befaßt sich die Analyse mit einem Vergleich zwischen dem Preis-Leistungs-Verhältnis einer Erneuerung und dem Preis-Leistungs-Verhältnis neu auf den Plan getretener unternehmerischer Ökosysteme, die von deutlich anderen Ansätzen ausgehen. Im wesentlichen wird auf diese Weise die erwartete S-Kurve des neuen Ökosystems über die des alten gelegt, um den Schnittpunkt der relativen Wertschöpfung zu bestimmen.

Ausgefeiltere Versionen einer solchen Analyse ermöglichen eine Abschätzung der Risiken, die mit der Einrichtung neuer Ökosysteme verbunden sind, und entsprechend auch eine Korrektur ihrer Wertschöpfungskurve. Ebenso könnten wir die für das vorhandene Ökosystem angelegte Werterneuerungskurve korrigieren. Wir könnten Veränderungen in der Form und relativen Lage dieser Kurven entsprechend dem jeweiligen Marktsegment oder sonstigen Faktoren festhalten und diese Daten in unsere Analyse übernehmen.

Alles in allem hilft uns eine solche Analyse bei der Entscheidung über den Umfang, in dem wir in die Erneuerung beziehungsweise in alternative Ökosysteme investieren sollten. Als Voraussetzung für den nächsten Schritt, nämlich für das Organisieren praktischer Maßnahmen, ist sie unerläßlich. In der Wirklichkeit allerdings sind die Vorteile eines einzelnen Ansatzes und der entsprechenden S-Kurve selten so entscheidend wie in der Theorie. Ökosysteme bestehen zumindest in reduzierter Form über einen längeren Zeitraum, als wir gemeinhin annehmen. Und außerdem benötigen neue Modelle und Ökosysteme häufig sehr viel mehr Zeit, bevor sie sich durchsetzen, als ihre Befürworter sich vorstellen mögen, und fast immer stoßen sie auf unerwartete Probleme.

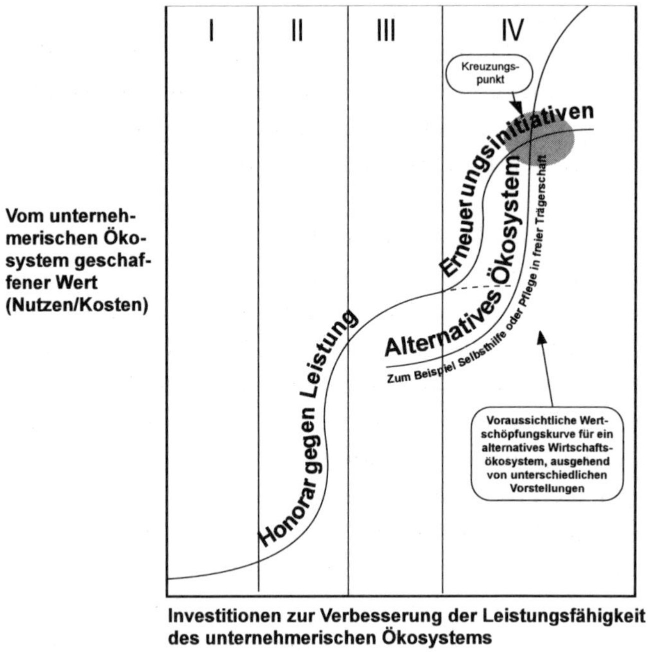

Abbildung 10.5

Nicht selten verwenden die Reformanhänger viel Energie auf die Frage, ob sie in neue Ökosysteme investieren – die unerschlossenen sogenannten Greenfields – oder sich an eine Ideen- und Technologieerneuerung für die alten Ökosysteme machen sollen – die Brownfields, wie sie von manchen genannt werden. Gewöhnlich muß man allerdings ein Portfolio von Maßnahmen erarbeiten, bei dem die Investitionen in alte und neue Ökosysteme einander die Waage halten, um auf diese Weise die Aussichten zu erhöhen, daß man für die Zukunft gerüstet und in der richtigen Position ist. Vielfach mag sich sogar die Gelegenheit bieten, daß die alten und neuen Ökosysteme die Ressourcen oder Aktiva und Hilfsmittel miteinander teilen. In den günstigsten Fällen können wir die kreativen Möglichkeiten nutzen, die sich aus dem Miteinander und der Koevolution zahlreicher Synergie- und Zukunftszentren ergeben, indem wir den Gedankenaustausch fördern, einen konstruktiven Wettbewerb in Gang bringen und unterschiedliche Marktsegmente und ökonomische Mikrobiotope bedienen.

Anders ausgedrückt: In einer für das vierte Stadium klassischen Situation stellen sich neue Entwicklungen nicht einfach in der gleichen Weise ein wie im ersten Stadium und kolonisieren etwa ein neues Marktterritorium. Vielmehr vollzieht sich die sekundäre Kolonisierung eines bereits überreich mit Arten besetzten Biotops mit fest etablierten Beziehungen zwischen den Spezies. Für die Krankenversorgung bedeutet dies, daß die Grundlage, auf der Unternehmer und Zukunftsplaner neue Versorgungssysteme errichten werden, zu Teilen zwangsläufig aus den Trümmern des alten Systems bestehen wird; das heißt, es wird sich ein Umfeld aus unterschiedlichen Versorgungsökosystemen ergeben, die interagieren und dabei miteinander und mit Elementen der umgebenden Gesellschaft Verbindungen eingehen werden.

Was können wir zum Abschluß über den Stand unserer Einsichten zur Wertschöpfung im Gesundheitssystem sagen? Zwar machen wir Fortschritte, aber wir können mit Sicherheit noch lange nicht so etwas wie S-Kurven für Leistungen bei Direktliquidierung, Selbsthilfe, Managed Care oder Krankheitsmanagement darstellen. Grundlegendes Informationsmaterial steht gar nicht erst zur Verfügung oder wird von denen, die darüber verfügen, unter Verschluß gehalten. Erst dann, wenn diese Daten für

Konsumenten und vielleicht auch für Sammeleinkäufer – bis hin zu staatlichen Stellen und gutwilligen Arbeitgebern – zugänglich sind, die sie einsetzen könnten, um Handelsvolumina auf die Ökosysteme mit der größten Effektivität umzulenken, kann eine Reform in Gang gebracht und gesteuert werden.

Da also einschlägige Informationen nirgendwo in zusammenhängender Form vorliegen, herrscht bei den Konsumenten einige Verwirrung. Außerdem gibt es für den Gesundheitsdienst keinerlei Aufklärungsliteratur à la *Consumer Reports* oder *J. D. Power.*

Aus diesem Grund haben die Behörden, denen in den USA die Zulassung der Krankenhäuser obliegt, unlängst damit begonnen, Vergleichsdaten über Krankenhäuser, allerdings auf einer sehr schmalen Basis, zur Verfügung zu stellen. Die Pharmaunternehmen führen Untersuchungen über die Wirksamkeit von Arzneimitteln durch und sind dabei, Informationen über die krankheitsrelevanten Gesamtkosten und Folgen zu sammeln; diese Informationen sind jedoch Privatbesitz und dienen nur Vermarktungszwecken und der weiteren Arzneimittelforschung des Unternehmens. Weiter liegen Informationen über Vergleichskosten bei Ärzten, Therapien und sogar Patienten vor. Sie sind aber den Konsumenten nicht regelmäßig und jederzeit zugänglich; gelegentlich werden sie von skrupellosen Versicherungsgesellschaften und Krankenkassen gegen die Interessen des Konsumenten verwendet, um teurere Ärzte, Heilverfahren und sogar Patienten von den Kassenleistungen auszuschließen.

Die bestmögliche Investition zur Reform des Gesundheitswesens liegt vielleicht in einer vollständigen Erfassung von gesundheitsrelevanten Daten, die sowohl von Patienten wie von deren Agenten für ihre Entscheidungen genutzt werden können. Entscheidend für die Qualitätsverbesserung der medizinischen Versorgung sowie die Verbesserung der Kostenstruktur von medizinischen oder sonstigen Produkten oder Leistungen ist die Stärkung der Position des Konsumenten.

Achten Sie darauf, daß Sie die änderungsbedürftigen Aspekte des unternehmerischen Ökosystems beeinflussen können

Wie soll also nun das Management dem großen Wandel im vierten Stadium entgegentreten? Zunächst würde ich sagen: mit Respekt. Mit Respekt vor der Größe der Aufgabe, mit Respekt vor den damit verbundenen Investitionen, mit Respekt vor den Kunden und vielleicht vor allem mit Respekt vor den Menschen, die in diesen Systemen arbeiten. Es ist ein Leichtes, den Beitrag, den ein Großsystem mit einer veralteteten theoretischen Grundlage für die Gesellschaft und die Welt leistet, zu bagatellisieren. Dieses System aber wird womöglich getragen von Tausenden oder Millionen von Leuten mit Gedanken und Gefühlen, die nach wie vor echten Wert für die Gesellschaft schaffen.

Der vielleicht wichtigste Aspekt des vierten Stadiums ist der, daß wir sehen müssen, in welchem Maße die erforderlichen Fähigkeiten, zu denen natürlich in gewisser Weise die für das erste Stadium typischen unternehmerischen und intellektuellen Eigenschaften gehören, besondere Fertigkeiten ansprechen, ohne die ein grundsätzlicher Systemwandel nicht durchzuführen ist. Dazu zählt auch die detaillierte Finanzanalyse und technische Prüfung der amortisierten Investitionen und ihrer Umsetzung. Ein potentieller Managementführer für das vierte Stadium muß in der Lage sein, Großorganisationen zu führen, die einen wirklichen Wandel wollen und auch daran interessiert sind, Kunden und sonstige Einzelbeteiligte von der Notwendigkeit des Wechsels zu einem neuen Paradigma zu überzeugen. Das Arsenal der dafür erforderlichen Fertigkeiten ist dabei grundsätzlich verschieden von den Marktförderungs- und Weiterbildungsaufgaben in einem Ökosystem des ersten Stadiums, die ja, wie es der Zufall will, fast auch immer in einem System des vierten Stadiums auftreten.

Eine Härteprüfung für die geforderten Fähigkeiten ist schon

durch die bloße Zahl und Größe der Anforderungen gegeben, die sich mit der Umwandlung des alten Systems stellen. Der Wert eines Lee Iacocca etwa besteht in jener speziellen Fähigkeit, den Glauben an diesen Auftrag zu stärken und ihm eine feste Form zu geben. Auf diese Weise bringt man alle Stakeholder und Beteiligten in sämtlichen sieben Dimensionen dazu, sich mit besonderem Eifer und Engagement jener schweren Aufgabe anzunehmen. In dem Maße, wie wir ein immer rascheres Tempo des industriellen Wandels erleben, wird deutlich, daß die Gesellschaft mehr solcher zukunftsorientierter Führer braucht.

Zum zweiten müssen die zukünftigen Systemführer des vierten Stadiums eine organisatorische Plattform finden, die es ihnen ermöglicht, sämtliche Dimensionen eines Ökosystems, aber auch des weiterreichenden Chancenumfelds, in Angriff zu nehmen. Ich möchte an dieser Stelle noch einmal auf die sieben Dimensionen eines unternehmerischen Ökosystems zurückkommen. Um einen wirklichen Wandel zu erreichen, werden Sie aller Wahrscheinlichkeit nach die Einstellungen und das Verhalten der Konsumenten verändern sowie Märkte, Angebote, Prozesse und Organisationen umstrukturieren müssen. Sie werden sich mit den Stakeholdern auseinandersetzen und das Verhältnis zwischen Ökosystem und den Werten der Gesellschaft berücksichtigen müssen.

Im Falle der Reform des Gesundheitswesens ist die institutionelle Voraussetzung, von der aus sämtliche Aspekte der Situation erfaßt werden könnten, nur schwer auszumachen; und dies ist ein entscheidender Grund dafür, warum diese Erneuerung eine so ungeheuer schwere Aufgabe ist. Die Träger der organisierten Krankenversorgung können auf das Verhalten des einzelnen nicht einwirken. Pharmaunternehmen können nicht die ganze Person behandeln. Staatliche Stellen sind in ihren Zuständigkeiten aufgesplittert und verfügen nicht über die notwendigen Informationen, sie können daher nur ganz pauschal eingreifen. Der einzige, der nach seinem Status mit sämtlichen Aspekten der Situation zu tun hat, ist der Konsument und Patient. Der Konsument kann das eigene Verhalten bestimmen und viele unterschiedliche Behandlungsformen für sich auswählen. Vielfach gehen die Konsumenten heutzutage ihre Krankheiten selbst mit nichtverschreibungspflichtigen Medikamenten an oder suchen nach Alternativtherapien wie der Homöopathie. Ich bin daher der Überzeugung, daß die entscheidenden Innovationen langfristig nicht von den Trägern der organisierten Krankenversorgung oder von allgemeinen gesundheitspolitischen Maßnahmen des Gesetzgebers ausgehen werden, sondern vom Paradigma der Selbsthilfe. Vorstellen kann ich mir aufgeklärte Individuen, die von einer hoch entwickelten, konsumentenorientierten Medizintechnik unterstützt werden. Immer wenn Konsumenten fachmännische Hilfe benötigen, werden ihnen einschlägige Informationen und Tips jederzeit zur Verfügung stehen. Die Rolle der Ärzte wie der Managed Care wird, wenn auch nicht gänzlich schwinden, so doch einen eklatanten Bedeutungsverlust und einen drastischen Rückgang des auf sie entfallenden Kostenaufwands verzeichnen.

Eine gute Nachricht sehe ich darin, daß ein zunehmendes Interesse für Fragen einer in diesem vierten Stadium gebotenen Umstrukturierung vorhanden ist. Letztlich ist die Reform des Gesundheitswesens innerhalb weniger Jahre ein vieldiskutierter Gegenstand der öffentlichen Auseinandersetzung geworden. Zwar bleibt noch vieles zu tun, aber zumindest haben sich eine Menge kluger Leute der Sache angenommen. Ganz ähnlich hat die Umweltbewegung dafür gesorgt, daß unsere Aufmerksamkeit jetzt mehr auf die potentiell schädlichen Nebenwirkungen vieler unternehmerischer Ökosysteme gelenkt wird, die bereits bedenklich um Luft ringen. Bedauerlicherweise ist die Ausbeutung von Dingen des natürlichen und gesellschaftlichen Umfeldes ein nach wie vor in vielen Gegenden der Welt, vor allem in Teilen Asiens, nachhaltig verbreiteter Lebensstil. Gleichwohl macht es Mut, wenn man sieht, welche Fortschritte von einigen Unternehmen und Regierungen bei der Umwandlung dieser Umweltkosten in Kerngeschäftsfelder gemacht wurden und welcher Innovationsschub ausgelöst wurde, um die Kosten einzudämmen und das zu erreichen, was wir alle möchten, nämlich einen Zuwachs an wirklichem Reichtum für die Gesellschaft.

11. Das Paradox des machtlosen Aktivismus

Strategie ist die Kunst, Werte und Ressourcen zusammenzubringen, um die Zukunft zu beeinflussen und zu gestalten. Wesentliche Botschaft des vorliegenden Buches ist es, daß wir uns tatsächlich zusammentun können, um auf unsere Zukunft Einfluß zu nehmen. Aber dies ist leichter gesagt als getan. So müssen wir uns mit dem Widerspruch zwischen unserer nahezu unbegrenzten Fähigkeit, alternative Zukunftsvorstellungen zu entwickeln, und unserer begrenzten Fähigkeit herumschlagen, auf sie einzuwirken. In dieser umfassenderen Perspektive ist Systemführerschaft eine Herausforderung.

Einmal im Jahr hat Bo Ekman, der derzeitige Vorsitzende des SIFO, des führenden europäischen Unternehmensberaters, während der vergangenen zwanzig Jahre ein Seminar veranstaltet, das so etwas wie ein Dauergespräch über Organisationslernen und die Transformation von Großsystemen ist. Die alljährlichen Treffen finden in einem kleinen Ferienhotel in Tällberg statt, das im Seengebiet Nordmittelschwedens liegt, ein abgelegener Platz, wo Rentierfleisch und Kartoffeln als Gericht auf der Speisekarte erscheinen. Die Luft ist klar und erfrischend – das Dorf Tällberg hat nur wenige Hundert Einwohner –, und die Abgeschiedenheit begünstigt den Gedankenaustausch und das Gespräch. Wenn die Treffen im Mittsommer stattfinden, steht die Sonne ständig am Himmel, im Herbst geht sie am frühen Nachmittag unter. Rasch merkt man, daß der Polarkreis nahe ist.

Die Veranstaltung ist so angelegt, daß an diesem Ort ein paar Dutzend Führungskräfte aus Wirtschaft, Verwaltung und Gewerkschaft zusammenkommen, die verschiedene Länder, Gewerkschaftsverbände oder multinationale Unternehmen mit Firmensitz in Nordeuropa vertreten, dazu einige aus Japan und den Vereinigten Staaten. Stets ist eine Handvoll Berater anwesend und ein paar Experten, um die Diskussion anzuregen. Ich nehme an, daß ich als eine Art Unruhestifter eingeladen werde.

Erklärtes Ziel dieser Veranstaltungsreihe ist die Erörterung von themenübergreifenden Problemen: Beschäftigung, Technologie und ihre Rückwirkung auf die Gesellschaft, Umweltschutz und Bildung. In jedem Jahr steht ein anderes ungeklärtes Thema im Mittelpunkt, das zugleich unbestimmt und anspruchsvoll genug ist, um die Leute auf Einfälle zu bringen. Längerfristig besteht das Ziel, die Perspektive des anderen verstehen zu lernen und einen genaueren Begriff davon zu bekommen, wie der Wandel durchgeführt werden kann.

Die Diskussionen sind in der Regel ziemlich freimütig. Häufig bekommen die Gespräche am letzten Tag der Konferenz eine persönliche und emotionale Färbung. Bei der Gesprächsrunde von 1995 wurde die Atmosphäre etwas angespannt, als über die weltweiten ökonomischen und sozialen Entwicklungen diskutiert wurde. Einer der Teilnehmer hatte die Ansicht vertreten, daß der Cyber-Kapitalismus so, wie er derzeit stattfindet, womöglich mehreren Milliarden Menschen in Asien und Indien ein angenehmes Leben im Sinne ihrer materiellen und medizinischen Versorgung verschaffen könne, daß aber die Zukunft von Afrika und eines großen Teils von Lateinamerika, insgesamt vielleicht zwei Milliarden Menschen, abgeschrieben werden müsse. Alles in allem, so sagte er, sei dieser Kompromiß nicht so schlecht, jedenfalls besser als alles, was irgendein anderes ökonomisches oder politisches System erreicht habe.

Daraufhin hob der Führer eines großen internationalen Gewerkschaftsverbandes langsam seine Hand, erhielt das Wort und wandte sich an seinen Vorredner. »Wissen Sie, unsere Grundauffassung geht dahin, daß wir jenen zwei Milliarden Menschen ein Gesicht geben«, sagte er. »Das ist unser Job. Und wenn Sie den Menschen ein Gesicht geben, wenn Sie ihnen also nähergekommen sind, dann können Sie sie nicht einfach abschreiben.«

Während unserer Gespräche auf der Abschlußsitzung wurde mir klar, was an dieser ganzheitlichen Vorstellung von der Gestaltung der

Zukunft so schwierig war. Sie werden gleichzeitig dazu angehalten, sich ein höheres Ziel zu setzen, als Sie es je taten, und daran gemahnt, in aller Demut die Grenzen Ihrer Fähigkeit zu sehen, derart ausgedehnte Systeme auf konventionelle Weise zu managen. Jeder, der an den Tällberg-Gesprächen teilnahm, war in gewissem Umfang von der vor ihm liegenden Aufgabe überwältigt. Wir alle fühlten, wie aufregend es war, in einer Zeit großer umweltpolitischer und sozialer Herausforderungen zu leben und gleichzeitig in die Lage versetzt zu sein – mit der unermeßlichen Hilfe der neuen Kommunikationstechniken –, uns in andere Menschen und Lebewesen überall auf der Welt hineinzudenken und mit ihnen zu fühlen.

Die alte Redensart, die da besagt, man solle nie eine Arbeit übernehmen, wenn von einer übergeordneten Stelle nicht die entsprechende Verantwortung getragen werde, gilt in der neuen Welt einfach nicht mehr. Jede ernstgemeinte Führungsposition – ob man sich nun für die Aufwertung eines Wohnviertels einsetzt, für ein besseres Gesundheitssystem kämpft oder die Politik der Vereinten Nationen, der Europäischen Gemeinschaft, der amerikanischen Regierung oder des japanischen Unterhauses zu verändern sucht – verlangt, daß man zunächst Verantwortung übernimmt und dann eine Kampagne in Gang setzt, über die man Einfluß nehmen kann. Keine dieser gewaltigen Unternehmungen wird im erforderlichen Umfang von einer Autorität abgesichert. Denn eine solche Autorität gibt es in einer Welt zahlloser, voneinander unabhängiger und in Netzwerken und Gemeinschaften gleichzeitig agierender Player nicht.

Aber das Problem reicht noch weiter. Mit der in Management-Überlegungen lange Zeit vorherrschenden und in vielen Lebensbereichen auch so erfolgreichen Engineering-Perspektive geht es allmählich zu Ende. In High-Tech-Kreisen ist eine Redensart verbreitet, die Alan Kay geprägt hat, als er ein leitender Wissenschaftler in den Forschungslabors von Xerox in Palo Alto war: »Der beste Weg, die Zukunft vorherzusagen, ist der, sie zu erfinden.« Wie viele andere hat auch mich diese simple Feststellung überzeugt. In gewisser Weise bringt diese These den Geist zum Ausdruck, der den technologischen Revolutionen zugrunde liegt, die sich derzeit insbesondere auf dem Kommunikationssektor und in der Biotechnologie vollziehen.

Als ich allerdings in Tällberg zwischen den anderen Seminarteilnehmern saß, da kam mir der Gedanke, daß dieser Slogan bereits veraltet sei. Er verlangt Unmögliches. Er setzt ein Ziel der Vorhersage voraus. Er möchte uns glauben machen, daß wir die Zukunft verläßlich erfinden können. Gleichwohl wissen wir aus den Untersuchungen über komplexe Systeme, daß eine Vorhersage in irgendeinem herkömmlichen Sinne ganz einfach unmöglich ist. Weder in der biologischen Ökologie noch in wirtschaftlicher und gesellschaftlicher Ökologie.

Gewiß können wir die Zukunft beeinflussen, aber im Grunde ist sie nicht zu bändigen und stets offen, sie wird geformt vom Zufall, von vorübergehenden Moden und zufällig zusammentreffenden Ereignissen, freilich auch durch das, was wir aus ihr zu machen hoffen. In dieser Hinsicht gleicht die Zukunft unseren Kindern. So ist vielleicht am Ende das einzig Vorhersagbare an der Zukunft, daß sie nicht so sein wird, wie wir es erwarten. Das gilt sogar dann, wenn wir uns bemühen, ein besonderes Ergebnis zustandezubringen.

In den letzten Jahren haben viele Unternehmensführer, die ich für sehr effizient halte, ihre Einstellung gegenüber dem Problem der Systemführerschaft klammheimlich geändert. Begriffe wie Vorhersagen und Erfinden geben sie auf und wenden sich, wie wir in dem bisher Dargestellten zeigen konnten, dem Erkennen von Strukturen, der Antizipation und Aktionsformen mit geteilter Verantwortung und Einflußnahme zu; zugleich gehen sie stärker auf ihr Umfeld und die Koevolutionsfähigkeiten anderer Mitglieder ihres jeweiligen Ökosystems ein.

Wie bringen wir unser Interesse an der Gestaltung der Zukunft – ein absoluter und grundsätzlicher strategischer Imperativ – mit der vernünftigen Achtung vor den Grenzen unserer Fähigkeit in Einklang, dieses auch zu tun? Hierzu sind neue Ansätze nötig und ein Modell dessen, was wir vielleicht unsere »persönliche Ökologie« von Systemführerschaft nennen könnten.

Erarbeitung eines persönlichen Ökosystems

Offenkundig ist, daß die Welt der Managementaufgaben Jahr für Jahr komplexer wird. Wir werden überschüttet mit neuen unternehmerischen Modellen, konfrontiert mit rasch sich ändernden Unternehmensgrenzen, mit technologischen Sprüngen und dem Wettbewerb zwischen Ökosystemen. All dies beansprucht nicht nur unsere Unternehmen und rüttelt sie durcheinander, es fordert auch jeden einzelnen von uns heraus. Einige der besten Manager, die ich kenne – alle arbeiten in unterschiedlichen Wirtschaftsbereichen –, haben vor kurzem eine sehr ernste Frage aufgeworfen: Angenommen, die Entwicklung des Umfeldes wird mit der gleichen Geschwindigkeit weitergehen – wie kann ich meine Fähigkeiten so steigern, um damit Schritt zu halten? Was muß ich tun, um im Zentrum des Spiels zu bleiben und um mein Urteilsvermögen und meine Handlungsfähigkeit beständig zu verbessern?

Um auf diese Frage näher einzugehen, möchte ich auf Jim Henson zurückkommen, den Schöpfer der Muppet-Figuren, der einen starken Einfluß auf einige größere Ökosysteme ausgeübt hat. Jim machte mich darauf aufmerksam, wie wichtig es ist, ein persönliches Ökosystem zu schaffen, eine Möglichkeit zu finden, aus der eigenen Kreativität und Phantasie den Funken zu schlagen, durch den man andere um sich schart, die diese Vorstellungen teilen. Jim schuf gewissermaßen eine Art »perönliches Ökosystem von Jim Henson«, eine informelle Gruppe von Mitarbeitern, die halfen, sein Lernen zu erweitern und seinen Einfluß auszudehnen.

Die Leute, die zum Ökosystem Jim Henson gehörten, verteilten sich im großen und ganzen auf drei Funktionen. Da gab es die, die zusammen das bildeten, was ich Jims Küchenkabinett nennen möchte: treue Freunde und Verbündete, mit denen er jede heikle Frage und jedes Problem debattieren, Ideen durchspielen und Vorstellungen entwickeln konnte, wie voranzukommen war. Wohl stießen immer auch neue Mitglieder hinzu oder verließen die Gruppe wieder, aber im Laufe der Jahre bildete sich eine einigermaßen feste Kerngruppe heraus. Im Mittelpunkt dieser Gruppe stand David Lazer, der seine Karriere bei IBM begonnen hatte, sich aber schon recht früh Jim Henson anschloß. David fungierte als eine Art emotionales Zentrum für Jim und das Unternehmen, weil er das Auf und Ab von Erfolg und Mißerfolg auszugleichen verstand, weil er im freundlichsten Ton der Welt Alternativen aufzeigte und Optionen sichtbar machte und weil er gelegentlich in Konflikten als Vermittler auftrat. Im Laufe der Jahre zählten auch Jims Frau Jane, Frank Oz (der neben seinem Spiel als Miss Piggy, dem Gegenpol von Kermit dem Frosch, seinen eigenen Weg verfolgte und ein erfolgreicher Regisseur wurde) und Bernie Brillstein, Jims Manager für Hollywood, zum Kern der Gruppe.

Bezeichnenderweise war Robert Beitcher, der geschäftsführende Direktor, das einzige mit praktischen Arbeiten betraute Gruppenmitglied. Hauptaufgabe des Küchenkabinetts war nämlich nicht, in Aktion zu treten, sondern Perspektiven aufzuzeigen und Ideen zu entwickeln. Es war ein Netzwerk zur Formulierung von Hypothesen, zur Erarbeitung der richtigen Fragestellung – und nicht zwangsläufig zu deren Beantwortung.

Als Ergänzung für das Küchenkabinett gab es eine Gruppe von Leuten, die man sich am besten als die Analytiker vorstellt. Es waren findige Köpfe, die zuständig waren für die Produktionsplanung innerhalb und außerhalb des Hauses, für Finanz- und für Rechtsfragen. An diese Leute hielt sich Jim, wenn es um die Überprüfung der Hypothesen ging, um exakte und detaillierte Antworten. Originelle Ideen, im Küchenkabinett ausgebrütet, mußten sich ja erst noch im hellen Licht des Tages bewähren. Ein unbestechliches Urteil, Objektivität und gleichzeitiges Augenmerk auf das Gesamtbild – sowie auf alle Einzelheiten –, das waren die Fähigkeiten, die von diesen Praktikern erwartet wurden.

Schließlich gab es noch die Agenten. Ich meine nicht nur die Agenten für die zu besetzenden Rollen oder die PR-Agenten, obgleich Jim auch die hatte und ich diese Funktionen ebenfalls darunter begreife. Ich meine aber vor allem Jims außerordentlich zuverlässige Manager und Koryphäen für bestimmte Aufgabe: Schauspieler, Regisseure, Leute für die künstlerische Gestaltung, Musiker, Komponisten und auch Leute für das Geschäftliche. Sie alle sorgten dafür, daß aus Plänen Wirklichkeit wurde, sie setzten die Vorstellungen der Gruppe auf Tonband und Zelluloid um und erfreuten letzten Endes die Zuschauer überall auf der Welt.

Diese drei Funktionsgruppen bildeten zusammen ein lernendes System, das Jim bei seiner Suche unterstützte. In diesem Lernsystem geht das Durchprobieren von Ideen einher mit strenger Analyse, und beide Aspekte verbinden sich mit einer aggressiven Vorwärtsstrategie. Im Zentrum des Systems war eine vierte Funktion verankert, die keineswegs delegiert werden konnte, die Verantwortung nämlich für die notwendigen Entscheidungen. Letztlich war es allein Jim, der die entscheidenden Gespräche führte, der Leute einstellte, der Prioritäten setzte und die Spreu vom Weizen trennte.

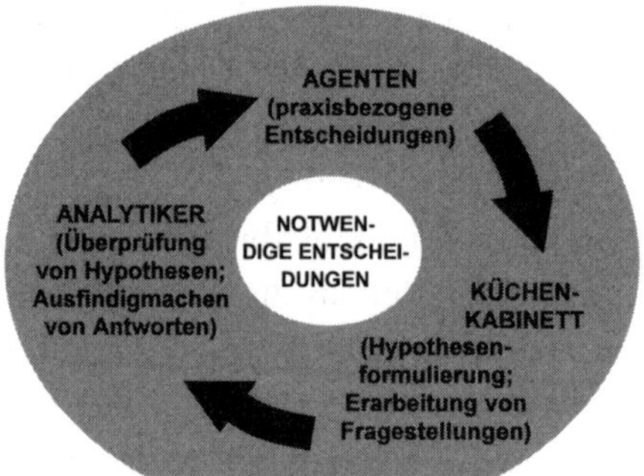

Abbildung 11.1

Im Laufe der Zeit erkannte ich den Nutzen dieses Modells für die Stärkung meiner eigenen Führungsposition, aber auch der von anderen. Zu Diagnosezwecken können Sie ja einmal überlegen, wen Sie alles auf der Liste Ihres »persönlichen Ökosystems« führen. Dabei mögen Sie auf Bereiche stoßen, die nur durch wenig Leute vertreten sind. Uns allen sind Führungskräfte bekannt, die nichts für perspektivisches Denken übrig haben, aber eine Menge Analytisches leisten, die also den Wald vor lauter Bäumen nicht sehen. Andererseits gibt es Menschen, deren Handlungsfähigkeit schwach entwickelt ist. Andere wieder haben Schwierigkeiten, im Detail zu analysieren oder notwendige Entscheidungen zu treffen. Insbesondere wenn wir in hierarchisch strukturierten Organisationen aufsteigen – aber auch in flachen oder vernetzten Organisationen neuer Prägung –, verlieren wir den Kontakt zu vielen Menschen, die durchaus zu unserem Küchenkabinett hätten gehören können. Im Zentrum kann es sehr einsam werden, wenn wir nicht fortfahren, die Beziehungen zu unseren Freunden zu pflegen, die uns kennen, sich um uns kümmern und die sich nicht scheuen, uns deutlich zu machen, daß wir auf dem Holzweg sind.

Die gute Nachricht ist die, daß wir unser persönliches Ökosystem stärken können. Jeder von uns ist nämlich ein Gärtner seines eigenen Unternehmens. In vielen Fällen können wir unsere Effektivität dadurch erhöhen, daß wir unser persönliches Ökosystem sogar um einige neue Mitglieder erweitern. Wir können an der Zusammensetzung und der Ausgewogenheit des Systems herumexperimentieren, und ebenso an der Art und Weise, wie wir unsere Mitarbeiter am besten einsetzen, jeden einzelnen für sich und in Kooperation mit anderen. Eine angenehme Begleiterscheinung dieses Modells besteht darin, daß es nicht zwangsläufig eine Änderung unseres persönlichen Arbeitsstils erforderlich macht, um effizienter zu sein. Vielmehr ist es auf die erweiterte Organisation gerichtet, die wir um uns herum schaffen. Wir bleiben der Dreh- und Angelpunkt, aber wir erweitern unseren Einflußbereich.

Nicht der besondere Zweck ist das, was an Jim Hensons Handlungsweise bemerkenswert ist, sondern der Umstand, daß er und andere Führungspersönlichkeiten ihre Zeit darauf verwenden auszuprobieren, wie der eigene Einfluß und der ihrer Kollegen erweitert werden kann. Nach meiner Überzeugung sind sie in gewisser Weise dazu gezwungen, da die Managementaufgaben inzwischen weitaus komplizierter sind, als daß die Fähigkeiten des einzelnen ausreichten, sie angemessen wahrzunehmen. Manager haben schon genug Probleme, Fakten in ausreichender Zahl aufzunehmen und zu analysieren und rechtzeitig und energisch zu handeln. Andererseits ist es phantasielos und unflexibel und auch zu unpersönlich, wenn man die bekannten hierarchischen Strukturen einfach durch mehr Mitarbeiter aufstockt.

Wir brauchen neue Modelle, die unseren Aktions- und Lernradius erweitern. David Packard sagt, er lebe nach der Maxime: »Es gehen mehr Unternehmen an Verdauungsstörungen zugrunde, als Hungers sterben.« Ich denke, das gleiche gilt für die Mehrzahl der Unternehmen – und für die meisten Führungskräfte. In komplexen Systemen, wie Jim Hensons Welt des Entertainments, können Investitionen in unser eigenes persönliches Ökosystem – in unser eigenes informelles Unternehmen – Effektivität und Lebensdauer unseres Systems einen entscheidenden Schritt voranbringen.

Unternehmerische Ökosysteme im größeren Zusammenhang

Sobald Sie in Ihr eigenes persönliches Ökosystem investieren und die Probleme stärker ganzheitlich, also nach Art der Tällberg-Doktrin, angehen, wird sich ein Wechsel Ihrer Perspektive vollziehen. Sie werden feststellen, daß Sie Grenzen überspringen, die grundsätzlicher sind als die zwischen Industriebranchen oder Unternehmenskonzepten.

Die erste Grenze, die Sie überqueren, ist die zwischen dem Wirtschaftsleben und dem, was man sich als Gesellschaft denken könnte. Die Wirtschaft hängt vollständig von der Gesellschaft ab, obwohl wir das manchmal nicht so wahrnehmen. Die beiden Hauptfaktoren, die sich Ihrer Kontrolle als Unternehmer entziehen, von denen Sie aber in entscheidender Weise abhängig sind, sind die Kunden sowie die Werte und das Politikumfeld Ihrer Gesellschaft. Es ist daher kein Zufall, daß diese zwei Dimensionen am Anfang und am Ende der sieben immer wieder genannten Dimensionen stehen. Viele unserer Geschichten – vom Gesundheitsdienst über Wal-Mart bis Intel – stehen für Veränderungen in der Gesellschaft und zeugen von dem Versuch der Unternehmen, auf den Kunden und die gesellschaftliche Wirklichkeit Einfluß zu nehmen. Wal-Mart etwa erweist sich mittlerweile als ein wahrer Segen für die Kleinstädte, wird aber vielfach als ein Außenseiter gesehen.

Als weitere Grenze überqueren Sie die zwischen der ökologischen Metapher und der Umwelt als solcher. Alles unternehmerische Handeln, noch in seiner reduziertesten Form, wirft Umweltprobleme auf, manches mehr, manches weniger. Shell hat seine Bohrinseln in der Nordsee, Intel seine chemischen Nebenprodukte bei der Chip-Herstellung, und GM und Ford haben das Problem der sich erschöpfenden fossilen Brennstoffe.

Sie können also feststellen, wie Sie von der Ökologie als Metapher zur Ökologie als Wirklichkeit übergehen. Ökonomische Syteme sind Subsysteme des Biologischen: Würden Sie alle ökonomischen Systeme beseitigen, es bliebe Ihnen immer noch das Biologische, was im übrigen über Hunderte von Millionen Jahren vor der modernen Geschichte als solches bestand. Wenn Sie allerdings die Biosphäre abschaffen, dann lassen sich wirtschaftliche Aktivitäten nicht für lange Zeit aufrechterhalten, nicht einmal in einer Raumkapsel, die man von einer toten Erde aus gestartet hätte.

Meine feste Überzeugung ist, daß sich die Unternehmensführer im Laufe der nächsten zehn Jahre aktiv und ganz selbstverständlich mit gesellschaftlichen Problemen und Umweltfragen befassen werden. Die Welt wird kleiner. Immer raschere Innovationen, globale Entwicklungen und die Zerstörung von Umwelt und Gesellschaft zwingen uns, die Probleme im Zusammenhang zu sehen. Wirtschaft ist ja nur eine Untergruppe, eine besondere Tätigkeit des Menschen in seinem gesellschaftlichen und natürlichen Umfeld. Die sogenannten Äußerlichkeiten, von denen wir eingangs gesprochen haben, sind natürlich selbst ein Teil des Weltsystems als Ganzen, und die Wirtschaftsführer müssen sich ihrer in Zukunft mehr und mehr annehmen. Um es ganz deutlich zu sagen: Wir müssen als Weltgemeinschaft, die wir sind, zusammenarbeiten und dabei begreifen, daß wir uns gemeinsam in einem alle umgreifenden Zusammenhang bewegen.

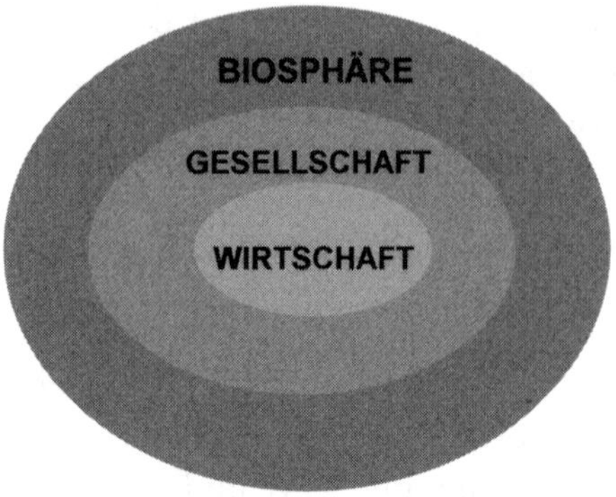

Abbildung 11.2

Aufs Ganze betrachtet, müssen wir erkennen, daß es verschieden Typen von Ökosystemen mit jeweils eigenen Zwecken und Wertvorstellungen gibt. In der Wirtschaft geht es dabei um die Schaffung von unternehmerischen Ökosystemen, in deren Mittelpunkt eine innovative Idee steht. Die spannende Interaktion zwischen dem technologischen Potential, den gesellschaftlichen Wertvorstellungen und den Präferenzen der einzelnen Kunden entwickelt sich schließlich zu dem, was ich unternehmerisches Ökosystem nenne, und schafft für alle Beteiligten am Ende eine neue Zukunft. Unternehmerische Ökosysteme sind Ausdruck von Wertvorstellungen – Wertvorstellungen, wie sie von Kunden, Lieferanten, von der Gesellschaft und deren Funktionsträgern vertreten werden –, die an Wirtschaftstätigkeiten anknüpfen und dem Gesetz von Investition und Rendite folgen.

Einige gesellschaftliche Ökosysteme sind nicht in erster Linie wirtschaftlich orientiert, und auch die Wertvorstellungen, die in ihnen zum Tragen kommen, haben nicht durch und durch mit ökonomischen Zielsetzungen zu tun. Solche Ökosysteme folgen vielmehr den Regeln der gesellschaftlichen Bewegungen, der Gemeinschaften und der menschlichen Entwicklung. Kirchen, Nonprofit-Gesellschaften und Nachbarschaftsinitiativen, sie alle haben ihre eigenen Wertvorstellungen, die in der Zielsetzung ihrer jeweiligen Projekte und im Verhältnis der Beteiligten zueinander zum Ausdruck kommen. Ihre Kennzeichnung als »soziale Ökosysteme«

verhilft vielleicht dazu, sie als Zusammenschluß von gesellschaftlichen Akteuren zu sehen, die zwar wie im Ökonomischen zusammenarbeiten und sich fortentwickeln, deren Handeln aber eine Wertsetzung zugrunde liegt, bei der es um die Maximierung anderer Qualitäten – Versorgung, Nachbarschaftshilfe, Bildung und Entwicklung – als um noch mehr Profit und weitere wirtschaftliche Innovationen geht. Keines dieser Ökosysteme sollte man für moralischer oder für in sich tugendhafter erklären als die anderen, sondern in ihnen vielmehr lediglich verschiedene Systeme sehen, die sich gemeinsam in einem größeren Umfeld tummeln.

In gleicher Weise hängen wir letztlich alle von dem umfassenden biologischen Umfeld ab. Dessen Werte sind Vielfalt, Komplexität, Reichtum und Wettbewerb in einem umfassenderen koevolutionären Geflecht.

Überall können wir diese drei Typen von Ökosystem am Werk sehen; sie sind miteinander verflochten, sie überlappen sich und verstärken sich gegenseitig in ihren Beziehungen und Aktivitäten, mit Schwerpunkten in Biologie, Gesellschaft und Ökonomie. Zwar bewegen sie sich in unterschiedlichen Sphären der Wirklichkeit, aber sie beeinflussen einander enorm.

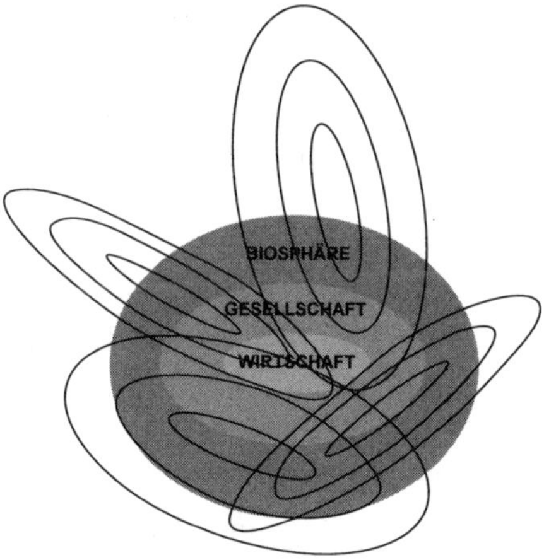

Abbildung 11.3

Eines der Hauptprobleme besteht darin, welche Beziehung sich zwischen unseren unternehmerischen Ökosystemen und den gesellschaftlichen und biologischen Ökosystemen herstellen wird. Diese Beziehungen werden insbesondere dann auf eine Probe gestellt, wenn diese Ökosysteme aufeinanderprallen, das heißt, wenn eines bei den anderen schwere Verwüstungen anrichtet. Kollisionen dieser Art sind absehbar, wie wir etwa bei der Darstellung des Gesundheitssystems im Verhältnis zur Gesellschaft deutlich machen konnten. Ebenso treten sie auf, wenn Firmen wie Wal-Mart eine besondere Effizienz bei der Organisierung von Ökosystemen an den Tag legen und diese dann auf soziale Gemeinschaften Einfluß nehmen. Wie lösen wir sich ausweitende Wertkonflikte? Wer wird sich für nichtökonomische Werte einsetzen? Dies alles sind schwierige Fragen.

Im Herbst des Jahres 1995 erhielt ich eine Einladung zu einem Vortrag vor ungefähr 20 Ärzten nebst ihren Ehefrauen; sie hatten sich über 10 Jahre hin jeden Monat versammelt, um sich die Gedanken der verschiedensten Experten anzuhören, und baten nun mich in einem Salon vor ihr Forum. Ich war neugierig geworden, denn ich fragte mich, was das wohl für eine Geschichte sei. Die Versammlung fand in der Wohnung eines der Beteiligten statt, das wurde jeweils im Turnus so festgelegt. Es gab Hühnerfrikassee zu essen und danach einen etwa anderthalbstündigen Vortrag mit Diskussion. Das Zusammensein schloß mit dem Nachtisch. Für mich war das ein schönes Erlebnis, und ich fand, daß es sehr nützlich war, die Ansichten anderer Leute zu den in diesem Buch vorgestellten Überlegungen anzuhören.

Mein Gastgeber überraschte mich mit dem Vorschlag, mich anderen Themen als der Krankheitsversorgung zuzwenden, denn die Gruppe sei mit diesem Thema außerordentlich gut vertraut und suche nach neuen Ideen außerhalb des Umkreises ihres Alltagslebens. Also befaßte ich mich mit anderen Wirtschaftsbereichen: mit Computern und Kommunikation, Erdöl und Einzelhandel.

Vor allem machte sie der Terminus »unternehmerische Ökosysteme« neugierig. In ihren Bemerkungen zu meiner Darstellung von der Welt brachten einige Teilnehmer die begründete Sorge über den relativ großen Einfluß der Wirtschaft auf die Gestaltung der Zukunft zum Ausdruck, zumal in einer Zeit, in der eine Reform des Staates noch ausstehe, die Umweltbewegung in den USA keinen Boden gewinne und die Bürger vor den hartnäckigsten sozialen Problemen zurückschreckten. Auch sie stellten sich die Frage, wer für die umfassenderen Werte einstehen werde. Falls da niemand sei, werden wir dann eine Kultur mit einem engeren Wertekanon und mit homogeneren Merkmalen und Erfahrungen entwickeln? Können wir von den unternehmerischen Ökosystemen die Befriedigung all unserer Wünsche und Bedürfnisse erwarten?

Vielleicht ist es ungerecht, von den Wirtschaftsführern zu verlangen, sie sollten uns jene Werte zur Verfügung stellen. Wie können wir von der Wirtschaft erwarten, daß sie uns allen mehr gibt, als wir sonst vom Staat, von Nonprofit-Organisationen, Umweltschützern oder irgendeiner anderen bestehenden Gruppe verlangen können? Wir brauchen eine Vielzahl von Stimmen, Beiträge in großer Zahl und Verschiedenheit, und wir brauchen die Fähigkeit, auf jede dieser Stimmen zu hören, sie zu würdigen und zu respektieren. Wir brauchen mehr »Salons«, wenn Sie so wollen, mehr Diskussionsforen und Politikformen, mit deren Hilfe das dilemmatische Verhältnis der drei entscheidenden Wertkategorien – der unternehmerischen, gesellschaftlichen und biologischen Ökosysteme – gänzlich aufgeklärt und diskutiert werden kann sowie Kompromisse und Korrekturen möglich sind.

In einem seiner Tagebücher hat Henry David Thoreau folgende Bemerkung zu Papier gebracht: »Folge dem Gesetz, das enthüllt, und nicht dem enthüllten Gesetz.« Diesen Gedanken habe ich immer sehr schön gefunden, daß es nämlich sinnvoll ist, auch hinter die Ideen zu blicken und zu fragen, woher sie kommen. Was dieses Buch angeht, so stammen die Kernüberlegungen aus den Niederungen der Auseinandersetzung mit Strategie- und Führungsproblemen – den eigenen, denen meiner Kunden –, während ich zugleich angeregt wurde von Begriffen, die ich aus der Untersuchung komplexer biologischer Systeme und Beziehungen gewonnen habe.

Die Ökologie verhilft dazu, unser Denken aus den engen Grenzen zu befreien, in die es durch die Erfordernisse unseres alltäglichen Lebens gebannt ist; dadurch wird es umfassender, spannender und interessanter. Mehr als anderes ist die Ökologie geeignet, uns mit der vielfältigen, verschachtelten, in ständiger Veränderung befindlichen Realität in Beziehung zu bringen. Ein anderer Satz, den ich sehr schätze, stammt von Albrecht von Haller, einem Biologen aus dem 17. Jahrhundert. Er äußert sich darin zur Fülle der Natur und den Grenzen unseres Geistes:

> »Die Natur bindet ihre Arten in ein Netz, nicht an eine Kette: die Menschen aber können nicht anders als einer Kette folgen, da sie nicht gleichzeitig mehreres in der Rede darstellen können.«[1]

Dies scheint mir eine wesentliche Einsicht für unsere Zeit. Die Menschen haben sich von den anderen Arten immer dadurch unterschieden, daß sie ihre Umwelt verändern, um ihre Bedürfnisse zu stillen. Andererseits war die Fähigkeit unseres Geistes, das große Ganze zu sehen und sämtliche Folgen unseres Handelns zu erkennen, stets beschränkt. Heute ist unser Veränderungspotential gegenüber der Welt so weit angewachsen, daß wir Gefahr laufen, sie zu zerstören. Unsere Fähigkeiten übersteigen unser Vermögen, sie auch zu verstehen. Aber wir können hinter diese Fähigkeiten nicht mehr zurück. Wir müssen daher nach Wegen suchen, uns unserer Möglichkeiten in positiver Weise zu bemächtigen. Wir müssen Mittel finden, unser Denken zu erweitern. Einen besonders vielversprechenden Weg, unseren Geist über sich hinauswachsen zu lassen, sehe ich in der Erforschung der Ökologie; zugleich bietet sie die Gelegenheit, die Ketten womöglich hinter uns zu lassen.

Anmerkungen

1. Warum Unternehmen scheitern

1. Näheres zur ökologischen Krise auf Hawaii findet sich in Elizabeth Royte, »Hawaii's Vanishing Species«, in: *National Geographic,* September 1995.
2. Nähere Angaben zu den ökologischen Verhältnissen auf Hawaii finden sich in Bishop Museum, *Ecological Atlas of Hawaii,* Honolulu; und Steve Barth, *The Smithsonian Guides to Natural America. The Pacific: Hawaii and Alaska,* Washington/New York 1995.
3. Zwischen 1995 und 1996 führte ich in Kanada und am Schweizer Hauptsitz zahlreiche Gespräche mit Führungskräften von ABB Asea Brown Boveri.
4. Edward O. Wilson, *The Diversity of Life,* New York 1992, eine umfassende Erörterung der Anpassungs- und Evolutionsprozesse in ökologischen Systemen.
5. Zum Terminus »unternehmerisches Ökosystem« siehe meinen Artikel »Predators and Prey: A New Ecology of Competition«, in: *Harvard Business Review,* Mai-Juni 1993.
6. Siehe Gregory Batesons Hauptwerk zur Humanökologie: *Ökologie des Geistes,* Frankfurt a. M. 1981, sowie seine weiterführenden Analysen in *Geist und Natur,* Frankfurt a. M. 1987.
7. Eine frühe an Bateson orientierte Untersuchung zu Fragen der Unternehmensführung und Strategiebildung findet sich bei Karl E. Weick, *Der Prozeß des Organisierens,* Frankfurt a. M. 1985.
8. Alfred Chandler, *The Visible Hand: The Managerial Revolution in American Business,* Cambridge 1977.

2. Eine ökologische Metapher

1. Zur Ökologie von Costa Rica vgl. D. H. Janzen, *Costa Rican Natural History,* Chicago 1983, und J. C. Kricher, *A Neotropical Companion,* Princeton 1989.
2. Eine Definition der Ökologie findet sich bei M. Abercrombie u. a., *The New Penguin Dictionary of Biology,* London 1992.
3. Vgl. Edward O. Wilson, *The Diversity of Life,* New York 1992.
4. Interviews mit Führungskräften von Sun Microsystems und AT&T in den Jahren 1992–1995.
5. Eine ausgezeichnete Analyse der Tendenz zu Spezialisierung und Vernetzung, wie sie der globale Markt hervorbringt, findet sich in Michael J. Piore/Charles F. Sabel, *Das Ende der Massenproduktion,* Berlin 1985. Interessant ist in diesem Zusammenhang auch die Arbeit von Fumio Kodama, *Emerging Patterns of Innovation,* Cambridge 1995.
6. In den letzten Jahren zogen zahlreiche Gesellschaftsanalytiker Parallelen zwischen gesellschaftlichen Phänomenen und biologischen Evolutionsprozessen. Zu den interessanteren Arbeiten auf diesem Gebiet zählen: Richard Nelson/Sidney Winter, *An Evolutionary Theory of Economic Change,* Cambridge 1982; W. G. Astley/D.J. Fombrun, »Collective Strategy: Social Ecology of Organizational Environments«, in: *Academy of Management Review* 8:4 (1983); W. G. Astley, »The Two Ecologies: Microevolutionary and Macroevolutionary«, in *Adminstrative Science Quarterly* 30 (1985), S. 224–241; Glenn R. Carroll, *Ecological Models of Organization,* Cambridge 1988; Bruce Henderson, »The Origin of Strategy«, in: *Harvard Business Review,* Nov.-Dez. 1989; Michael Rothschild, *Bionomics,* New York 1990.

3. Wie führt man ein unternehmerisches Ökosystem?

1. Zur Ökologie der Blattschneider-Ameisen siehe B. Hölldobler/Edward O. Wilson, *The Ants,* Cambridge 1990; James

K. Wetterer, »Nourishment and evolution in fungus-growing ants and their fungi«, in: J. H. Hunt/C.A. Nalepa (Hg.), *Nourishment and Evolution in Insect Societies,* Boulder 1994, S. 309-328.

2. Eine eingehende Analyse dieser antagonistischen und mutualistischen Beziehungen findet sich bei H. F. Howe/L.C. Westerley, *Anpassung und Ausbeutung. Wechselbeziehungen zwischen Pflanzen und Tieren,* Heidelberg 1993.

4. Die Stadien eines unternehmerischen Ökosystems

1. Meine Herangehensweise an Systemdenken und Organisationsverhalten ist maßgeblich von Donald A. Schön beeinflußt, der unter anderem folgende Arbeiten veröffentlicht hat: *The Reflective Practioner: How Professionals Think in Action,* New York 1983; *Organizational Learning Part II,* New York 1996 (in Zusammenarbeit mit Chris Argyris).
2. Vgl. M. Abercrombie u. a., *New Penguin Dictionary of Biology,* London 1992.

5. Koevolution und Autos: Die Stadien in Aktion

1. Analyse von James Moore und GeoPartners Research, Inc., 1995.
2. Richard Neustadt und Ernest May, *Thinking in Time: The Uses of History for Decision Makers*, Cambridge 1986.
3. Zur historischen Analyse der Automobilindustrie siehe: James P. Womack, Daniel T. Jones und Daniel Roos, *The Machine That Changed the World: The Story of Lean Production*, New York 1991.
4. Führende Forschungsarbeiten zur Automobilindustrie stammen von Professor Charles H. Fine und anderen Mitarbeitern im International Motor Vehicle Program des Massachusetts Institute of Technology. Siehe: Fine, »Technology Supply Chains

and Business Cyclicality«, Sloan School of Management, MIT, Cambridge/MA, Oktober 1994.

5. Alfred D. Chandler, *Scale and Scope: The Dynamics of Industrial Capitalism*, Cambridge/MA 1990, S. 53–61.
6. Gespräche mit Mitarbeitern des International Motor Vehicle Program am MIT und des Office of the Study of Automotive Transportation an der Universität Michigan, 1994–95.
7. David Halberstam, *The Reckoning*, New York 1987.
8. Eine ausführliche Studie zu den japanischen Automobilgiganten Nissan und Toyota ist: Michael Cusumano, *The Japanese Automobile Industry: Technology & Management at Nissan & Toyota*, Cambridge/MA 1989.
9. Zu weiteren Einzelheiten über Toyota siehe: Maryann Keller, *Toyota: Collision*, New York 1993.
10. Zur quantitativen Analyse der Hersteller-Lieferanten-Beziehungen in der Automobilindustrie siehe: Sean P. McAlinden und Brett C. Smith, *The Changing Structure of the U. S. Automotive Parts Industry*, Office of the Study of Automotive Transportation, University of Michigan Transportation Research Institute, Februar 1993.
11. Zu weiteren Einzelheiten über Chrysler siehe: Gregory K. Scott, »IMVP New Product Development Series: The Chrysler Corporation«, International Motor Vehicle Program, MIT, Cambridge/MA, April 1994.
12. Alexander Trotman, Vorsitzender der Ford Motor Company, im März 1994 auf einer Pressekonferenz zu Fords »World Car« in Detroit. Zusätzliche Hintergrundinformationen über Trotmans Weltauto-Strategie stammen aus seiner schriftlichen Information für Analysten, Boston/MA, 8. September 1995.
13. Erkenntnisse aus erster Hand über Toyotas Forschungs- und Entwicklungsstrategie liefert: Yoshiro Kimbara, Generaldirektor von Toyota, »Remarks by Mr. Kimbara at the 1991 New York Information Meetings: R & D at Toyota«.
14. Amory B. Lovins und J. Hunter Lovins, »Reinventing the Wheels«, in: *The Atlantic Monthly*, (Januar 1995), S. 75.

6. Erstes Stadium: Das Chancen-Terrain

1. Die beste Chronik über die Frühzeit des PC-Geschäfts findet sich in: Paul Freiberger und Michael Swaine, *Fire in the Valley*, New York 1984.
2. Gifford Pinchot III, *Intrapreneuring*, New York 1985.
3. Gespräche mit Managern der Starlight Telecommunications, 1994–96.

7. Zweites Stadium: Die Ausbreitung der Revolution

1. Wilson, *Diversity of Life*.

8. Zweites Stadium, Fortsetzung: Die Verteidigung der Revolution

1. Eine genauere Erörterung von Sam Waltons Einzelhandelsstrategie findet sich bei: Sam Walton, in Zusammenarbeit mit John Huey, *Sam Walton: Made in America*, New York 1992.
2. Die Finanzdaten zu Wal-Mart stammen aus den Wal-Mart-Jahresberichten 1970–1994 und den Quartalsberichten 1995.
3. Walton, in Zusammenarbeit mit Huey, *Sam Walton*.
4. Zur Geschichte der Wal-Mart-Geschäfte in der Vor-IPO-Zeit (also vor Einrichtung des EDV-Systems) siehe: Sandra Stringer Vance, *Wal-Mart: A History of Sam Walton's Retail Phenomenon*, Old Tappan/NJ 1994).
5. Die Finanzdaten zu Kmart stammen aus den Kmart-Jahresberichten 1970–1994 und den Quartalsberichten 1995.
6. Siehe die aktuellen Studien zu Wal-Marts Käufer-Anbieter-Beziehungen und zur Einzelhandelsbranche unter Leitung von Kenneth E. Stone, Fachökonom für Geschäftserweiterung an der Iowa State University.
7. Die Zusatzinformationen über die Beziehungen der Firma zu

ihren Lieferanten und über ihr Lagerbestandsmanagement stammen aus Gesprächen mit Wal-Mart-Managern, 1993–95.

8. Wal-Mart-Jahresberichte 1980–1994, Quartalsberichte 1995.
9. Kmart-Jahresberichte 1970–1994, Quartalsberichte 1995.
10. Ebd.
11. Wal-Mart-Jahresberichte 1980–1994, Quartalsberichte 1995; zur Geschichte der Wal-Mart-Geschäfte in der Vor-IPO-Zeit siehe: Sandra Stringer Vance, *Wal-Mart: A History of Sam Walton's Retail Phenomenon.*
12. Randall Mott, Informationsmanager, Grundsatzreferat zu Wal-Mart, CPM/Gartner Group Commercial Parallel Processing Conference, Chicago, September 1994. Mott berichtete über die strategischen Investitionen der Firma in die Informationstechnologie. Er erläuterte, daß Wal-Mart mit seinem hochentwickelten System der Warenflußverfolgung und Distribution 2 bis 3 Prozent der in der Branche durchschnittlich aufgewendeten Vertriebskosten einspart.
13. Eine Fallstudie über Wal-Mart und seine Strategien zum Qualifikationswettbewerb ist: George Stalk, P. Evans und L. E. Shulman, »Competing on Capabilities: The New Rules on Corporate Strategy«, in: *Harvard Business Review* (Mai 1992). Zu weiteren Informationen über Wal-Mart siehe: Professor Pankaj Ghemawat, Fallstudie der Harvard Business School, »Wal-Mart Stores' Discount Operations«, Mai 1989.

9. Drittes Stadium: Der Red-Queen-Effekt

1. Seine Hypothese von der Red Queen hat Leigh Van Valen in dem Aufsatz »A New Evolutionary Law«, in: *Evolutionary Theory* (Chicago), 1:1 (Juli 1973) vorgestellt.
2. Die Begriffe Kriterialität (Criticality) und Einbindung (Embeddedness) haben in den letzten 10 Jahren zunehmend das Interesse der Universitätsökonomen gefunden. Vgl. Michael Katz und Carl Shapiro, »Network Externalities: Competion and

Compatibility«, in: *American Economic Review,* 75 (1985); Michael Katz und Carl Shapiro, »Technology Adoption in the Presence of Network Externalities«, in: *Journal of Political Economics,* 94 (1986); Brian Arthur, *Increasing Returns and Past Dependence in the Economy,* Ann Arbor (Mich.) 1994; Robert Willig, »Contestable Market Theory and Regulatory Reform«, Kapitel aus *Telecommunications Deregulation Market Power and Cost Allocation,* Cambridge/MA 1990.

3. James Turley, hauptverantwortlicher Mitarbeiter am Microprocessor Report, war an den Untersuchungen über das Verhältnis von MIPS (Millions of instructions per second; in Abb. 9.1: MiBS = Mio. von Befehlen/Sek.) pro Dollar bei Intel-Mikroprozessoren in Mountain View /CA beteiligt.
4. Intels FE- und Investitionsaufwand nach: Intel Corporation Annual Reports 1989–1994.
5. Die Hintergrundinformationen zu Intels Strategie und Intels Architecture Labs (IAL) beruhen zum Teil auf Interviews mit Intel-Managern zwischen 1994 und 1996.
6. Angaben zu Intels und AMD's Investitionsaufwand nach Intel Annual Reports 1985–1994 sowie AMD Annual Reports 1985–1194.

10. Viertes Stadium: Erneuerung oder Tod

1. James Moore, »Convergence and the Development of Business Ecosystems«, in: *Crossroads on the Information Highway: Convergence Diversity in Communications and Technology,* Queenstown/MD (Aspen Institute for Information Studies) 1994, S. 67–88.
2. U. S. Department of Commerce, Economics and Statistics Administration, Bureau of the Census, *The Statistical Abstract of the United States of 1994* und *The Statistical Abstract of the United States of 1995,* Washington (U.S. Government Printing Office); Interviews zum Gesundheitssystem mit Wissenschaftlern des Institute for the Future, Menlo Park/CA 1994; Interviews mit

Managern und Wissenschaftlern aus dem Gesundheitsbereich 1993–1995.

3. Angaben über den Anteil der Amerikaner mit Versicherungsschutz nach: U. S. Department of Commerce, Bureau of the Census, *Historical Statistics of the United States: Colonial Times to 1970;* U. S. Department of Commerce, Economics and Statistics Administration, Bureau of the Census, *The Statistical Abstract of the United States of 1966;* U. S. Department of Commerce, Economics and Statistics Administration, Bureau of the Census, *The Statistical Abstract of the United States of 1995,* Washington (U.S. Government Printing Office).
4. Ein interessantes Beispiel für das Selbsthilfemodell findet sich bei Dean Ornish, *Dr. Dean Ornish's Program for Reversal of Heart Disease,* New York 1990.
5. James Moore und GeoPartners Research, Inc., Untersuchung 1995.
6. Interviews mit Managern der Eli Lilly & Co., PCS Health Systems und McKesson Corp., 1994–1995; (Daten des Unternehmens PCS Health Systems).
7. Interviews mit Managern der Eli Lilly & Co., 1994–1995.
8. Vgl. die umfassende historische Darstellung der ökonomischen Entwicklung des Gesundheitssystems bei Alain C. Enthoven, »The History and Principles of Managed Competition«, in: *Health Affairs Supplement,* 1993.
9. Vgl. die weitergehende Darstellung der Versorgung durch freie Träger bei Stephen M. Shortell, Ellen M. Morrison und Bernard Friedman, *Strategic Choices for America's Hospitals: Managed Change in Turgent Times,* San Francisco 1992; D. M. Berwich, »Continuous Improvement as an Ideal in Health Care«, in: *New England Journal of Medicine,* 34 (1989), S. 349–68.
10. Eine schlüssige Zusammenfassung der Arbeiten über S-Kurven findet sich bei Richard Foster, *Innovation: The Attacker's Advantage,* New York 1986.

11. Das Paradox des machtlosen Aktivismus

1. Albrecht von Haller; zitiert nach Howard Nemerov, *The Western Approaches Poems 1973–75,* Chicago 1975, S. 43.

Gareth Morgan:
Bilder der Organisation

Aus dem Amerikanischen von Inge Olivia Wacker
620 Seiten, Pappband, ISBN 3-608-91760-8

Gareth Morgan zeigt, wie Metaphern unser Denken über Organisationen bestimmen und unser Handeln in Unternehmen beeinflußen. Er bietet allen Beratern und an Organisationsentwicklung Interessierten einen klaren Überblick über die wichtigsten Theorien, auf deren Oberfläche sich die entscheidenden Metaphern für Organisationen gebildet haben.

Rolf Th. Stiefel:
Lektionen für die Chefetage

Personalentwicklung und Management Development
182 Seiten, Pappband, ISBN 3-608-91816-7

Jede Firma ist so gut wie ihr Personal. Diese Einsicht hat sich auf den Führungsebenen durchgesetzt. Rolf Th. Stiefels Buch wird allen Chefs ein Leitfaden sein, die aus diesem Wissen praktischen Ernst machen wollen.

Morgan W. McCall / Michael M. Lombardo / Ann M. Morrison:
Erfolg aus Erfahrung

Effiziente Lernstrategien für Manager
Aus dem Amerikanischen von Maren Klostermann
1995. 244 Seiten, Pappband, ISBN 3-608-91010-7

Die Autoren befragten die erfolgreichsten Manager Amerikas, welche Erfahrungen ihrer Karriere am meisten brachten. Deren Antworten bilden die Grundlage für dieses Buch. Es informiert umfassend darüber, wie man Führungskräfte schulen sollte.

Klett-Cotta